錦里新編

〔清〕張邦伸　撰　嚴正道　校點

全國高等院校古籍整理研究工作委員會資助項目

西華師範大學學術著作出版資助

西華師範大學文學院三全育人項目成果

前　言

　　《錦里新編》，清代蜀人張邦伸嘉慶間編撰。初名《錦里新聞》，因與唐遊蜀文人段成式所撰書同名，遂改爲《錦里新編》。"錦里"一詞源出《華陽國志》，"錦工織錦濯其中則鮮明，濯他江則不好，故命曰錦里也"，[①]因此用來代指成都。不過，從是書的内容看，其所載人物並不僅限於成都地區，而是遍及整個巴蜀，因而可以看作是有清嘉慶以前巴蜀地區的一部人物志。同時，其内容亦涉四川地區的地理、邊防、軍事、民族、風俗、文學、教育等，因而具有多方面的文獻價值。

一

　　張邦伸(1737—1803)，字石臣，號雲谷。其先本江西太和(今江西泰和縣)人，元末明初隨"湖廣填四川"大潮遷至隆昌(今四川隆昌縣)。康熙甲子(1684)隆昌歲旱，曾祖遷居漢州(今四川廣漢市)，闢地二千餘畝，成爲當地大族。伸祖張奇瑞，字冠玉，號鶴峰，漢州貢生，"邃於經學，凡天文地理、醫卜風角諸書，靡不究極精微，而尤以立品爲先務。年二十，應舉子試，不售，遂絶意進取。以課生徒爲業，暇則布衫芒履徜徉山水間，隨意歌嘯，藉以自適"。[②]能詩，沉着痛快，頗近少陵。伸父張越，與兄超、弟趨皆入乡學，考試成績優秀，一時有

---

① 常璩撰，劉琳校注：《華陽國志校注》卷三《蜀志》，巴蜀書社，1984年，第235頁。
② 見本書卷五《儒林·張奇瑞傳》。

"三鳳"之稱,功名似乎唾手可得。可惜張越體弱多病,年二十四齎志而歿。乾隆二年(1737),伸生於漢州後營。兩歲時父親病逝,母程氏矢志撫孤,嘗涕泣謂伸及其兄仁壽曰:"汝父之彌留也,囑我曰:'吾未竟之志將於二子是續,汝善教之,毋使吾目不瞑。'汝等若隳厥志,吾無以見汝父於地下矣。"二子皆謹受教,不敢違。[1] 或得其家族遺傳,伸髫齡即穎悟過人,每讀一書,如素所成誦。十一歲即能作時文,叔父張趨屢面試之,俱明順。乾隆二十四年(1759),參加鄉試,中舉。同年中多才彥,著名者如李調元、何明禮、姜錫嘏、張翯諸人,俱有詩名於後世。此後伸進京會試,屢舉不第,又患唾血病,遂回蜀靜養。

　　乾隆三十一年(1766),已是而立之年的張邦伸再次入京,應吏部大挑,選爲一等。旋籤掣河南,補授光州州判。時值旱災,賑濟有序,百姓悅服;又整治民風,嚴懲兇頑,至是群盜斂跡,百姓平安。三十六年(1771)十月,補襄城縣知縣。襄城爲兩湖、雲貴通衢,使者、車馬絡繹於道,百姓差役負擔沉重,且分配不均,苦不堪言。伸到任,籍有車馬者爲輪法,均其役,官民便之。秋收,開征常平義倉,禁倉役假耗損多攤派,百姓樂之,完納後多將餘穀傾入倉,每年傾入者兩千餘石。昔年義倉往往不足,今反有餘。三十九年(1774),固始縣大旱,民情洶湧,飢民欲爲變。上憲以伸廉能,促往代之。伸下車,曉以大義,許散給籽種、口糧,人心稍定。即請布政使撥鄰邑庫貯銀五萬兩付之百姓,遂無嘩然者。又設粥廠,全活甚衆。其他如審結陳年舊案、修浚水利、疏通黃河等等,治績甚著,堪稱能吏。上憲嘉其成功之速,擬升鄭州,伸以母疾當告養力辭。四十六年(1781)六月,母程氏終於固始官署,扶柩歸蜀。從此再無仕進意,歸隱鄉里,以著述爲己任,整理鄉邦文獻。嘉慶八年(1800)十一月,端坐而逝於成都,年六十有七。

---

　　[1]　見李調元《張節母程孺人家傳》,本書卷八《節烈》。

　　張邦伸好詩歌，時有吟詠，其行跡所至，每有詩集流傳，如《熱河紀行草》一卷，爲乾隆四十一年(1776)赴熱河引見時所作；《西園唱和集》一卷，爲乾隆五十四年(1789)與友人李調元、李鼎元等人詩酒唱酬之作；《水村唱和集》一卷，爲嘉慶四年(1799)與族中諸子分韻唱和之作。類似記載在其自撰《雲谷年譜》中隨處可見。可惜的是這些詩歌大都没有流傳下來，據其友人李元言“約有四千餘篇，手自删剪，僅存集八卷行於世”，①即《雲谷詩抄》八卷，今存嘉慶間刻本。孫桐生《國朝全蜀詩鈔》、徐世昌《晚晴簃詩匯》皆録其詩。伸詩初學東坡，後出入百家，獨樹一幟，如其從侄張懷泗所言：“公詩從東坡入手後，乃泛濫百家，巍然自樹一幟，軼蕩排傲，縱橫不可一世。”②雖有誇大之嫌，但其詩不主故常，不事雕琢，以實用爲本卻是事實，正如李調元《雲谷詩草序》所云：“故其發而爲詩，無非勸善規過，激濁揚清，義取關乎風化，而不以剪紅刻翠爲工；詞取通乎賢愚，而不以風雲月露爲巧。初讀之若無一奇字異句足以動人，而細味之則興、觀、群、怨無不包焉。”③在吟詠不斷的同時，伸又選輯歷代詩歌，如《汜南詩鈔》四卷、《全蜀詩匯》十二卷、《唐詩正音》十卷、《明七律選》二卷、《排律韻薈》四卷等，既明確宣示自己的詩歌主張，又對歷代詩歌，尤其是地域性詩歌的流傳保存起了重要作用。

　　此外，張邦伸亦致力於地方文獻的編撰，尤其在地理方志方面，除《錦里新編》十六卷外，還有《固始縣志》二十六卷、《雲棧紀程》八卷、《繩鄉紀略》十二卷、《光郡通志》六十八卷、《地理正宗》八卷。其

　　① 李元：《皇清誥授文林郎知河南固始縣事雲谷張公墓志銘》，王燕飛等：《巴蜀文學與文獻論稿·巴蜀名人年譜整理》，吉林文史出版社，2021年，第282頁。
　　② 張懷泗：《先叔雲谷公行狀》，王燕飛等：《巴蜀文學與文獻論稿·巴蜀名人年譜整理》，第284頁。
　　③ 《童山文集》卷五，《續修四庫全書》第1456册，上海古籍出版社，2002年，第527頁。

足跡所到之處，或搜集整理地方文獻，或考察山川地理，考證故實，孜孜不倦，終其一生究心於此，令人爲之嘆服。

二

《錦里新編》共十六卷，記蜀中人物時事，斷自清初，凡《明史》有傳或其科第係前明者概不收録；當朝人物，則未蓋棺定論者亦不收録。全編共分十四門，分別爲名宦、文秩、武功、儒林、忠義、孝友、節烈、流寓、異人、方伎、高僧、賊俘、邊防、異聞，向世人展現出一幅清中前期四川地區豐富的人文歷史畫卷，具有多方面的文獻價值。

首先，就其歷史價值而言，《錦里新編》中記載的人、事、物涉及不少珍貴史料。如有關張獻忠"江口沉銀"一事，就有多處記載，一是卷四"楊展"傳，云："獻忠忿展盡取故地，率衆十萬，裝金銀珠寶數千艘，蔽江而下，擬入楚。展起兵逆之於彭山江口，分左右翼衝拒，而別遣小舸載火器以燒賊舟。……賊兵糜爛幾盡，所掠輜重悉沉水底。"二是卷五"費密"傳，云："會楊展鎮嘉定，聞密名，遣人致聘焉。因説展屯田於雅州龍門，復於青神江口命人沉水，得張獻忠棄金。"三是卷十六《異聞三·江口淘銀》，云："彭山縣江口，明季參將楊展破獻賊處，居民時於江底採獲金銀，多鐫有各州縣名號。乾隆五十九年冬，漁民獲鞘一具，報縣。轉稟制軍孫相國補山，飭令派官打撈，數月撈獲銀萬兩有奇，珠寶、金花多寡不一。"當代考古已經證實張獻忠江口沉銀的存在，兩者可以相互印證，足見其記載的真實性與可靠性，其史料價值彌足珍貴。

又如關於明末清初蜀地戰亂這一段史實，除了在卷十"張獻忠"傳、"獻賊餘黨"中有比較詳細的記載外，在大量普通人物的傳記中也經常涉及。這些普通人物的遭遇真實地反映了戰亂給百姓帶來的深重災難,以及當時社會殘破、民生凋敝的殘酷現實,因而更具普遍性和真實性,具有獨特的史料價值。如卷七"任鍾麟"傳:"任鍾麟,蒼溪人。緥褓喪母,繼母高氏育之。遭獻賊亂,父及繼母皆罹禍。鍾麟朝夕號泣,刺指出血,遍歷賊營,沁骨認屍。"同卷"苟克孝"傳:"苟克孝,綿州人。獻賊之亂,孝父被執,乃紿賊曰:'隔河有藏金,盍令吾父取以進?'父得脱,甫渡,克孝急呼:'父遠遁。'賊怒,亂刃交下,死之。"家破人亡是戰亂帶來的直接後果,這些事例就是典型寫照。戰亂之後,百姓流離失所,社會經濟也遭到巨大破壞,卷十六中的"李顛""廖氏"描述的就是這種情形。李顛爲漢州涼水井人,"八大王反時,伊已二十餘歲,家中男婦大小百餘口,盡爲流賊所殺,伊藏樹間得免"。從此被迫生活於樹上,成爲野人。而原本富庶的漢州地區,良田荒蕪,幾無人煙。康熙間,張邦伸曾祖遷居漢州,"其時兵革雖息,土廣人稀,聽人耕種",甚至幾十年後猶未能恢復。廖氏爲江津人戚成勳妻,蜀亂之時,戚成勳倉皇奔竄,"廖弱不能從,不得已置之去"。廖氏堅閉重門,從此與外界隔絕。四十餘年後,戚成勳歸訪舊里,"是時天下甫定,川中土廣人稀,田園半没深箐,虎豹豺狼出入縱横,人跡罕到,無從覓其故居,但識其處而已"。類似的普通人物傳記很多,他們的遭遇就是一個個鮮活的案例,補充了史實記載的缺失,豐富了歷史事實的細節,是不可多得的史料文獻。

另外,比如"成都火災"記載了發生在乾隆四十九年(1784)的成都大火,"瀘河水患"記載了發生在乾隆五十一年(1786)的四川地震及其引發的次生災害,皆是第一手的災難史料,是研究四川災害史的重要文獻。

其次,《錦里新編》還有重要的文學價值,涉及清初至嘉慶間衆多文壇人物的生平事跡和他們的文學創作,對於清代文學研究,特別是清代蜀中文學研究具有重要意義。《錦里新編》中特設"文秩"一門,分兩卷，記載五十餘位蜀中文人的事跡，是研究清代蜀中文人的第一手資料。如主要活動於乾隆時期，曾任錦江書院山長的顧汝修，李調元《蜀雅》錄其詩，並稱贊其"平生詩，工於應制，有《賦得雲在意俱遲》試貼一首，館閣爭先傳誦"，[①]但對其生平卻介紹不詳。《錦里新編》卷三爲其立傳，並對其隨駕乾隆，應制唱和之事着墨頗多，兩者可以互讀。另外，張邦伸對其散文也有所評價，認爲其"爲文汪洋灝瀚，往復不窮，容與跌宕，望之如千頃陂，酷類東坡先生"，大致也爲後人接受和認可。總之，正是由於張邦伸爲其立傳，才使得這樣一些在清代文學史上成就不夠突出，但對蜀中文學和學術有重要影響的文人不爲歷史所湮沒。而這對於從事巴蜀地方文學與文化的研究者來說，則是非常寶貴的文獻資料。

尤爲值得注意的是，《錦里新編》保存了不少詩文，對整理和研究清代蜀中文學文獻有着重要意義。這一點已引起研究者的注意，如黃毓芸、楊玉華《從〈錦里新編〉所載詩歌看清初至乾嘉時期蜀中文學活動及其特點》一文，[②]統計《錦里新編》中引詩98首，其中30首爲始見。如渠縣人李漱芳，字藝圃，號文軒，工詩善詞，著有《藝圃詩文集》二卷。《錦里新編》卷三本傳中錄其《自題小照四圖詩》四首，後孫桐生《國朝全蜀詩鈔》卷十二亦將其選入其中，不過兩者在文字上存在較大差異，後者版本更優，疑所據本爲李氏修訂之作。雖然如此，《錦里新編》仍是該詩最早的收錄者，《國朝全蜀詩鈔》選錄此詩不可能不受其影響。又女詩人馬士騏，字韞雪，西充人。出身詩書世家，自幼從父讀書，十四歲以詩名。初有《漱泉集》七百餘篇，中歲孀居，輒自晦其筆墨，殘箋剩紙僅百存一二。後其子輯其遺詩，名《燼餘詩草》，

① 李調元撰：《蜀雅》卷一七，《巴蜀珍稀文學文獻匯刊》第十八冊，成都時代出版社，2015年，第96頁。

② 見《中外文化與文論》2022年第52輯，第367—381頁。

存詩一百餘首。中歲喪夫之時，馬士騏悲痛欲絕，作《落花詩》十五首，《錦里新編》卷八悉數收錄。孫桐生《國朝全蜀詩鈔》卷六〇亦收《落花》詩，然只收十四首，缺其五"亦知尤物豈長存"一首，同樣，兩個版本之間差異較大，可以進行互校。

除詩歌外，還有不少序記，如卷五"傅作楫"傳中收錄許汝霖爲傅作楫集所作序。許汝霖，字時庵，浙江海寧人。康熙壬戌（1682）進士，官至禮部尚書，著有《德星堂集》。康熙丁卯（1687），許汝霖主持四川鄉試，得傅作楫諸人，由此結下深厚交情。許汝霖此序，今不見《德星堂文集》，實屬罕見。按許汝霖對其詩文保存不遺餘力，《四庫全書總目提要》就諷刺其"舉其平生手迹，一字不遺，未免不能割愛耳"。[1] 然這樣一篇序文卻不見集中，足見《錦里新編》在清代蜀中文學文獻的保存方面具有其獨特價值。

再次，《錦里新編》中對清代西南地區少數民族的記載，涉及他們的日常生活、風俗習慣、宗教信仰等，具有重要的民俗文化價值。如卷十二"西藏"中關於藏民喪葬習俗的記載："凡人死均用繩縛，令膝嘴相連，兩手交插腿中，以平日所着舊衣裹之，盛以革袋，延請喇嘛念經，以冀冥福。數日後，負送剮人場，縛於柱，碎刮其肉喂犬，爲地葬。其骨以石臼搗成粉，和炒麭搓團，亦喂犬或飼諸鷹，謂之天葬，以爲大幸。剮人之人，亦有碟巴管約。每剮一屍，須費銀錢數十枚。無錢則棄屍於水，謂之水葬，以爲不幸。喇嘛死，其屍皆以火化，築塔。"這是目前所見文獻中藏人喪葬分爲地葬、天葬、水藏、塔葬的最早記載。雖然略早於《錦里新編》的《西藏志》（刊刻於乾隆五十七年）也有類似記載，但並沒有進行清晰分類。而晚出之文獻，如光緒間黃沛翹所輯《西藏圖考》則完全採用了《錦里新編》的記載，之後"天葬""地葬"

---

[1]　永瑢等撰：《四庫全書總目提要》卷一八三，中華書局，1965 年，第 1662 頁。

"水葬"等藏民喪葬風俗才逐漸爲人所知。儘管後者没有注明其文獻
來源，但其承襲關係明顯，這也凸顯了《錦里新編》在民俗文化研究方
面的重要價值。同卷"打箭爐"又載打箭爐(今四川康定縣)女子經商
的傳統："夷婦類能貿易，凡客於其地者，皆招夷婦代爲經理，若夫婦。
然生子，准客人攜帶回籍，生女則夷婦留之，仍事客商。故至其地者，
多久而忘歸也。"按大約同時期的《打箭爐志略・土俗》載："邛、雅、
滎、天各州縣商人領引運茶，皆於爐城設店出售，西藏、金川、巴勒布、
廓爾喀連次出師，客民販運食用貨物來者益衆。軍務竣後，貿易漸
減，而主客相安，多有留住。"①打箭爐地處茶馬古道要地，商貿發達，
受此影響，本地少數民族亦有從事貿易者。《錦里新編》所載女子經
商現象正是這種客觀現實的反映，而出現"生子則去，生女反留"的異
化現象，則是當地少數民族受商業文化實用精神影響下民風變遷的
結果。《錦里新編》中涉及此類的文獻不少，對於今人研究西南地區
少數民族的風俗文化及其變遷有重要價值，值得重視。

　　總之，《錦里新編》具有重要的人文歷史文學價值，特別是對於四
川地區的人文歷史研究者來説更值得注意。冀望本書的點校出版，
能引起研究者更多的關注，也能更好地爲大家所用。

三

　　關於《錦里新編》的版本，目前所知有三種：一是敦彝堂藏本，也
是最早的版本，刻成於嘉慶庚申(1800)。據《中國古籍總目》，目前存
於北京、上海、南京、浙江、遼寧等地圖書館，實際上四川省圖書館亦
有存，1984年巴蜀書社正是據此影印；一是咸豐元年(1851)重慶刻

①　佚名：《打箭爐志略・土俗》，中央民族學院圖書館油印本，1979年。

本,僅見於湖南圖書館館藏信息,八册,實際館藏則爲零,包括《中國古籍總目》在内的目録書都未著録此版本;三是四川成都存古書局刻本,民國二年(1913)據敦彝堂藏本補刻,國家圖書館、上海圖書館有存,2018年巴蜀書社出版的《巴蜀珍稀史學文獻匯刊》據此影印收録。

　　上述三個版本中,重慶刻本因未能親見,具體情況不詳,有待日後再考。敦彝堂藏本,版式半頁十行,行二十三字,前有張邦伸自序及凡例,每卷單列目録。扉頁題有"嘉慶庚申夏鐫""敦彝堂藏板",知刊刻於嘉慶五年(庚申)夏。而張邦伸自撰《雲谷年譜》載本年編《錦里新編》成,説明《錦里新編》的編刻是同時進行的,有别於一般情況的先編後刻,據此初步判斷這是張邦伸家族的自刻本。所謂"敦彝堂藏板","敦彝堂"是古代家族祠堂常用之名,因此可以理解爲該版本爲張氏家族自刻,而收藏於家族祠堂敦彝堂。張邦伸的另一部著作《雲棧紀程》也是題爲"敦彝堂藏板",情況應該與此類似。所以敦彝堂本爲家刻本無疑。需要指出的是,該本卷十六存在兩頁錯簡現象,當爲裝訂錯誤。存古書局本爲敦彝堂藏本的重刻本,在行款形式上完全一致,但校正了前者一些文字上的訛誤,錯簡現象也得到糾正,版本質量更優。其扉頁題有"清嘉慶五年原刻""芸裳重校""中華民國二年四川存古書局補刻印行",知爲民國二年(1913)補刻,由芸裳作校。芸裳,羅元黼(1856－1931)之字,四川崇慶(今四川崇州)人。民國初年爲四川存古學堂教習,並主持存古書局工作,校刻蜀中文獻。《錦里新編》正是在此背景下被重新校勘刻印。原本一些比較明顯的文字訛誤得到校正,如卷五"余㠃"傳,敦彝堂藏本云"易簀時屬其甥焦氏",存古書局本作"易簀時屬其甥焦氏",按"易簀"指彌留之際,符合文意,存古書局本校勘正確。又卷十二"西藏",敦彝堂藏本云"正字干休烈",存古書局本作"正字于休烈",據新、舊《唐書》當爲

"于休烈"，存古書局本校勘正確。此外，由於年代較久，敦彝堂藏本也存在一些漫漶不清的現象，存古書局本正好可以彌補。以上就是三個版本的大致情況。

最後要説的是底本和校勘的問題。正如上述所論，存古書局本在質量上確實要更優，但由於敦彝堂藏本是張邦伸的自刻本，保留了其編撰和付梓時的原貌，是研究其成書、刊刻和流傳等問題的第一手材料，爲保持其原始性，最終還是以敦彝堂藏本爲底本，而校以存古書局本。同時，凡文中涉及材料見於其他文獻者，則以相關文獻再校。如文中人物傳記多見於（雍正）《四川通志》，張獻忠亂蜀事主要取自彭遵泗《蜀碧》，邊疆民族史來自於《平定金川方略》《明史》等，異聞來自於袁枚《子不語》、徐昆《柳崖外編》等，引用詩歌多見於孫桐生《國朝全蜀詩鈔》，諸如此類，皆注明出處，並對照參校，以便他人檢索利用。

本書的整理點校得到全國高校古籍整理委員會的支持，西華師範大學也給予了出版資助，中華檔案文獻研究院金生揚教授爲資料的查找提供了方便，研究生方静不辭辛苦幫我將文字輸入電腦，省去了我的部分前期工作。借此出版之際，謹致以诚挚的謝意！

序

《錦里新編》者，紀蜀中人物、時事而作也。蜀居華夏之坤，號稱天府，岷峨江漢，載育其英。漢唐以來，原爲人文之藪，自明季兵燹摧殘，益都文獻掃地盡矣。我朝定鼎百有餘年，列聖[①]相承，經文緯武，教澤覃敷，凡沐升平之化者，莫不争自濯磨以爲熙朝之俊。又蜀雖僻壤，其間忠臣義士、孝子烈婦，以及高人仙釋之流，可信可傳者所在多有，倘不登諸簡册，以爲異日考證之資，不幾久而就湮，無以彰景運昌明之盛乎！伸端居多暇，爰就所聞，彙而輯之，列爲十四門。首名宦，嘉循吏也；次文秩、武功、儒林，誌鄉賢也；次忠義、孝友、節烈，重敦倫也；次流寓、異人、方伎、高僧，表異行也；次賊祲、邊防，慎戍守也；終以異聞，見山海大荒，怪怪奇奇，無所不有，雖無關於政典，要亦雪夜讕談所不廢也。

惟是蜀，疆數千里，加以徼外蠻陬苗戎各部，更極萬里而遥。山川既曠，耳目難周，以一人之知識而欲括通省之菁華，得一遺九，掛漏實多。昔左太沖欲作《蜀都賦》，訪之張孟陽，構思十稔而後成；楊升菴修《蜀志》，參閱既多，又得王舜卿、楊實卿兩太史以爲之助，而後典核詳明，足以傳世行遠。是編採録皆近時人事，既無書籍可考，又不能遍歷疆宇以擴其見聞，故所載從略。然近山者知木，近水者知魚，伸蜀人，於三巴佚事聞見較真，雖讕陋荒紕，要

---

① 列聖，存古書局本作“聖”，脱“列”字。

可作方言之嚆矢，即有笑爲井蛙之見者，亦所不恤也，惟識者鑒之。

時嘉慶五年歲在庚申夏四月二十一日，廣漢桔橰居士張邦伸自識。

凡　例

一、是編所載人物斷自國初，其已見《明史》或科第係前明者，概不收録。蓋我朝菁莪棫樸之化，百有餘年，多士克生，蒸蒸日盛，原不必借材於異代也。

一、名宦係蜀省賢員，有已附國史館立傳者，有未立傳者，均與廉叔度、趙清獻諸君子並堪不朽。兹就懋績循聲、膾炙人口及身所親見者，略誌大端，以示景慕。其有政績可傳，而籍貫、科名以暨升遷事故俱不及知者，亦只俟諸他日採輯另補，恐失真也。

一、是編發潛德之光，書善不書惡，從誌銘體也。然必蓋棺論定，始可立傳。若其人尚在，雖德業事功照人耳目，亦應觀其晚節，不敢濫入簡端。

一、紀事必真方可信。今傳後袁子才《威信公傳》，載公父昇龍因平吳逆功，累遷四川提督。查《通志》，昇龍係由天津衛總兵征噶爾旦有功，康熙三十六年擢四川提督，是時吳逆早平，並無南征之事，袁誤。又彭樂齋《玉吾公傳》，“賊黨赫成裔寇川南”，查李國英《平沉黎賊》，係郝承裔，見《八旗通志》，彭訛“郝承”爲“赫成”，亦誤。又《衛藏圖考》，載番將芥熱，查《新唐書·韋皋傳》，係大相論莽熱，字跡稍錯，別風淮雨，貽誤實多。兹概從更正，不敢蹈襲前訛，致滋指摘。

一、明末楊展恢復嘉眉，賊將劉文秀不敢南顧，又逆獻賊於彭山江口縱火焚燒，獻賊僅以身免，遁走西充，保蜀之功實爲第一。乃沉撫李乾德同時備賊，因挾小嫌，嗾袁武殺之。東南諸將，如王祥、曾英董俱失所依倚，長城自壞，咎將誰歸。后文秀再至川南，袁武降賊，乾德情急投江，實由自取。《通志》於“忠義”中載乾德，而不爲楊展立傳，褒貶全失。兹“武功”載楊展，而於乾德削而不録，所以別賢奸也。

一、《明史》：“甲申冬十一月庚寅，獻忠即僞位，僭號大西國王，改元大順。”向陸海《史詠》、彭丹溪《蜀碧》，俱載獻忠於甲申八月十六日僭位改元，與《明史》異。按：向、彭皆蜀人，彭玉吾身經離亂，禦寇有功，其子孫俱能言之；陸海猶親見十三家賊黨，談及亂蜀時事，則八月十六日僭位之説必有可據。至平吴逆，平苗，平金川、西藏，莫詳於《三藩紀事》，及《四川通志》《平金録》《衛藏圖説》諸書。兹“賊祲”一門，多從數書中纂集，以其信而有徵也。

一、邊防爲軍國要務，採輯不厭其詳，因取《廿一史》《名勝志》《方輿紀要》《四川通志》等書，撮集成篇。復取我朝平定邊夷各方，略列於後，俾覽者咸知。聖朝威德遠及遐荒，實爲前代所未有，而關塞之險要，兵制之精詳，附見於中，更可備籌邊之策，或於軍國不無小補云。

一、異聞就蜀中所見所聞書也，事雖離奇，實非誕妄。近日紀曉嵐《槐西雜志》《灤陽消夏録》、袁子才《子不語》（《新齊諧》）、王椷《秋燈叢話》、徐崑山①《柳崖外編》等書，率多類此。然亦有空中樓閣，借以寫其胸中不平者，蓋才人抑鬱之氣，幻渺之思，無所不至，往往托神仙鬼怪以顯其奇衺也。兹編以紀事爲主，其全屬子虚者，概從刪削。惟共聞共見②而爲世所不常有者，始書之，以志不忘。至題目兩兩相對，亦隨筆爲之。商文毅云天地間無物無對，理本如是，非徒誇花樣之新也。

一、全蜀人物甚廣，有遠而不及知者，有知而不得其詳者，事關

---

① 徐崑山，當爲“徐崑後山”，脱“後”字。按：徐崑，字後山，號柳崖子、柳崖居士。
② 共聞共見，當爲“其聞其見”，“共”爲“其”之誤。

纂記，不敢臆爲揣摩。倘同志君子以其所知郵寄寒齋，以勖不逮，尤私心所厚望也。

　　一、是集初名《錦里新聞》，後閱唐時書目亦有是名，係段成式寓成都時作。雖所載不盡蜀事，而流傳已久，自不便仍襲前稱，致同剿說，故易"聞"爲"編"以別之，亦昔人《益州記》《梁益記》之類耳。

目　　録

錦里新編卷一

名　宦

李國英

　　李國英，漢軍正紅旗人。順治三年正月，隨肅親王豪格征四川流寇張獻忠，平之。十二月，授四川成都府總兵官。五年正月，署四川巡撫事。閏四月，陞督察院右副都御史，仍巡撫四川，提督軍務。六年七月，剿安、綿流寇餘黨，擒斬賊將解應甲等，並獲牛馬器械。七年六月，加兵部右侍郎。九年三月，授二等阿達哈哈番世職。十一年，甄別各省督撫，加兵部尚書銜。四月，偽桂王遣偽都督魏勇率衆來犯順慶，國英會同川北總兵盧光祖遣副將霍光先等擊敗之，斬獲甚多。

　　十二年四月，以四川亂後民生凋敝，疏言：“建治平之略者，在蘇民生之困；蘇民生之困者，在袪其致困之源。今滇、黔未靖，徵兵轉餉，因一隅未安之地，累數省已安之民，曠日廢時，師老財匱，此坐而致困之道也。我國家兵盛無敵，而小醜弗靖，非兵之不強，餉之不足也。封疆之臣，畏難避苦，利鈍功罪之念先入於中，以致貽憂君父耳。臣聞非動不足以致靜，非勞不足以求逸。今湖南、兩廣俱有重兵，平西王及固山額真侯墨爾根轄之兵現屯漢中，蓄銳甚久，誠能分道並進，首尾夾擊，賊力有幾，豈能四方支持？是誠一勞永逸之計也。萬一機會有待，請先敕平西王及固山額真侯墨爾根轄率兵駐鎮保寧，爲各路之主宰，遣將先取成都，資其肥饒，且屯且守。次取重慶，以扼咽喉，然後乘流東下，掃清夔關，以通荊襄之氣脈。撤滇、黔之門户，即爲收滇、黔之張本，蓋從古取滇、黔者，未有不先由於取蜀者也。至於内外，必同力一心，而後事乃底績。更祈嚴敕諸臣，凡有司兵司餉之責者，須如臂指相應，勿執一己偏見而旁相掣肘，勿謂利害不相關切而呼應不靈，此尤成功之根本，而滅賊之要務也。”①疏入，下部議施行。

十三年十月，考滿，加太子太保，廕一子入監讀書。十四年九月，陞授兵部尚書兼督察院右副都御史，總督陝西、三邊、四川等處軍務，兼理糧餉。十五年八月乙酉，逆賊譚詣等糾黨犯重慶，命總督李國英統兵撲剿。十六年九月，疏報：“恢復嘉定州一路，招撫僞將軍楊國明、總兵武國用，各州縣僞官獻印投誠者甚衆。”又疏報：“廬山僞武義將軍杜學率所部僞官六十餘員，兵二千餘名，繳印敕投誠。”十七年三月，疏報：“官兵進剿，破川東賊寇，生擒僞總兵譚詣，陣斬僞總兵陳貴策、高鶴鳴，僞監軍道王文錦、張耀等，餘黨悉平。”

十八年四月，坐擅責遊擊楊瑾事，革職留任。六月，疏報：“逆賊郝承裔降而復叛，臣提兵親赴嘉定，密約提鎮諸臣合營進剿。賊鼠竄沉黎，我兵星馳尾襲，旋就擒俘。其潰散箐莽者，或擒或招，靡有漏網。恢復千餘里封疆，拯救數萬人於水火，有功人員，均請紀敘。”②得旨：“官兵分路進剿，斬關長驅，郝承裔旋就擒俘，俱見調度有方，將士效力。在事有功人員，俱察敘具奏。”是年，川陝各設總督。八月，國英改授四川總督。十一月，題報：“僞伯楊秉印率衆投誠。”

康熙元年四月，題報：“僞石泉王朱奉銓煽惑土夷，糾集逆黨，突犯敘州、馬湖二府，提督發兵撲剿，擒獲朱奉銓，恢復兩郡。”五月，疏奏：“通誅巨寇，環伺於下東地方，臣若仍駐成都，僻在西隅，去夔東三

①　此疏有删減，原文見《皇清奏議》卷九《敬陳定蜀之策疏》。
②　紀敘，《清聖祖實録》卷三作“議敘”。

千里,鞭長難及。查重慶居蜀之中,容臣率領兵馬暫駐重慶,緩急可以就近調度。待下東底定,另移駐成都。"詔從所請。二年三月,疏報:"進剿昌寧,直搗逆巢,渠寇袁宗第乘夜遁去,陣斬偽總兵以下六十餘員,招降偽新化伯馮起,並偽總兵黃守庫等。"又奏:"故偽岐侯賀珍子偽富平伯賀道寧率所部納款。"

四年四月,以全川恢復,疏請因地設防,酌議增減督標撫剿五營兵五千名、慕義侯譚宏麾下兵三千名、龍安城守兵五百名,應裁。永寧鎮標原設中、左、右三營,兵三千名,應裁一千名。重夔鎮標原設中、左、右三營,兵三千名,應留。又左右水師兵三千名,應裁。石泉原設兵五百名,應裁兩百名。雅黎原設兵一千名,應裁二百名。峨邊原設兵一千名,應裁三百名。潼川、綿州應設守備一員、兵五百名。疊溪原設遊擊一員、兵五百名,應增中軍守備一員、兵一百名。建武應設遊擊一員、中軍守備一員、兵七百名。大壩應設守備一員、兵三百名。龍場壩應設守備一員、兵兩百名。敘州、馬湖二府,應設遊擊一員、中軍守備一員、兵一千名。馬邊應設守備一員、兵五百名。仁懷縣應設守備一員、兵五百名。黔江、彭水二縣,應設遊擊一員、中軍守備一員、兵一千名。巫山應設遊擊一員、中軍守備一員、兵一千名。重慶府應設城守副將一員、左右二營遊擊各一員、中軍守備各一員、兵兩千名。合州應設守備一員、兵五百名。達州應設遊擊一員、中軍守備各一員、兵一千名。大昌、大寧二縣,應設遊擊一員、中軍守備一員、兵一千名。太平縣應設都司僉書一員、兵五百名。通巴應設守備一員、兵五百名。順慶府應設守備一員、兵三百名。慶元縣應於川北鎮標三營內撥發一營官兵駐防。其督標、提督、成都府城守副將、松潘衛副將、城守守備、漳臘遊擊、威茂參將、龍安參將、小河遊擊、平番守備、建昌鎮標、遵義鎮標、川北鎮標、雲陽水師鎮標,官兵俱應照舊。通省經制合計兵四萬五千名,以馬二步八,戰守各半定額。詔並從所請。^① 五月，疏報："建昌番猓跳梁，臣令鎮臣王明德遣官兵深入賊巢，剿平一十九寨。"

六年，卒，賜祭葬如典禮，謚勤襄。公保釐全蜀者二十有一年，及卒，士民巷哭私祭，群頌功德於不衰云。

郝浴^②

郝浴，字冰滌，號雪海，直隸定州人。順治己丑進士，除刑部廣東司主事，改授湖廣道監察御史。巡按蜀中時巨寇劉文秀等踞滇黔，吳三桂統東西兩路兵駐劄川南，以圖進取，七年無功，驕橫日甚，而部下尤淫殺不法。公性嚴正，三桂頗忌之，輒禁止沿路塘報。公疏言："臣忝朝廷耳目而壅閼若此，^③安用臣爲？"實陰刺三桂也，三桂益銜之。既而東西兩路兵俱爲賊所敗，三桂等遁至綿州，公是時適監省試於保寧，賊劉文秀前鋒且抵城下，保寧士民洶懼。公親率文武諸屬吏登陴，揚言秦兵大至，士民賴以少安。因遣使齎啓及飛檄走邀三桂等赴救，責以大義，謂不死於賊，必死於法。三桂等不得已，始自綿州至。公面授方略，具言賊可破狀，迄奏大捷。蓋公功居多，詔令三桂次第頒賞，公獨疏辭不受，由是益與三桂忤。

世祖詔問公收拾全川實着，公疏略曰："秦兵苦於轉餉，川兵苦於待哺，是兩敝之道也。故必秦不助川而后秦可保，川不冀秦之助而後川可圖。成都地大且要，灌口一水，襟帶三十州縣，開耕一年，可抵秦運三年。錦城之外，竹木成林，結茅爲廬，不難就也。錦江之魚，繞岸求之，蕃於雞豚，此又富饒之資，不當棄也。若以衆兵家口悉移成都，

---

① 以上可參見《清聖祖仁皇帝實録》卷十五。
② 其傳見汪琬《堯峰文鈔》卷十四《廣西巡撫右副都御史加四級郝公墓誌銘》，本文有刪節。
③ 忝，汪琬《堯峰文鈔》卷十四《廣西巡撫右副都御史加四級郝公墓誌銘》作"忝司"。

照藉屯田，命總、副、參、遊畫地，計口授之。其他流移、土著，亦令各道招墾，文武殿最，尚準諸此。所難者牛、種，則現今諸土官繳印邀襲，①已蒙恩給矣。倘令每司出牛若干，撫臣與之立券，俟豐年即還其值，當無不聽命者。嘉定據敘、重上游，獨饒茶鹽，更令驛傳道暫易穀種，則牛、種俱不難辦也。臣故謂開屯便。"又曰："川之所患者滇寇也。滇東南連黔、粵，北連楚，又西北連蜀，五省山水環紆，嵐瘴紛錯，軍需不能輸，騎兵不能突，此跳梁小醜所以得少延餘息也。臣知滇賊所恃，不過皮兜、布鎧、鳥銃、刷刀，善於騰山逾嶺而已，而蜀中土官、土兵，其技尤嫻於此。若拔其精銳以當前矛，而用滿兵雄騎爲之後勁，則賊險不足以自固，賊技不足以制人，疾雷迅霆之下，咸鳥獸竄矣。臣故謂用土兵便。"又上封事，力言三桂跋扈有迹，策其必反。三桂遂銜之刺骨，潛使使詗公陰事，無所得。先是參議董顯忠等或以投誠，或以旗下，皆用副將銜，改授司道等官，率貪虐爲民害，公劾其不識文義，遂還原職。三桂乃嗾顯忠走訴於朝，自謂識字，公竟坐降一級調用矣。復命久之，三桂猶銜不已。又摭拾保寧城守事，誣公冒功，必欲置之於死。世祖燭公冤，特從寬，流徙盛京。

康熙十年，上幸奉天，公迎謁道左，具述按蜀始末，上改容傾聽，慰勞者良久。三桂既反如公言，中朝諸士大夫爭訟公冤，府尹蔚州魏象樞至，謂爲三桂所仇者，正爲國家所取，奈何棄置不錄，尚書王熙復繼言之，最後象樞再疏保舉，部議皆格不行。特旨取還錄用，仍補本道御史。會總兵官王輔臣叛附三桂，公細陳各路出兵曲折，又曰："兵有虛實策應，如用秦隴、寶雞、平涼、固原之兵，以制賊之命，所謂實兵也；如從西河及從武關取漢中，從鄖陽取興安，從袁州取長沙，以掣賊之肘，所謂虛兵也；如用西安、潼關之兵以破賊之狡謀，此所謂策應預

---

① 現今，汪琬《堯峰文鈔》卷十四《廣西巡撫右副都御史加四級郝公墓誌銘》作"見今"。

備之兵也。"又疏言:"武臣縱部兵以戕民命,有司藉謀叛以傾民家,大吏雖有糾劾屬員提督軍門之柄,[①]往往廢閣不行,將何以收效萬全乎?"前後章奏十上,[②]皆諳練兵事,通達國體。上嘉納之,出巡兩淮鹽課,以稱職留差一年。其年五月,擢左僉都御史。

明年,遂命巡撫廣西。陛辭日,召對便殿,屢奏軍國事宜,皆當上意,賜御廄良馬一。之任逾二年卒,年六十有一。

于成龍[③]

于成龍,字北溟,山西永寧州副榜。性剛果沉毅,廉介自持。康熙七年,由廣西羅城令卓異,陛合州知州。瀕行,羅城人遮道呼號,追送數百里哭而還。一眇者獨留不去,公問故,曰:"民習星卜,度公橐中貲不能及千里,民技猶可資以行也。"公感其意,因不遣去。會霪雨,貲盡,竟賴其力得達合州。

時州領三縣,兵火之後,合計纔遺黎百餘人,正賦十四兩,而供役繁重不支。官有騶從之費,公盡除習弊,畜一羸馬,以家僕自隨。府帖下取魚,公曰:"民脂膏竭矣,無憐而問者,顧乃欲漁吾魚,吾安所得魚乎?"卒不與。[④]因極陳荒殘疾困狀,郡守笑謝,爲裁革十餘事。公念合州民多流亡,往時新歸流户便即力役,而墾田既熟,土著訟而爭之,以故集者復散。公皆爲區畫,田、廬、牛、種,官立案籍,復三年而後同陛科服役。新集者既知田業可恃爲己有,而復無征發倉卒之憂,

----

① 軍門,汪琬《堯峰文鈔》卷十四《廣西巡撫右副都御史加四級郝公墓誌銘》作"軍務"。

② 十上,汪琬《堯峰文鈔》卷十四《廣西巡撫右副都御史加四級郝公墓誌銘》作"數十上"。

③ 其傳見陳廷敬《太子太保兵部尚書總督江南江西謚清端于公傳》,《午亭文編》卷四一,本文有删節。

④ 陳廷敬《午亭文編》卷四一《太子太保兵部尚書總督江南江西謚清端于公傳》"與"后有"府中魚"三字。

遠近悦赴,旬日之間,户以千計。嘗草笠布衣,微行村野,以周訪山川
要害及閭閻疾苦,絲毫不累民間,視百姓如家人婦子,百姓亦愛之如
父母。

未幾,遷黄州同知,擢武昌守。會滇逆亂作,陷岳州、長沙,東山
妖人黄金龍、鄒君申、陽邏何士榮等聚衆十餘萬攻黄州。公集鄉勇二
千人,計誘至馬鞍山,大破之,斬金龍、君申。又於箔金寨生擒士榮,
降其衆,東山平。遷江防道,陞福建按察使,歷布政使,開府畿内,總
督江南、江西,兼攝安徽、江蘇兩巡撫印。卒年六十有八,加贈太子太
保,謚清端。

趙良棟①

趙良棟,字擎之,陝西安邊衛人。康熙十九年己未奉詔討吳
逆,號令嚴肅,賊莫敢攖其鋒,聖祖特命爲勇略將軍。時奮威將軍
王進寶與賊將王平藩相持於保寧,良棟以偏師由陰平間道直抵成
都,賊衆望風奔潰,旬日間郡邑傳檄而定。會進寶亦奏捷保寧,良
棟遂乘勢收復全蜀,大軍所至,秋毫無犯,至今蜀人德之。卒謚
襄忠。

劉德芳②

劉德芳,字純菴,遼陽人。康熙四十三年,任四川按察司,讞決平
允。時臬政兼権茶鹽,而西爐甫定,積引未疏,德芳籌畫徵收,歲無停
滯。又修葺文翁石室爲錦江書院,一時人士欣然向學,至今與文翁並
祠祀焉。

---

① 此傳與(雍正)《四川通志》卷七下記載同。
② 同上。

陳璸①

陳璸，字梅川，廣東海康人，康熙甲戌進士。四十八年，由部曹督學四川，謝絕請托，化育人才。樸被蕭然，止一蒼頭隨侍食，朝夕無甘旨，閱文夜分不輟。試重慶未竣，會閩撫題請調補臺灣道，瀕行，不能爲資斧計。後官湖南、福建兩省巡撫，卒於閩。聖祖嘗以璸清廉謹慎，追贈禮部尚書，諡端肅。

陳聶恒②

陳聶恒，字秋田，江南武進人，康熙庚辰進士。任長寧令，撫字有方，聽斷明敏，公餘課士，文教日興。捐置後江渡口義田，並造清溪橋，民多懷惠。雍正元年，陞刑部主事，廷臣薦其夙學，奉旨特改翰林院編修。

黃廷桂③

黃廷桂，字丹崖，奉天鑲紅旗人。雍正五年，授四川提督，進討結覺，適建昌逆酋阿驢、阿都等狂悖不法，殺傷滇省官兵，隨撥兵救援，復親臨策應，分路進剿，斬助惡之別哺加樂，阿必擒解滇省，番衆俱畏威投誠。六年戊申夏六月，米貼逆夷陸氏勾連雷波土司楊名義，並附近結覺諸番，及吞都千户德昌等聚衆搶劫，傷害滇官。陸氏被擒後，餘黨未靖，廷桂會同川陝總督岳鍾琪、四川巡撫憲德等請兵進剿，奉上諭指授方略。七月初八日，廷桂率漢土官兵圍吞都山，擒土司德昌，攻破夷寨，斬賊首屋雞二十餘人，獲賊八十餘人，直搗賊窟。由黃

---

① 此傳與(雍正)《四川通志》卷七下記載同。
② 同上。
③ 其傳又見《清史稿》卷二二三。

螂、雷波進發，副將張玉，遊擊康世顯、吳維翰分路截剿，楊名義敗逃，官兵乘機追殺，直抵黑龍岩、黃草坪。九月十六日，擒獲楊名義，復盡奪賊寨，卑租、阿路亦次第授首，夷地悉平。

八年，雲南烏蒙府逆蠻肆行不法，傷害滇省官兵，盤據烏蒙、東川一帶。蜀、滇兩省合兵進剿。廷桂會同建昌總兵趙儒統領漢土官兵堵擒烏賊，招撫沿江各路土司投誠。十年，陞授川陝總督。三月，獷狡賊番擅殺廠商，負固爲逆。廷桂因河水泛漲，糧運維艱，奏准於秋成後進剿。先檄行建昌鎮總兵派撥官兵，轉飭冕山營遊擊沈國卿等帶往三渡河口要隘，地方先行防範，分屯堵截。秋九月，檄調漢土官兵，並調署參將傅宏禮，遊擊壽長、楊澤厚、洪揚、沈國卿、都司馬逾隆、張懷元，署都司吳金章，守備千爲章等，悉交建昌鎮總兵趙儒統領進剿。分遣諸軍由河口過渡，從瓜必、窩卜、水墨岩、赶到底四路並進，趙儒駐劄媽木，居中策應。廷桂遵奉睿謨，悉心調度，各將弁軍士踴躍爭先，甫經兩月，一切險巢惡硐，剿滅靡遺。癸丑春二月，凱旋。在任數年，整飭官方，大法小廉，淳風翔洽。陞嘉定、潼川二州爲府，酌定邊疆營制，修江瀆廟、灌口顯英王廟，纂修《四川通志》，興利革弊，知無不爲，後以調任去。

乾隆十七年，復任四川總督。洞悉川中情形，嚴禁士習輕浮，民風奢侈，居喪過費，婚嫁失時，私宰私燒，好嫖好賭，以及聽信邪教，演戲燒香，習染啯嚕，酗酒爭鬥，子弟違犯教令，奸徒設騙取財，訟棍把持衙門，婦女輕生自縊。各告示數十條，委婉開導，曲盡人情。並飭各州縣，訓士勤民，敦本尚實，重農桑以培國脈，積社穀以備荒年，栽路柳以便行人，修橋梁以通關渡，亦往復數千言，娓娓不倦。其時金川甫定，民氣稍甦，公加意整飭，一切差徭不敢濫派，嚴拏窮賊以靖地方。各屬奉行維謹，幾至夜不閉戶，雞犬不驚。後陞太子太保、武英殿大學士兼吏部尚書，世襲雲騎尉，封忠勤伯，諡文襄，崇祀賢良。

費元龍^①

費元龍，字雲軒，浙江歸安人。乾隆丙戌進士，補鹽亭令，調繁成都，擢資、綿二州牧。卓薦，授潼川守。旋歷川北道，陞按察使司副史。在川十餘年，整躬率屬，潔己愛民，事無鉅細，矢公矢慎，藹然有古大儒風。蒞綿時，開毊鶴堰，灌下遊山田數萬畝，盡爲膏腴，至今民食其德，視孫叔敖之開芍坡，鄭當時之穿渭渠，其利更溥。蒞潼時，加意作人，建文昌宮、奎星閣，創立文峰書院。暇則親入講堂，與諸生指授文義，（辦）[辯]論經旨。一時人材多所造就，士論韙之，比諸文翁化蜀。及陞臬司，一切命盜案件，再三研鞫，務期得情，不肯稍爲屈抑，無留獄，亦無冤民，最號平允。尤具知人鑑，成都張太史翯、綿州李太史調元，皆公童試時所拔士也。後陞任去，仕至京卿。

《新齋諧》載公司黔臬時，黔中邪術最盛。有奴墜馬失腿，懸重賞於門，隨有老人至，解荷包出一小腿，若蝦蟆狀，呵氣咒之，兩腿如初。又杖殺一惡棍，閱三日，復活。後毆其母，母首於官，出一罎曰："此逆子藏魂罎也。先將魂煉藏於罎，官用刑乃血肉之餘，以久煉魂治新傷體，故三日即平。求先毀其罎，取風輪扇散其魂，庶逆子死無可遁。"如言斃之。二事近幻，故不錄。

顧光旭^②

顧光旭，字華陽，號晴沙，一號響泉居士，江蘇金匱人。乾隆壬申進士。由户部郎中轉侍御，任甘涼道，屢乞歸養未遂。會征剿金川，陝甘總督文奉命移節西川，^③奉調隨營辦理糧餉。壬辰七月，入蜀，權

---

① 其傳又見（嘉慶）《四川通志》卷一一五。
② 其傳又見《清史稿》卷三三六、（嘉慶）《四川通志》卷一一五。
③ 即文綬，滿洲鑲黄旗人，乾隆三十六年任陝甘總督，三十七年調四川總督。

攝四川按察使。公飭躬率屬，矢慎矢勤，有古大臣風。時軍務旁午，州縣吏率調赴糧臺，地方公事多致廢弛，公留心察核，扶植善類，裁抑奸貪，懲治匪徒，拔除衙毒，風節凜然，事事修舉。嗣調赴糧站總理，出南徼，歷戎旃，辛苦備歷。及差竣回省，自紅牌樓至署十餘里，香盆、花燭，迎接者數萬人。公亦爲心動，舍輿步行入署。蓋公慮事周詳，克持大體，而辦理案件，事事深洽民心，故士民感戴，淪於肌髓。軍興以來，塞外多事，腹地人民奉公守法，雞犬不驚，得享升平之福者，公之力也。

同時官蜀中者，吳白華省欽、查儉堂禮、林西崖儁、王廷和鳳儀、沈澹園清任、楊笠湖潮觀、王秋汀啓焜、曹秋漁鯤、徐袖東觀海，悉工吟咏，時相倡和，結契尤深。奏凱後，陳情終養歸，百姓哭而送之者亦數萬人，故公誌別詩有“秋風涕淚一千厄”之句。還鄉後，與江浙諸名士遍遊名勝，寄情詩酒幾十年。及倦遊歸家，當道延主東林書院講席，大興文教，登甲乙科者指不勝屈，一時名下士多出其門。蓋公爲涇陽先生裔孫，教澤所被，多士雲興，不減幾社、復社當年。詩詞超逸，自成一家。工書，出入香光、松雪間，得者奉爲至寶。著有《響泉集》行世。

附錄

林方伯事略①

林方伯，名儁，字西崖，江蘇人，順天大興籍。乾隆庚辰舉人。辛巳揀發入川，歷署安縣、威遠、樂山、溫江、榮縣等處，補授内江，調繁成都，兼署華陽。勤政愛民，明於聽斷，頌聲載道，深洽輿情。庚寅夏，以丁憂離任，遠近城鄉來弔者日以千計，無不共深去後之思。次

---

① 其傳又見(嘉慶)《四川通志》卷一一五。

年適有金川之役，德制憲奏請留川，奉旨允准。嗣經調赴軍營，承辦
軍需重務，經理各路兵馬夫糧，著有勤勞，歷加陞擢。迨丙申春，王師
奏凱，由永寧特調通省驛傳鹽茶道，始回省城。在任一十八年，經理
鹽茶並無絲毫擾累，商民感戴最深。維時富順、射洪等縣積欠帑銀二
十餘萬兩，當經詳請具奏，定限十年還款。因革除奸商，斥逐猾吏，設
法疏通，甫及九載，前欠俱已全完，該商等得以脫然，無不傾心感悅。
先後共權臬篆一十三次，不憚煩勞，悉心讞獄，多所平反，民盡無冤。
管理都江大堰，每年必親至堰所數次，實力講求加工修築各堰，如有
衝淤之處，立即馳赴該處，履勘興修，俾萬派千條，胥歸暢達，及時灌
溉，不失農時。春夏之交，偶遇雨澤愆期，農民環輿告請，即前詣灌
邑，步禱於二王廟，立時雨降，遍野歡呼，率以爲常，屢求屢應。此皆
至誠感格，是以屢歲豐登，民生實攸賴焉。

　　庚戌歲，忽有奸民朱添順、吉和尚等潛謀不軌，約於元旦日焚劫
省城並附近州縣。公一經得信，即日密帶兵役，連夜出城，四路查拏，
並親赴彭縣小魚洞吉和尚聚衆祭旂之所，盡力搜捕。於郫縣、溫江、
雅州一帶，往返奔馳二十晝夜，將首從各犯全數就擒，省城並各地方
得以秋毫無犯，紳士、商民獲保安全，均以此後之身家皆出公所賜也。
癸丑年，又有奸民杜朝翬、王應瓏等以看水碗爲名，煽惑鄉愚，殺死程
保正一家四命，焚掠村莊，其黨李自祥糾集匪徒，揭旂起事。復經星
夜馳往，督率官弁兵丁殲戮李自祥等三十餘名，隨將王應瓏各犯全數
弋獲。回省後，省城及各處州縣不下數萬人絡繹而來，焚香叩謝。實
能禦大災，捍大患，百姓至今言之莫不感泣。又先經拏究匪徒胡範年
等，盡泛①殲除，地方寧謐，並查辦貴州桐梓縣老鴉窩曾石保等聚衆私
鑄，錢法肅清。

---

①　泛，存古書局本作"法"，當是。

在川三十餘年,持身廉潔,爲政和平,公正清嚴,愛民如子。一切所需,從無官價,所過之處,毫不累及閭閻,民間遇有緊要事件,奮身前往,盡獲保全。苗疆功竣回省,陞授藩司。在署三年,正當達州太平等處邪匪滋擾,時有風鶴之驚,人心不勝惶懼。公乃居中静鎮,查察綦嚴,合郡得以安堵無恐者,實出一人之力。其餘善政不可枚舉。蓋公在川年久,又最留心民瘼,凡地方之肥瘠,風俗之醇澆,科甲之盛衰,士民之臧否,無不了然於胸。一值有事,即加意開導,務使順其性之所安,興利革弊,獎善鋤强,同享升平之福。故宇下士民陰受其庇者,俱感深肺腑而不能忘。兹略書梗概以志。惠政仁風,至深且沃,允當與漢文翁、趙清獻諸先哲尸祝千秋。俾後之補修志乘者有所考據焉。

二賢尹事略

劉公名清,字天一,貴州廣順人。父復仁,官蕭山令,有廉聲。公幼孤,事繼母楊恭人至孝,年十八,折節讀書。乾隆丁酉選拔,由四庫全書館謄録議敘縣丞。五十年,籤發四川,歷攝大竹縣丞、按察司經歷、巴州州判、嘉定府經歷,實授冤寧縣縣丞。中受知節相孫補山先生,擢知南充縣,委署崇慶州,後署廣元縣知縣。所至著績,民心翕然。其在大竹也,民訟債者負,告以半債私獻求不直,公佯許。示期坐堂皇,引訊兩造,遽出負者所獻金,曰:"汝舍半數賄官,曷若以全數歸主。汝能措半,必能措全。彼得歸母,必不求息,義利始終。此事釋然矣!"民感激泣下,折券去。其在崇慶也,民風桀鷔,睚眦輒殺人,號難治。公戢凶導愚,威惠孚洽。嘗道遇小兒憨博者,引父兄誚讓之,謂:"牙牿不謹,稂莠日滋,他日即身家之害,地方悍暴,實基於此。"聞者咸感嘆爲名言,而獷民亦相戒無犯法。其治南充、廣元也,除苛解嬈,專以情理化民,案無留訟,民亦不忍訟。兩縣斷科第數十年,公移建黌宮,課諸士,文風日起,廣元則張瓊、賴俊升先後舉於鄉,南充則蒲亨晉中乾隆乙卯進士,胡大成中嘉慶己未進士,入翰林。於是士民與官,父馴子伏,益熙熙如家人。間聞公婚嫁事,慮公貧不能具裝,爭獻薪米酒脯,雖貧者銖綿龠米,必求受乃肯去。蜀遠近婦豎皆稱爲"劉青天",莫不延頸跂踵,思得公宰其邑也。

今上御極之元年九月,達州匪民王三槐、羅其清讎官謀逆,旁邑奸民皆煽應,蹂躪川東北數十州縣,上命雲貴總督勒總統諸軍剿賊。三年秋,禽三槐,公方由崇慶調辦東鄉縣大成寨糧務,與有勞績。時賊衆方犁竄不常,經略勒以廣元爲北棧首衝,知公前攝篆,熟地勢,且久歷行間,能知兵,復檄公馳代。廣元三壁阻山,西臨嘉陵江。公至,橫江岸築堅壘數處,設礮銃,防賊西渡。浚濠塹,牢柵寨,練鄉勇,密偵諜,守禦甚備,賊屢至屢却之。最後賊自秦界七盤關鼕擁薄縣城,城西江岸爲市闤輻輳所,商民聞警洶懼,謀入城,公禁勿許,諭曰:"關門廒一留三,惟納鄉堡難民,不容汝等俱入。現在沿江有守兵,兵與居民相倚爲壯,汝等驟入城,兵必無守志。賊來得肆焚掠,是入城內一步,即棄城外一步。脫賊退,屋宇蕩然,汝等又將安歸?令在此,毋恐,且令止一子,率之與汝等共禦賊。"是夕,與子廷榛帳宿街口,民心大感奮,誓死守。俄賊分屯邑東九皇岩、大石板,某帥戰大衄,賊笑詈尾逐,殘劫鄉堡十餘處。公聞,率鄉團疾馳往禦,賊素聞公名,遂遁去。是爲嘉慶四年正月事也。

公名日播,中朝多知者,皆異音同嘆,漸達宸聰。四年春,上敕廷寄問,會經略勒上章薦,溫旨擢知忠州,賞載花翎。[①] 尋加知府銜,陞建昌道。是時也,上以川省剿賊日久,發內帑撫恤難民,兼有招安脅從之旨。經略勒因委公保寧各屬辦招撫事,至今猶未涖本任云。

先是，公由南充北上引見，代者至，公逋負幾萬金，不得行，邑紳倡設義局，民奔集投匭，旬日完數。長吏聞之，以蜀人好義爲疑，成綿道王公啓焜面詢公，公曰："諾！是誠士民力。"王嘆曰："此所謂君子樂得爲君子也。"憮然者久之。

公貌白晳，頎身魁立，性坦易謙下，視民事如家事，當差縣繁棘時，機牙立應。喜施予，署中或啜淖糜，猶委宛應人急，推誠待人，人樂爲用，故幕中多奇士，如渠縣劉君星渠、山西劉君奕竣、梁山張君國風，其尤著者。星渠精悍有機智，以軍功授通判，賞戴花翎；張君國風家頗饒，性伉直不阿，從公游十餘年不忍去，公家事多倚賴之。公既擢忠州，受代者則山陰胡公也。

胡公，名延璠，字孔美，號一峰，山陰人，與劉公同時有"青天"之稱。乾隆四十年，以州吏目從征金川，借補鄰水尉。五十六年，有事西藏，隨大吏襄辦糧務。大將軍福議屯兵陽布，檄公由間道赴帕克里買糧。道惟土夷往來，無漢人行者。公披莽驅毒行十晝夜，達其境，險山遮逦，山外即竹巴哇地。公登眺絶頂，下見翠壤綿邈無際，較沃野千里且十倍，眼界一開，蓋荒徼外樂土也。俄番使數輩來，赤而碧瞳，裹花闕衣，口咕咕作語。公使舌人宣布大皇帝威德，並傳諭大將軍意，賜袷褡、銀幣，使跳舞而去，告其酋。次日，番民絡繹輸納，公厚酬其值，於是餱糧、糈米及烏拉立辦，輜運以行，先大將軍一日至陽布。事平，大吏交章薦，擢邛州州判，署灌縣、閬中、漢州、簡州，而治簡爲最著。

蜀中州縣官蒞任，市物有官價，供應有行頭，支差有里役，率爲常規。牙儈狡猾之徒，多就中科派，貽累不少。公每下車，平價購買，除陋弊，杜苞苴，自奉甚儉，服用粗給，無宴飲俳優之樂，惟恐一事或傷民，而民亦愛戴之，如嬰兒之於慈母，不忍偶佛其意。先攝閬中，見府城傾圮殊甚，竭力督修完固。未幾，賊衆臨城，督兵固守，官民均賴以安。西門緊靠嘉陵江，水勢洶湧，城大可虞，於是相度地勢，循西岸之故道開掘，引河以分水勢。惜工未竣，輒調他邑，然水分西流已過半，城身可保無虞。比至簡，創奎閣，懸竿鐙，培續文脈；建萬安橋，以利行人；捐修鳳儀書院，以教士子。以故簡邑自傅輝文、張邵後五十年無甲榜，嘉慶己未，周維翰成進士，人咸以爲培植文風所致云。三年，治化大行，至家不閉戶，人人各安其業，頌不絶聲。

嘉慶四年春，署廣元令劉公擢知忠州。時川東北匪民煽逆已三年餘，廣元屢警，長吏難其代，知公老吏也，因扎委。簡士民臚善政數十，詣陳大府乞留不得。去日，攀轅泣送者數萬人。先是，劉公所在，民爭餉薪米，去必有萬人捧輿，事稱僅見，其遥相輝映者，惟公而已。公治廣元仍簡舊，嚴堵禦，仍劉舊，每令出，民翕然稱便。又以不能忘劉公也，必疊口交頌，曰"劉青天""胡青天"，嘖嘖不置云。是年，上發内帑二百五十萬，命副憲廣名興。護送達州，且相便宜行事。過廣元，官弁來迎者飆馳雲集，群議盛供帳，公力爭不可，曰："四川何時？廣元何地？欽使至，正當使目睹瘡痍，心傷凋劫。且知聖天子撥帑撫恤，睿察萬里，俾罹害之難民、受賑之赤子實在情形均得上達。使者雖威重，喝徒庈馬，毋誤餽運足矣。若虛事鋪張，無論無可措辦，即辦，亦恐拂九重簡使臣意也。"衆無以難之。其餘一切差務，無不概從簡略。未幾，賊匪大夥來廣元，公遣二健役訶之降，賊遥拜，呼"青天"，曰："平時治百姓屬公，此日辦難民屬將。人衆勢大，不能爲'青天'遽解散，感公意良厚，當不復擾此方。"遂趨南江而去。厥後，賊黨又至，公單騎赴賊營往諭，賊聞之即狂奔出境，民賴以安。此與過餽同是六月事，計公蒞任僅五閲月云。

公精刑名學，然仁慈不苟，處事尤平允。所至之處，首以學校爲重，各州縣聖廟歷年久遠，半就頹圮，至則庀材鳩衆，立圖振新。凡有利於民者，知無弗爲，嘗以簡州軍糧餘米四百石填民倉欠，人益欽其公廉。善詩，《誌別簡州士民八章》有云："念到瘡痍常凛凛，慚無經術倍兢兢。神傷隊隊牽裾泣，淚灑紛紛卧轍留。"皆自紀其實也。凡聽訟時，細心研鞫，務期曲盡民情，無枉無縱而始快，故每審一案，舌敝唇焦，究極幽隱，終以善言切諭之，人人無不傾服。所揭告示，準情酌理，縷悉百端，字字沁人心脾，各鄰邑士民抄刻成本，爭相傳誦，奉爲箴規。有聞而垂涕者，蓋潛移默化，善教之入人至深且切也。每代庖各邑，堂額均懸"天理良心"四字，以期觸目警心。當尉鄰水時，見城外隙地溪壑幽秀，絶似其鄉蘭亭，因構亭，闢徑擘窠，書"曲水流觴"四字，劂之石壁。暇則攜朋輩飲酒賦詩，怡然自適，髣髴孟東野射鴨堂、房次律漢州西湖，一時傳爲盛事。其雅尚又如此。

錦里新編卷二

文秩一

王新命

　　王新命，字純嘏，潼川人。年十二，時賊目張獻忠攻潼，潼陷，一家七十餘口皆被害，新命匿文昌廟土穴中乃免，風鶴驚惶，東西奔竄。大兵入蜀時，公年十五矣，又遭族叔基城之難，逮下保寧獄，歿於旗。旗主曹公歿，馬夫人令攻書，爲立戶。順治十三年，入成均，授筆帖式。十七年，官中書舍人。歷十載，遷柏府都事，進車駕司員外郎，調職方司管機密。

　　康熙十三年，奉命隨少宗伯折某、掌院學士傅某出使雲南。十月五日抵滇，宣旨畢，新命見吳三桂禮過恭，以"叵測"白二公。十二月二十夜，三桂果變。平旦，閽者以告，新命詣二公，言："我輩此來，人皆知有此變，今已至此，惟以死報朝廷。"甫朝食，三桂差侍衛賚茶至，新命照常出迎，遙望門外甲冑森列。侍衛云："三桂問起居，言昨宵兵變，恐有疏失，特令夏國相帶領精兵以衛，其毋畏。"新命笑曰："王乃朝廷親王，既云兵變，善爲安輯，何必爲我輩慮。凡事有可畏則畏，無可畏則不畏，此王掌握中事，何畏之有？"由是羈滇省。又旬日，新命自分必死，因致書三桂曰："自古順天者存，逆天者亡。明末流賊猖獗，天下之亂極矣。先皇入關，誅戮群兇，蕩平海宇，不數年而天下底定，此豈人力爲之哉？天也。今上聖神英武，在庭諸臣多名世之佐，此國運方昌之日，大王正宜上承天命，永保爵土，如錢鏐王撫江東，世爲忠良，極人臣之樂。況滇南即明沐國公之封邑，沐國公能順承天命，克效忠貞，故終明三百年，世爲國戚，顯榮莫比。若稍有異心，妄覬神器，則朝廷以百萬之師壓彈丸之地，所謂寡不敵衆，弱不敵強，不待明者而後知也。大王春秋已高，世子年方稚幼，不可自開釁端，願大王熟思之。"三桂知不能屈，竟遣還朝復命。後仍掌機務。當吳逆變起，滇、黔既殁，西蜀亦陷，已而耿精忠反於閩，王輔臣叛於秦陝之蘭、鞏、漢、興及江右之撫、建、廣、饒，江南之徽郡，相繼陷殁。他如陝之平涼、天水，楚之郾均、荆襄、岳陽、洞庭，在在相持。至江右之袁、臨、南、瑞，都爲盜藪，吉安則爲賊踞，南贛亦隔絕。未幾，耿逆度仙霞，直犯衢州，溫、處、台、紹、金、嚴處處蜂起，軍書絡繹，羽檄交馳。而新命目睹手披、耳聽口授，咸中機宜。

迨任刑部郎中，則屢恤大獄；任江右藩司，則疏癏積逋。及陞湖北巡撫，請寬鄂郡叛軍之重典，免黔省運糧之楚民，全活尤衆。尋陞河東總督，一切治河有法，疏洩隄防，留心體勘，永保無虞，添建百泉、五閘，夏日蓄水灌田，秋收放閘濟運，官民兩便，至今永著爲令。

按其生平，少習帖括，長閱經史，以及天文地理、方輿象數、兵農禮樂之書，靡不究覽。居官時以坦直養性，以恬適怡情，休休乎有房、杜之風焉。所著有《東山集》行世。

簡上

簡上，字謙居，號石潭，巴縣人。性至孝，幼值歲饑，嘗孤身百里外負米養親。順治辛卯舉於鄉，知直隸鉅鹿縣事，以廉能擢吏部文選司郎中。性廉介，天資絕人，凡有記覽，過目不忘。

康熙己酉，督學江南，初試江北諸郡，延幕客佐閱文字。案出，輿論嘩然，有一士就試題作詩云："才難自古信其然，知我何須更問天。

斷斷不能容一技，優優還要禮三千。貧而樂者甘從井，富可求兮願執
鞭。夫子之牆高數仞，故人樂有父兄賢。"公聞之，大恚，查出閱文舞
弊者逐之。遂獨自批閱每榜後進諸生而面悔之，某某能得題神，某某
用古入化，并不攤卷於案，皆能背誦其文，人人傾服。其不取之卷，俱
逐一批出被黜之由，爲從前學使所未有。試蘇州題中有"上"字，一生
因公名"上"，遂寫"上"爲"尚"。公呼是生問故，生曰："憲名未敢正書
耳。"公怒曰："汝將以此求媚耶？士人行己，貴乎立品，即小可以見
大，即窮可以知顯。考試大典，自應慎重將事，汝乃曲意逢迎，作此伎
倆，他日僥倖立朝，則婢膝奴顔，必安爲之矣。"跪生於庭，立令改正。
及試長洲，特拔唐廷異於大收之中，知其貧而未娶，贈銀百兩以資完
姻，一時傳爲美談。

又數年，公補粵西右江道。此地崔維雅者，傾險人也，向與公同
僚屬，有干請，公薄其爲人，却之。嗣崔陞粵藩護理院事，遂誣奏公與
故巡撫郝公有交結事，繫公於獄。公無以自明，吞金而歿。至次日午
刻，維雅方啓門視事，忽狂呼曰："簡公來矣。"倉皇嘔趨下階，叩顙不
已。復立，投帽脱衣，反手面縛，自稱罪該死，左右扶入内室乃絶。維
雅疏下部議，白公無罪，而公已歿矣，人以爲害公之報云。公居官時
所入廉俸多分給族黨貧乏。著有《四書彙解》行世。

陳璹

陳璹，營山人，中順治辛卯鄉試。會多盜，率鄉勇力保地方。歲
大饑，與弟瑗設場給粟，存活甚衆。後任湖廣來陽縣令，[①]時值兵火之
後，留心撫恤，招集流亡，革除浮耗，人人樂業，共慶升平，來人建祠
祀之。[②]

---

① 來陽，(雍正)《四川通志》卷九下、《大清一統志》卷三九四皆作"耒陽"，當是。
② 來人，(雍正)《四川通志》卷九下作"耒人"，當是。

李仙根①

李仙根，字子静，號南津，遂寧人，長洲令如石公子。如石公實癸未進士，選長洲，單車赴任，不鶩虛聲，晨出夜入，日有程約。刑獄立意求生，不數月，循名大著，士民愛戴甚至。乙酉夏，去官，卜鄉之上清江居焉。

仙根八歲，善屬文，工書，補博士弟子，自是奉其母吕夫人至吳門。如石公已辭榮高蹈矣，見仙根喜甚，傾囊授之，曰："吾宦物如是，此後活計惟汝矣。"檢之，止二百餘金。明年春，湖賊大起，燒劫無虛日。一夕噪及近隣，且正向清江，聞艘後忽呼："前行不得近北岸，岸有李公賢令尹也，勿驚動。"自後數年無一艘犯清江者。值潦，移莝之雙塔，杜門著書，不問瓶罍。仙根設館以供朝夕。一日，館於鄉間，柴氏子名世俊者，夢入京試得狀頭，師得榜眼以告。仙根喜自負，因拆"榜眼"二字之半合爲"根"字，改名"仙根"，仍回原籍應試。順治甲午登賢書，辛丑成進士，廷試果一甲第二名，授弘文館編修，狀元則馬世俊也。甲辰分考，得士十有一。丙午地震，求直言，疏五事，條盡蜀情形甚悉，旋擢司業。

康熙六年，安南黎維禧與高平莫元清構怨侵殺，維禧奪高平，元清奔畈朝。畈朝，滇界也。廣西總兵王會奏聞，仙根以秘書院侍讀賜正一品麒麟蟒服充安南正使。時邊徼未寧，詔許便宜行事。己酉正月，抵安南，至都統司門。維禧不出，遣諭十餘返，乃出□②，宣讀如禮。既而交人議多梗，公草書一通，首言皇上如天好生，視交民猶內地，不忍以元清故而輒加兵，先遣使宣諭，開爾國悔咎之路，爲黎民非

① 其傳又見儲大文《户部右侍郎李公家傳》，《存硯樓二集》卷十一，略有不同。
② □，原本缺損，存古書局本及儲大文《存硯樓二集》卷十一《户部右侍郎李公家傳》作"迎"，據補。

爲莫氏也。中復數其臣誤國十罪，移諭輔國鄭檍，且曰："爾家屢世勳，[①]慎毋俾黎氏覆祀。"是時維禧幼，政柄胥檍持之，得書，咋舌曰："天使語是。"乃請畫結，領元清擇便地處之。公堅不許，曰："自明萬曆壬辰莫茂洽敗，莫氏支屬屯諒山、海東地，旋失，乃保高平一郡。而黎氏後二年丁酉，始進金人乞款，今七十餘年矣！高平固莫氏故地也，又奚容擇便地。"往返閱三月，交人詞屈，議始合，卒令維禧盡還高平地暨戶口，一如敕書指。又諭元清謹守疆圉，無再啓釁，交南大定。歸途纂《使事紀略》。疏進，召問慰勞，命內院繙繹留覽。旋遷侍讀學士，充日講官。

公體臞而修幹，吐音如警鶴，善敷講，嘗講畢，傳翼日入禁庭。公撰《聖學頌》，并跋書綾以進。跋尾言："古有《起居注》記言記事，而禮科因請設左右史官。"得俞旨，此《起居注》所由昉也，公首充職。

庚戌，總裁武會試。癸丑，充《世祖實錄》副總裁，旋協理翰林院事。京察詳允，擢內閣學士。甲寅，差協理大兵糧餉，兼驛傳、撫民事務，駐荊州。昕夕擘畫，經費充用，後緣事鐫調。己未，補鴻臚卿。逾月，擢左副都御史。言事率持大體，朝審覆奏，堂議參遺漏，公曰："譬之大朝紏失儀，他官何與，裁奪二人俸而止。"河督請別項銀，左都御史疏是非，公曰："異日以糧艘爲辭，若之何？且河工不覆地里，疏駁無益也。"奏上，聖諭給銀如公言。庚申，擢戶部侍郎，督理錢法，仍充經筵講官。部例：榷關涖任日，收銅限八月解庫。公特寬逾限，曰："題參、題覆，無滋擾也。且關有遠近，奈何以例限之？"滇黔定案，公力請分別族系，省查解釋無辜。它如四川增茶鹽引，解銅經縣地秤驗具結。潼關稅務增部員，胥力言不可。至改折河南漕米，減臨清關銅價萬兩，豁靈寶捏墾糧，公力主畫題，胥獲允。壬戌，以議錢法投劾

① 屢，儲大文《存硯樓二集》卷十一《戶部右侍郎李公家傳》作"系"。

去。戊辰，補光禄寺少卿。庚午春正月九日祈穀，代卿捧胙。公時業病，胃腕弱，捧榐少卑，以失儀鐫級，宴如也。三月二日卒，年七十。

公通曉事務，在翰林日，蜀招民贏三百，例即陞，公札省藩曰："目前虛名，轉瞬實課，恐病民并病官矣。齊豫耿、賈二撫，覆車可鑒也。"部議又准關東例，招百家以知縣用，公曰："關東招圈田失業民充應募數，旋以多捏報而止。今陝楚州縣，胥用丁口考最，此蘄招民，彼甘棄民乎？惟勤撫孑遺，則民且不俟招而集。"後竟無應例者。在内閣時，議興化，公曰："崇實爲要，不然是滋擾也。"德音免蘇松明歲半税，或疏并免佃租半，公議曰："隸農雖貧，無科索之擾。業田者輸正供，辦雜徭累負滋甚，至佃租率緣旱沴免，奚事脇之？且政宜杜漸，半租令下，恐不至全逋不止，訴訟自此滋繁矣。"乃寢。庚申，剿滅滇孽，安南奏貢，期例三年。自三叛連衡，思明、欽州、蒙自貢道胥阻，綿歷六年，今逆竪削平，請遵貢期如彝典内。索《使事紀累》①覽之，曰："畢竟是向來措置得宜，令彼一心嚮服。"然則公雖旋起旋挫，不究厥用，而才猷焯著，足以經國用而利民生，亦概可知矣。

生平工書，丰神俊秀，仿佛香光，而結體遒勁，别自成家。在都時，求書者踵不絶門，得其片紙寸縑，皆爲至寶。每書大字，徑二尺，觀者驚爲神著。有《安南使事紀要》行世，又有《游野浮生集》，奏疏、碑記、雜文若干卷藏於家。公四子：奕振、奕據、奕登、奕撰，奕據任武昌府通判。

張吾瑾②

張吾瑾，字石仙，金堂人。性純孝，母疾篤，日夕禱於神，請以身代，沉疴漸愈，人稱孝感。順治甲午科鄉薦第五，乙未成進士，授山東

---

①　據前文，《使事紀累》當爲《使事紀畧》之誤。

②　此傳與(雍正)《四川通志》卷九下記載同。

夏津縣令，擢行人，兩與文闈分校，德州田司農雯、武清李中丞煒，皆出其門。後致仕歸里，非公事不出，因都江堰爲成都七州縣水利，力請當事修三伯洞古埝，里人德焉。著有《鵲符齋集》。邑人公舉崇祀鄉賢。子晉生，康熙壬午舉人。

彭襄

彭襄，字思贊，號退菴，中江人。幼穎悟，八歲能文，長而有志。家貧力學，聞梓潼令臨潼周熛學識過人，善誘後學，偕金堂張吾瑾、梓潼白良玉往受業焉。讀書七曲山，不出山者三年。順治甲午登賢書，乙未成進士。居喪，葬祭盡禮。服闋，銓授粵之番禺縣。邑附省郭，繁劇難治，而地濱海東北隅，險僻巉巖，盜賊出沒無常，重以饑饉、兵興，奸胥追呼，營卒索兌，蔀屋苦之。公甫下車，即明斷自奮，經理無遺，百姓一甦焉。行取吏部驗封司主事。壬子，貳某官郭公昌典試廣東，所拔多一時名士，說者謂公舊能得民，今能得士云。尋轉考功司員外郎，遷稽勳司郎中，考察公明，奉職惟謹。

康熙十六年，授河南南汝道副使。時邊方未靖，軍興旁午，公風裁凜如山嶽，糾慝繩愆不避權貴，吏民如履冰上，豪強斂跡，不敢干以私。州縣獄訟未明允者，不憚親鞫，民得不冤。凡所以興革，預籌民情，不執己見，故民畏而悅，令出即行，無相梗者。獎導士類，必以文行，相勖往復，諄諄仁聲，善教士民，至今頌之。解組歸，病卒，年六十有三。

白良玉

白良玉，字田生，梓潼人。幼有智計，時土賊爲害，畫策捍禦，鄉鄰賴以庇護。順治甲午舉於鄉。康熙七年，任山西高平令，滅浮耗，除雜差，善政累累。審案尤多不測，有神君之稱。歷七載，以廉能行取考授科員,抵京卒。高平人呈請各憲爲刻石以紀其績。

初任高平時,偶出城外,有風卷塵旋繞轎前不去,曰:"汝有冤乎?第前往,吾代汝伸冤。"命二役隨風所向踪跡之,至山①中,過重嶺,轉微徑,至一深阱,風息。二役回報,白親往驗,使人探阱中,有枯屍在焉,脇下骨折,刀痕宛然。喚山中居民查問,俱不知顛末,釋之。回至儀門,轎前傘忽爲風所折,問曰:"此何風也?"役曰:"正南風。"入署,遂出票拏鄭南風。役稟曰:"正南風乃見風勢南來,隨問隨答,非真有其人也。"白不聽,叱之去,限十日,不獲重比。役持票四訪,並無其人,懼逾限受責,逃至鄰縣躲避。適村庄演戲,有醉酒歸者,旁一人呼曰:"南風哥,可回往看戲否?"其人擺手而去。役問呼者何人,曰:"鄭南風。"役即告知其地鄰鄉保,協拏送縣。鞫之,自供五年前因圖某財,誘殺之。起獲凶刀,比對傷痕,俱相符,遂正法。

又一日,下鄉踏勘民田,雪後見四境皆白,惟路旁地中有寒粟一苗,高二尺餘,莖葉甚茂,旁無積雪,心疑之,曰:"天寒地凍,百草皆枯,此何獨茂也? 必有故。"使人掘,下有屍一具,寒粟從屍口生出。問之地主田鄰,俱不知屍從何處,凶手何人,因以疑案置之。回署終不能釋,尋思數日,曰:"此必韓穀生所爲也。"秘遣幹役訪拿月餘,杳無踪跡。役將歸,至店投宿,向屠家買肉二斤,以備消夜之資。其人割肉一方,即交役持去。役曰:"盍稱之?"其人曰:"汝不聞乎? '韓穀生割肉不用稱'。我即韓穀生,何稱之有?"役即拘至,詢之地下屍,果屬所殺,遂論死如律。

又陽城縣高家庄農民高秀娶妻王氏,夫婦頗相得。一日,秀在地力作,王氏送飯往餉,飯後暴卒。報縣往驗,周身青黑,係中毒身亡。秀父遂稱媳有外交,送飯置毒所致。令信之,拘婦至,再三拷掠,遂誣

---

① 山,原文缺失,存古書局本作"山",據補。

服。及解司,旋審旋翻,委他縣研鞫,終不承認。司以案無確據,頗疑之,復提訊,婦曰:"死不難,但殺夫之名,死不甘心耳。聞高平白縣主明察如神,得伊一問,氏死無恨。"司因委白。白帶婦回高家庄,細勘情形,問送飯時有無酒肉,曰:"無酒,惟烹雞煮羹同飯並送。"白令仍照前法烹煮雞羹,送至原處候看。時天氣炎熱,送至地旁大柳樹下,須臾見有大蛇從樹隙中出食雞,毒流湯內,湯成赤霞,白曰:"得之矣。"以雞飼犬,犬立斃,因殺蛇。具詳婦冤,得釋。一時頌聲四溢,咸比之包龍圖云。

唐敬一

唐敬一,字慎齋,達州人。順治甲午舉於鄉,歷官洮岷副使。獄有冤囚,擬大辟者十七人,久未決。敬一訊得其狀後,俱省釋。又勘醴泉盜案,全活無辜甚衆。

公本姓張,原籍遂寧。獻賊之亂,一家數口俱被殺害。慎齋尚幼,有唐姓者憐而撫爲己子,遂冒姓唐,其實系本張出,與文端公鵬翮同祖,非遠支也。文端公高祖葬遂寧黑白溝,山勢雄峻,落穴端平,惟元神水直出,不能百步轉欄,形家以爲貴而不富。張氏自文端公後,科甲連綿四五世,至船山,官階俱至府道以上。唐氏自慎齋至堯春,四五世科甲連綿,官階亦至道府。然兩家累世皆以清節著,家無餘貲,彼形家風水之説誠非無因也。

劉沛先①

劉沛先,字棠溪,閬中人。性沉默,寡言笑。順治甲午舉於鄉,任山東東阿令。擢刑部給事中,遷兵部掌印給事,條陳蜀中轉運情形,蜀疆無匱乏之虞,秦民省轉輸之苦,聖祖嘉納之。後以目疾歸里,尋卒。

① 此傳與(雍正)《四川通志》卷九下記載同。

蕭亮

蕭亮,四川人。順治十二年以諸生隨征入閩,知寧洋縣。時寇盜充斥,亮剿撫互用,綏流離,繕城郭,百廢具舉。士民祠之。

亮,《一統志》《通志》俱載四川人,不注何府何縣,應係當時從龍入關者,今籍貫不可考矣。

楊應魁①

楊應魁,射洪縣騰龍子,精通滿漢文字。本朝特用敘瀘道,實心愛民,民咸感戴,至今祝頌。

張思房

張思房,閬中人。累官貴州黎平府知府,改陝西鞏、涼二府同知。其守黎平時,滇寇未靖,思房折衝禦侮不少挫。致政歸十餘年,屢舉鄉飲大賓。及卒,邑人呈請崇祠鄉賢。

羅爲賡

羅爲賡,字西溪,南充人。順治甲午鄉薦,任浙江孝豐令,民德之,立祠祀焉。擢行人,致仕歸里。

蒲昌迪

蒲昌迪,渠縣人。順治丁酉舉人,任山東鄆城令,陞山西絳州牧,鄆人籲留,不忍其去。昌迪喜獎拔後學,鄆城庶常魏希徵、絳州庶常李復泌等皆於布衣受知。後致仕歸,卒於道。絳州人請入名宦。

---

① 此傳與(雍正)《四川通志》卷九下記載同。

趙宏覽

趙宏覽,字僧照,劍州人。少遭亂,未嘗廢學,中順治戊戌進士。任江西廬陵令,多善政,以憂去。補江南虹縣令,實心愛民,興利除弊,不尚煩苛而事事修舉。虹人感之,祀名宦。

劉如漢

劉如漢,字倬章,號雙山,巴縣人。順治己亥進士,選庶吉士,受職檢討。後補兵科給事中,章數上,皆報可。累遷副都御史,巡撫江西。未抵任,丁外艱,哀毀骨立,尋以疾卒。恤典甚優。

程正性

程正性,字存存,萬縣人。順治十六年,以貢生任北直開州州同。陞河南睢州牧,建學宮,置書院,歲捐廉俸,教育貧士。遷雲南永寧同知,以疾卒於官。

張象翀

張象翀,字六飛,安岳人。康熙甲辰進士,父母早逝,每值忌日,致奠盡哀如初喪。始宰饒陽,力請裁減驛站。邑多偷盜,廉得首惡,盡法治之,盜風頓息。擢知膠州,設養生堂,葺藥室,撫嬰療病,全活甚衆。所著有《處和詩集》。

張鵬翮[①]

張鵬翮,字運青,遂寧人。父烺,夢祥雲繞室,覺而生公。幼端静

---

①　其傳又見彭端淑《張文端公鵬翮傳》,收錄於錢儀吉《碑傳集》卷二二。

如成人，三歲授《大學》，能成誦，九歲能文。康熙己酉，舉於鄉，時年十二。方入闈時，監臨某夢綠衣白馬人入某號，以爲奇，使吏記其名於簿。揭曉，公名列焉。監臨見其年甚少，嘆曰："此公輔器也。"明年成進士，入翰林。時館中競以文藝相餉，公獨宿館讀書，與魏環溪諸公講學不倦。癸丑，改刑部主事，尋遷員外郎，嘗辦疑獄，不避權貴，人皆憚之。再遷禮部郎中，上召見，賜太液鮮鯉。以郎官邀殊恩，自公始。

庚申，特簡知蘇州府事。未幾，以太夫人憂去。服除，補兗州。甫下車，釋冤民三十人，全婚姻一人。因舉者屢，遷兵部督捕右理事。時上方重于公成龍，問諸臣中誰堪繼者，衆以公應，於是命與内大臣同使倭羅斯，路經喀爾喀地。初，額諾德與喀爾喀爲難，上嘗命達賴喇嘛解之。至是，復交構，喀爾喀聲言王師將援，以敵。[1] 公聞之，言於衆曰："古人有言'慮善以動'，此行適中額諾德之忌，當預計之，毋使生變。"衆迂其議。俄而，額諾德果執我前軍，衆驚欲退。公急止之曰："不可！受天子命出使絶域，奈何示小醜怯，且吾退而彼襲其後，將何以禦？若陳師固壘以張之，而徐遣一介以通其故。彼若跋扈，再計可也。"衆猶豫。公屬聲曰："事出危難，正臣子效命之日。公等皆怯，某獨當之。"衆知不可拂，于是從公前計。額諾德服罪。使還，轉左理事，再遷大理寺少卿。

己巳，扈從南巡，還至吳門，授浙江巡撫。公之撫浙也，約己肅下，興利剔弊，旌奇節，安流徙。七年，士敦實行，人息競爭。會請免捐穀，時議欲中傷，奏上，仍留任。尋遷兵部侍郎，浙民感公德，扳轅涕泣，繪其像於竹閣，曰："俾無忘我公之惠政。"已而旋召江南學政。三年秉公校士，上嘉其操，賜書獎諭曰："從前作清官者宋文清一人，近日張鵬翮堪與之匹。"遂遷都察院左都御史。

---

[1]　敵，彭端淑《張文端公鵬翮傳》作"紿敵"，疑原文脱"紿"字。

　　會淮、黃泛溢，南北阻絶，運道難通，議者欲改海運，上特調公總河，命經其事。公博考輿圖，遍尋故迹，於河自開、歸至雲梯以下，於淮自洪河溯旴、泗以上，按審形勢，嘆曰：“河性本直，而壩曲之，是拂其性也。河流入海，而溢其口，是阻之流也。昔之淮南高而北下，今之淮西亢而東傾，而以數寶爲之牽引，欲其還向清口，不亦難乎？欲疏河必開海口，欲出清必塞六壩。海口不開，譬之果腹而閭尾不暢也；六壩不塞，譬之巵漏而中無停蓄也。”乃陳十策，願以便宜行事。上報曰可。於是擇人任使，遵王景塞館陶之法，修明潘季馴、江一麟所築歸仁堤之遺，□□①黃壩，杜諸決口，倍大河南北之堤，曲者使直，而河水朝宗；堵塘埂六壩，開張福口、裴家場、瀾泥淺、三汊儲及張帥諸庄，挽全湖之水並力敵黃，而清淮以出。是役凡耗帑數萬有奇，公不以一錢利己，故下亦感激輸忱，樂爲之用。當是時，水安其道，民寧其居，舟行不驚，淮運乃濟。時人爲之語曰：“昔之帑肥於人，今之帑肥於地。”美公潔也。其居民爲之謠曰：“塘埂築兮水不通，白駒開兮下河通。海不揚波兮水不湧，民樂其中兮民安而歲豐。”頌公功也。

　　先是，陳家庄外近漫灘，内通湧泉，狂瀾騰沸，相傳有水怪焉。公爲文祭之，三日，有狀如牛徙去。於是癸未上南巡，自清口至桃源，周行遍視，河黃淮清，回視公曰：“朕二十年前泊舟於此，水不覆堤者數寸，今安瀾若此，卿之功也。”公頓首謝曰：“此皆奉我皇上經略，非臣之力也。”詔爲刑部尚書，尋轉户部尚書，再遷吏部尚書。

　　上嘗以公公直廉明，凡有大疑獄，輒遣判之。前噶禮之參陳鵬年，公直鵬年而曲禮。公子懋齡牧懷寧，屬禮下，例得薦，禮語同列曰：“吾且殺張家子，姑從民望寬之，尚望薦乎？”公按姦發伏，抉摘是非，無所容回，多類此。

世宗即位元年,拜内閣大學士。上在藩邸,洞悉天下利弊及中外臣僚淑慝,故初御極即有是命。其子懋誠及孫勤望,各賜爵有差。時上方勵精圖治,毅然更新,公以身任天下事,因能授任,持大綱,去煩細,時議稱賢相焉。公自弱冠入仕,及爲相,凡五十餘年,名滿天下。主上不疑,同官不忌,考之史册,往往難之。年七十七,卒。遺子以邊防、河防、海防三大務遺奏,上悲悼減膳。贈少保,謚文端,崇祀賢良,賻賜甚厚。

公兩知貢舉及同考官,所薦多知名士。三視河,當爲相,上猶遣公曰:"以位則卿不當差,然遍視諸臣無出卿右者,蓋公長於治河。"凡所經畫,莫不完固,至今數十年,猶遵守其法不變。公性孝友,持躬一循禮法,平居衣冠必整,盛暑未嘗跣足露體。終身一繭衾,食無兼味,亦無田廬,御書樓數間而已。

子二,長懋誠,官通政使;次懋齡,淮安府山安同知。孫八,長勤望,任刑部陝西司郎中;次勤寵,興安知州。曾孫顧鑑,以副榜任山東館陶縣,歷陞雲南開化府,所至有循聲,能世其家。玄孫問陶,現任翰林院編修。

彭際盛①

彭際盛,字於斯,南充人。康熙六年,以明經任河南武陟令。邑有沁水,歷爲民患,際盛捐金修築隄堰,民得安堵。歲丁未,蝗蝻爲災,深夜虔禱,蝗竟飛去。後乞休歸,民立祠祀之。

李先復

李先復,字曲江,南部人。康熙壬子舉人,初任山東曹縣令,後補湖廣大冶縣,有惠政。行取浙江道御史,歷官兵部右侍郎。西陲用兵,奉

---

① 此傳與(雍正)《四川通志》卷九下所載同。

命輓運軍需至巴里坤，晉工部尚書。雍正元年，致仕歸，囊無餘貲。然性喜施與，每甘淡泊以周貧乏。曲江有《弔斷臂烈婦行并序》①，云：

烈婦鄧氏，長溝民何獻圖之妻，齡二十一，事孀母趙氏至孝。會吳逆作叛，夫負餉隨征，母已出，婦鍵戶治內事。守備張某騰騎突入，翩翩糾糾，竊意於深谷無人之地挽一女子，如探囊易耳。始而以言挑之，則罵；繼而以金誘之，又罵；再則以力脅之，仍大罵。張乃直創其頭顱，連揮數刃，痕寸餘，婦欲撞闥而出，張牽其肘，婦力拒之，遂斷左背。② 張懼甚，乃自刺，復自刺所乘馬，赴縣庭，中夜死。婦匍匐往食田水，鄰人詢其故，猶云："馬兵殺我。"不逾時，卒。鄰人鳴之官，遣捕跡其狀，見滿室皆血，一手在門後，刀插戶側，婦遍體皆傷，下衣無全縷。遠近觀者如堵。詳聞偽將軍，俟事定方蓋棺。露尸四月，顏色如生。噫！威武不能屈，謂之大丈夫、直③大丈夫耳，而婦人云乎哉！爰紀其異，以存傳記云。

長溝之山山矗矗，長溝之水水綠綠。④ 蒼巖松老風謖謖，村婦編籬形影獨。織無機絲舂無粟，荊釵蓬鬢慽顏玉。良人長征最⑤可憐，長征輸輓秦師前。阿婆牧犢柴桑外，倚閭終朝望不還。紅日未暝青山紫，馬蹄轟處黃塵起。寶劍金鞍羽林郎，下馬瞥見雙頤喜。低首求歡甘言餌，婦氣衝衝髮豎指。躑躅旁皇奔無門，呼天不應⑥惟有死。兇奴忿極刃交加，血和珠淚飛紅雨。中庭電掣雷霆吼，神龍只抱驪珠走。烈婦守身不顧身，敝屍形骸傷其

---

①　詩序又見李調元《蜀雅》卷十二。
②　左背，李調元《蜀雅》卷十二作"左臂"。
③　直，李調元《蜀雅》卷十二作"只"。
④　綠綠，李調元《蜀雅》卷十二作"曲曲"。
⑤　最，李調元《蜀雅》卷十二作"不"。
⑥　呼天不應，李調元《蜀雅》卷十二作"心口相商"。

手。手既斷，心如鐵，血千行，腸百結。勢如漢魏交鋒金鏃折，賈復拖腸不敗北。又如真卿義激李希烈，割舌期期猶罵賊。哭已無聲魂默訴，上帝聞之心震怒。陰遣六甲與六丁，藉手殲奴奴惡露。渠自戕，非①無故，忠孝節烈鬼神護。不則泰山等鴻毛，石完玉碎芳名誤。君不見漢殿明妃馬上嬌，銅雀空勞鎖二喬。美人一旦埋煙草，姓氏誰將烈女標。又不見金屋阿嬌傾國色，一笑千金難買得。官中脂粉賤如泥，不換村姑一點血。吁嗟乎！別夫不於室，拜姑不於堂，慷慨赴義曷忙忙。千載而下，仰清光②於高山之崔嵬兮，與流水之汪洋。

趙心忭

趙心忭，字清章，西充人。康熙壬子，鄉薦任山西大平令，報最，擢兵科給事中，章數十上，皆關國計。條陳蜀省事宜，尤中時弊，當時議行，至今便之。其略云：

一、成都水利宜責崇官也。古稱益州，沃野千里，崇指成都一府而言，其土最爲膏腴。又灌縣之水，可以灌溉，無亢旱之憂。每年至二月下旬，灌水放入四野之地，盡成水田，可以插栽秔稻，又稱陸海。當年人民繁盛，設有水利道，專管水政，經營溝洫，以洩水害。今水利道奉裁，然從前田地未經開墾，舊日溝渠仍在，尚不至有害於人。今蒙皇上修養生息數十年，人民漸多，田地漸闢，其中溝渠年久坍塌淤積，無人陶汰。又有豪強兼并之徒壞去阡陌，以致水道壅塞，一經雨集，四望皆水，淹没稻禾，無路可行，大爲民害。臣見成都通判一官，職掌甚閑，合無請旨令其兼司水利，董率各縣及時淘汰淤塞，修築塌壞，使

---

① 非，李調元《蜀雅》卷十二作“匪”。
② 清光，李調元《蜀雅》卷十二作“清風”。

水由故道,匪但行旅無患,即地方亦受經界清正之利,而古制可復矣。

一、成都直季之官宜革也。直季官原以承審欽部案件,今邊方小省,人煙寥落,詞訟鮮少至。欽部案件雖或時有,亦易歸結,安用此直季者爲哉?自有直季之官,添百姓無限苦累,蓋直季多輪派各府通判,衙署清冷,率皆貧瘠。蜀省幅幀既寬,山川又險,往來奔走,道路動需月餘,一年之俸既不足供往來之費,勢必索夫馬於民間,紛紛滋擾矣。臣見外省煩劇地方,尚有不用直季者,何偏簡小省必欲有此名目也?請敕撫臣永行革去,嗣後遇有欽部案件及撫臣自理狀詞,酌量事之大小緩急,就近批審,或批原地方官承審結案,庶案件可清,民累可除,且可絕貪緣之弊矣。

一、驛站宜照道路之遠近、險平量行改正也。四川驛站設於我朝,甫定之初,路途遠近、平險、衝僻未盡協宜,經制一定,不能更變。其中有遠至百數十里者,即近亦有八九十里者,山高路險,馬力易盡,且羊腸鳥道三四十里即可當平川之百里。衝遠之邑,額馬支應不敷,遂起民馬之議,雖屢經督撫諸臣嚴禁,然偏僻州縣尚可遵行,路當極衝者不得不取資民力,於是每縣民馬有二十匹者,亦有十餘匹者,新復之民何堪此累。請敕撫臣細加清理,查蜀省驛站之極僻者,量爲裁減,路險而遠者,量行增額,酌於損益之間,永禁民馬之害,則民不招徠而招徠日集矣。

一、落地之商稅宜因時變通也。四川偏在一隅,北通秦省,東通楚省,南通黔省,僅三路耳。當日定稅之時,川北先入版圖,秦省往來人多,故於廣元縣定稅額一千四百餘兩。楚省船隻一通,即於重慶府定稅額數百餘兩。黔省接連蜀界,故於遵義府定稅額二千七百餘兩。近日黔省貨物稀少而稅如故,秦省荒災之後遠商寥落而稅如故,起解額銀不足,勢必蔓延土著生理,既病商而又病民,似宜隨時變通,寬一分以廣招徠,俟充盈之日再議加額者也。

以上四事,皆關蜀省民生利弊,臣冒昧詳陳,仰副皇上軫念邊方,矜恤遠民之意,仰懇敕賜部議。臣仰叨浩蕩之恩不淺矣。

後解官歸,杜門却掃。鄉人忿爭者,輒婉言開導,多所感悟。蓋才而兼優於德者。

楊葳①

楊葳,字聖與,犍爲人。康熙辛酉領鄉薦。由江安教諭卓異,擢湖廣宜章令,兼攝鄰邑,俱有廉聲。解組後,宜民立生祠祀之。

杜廷玉②

杜廷玉,嘉定州人。康熙甲子舉人,性孝友,文行高卓,尤喜曲成後學。生平好義樂施,州人慕之,合請入祀鄉賢。

袁開聖③

袁開聖,峨眉人。康熙丁卯舉於鄉,家貧,力學不倦,邑人師事之。由成都教授卓異,遷江南泰興令。解組後,泰興人繪像祠之。

李鍾峨

李鍾峨,字雪原,通江人。康熙四十五年丙戌進士,改庶吉士,歷陞至太常寺少卿。上言:"翰林爲儲才重地,自康熙四十五年至康熙六十年會試七科,不分省分大小遠近,每省俱有庶吉士。查雍正元年癸卯科,漢軍及河南、四川,進士無館選者。雍正二年甲辰科,蒙古及山西、河南、陝西、四川、廣東、湖南、廣西、雲南、貴州,進士俱無館選

① 此傳與(雍正)《四川通志》卷九下記載同。
② 同上。
③ 同上。

之人。請廣儲才之路。"等語。奉上諭云："朕侍奉皇考，朝夕敬聆庭
訓，從未論及政務，所以館選庶吉士之事朕實不知。朕即位之後，以
培養人材最重翰林，故加意詳慎。隆科多曾奏稱，聖祖時館選每省俱
有庶吉士，所以朕於雍正元年癸卯科館選時，試其文義，觀其人品，於
僻遠省分之人亦酌量選取。又時諭教習之臣，盡心訓迪。迨後歷經
簡擇及考試文章，其中惟江浙人文義實較各省爲優，因將各省人員分
用於內外各衙門，而江浙人留館獨多。雍正二年甲辰科館選亦詳加
考試，朕因以文義優者選爲庶吉士，於是山西、河南等省進士遂多，不
得與選。蓋翰林職司文章，若以文義不及者處之，則用違其才，而其
人或有他長，反無以自見矣。朕凡於用人行政，無不審慎籌畫，務求
當理，而選擇翰林更爲留意，實欲使人人勿枉其才，各效所長，庶國家
得收器使之效，豈計及於各省翰林之多寡、有無耶？今覽李鍾峨所
奏，是必外人有此議論，故李鍾峨遂以入告，朕甚嘉之。大凡國家政
事，朕有不及見聞者，若臣不言，朕何由而知？朕正欲爾等盡心陳奏，
朕因得以覽其所奏之是否，是則改而從之，否則亦可以朕意宣示爾
等，使天下之人曉然共白，不敢妄生議論。嗣後館選庶吉士，或應考
試文義選取，或應每省額選幾人，或應分爲南北兩院。向來教習，止
派滿漢各一員，今若據省分各選庶吉士，或亦按省分各設教習，可乎？
至各省未得館選之進士，中或有文義可充翰林之選者，爾等確有所
知，即行舉出，毋使人有遺才之論。爾大學士會同九卿詳議具奏。"①

　　鍾峨居卿班，多所建白，授廣西學政。著有《垂雲亭文集》行世。

向日貞

　　向日貞，字乾夫，號一存，成都人。康熙癸巳進士，授庶吉士，遷

---

① 　此文見於《雍正上諭內閣》卷三一。

廣東道監察御史。幼極聰慧，美丰姿，有神童之稱。年十四，在塾中被人誆去入梨園學戲。其兄日升尋覓半年不得，後聞在重慶某班裝旦，聲名藉甚，乃踪得之，議以價贖，而班主不放。其兄遂詣巴縣具控，而令亦謀漁獵其色，斷仍留本班。其兄患極，赴太守上控，太守得呈，問曰："爾呈稱在書塾中業已完篇，今尚能作文乎？"曰："能。"即令取紙筆於堂下親試之。未炷香，文成三百字，筆致生動，出人意表，大驚。又問："能詩乎？"曰："初知平仄。"即指衙前小柏樹爲題，應聲曰："柏木棟梁器，初生不自全。倘蒙培養力，平地直參天。"嘆曰："此神童也，豈久屈人下者！"乃斷令贖回。是歲，學使廬江宋嵩南在衡按臨，首拨入庠，決其必領解。戊子，榜發，果第一。適太守亦在闈，遂認爲師生。中癸巳進士，入翰林，陞御史，有直聲。

雍正元年六月，上《請嚴那國帑捐官疏》，云："國用資於錢穀，錢穀寄於有司，州縣責成首嚴虧空。乃有不法之員，視捐款爲倖進之階，借國帑爲營私之具。聞開捐例，百計求成，權移公帑，暫遂私謀。先用即用，爲自己而捐陞；盈百盈千，爲子弟而納職。而又巧於逢迎，工於趨奉。上司素受其重賄，臨時顧惜其私情，曲爲徇庇，轉接後人，陞者居於局外。既謝責，而可擔受者墮其術中，雖後悔而莫及。即新任或堅辭不接，乃上司銜其夙怨，必致借事中傷。乃如之人，上虧國帑，下累後官，貽害甚於盜。臣請著定例，嚴加處分，上司有隱護之員，無論離任、現任，令其賠補；子弟有捐納之職，不拘前用、後用，革其職衛。如此，則徇庇可除，舊官無巧脫之計，虧空可出，新任免掣肘之虞矣。"有旨交部議，應如所奏奉行，各省督撫於所屬有司內有私那錢糧自己捐陞並子弟納職以至缺欠者，即行題參，照侵欺錢糧例治罪，其子弟所捐職衛革去。該管上司有通同徇隱勒逼接任收受者，無論離任、現任，交該部嚴加議處，所欠銀兩勒限分賠。奏覆奉旨依議行。是年，復奏請自癸卯科爲始，鄉會試錄仍照例刊刻，除順天鄉試錄府尹恭進外,其各省鄉試錄移送禮部彙齊,恭呈御覽,皆敕部議行。

日貞通籍後,避諱自改曰正。著有《向太史大小稿》行世,所選有《程墨大小題文憲》,人多誦之。

岳濬

岳濬,字厚川,號星源,成都人,襄勤公長子。年十九,由廕生引見,補陝西清軍同知。署藍田篆,查詢獄囚,釋大盜三十餘人。當事者怒,欲劾之,濬曰:“署縣非確有所見,何冒昧若此? 今事未竟而遽劾之,則真盜竟逸矣。且故縱與故勘均干法紀,某豈敢自罹重譴? 請以兩月爲期,回署懸重賞,密捕獲贓盜,置之法。”當事者始嘆服。尋超陞直隸口北道。古北地界邊墻,糧多匿寄,民苦偏枯。濬至,逐一丈量,民賴以安。時相國丹崖黃公以將軍銜駐劄其地,雅敬公,謂:“棟梁偉器,可肩重任。”後十餘年,黃公巡撫甘肅,兩逢京察大典,皆舉公以代,由契之深也。

雍正五年六月,陞山東布政使,到任即將司庫收支存貯,耗羨銀兩開册進呈。上嘉之,諭曰:“拴覈殊中肯綮,可嘉之至。不料汝能如是之清釐也,勉之。此心此行,切勿纖毫改移,但推誠秉公,一惟朕躬是倚,更無有人能榮辱汝者。”既而調任山西布政使,又奏明續貯充公銀兩。上復諭曰:“能如是刻勵自持,有何可諭? 汝年力方壯,無窮事業由兹始基,正宜勉力,以期上進,堅守此志可也。”旋署山東巡撫,奏請將鹽道陋規一萬五千兩解司充公,仍另給例,得養廉六千兩,上嘉之。先是,上每諭濬諸事效法田文鏡。六年,文鏡奉命至山東,會審前撫黃炳一案。上諭文鏡曰:“卿至東省,面晤岳濬時,推誠相告,料伊必歡忻領受,而且佩服不忘。實係少年美才,將來大有可望,加意開導,如朕前諭,照親子弟一般相待,將所批之旨,亦密令知之。”至是抵濟南,濬出郊迎,相會歡洽,不時進謁。凡東省事,虛心請示,文鏡亦逐一指誨，謝摺有"老成練達，實有以勖臣不逮，廣臣未聞，深爲欣幸"之奏。

七年四月，濬父、寧遠大將軍、川陝總督岳鍾琪統兵進剿準噶爾。奉旨："鍾琪在西安起程時，著伊子岳濬前往親送伊父至肅州，再回山東原任。"濬具摺奏謝請期。上諭曰："已有旨從部頒發矣，可即起程赴陝與汝父歡晤。仰蒙上天垂庇，汝父振旅凱旋，朕仍召汝來京與觀飲至策勳也。"是年，加陞僉都御史。濬送父回東，並謝送父聖恩兼懇入覲。上諭曰："汝第能聽受田文鏡所言而行，勝如來京面聆朕訓諭。國家戎政、興師選將之事，田文鏡稍遜汝父；若地方吏治、錢穀刑名等務，即汝父亦不能及也。當竭力倣效之。"是年，督催曲阜孔廟重修、泰安神廟大工。十二月，實授山東巡撫。上諭曰："今實授汝爲山東巡撫，已有旨矣，竭力勉爲之。百爾臣工倘至有玷厥職，罪止於不忠而已，在汝則又多不孝罪責，可弗慎歟？兹爲汝計，事事循田文鏡軌轍，萬勿另移步趨，不但好勝之言不出於口，即見長之念亦不存於胸，儼如後生之於師長，下吏之於上官，遵從維謹，慎莫聽信屬員撥弄而輕違君父慈愛之訓誨也。田文鏡年已七旬，從伊學習十年，至得心應手、精詳熟諳時，然後呈獻底蘊，展布謀猷，猶爲未晚，何必目前向班倕爭巧，而較論長短於尺寸間耶！斯乃朕知真見透之論，當拳拳服膺，奉爲圭璧。"濬撫東幾十年，勤慎如一，事事修舉，皆由世宗訓誨所致。其命倣田文鏡，亦始終遵循恪守，而其性情政事終不相類，田尚刻覈，濬尚寬平。世宗嘗以問文鏡，文鏡對曰："屢奉諭旨，臣敢不盡力規勸。但臣愚以爲督撫辦理封疆大事，必須諳練，胸中方有成竹。見以爲何事當行，則急起而行之，雖取怨，尤毅然不顧；何事不可行，則急起而止之，雖沿習已久，法在必除。如此則與封疆有益，而政務不至廢弛。若未諳練，則胸中原無所知識，而欲其行何事，革何事乎？即有從旁告之以當行當止，且遊移不決，否則不過虛應故事而已，終非己意中見以爲確乎不可拔、須臾不容緩者,安肯實力以行之乎? 故臣常有所行必移咨岳濬,令與臣同行飭遵,彼雖轉行各屬,終未見其如何督率使之必遵,教道使之共曉也。是以各屬稍不知慎,威令每致不振,諸事每致觥延,在岳濬或別有寬裕溫柔之一道,而臣不敢不爲之鰓鰓過慮也。"上以爲名言。其時東省屢獲豐年,地方寧謐,咸以爲政尚寬平所致,田或不及也。

濬幼從襄勤公指授,素曉兵法,兼識天文。常夜静仰觀星象,漏已三滴,促中軍至濟寧,限以時,莫知其故。次夜,濟寧牧某因訟事激民變,入署劫官,殺其妻孥。中軍帶兵至,登時擒獲亂民報到,咸以爲神。嗣公赴寧,將至城四十里,父老擁道而泣,曰:"一二無知小民,冒昧犯死,願公無累良者。"爰察其首惡及附和者,論如律,餘俱奏請寬赦。山東多積盜,公至,設法捕緝,鹽梟、响馬絕跡江南。總制又玠李公因海案差官至東協緝,公以盜非東省,咨回令於海州緝拏。李公奏聞,奉旨明白回奏,因奏明東省島嶼風俗人情決無此盜,協緝徒滋擾累。奉旨交江南專緝,果於海州全獲。李公嘆曰:"某生平棋局未嘗輸人一着,不想今日甘拜下風,蓋信之深也。"臬憲崑圃黄公邀飲,公素不演劇,以前輩不敢辭,爰致之曰:"一席請教,甚愜鄙心。但優孟衣冠不樂觀也。"雅酌竟日。時或疑公出於僞,不知實素志也。蓋公事上援下,以及一言一笑,莫不本於至誠,故能邀主上特達之知,年逾弱冠即領封疆,頻叨異數。己酉,奉旨由山東巡撫任送襄勤公至大將軍營,捧賜至西安,與高太夫人具慶。庚戌,襄勤公入覲,公來京侍養,適抱恙請假,奉旨在養心殿診視,調理藥餌飲食,寒暄早暮,無不動煩睿慮。病痊,仍着太醫院送至山東。

丙辰,高宗純皇帝御極,奏請入覲,溫諭疊加,隨有調任江西之命。江右風俗健訟,赴愬撫軍衙門者盈千累百,真僞莫分。公縝密以理,事事寓以化導,後亦漸減。豐城臨江,往年被水蕩爲巨浸,設堤堵禦，其地多沙石，每遇夏漲患水漏者，數年莫能救。公至，着以牛糞堵禦，如法治之，遂固。屬吏請其故，公曰："物性貴相制，《埤雅》云：'牛，土畜也。土緩而和，故易以坤爲牛。'此地石硬不能融，土弱不能堅，惟牛糞氣厚而力博，和泥以膠之，故凝固可久，物性固如是耳。"衆始驚服。

方壬子、癸丑間，公以其父襄勤公問罪在獄，終日憂戚，形容枯稿，獨處草舍之下，茹蔬食粥，非公服不御絲枲。三次奏請，奉世宗硃批："至誠可以格天，不必再瀆。"至乾隆二年丁巳，荷蒙天恩俯察，釋放還鄉，於是迎高太夫人及襄勤公同至署中，骨肉團圞，捧觴上壽，豐膳潔醴，備極孝思。向之不演劇者，至是則動用鼓吹以博歡愉，以爲夙昔之期望而不可必者，今始得一展孺慕之忱。不料班衣舞綵之具竟爲非議之端，時有上其事者，蒙皇上加恩，降補光禄寺卿。公曰："吾在山東時，殊不欲生，今外任既得事親，内任復得近君，吾何恨哉！"未幾，恩用福建按察使司，會遭高太夫人喪，未之任。服闋，補廣東按察使司，旋陞湖南布政使，調任廣東，再陞廣東巡撫，調任雲南巡撫。公所至之處，興利革弊，知無不爲，一以和易出之，故天下不矜風節而群食和平之福，有"生佛降臨"之號。時襄勤公平定金川，晉爵上公，提督全蜀軍務，威名遠播，榮同晝錦。公適以廣東失察案降補鴻臚寺卿，旋陞通政參議。奉旨隨駕熱河，以疾作，不能行。延至中秋後，卒，時乾隆十八年八月二十六日也，年五十。

公沐殊恩，疊任藩臬封疆近三十年，雖中遭小挫者二，俱以瑣事被累。聖恩優渥，旋復擢用，眷注方殷，入參樞密，啓沃綸扉，指顧可俟，乃竟一病不起，天下惜之。

曾亮

曾亮，瀘州人。康熙甲午舉人。有同族孀婦子女孤貧，流寓他邑,亮移歸瀘郡,經理其家,婚嫁俱力任之。授浙江鄞縣令,視民如子,力拯窮困。逾年,致仕歸,琴書外一無餘橐。

陳暻雯

陳暻雯,字果亭,富順人。康熙乙未進士。家貧力學,自號破愚子,任廣東樂昌令,居官數年,懷清履潔,昌人稱其有守。

嚴瑞龍

嚴瑞龍,字凌雲,閬中人。康熙戊戌進士。由御史轉給事中,歷官臺灣巡按,擢湖北布政使署巡撫事,卒。瑞龍官諫垣,有直聲,不避權貴,寮采憚之,以此受上知,故剔歷中外,仕至開府。

胡瀛

胡瀛,字一山,宜賓人。康熙戊戌進士。官至湖南按察使,多惠政,著有《石溪集》行世。

王恕

王恕,字中安,一字瑟齋,號樓山,安居人。年十四,好讀書,家貧不能繼燭,夜燃竹自照。康熙壬午,徒步跰行赴省試,登鄉薦。六十年辛丑成進士,授庶吉士。癸卯,改吏部文選司員外郎,歷驗封司郎中。甲辰,典貴州鄉試,道中陞廣西道監察御史。既復,命分校禮闈。

雍正五年五月初十日,上疏條陳時事,言:“上司有盤查屬員之責,有本屬道員,署知府印者;有本屬知府,署州縣印者。新任到日,凡刑名錢糧有未清之項,屬在上司,强行交代,勢分相臨。或有瞻徇情面勉强出結者,以後不無徇庇,甚至錢糧虧空,不能從實盤查,上下通融,弊端百出,殊爲未便。嗣後知府缺出,府佐貳官署;知縣缺出,止許鄰近州縣官署，則瞻徇通融之弊可除，而自無逼勒交盤之弊矣。"
上交部議准行。其冬，從高安相國朱文端公視浙江海塘。明年，丁父
憂。戊申，服闋，補兵科給事中。旋出視湖北漕，逾年罷官。復至京，
會高文良公移節江寧，奏薦起用。辛亥，署江安糧道。今上登極，擢
廣東按察使。己未，陞布政使。明年，巡撫福建。壬戌四月，罷鎮還
朝。秋，復授浙江布政。僅一月，出送客，薨於輿，十月十六日也，年
六十有一。

恕歷官清要，尤習吏事，在江南爬梳漕弊，後以爲法。在粤極論
冬至後決囚非宜。至閩尤著者，奏免崇安無田浮賦及閩侯諸縣災民
貸穀，請禁南洋市舶，借運潮州倉以救臺飢，皆人所不能言者，恕獨言
之，上皆允行。爲人器量閎遠，御下以寬，不撻一卒，人亦不敢欺。師
友急難，傾篋不吝。常捐刻辛丑座師李紱《穆堂初藁》五十卷於閩中，
以報知己之感。仕宦二十年，家無長物。

初，恕得詩法於高文良，聞正學於朱文端，所至手一編自課。好
獎拔士類，常與長洲許廷鑅及成論詩廳事，索筆研不及，即推許上座，
而恕西向旁坐，濡案上丹筆，掀髯吟賞。在閩時，訪永福黃任於陋巷
中，屏騶從步入。黃君間至，留飲月上，攜手送之。又所賞張甄陶，於
辛酉監臨時見其文高被黜，歸爲賓佐，言之流涕，其愛才若命類如此。
尤嗜少陵、昌黎、義山三家詩，手自箋注，稿凡數易。性善酬咏，所至
輒闢精舍，如秣陵之塔影樓、羊城之葵亭、三山之瞻臺，皆偕賓從觴咏
處也。所著文章詞賦奏議甚多，彙《樓山集》，樓山即恕少時讀書地，
因名其集云。初，恕館選時，溧陽相國史鐵厓時爲學士，謂曰："君名
姓與前明三原恭毅相同，他年必能步武勉旃。"恕曰："唯恭毅由庶吉
士至巡撫。"至是，恕果如其官云。

子六：汝舟，甲辰舉人；汝楫，諸生；汝彭、汝諧、汝嘉，乾隆乙酉
解元、壬辰進士、庶吉士授檢討；汝璧，乾隆壬午舉人，丙戌會試第四

名,二甲進士,授文選司主事,陞郎中,出守順德,調保定府知府,歷大
名兵備道,今授山東按察司。

楊宏緒

　　楊宏緒,字裕德,號丹山,新繁人。康熙六十年辛丑進士。授河
南湯陰令,值歲荒,請開倉賑恤貧民,鬻妻女者出俸錢贖之,復詳給河
夫口糧,冬捐給綿衣一襲,皆前令所未行也。逾月丁憂,巡撫田文鏡
保奏:"宏緒年力精壯,辦事明白,地方百姓無不悦服。臣因到任只有
月餘,不敢冒昧請留任,且家無次丁,聽其回籍料理數月。但似此賢
員不可遽得,可否容臣具題,仍咨取來豫,遇缺補用,仰祈聖鑒。"奉旨
具疏題請。文鏡甫任河南,參員二十二員,而宏緒獨邀特賞保舉,亦
異遇也。年餘,補尉氏縣,攝洧川篆。尉多盗,夙號難治,至則力行保
甲,計擒盗魁神手張八,自後閭井宴然。洧川獄繫囚百餘人,疫癘大
作,爲遣醫護視。晝夜治文書,審理判決,釋株連,輕罪責保,囹圄一
清。尋陞福建福州守,歷汀漳驛鹽道,所至有能名。擢浙江按察使。
先是浙省案牘殷繁,録囚不即訊,吏役因緣爲奸,羈留需索,民受其
害。宏緒乃設鑼於門,許囚至鳴鑼報聞,隨至隨鞫,持法平允,吏不能
欺。以呈誤左遷湖南糧儲道。病卒。

　　性孝友,精吏治,工文章,兼長韻語。《自昭化至劍門》云:"兹行
又值早春時,一握天高任所之。衰草斜陽丞相墓,荒苔冷篆劍門詩。
泉通石罅山根響,樹隱崖陰日影遲。沽酒但尋茅屋去,松風高掛薜蘿
枝。"《堂成書事》云:"避喧聊托一枝安,茅屋三間倚翠巒。醫俗借來
書數卷,愛吟刻遍竹千竿。因嫌草密頻鋤徑,爲惜花欹自架欄。忽報
故人新捧檄,分攜何處有交歡。"杭大宗《榕城詩話》:"仙霞嶺周櫟園
有四律,羊城陳處士元孝、吳興沈閣學涵均次其韻。元作踔厲駿邁,
鮮克攀躋。予《閩行雜録》亦有四篇,姑記壯遊忘所醜也,同行者山陰

王霖暨弟霂、嘉興凌大田。霖句有：'怪石欄人立罔兩,巨崖奔浪舞天吳。懸崖側足二分外,穿徑窺天一綫中。'霂句有：'灘分石齒水清淺,雲斷山腰徑有無。'西蜀楊觀察丹山時方監試闈闈,聞而繼作有：'雲收人語層霄外,磴轉天浮曠野中。'之□①,□□②極文場一時之盛,抑亦覽勝者之司南、談藝者之珠海也。"丹山著有《直養齋文集》若干卷。

---

①　□,原文殘失,存古書局本作"句"。
②　□□,原文殘失,存古書局本作"匪特"。

錦里新編卷三

文秩二

蔡時豫^①

蔡時豫，字立齋，崇寧人。雍正癸卯舉人。丁未揀發貴州，初令安化，壬子調繁鎮遠。鎮遠者，苗民雜處邑也，夙苦兇悍難治。公爲政精明果決，事至能斷，兼能綏之以德，治行稱黔中第一。會時改土歸流，諸苗聞風思逆，公悉其狀，因指陳利害，上書巡撫，謂："犬羊之性，不可以恩諭。不備，必爲亂。"凡再上而撫且怒，飛檄罪公。苗果反，是時制軍張廣泗經略西戎未歸，提督哈元生聞變，以省城屬巡撫元展成，悉徵諸鎮兵萬餘，拒苗於羊老。公聞之，致書元生曰："兵家喜壯惡老，地名羊老，非駐兵地也。某觀鎮遠，上控偏橋，下扼清溪，實據諸苗之要，將軍移兵於此，從中調度，俾楚蜀諸軍得以進援，乃萬全之策。若鎮遠一失，則賊必四出，延蔓於玉屏諸縣，而川湖之門戶亦不得通，是黔成孤注之勢，而賊且噬臍矣，願將軍熟籌之。"不從。未幾，黃平諸州縣果罹害，所至屠戮一空，乘勢遂圍鎮遠。時公新遷清江別駕，未及赴。諸同官倉皇失措，思棄城走，公阻以大義曰："吾等皆去城，誰與守？"衆曰："能戰乎？能守乎？"公曰："戰則不敵，以計先之，守可也。"衆不得已從公。時駐兵皆調至羊老，無一守禦者，城

① 其傳又見彭端淑《奉政大夫蔡君墓志銘》，見《白鶴堂稿》。

中一日數驚。於是公悉發倉廩以安流民，募士卒數百與誓，括商賈布作軍帳千餘環城上，料市民丁壯編入伍，及婦女之健者改裝守陴，老弱童穉驅居帳中舉烽火。公身袴刀戎服，率士卒日周巡城外，東出西進，以示不測。暗發礮石傷苗，苗驚，疑援兵至，遂遁。公率衆追躡其後，斬十餘級，乘勢據勝秉，賊自是不敢窺鎮。公既保鎮，與提督哈共相聲援，乃得合楚蜀諸軍次第平苗。賊退，遺民聞風皆避入鎮，公慮民食不繼，求糴湖廣辰沅道，得粟二萬石，計口分授，流者如歸。方黄平之屠也，狀聞於朝，上惻然震悼，下詔罪己，命將軍董方德奚壽視黔事，大司寇張文敏公照爲經略。時同官者忌公功，又銜前止棄城議，共爲蜚語構公。文敏與公語，奇其才，謂可大用，欲薦公。未幾，文敏以事逮獄，遂寢，仍判清江。戊午，遷麻哈州牧。癸亥，始題古州同知。時有以陳瓆、陸隴其薦公者，蒙召見，亦不果用。而公因母老，决然有終養志，會緣例入覲，陳情請改近地。命下，遂投牒吏部歸。不數月，丁母毛淑人艱，哀悴過度，嘔血成疾，卒。

雷暢

雷暢，字燮和，號快亭，世爲井研望族。同懷兄弟三人，長時，次曉，公其三也。爲諸生時，學使宋雅伯在詩按試資屬。井研距省遠，諸生爲雨阻，試日至纔百人。公爲廩保，從容對使者曰："井邑僻遠，期促雨阻，見在與試者僅十分之一二，如不改期，非公也。"使者然之。就號呼之，皆不出。復問曰："奈何?"公曰："易也。諸童利人少易售，故不出耳。若牌示改期，且分屬命題，諸童見無井研題，則自出矣。"期遂改。使者曰："雷生，他日經綸手，吾於倉猝中見其才略也。"己酉選拔，庚戌挑發山西，署應州大同，補平遥令。陞沁州牧，强幹有爲，賢能最著。乾隆十五年，上幸五臺，先期檄修北臺頂，協辦南臺，新設行殿。臨期，復督修長城嶺下雪道。是時大雪盈尺，一遇晴霽，所填沙土皆化爲泥濘，辦差者束手無策。暢令築雪堅實，一望如玉砌，前路多滑不可行，至是忽如康莊。上至，大喜，問修路官，暢叩頭。至大營，即召見，問出身、父母、家世甚悉，復問曰："昨日在直境，新陞磁州知州雷時，汝何人耶？"暢免冠叩謝曰："臣之胞兄。"上爲霽顏，賞大緞表裏二、貂皮二、荷包四。奉旨補授湖南常德府知府。是年秋，雷時亦補宜化府知府。辛未，時卒於官。公在常聞訃一痛幾絕，以太夫人在，忍痛不敢哭。壬申冬，時子萬化來，太夫人以時將葬，且離家十餘年，思歸甚切，因送回籍。癸酉，調補長沙府知府。中丞范公時綏性清介縝密，深加器重，事無鉅細，皆取決焉。秋，遣人迎其母，不至。未幾，聞其次兄曉又卒，遂具詳終養。中丞知不可留，爲專摺具奏。拜摺後，范公調撫江西，接任爲胡太虛先生，旋接廷寄，奉上諭："據范時綏奏，稱長沙府知府雷暢以伊母老，懇請回籍終養等語。雷暢尚屬可以出力之員，若因侍養就閑，轉不得及時驅策。伊前任山西時，伊母曾經迎養在署，已降旨將伊調補陝西漢中府知府，俾得就近迎養，以全人子至情。着該撫胡寶琛將此傳諭雷暢知之。欽此！"胡公傳旨，欣謂公曰："余在軍機久，如此曠典未之見也，君其勉之。"甲戌，至漢中，即日遣人迎其母至署。時西陲用兵，在站督辦兵差，刻無寧晷。丁丑，奉旨補授漢興道。

　　西陲既定，調補山東濟東道。時東省水患亟，撫河二臣合詞奏請開伊家河，上念襄事需才，故有是命也。公奉母趨赴東任辦理河務。河患既息，得優敍。且遇事敢爲，不避嫌怨，名益震，山東士民作歌以頌之。己卯春，調補浙江督糧道。在浙六年，浙人安之。甲申夏，俸滿引見，召對良久，遂有湖北廉使之命。公具摺謝，奉硃批："湖北吏治竟不可問，茲特命爾，爾其勉之！"時湖北劫盜、姦拐、刁訟、私梟之案倍於各省，有無賴奸匪名曰痞子，更爲民害。公深知其弊，政尚嚴峻，首訪拿各屬蠹吏置之法，痞子皆遣新疆，并設巡船，凡所獲江洋盜百餘人，皆梟示。制府吳公達善與公同志，故是時楚北稱治焉。丙戌，丁母艱，歸。戊子冬服闋，奉旨補山東按察使，旋調山西按察使。己丑冬，以條陳不合議鐫級。奉旨："雷暢著對品，以京員用。"庚寅，補授內閣侍讀學士。時暢子沖霄授翰林院編修，姪孫輪亦入詞垣，父子祖孫聯班近侍，一時以爲搢紳佳話。然公時年近七十矣，前在陝西臺站曾跌傷右足骨折，雖久愈，至是常患隱痛。壬辰，足疾益甚，因奏請回籍調理。丁酉春，卒。

公精於審斷，凡大小案件，一經鞫訊，無不曲盡其情。其發奸摘伏，有人所不能臆料者，故當時有"白面包老"之稱。得情後按法尤極平允，在大同讞私鐵出口案，出囚七百餘人；在常德讞僞稿案，不錄一人。上官切責之，公曰："譸張之徒，人所共憤，然任私牽禁，累及無辜，不忍爲也。"卒不顧，而事亦大白。廉訪楚北，平反不勝計。絕大者銅鹽諸案，擬大辟皆百十人，公錄其首事置之法，餘悉省釋。所至尤喜培植善類，在沁州建沁陽書院，在常德建朗川書院，在浙與諸名士裘君肇師、孫君士毅、顧君震、沈君清任、清藻、世焯、世燕、張君時風、沈君初、祝君德麟、曹君焜等善，獎慰備至，後皆騰達去，人咸服公知人之鑑云。

張漢[1]

張漢，字雲倬，先世江南華亭縣人，明洪武間遷居於蜀之鹽亭，遂爲鹽亭人。家北門，世多顯達，相傳北門張氏云。高祖黼明，某科舉人，江南儀真縣令。曾祖力行，拔貢生，華陽教授。祖琯，歲貢生。父泰階，順治辛卯舉人，歷任江南瀘州府同知。生子四，長渤，拔貢生；次澎，康熙乙酉舉人；次溥，丁酉舉人；公其第四子也。公生九歲失

---

[1]　此傳與龍爲霖撰《張雲倬墓志銘》同，見光緒《潼川府志》卷七。

怙，大母撫養教育。比長，篤學，氣偉岸，鄉人稱之。康熙戊子鄉試，
房考官錄薦，屈於額，登副車。秉鐸滎經縣，會打箭爐軍興，輓運三載
不乏。以軍功議敘，授雲南大理府雲南縣知縣。遷宣威州知州，曲靖
府同知。以賢能保舉，擢廣西南寧府知府。又以卓薦授分巡右江道。
自雲南縣至右江歷五任，凡十三年，所至之地，皆蠻夷雜處，性鳥獸而
語侏讟，言詞文誥①格格不入，一切束以法則，如縶鷹械虎，奮迅咆哮，
思騰踔而爲變矣。公開誠布公，不設藩籬，察有不便於民者即除去
之，尤好講求水利，興起學校，以端治化之源。不屑苟且，旦夕塗民
耳目。亦不務生事立威，順上意以速樹勳名而罔顧所安，以故歷任
悉協輿情，頌聲洋溢。當其在宣威也，迤東改流，諸地蕩搖未定，而
操之者如束濕薪。越一載，烏蒙苗蠻叛，郡邑震恐。時公已自曲靖
司馬擢南寧守，束裝將就道，聞信，慨然曰："吾赤子憂難且至，奈何
舍之去？"立命解其裝，親爲慰諭。更招集勇練，移營分兵協守。勢
定然後行，百姓挈壺觴以送者道路不絕。守南寧，曾攝太平府事。
太平，巖疆也，所屬鄧横、安馬二寨梗化。既滅，鄧横、安馬猶抗拒，
議者欲并剿之，公曰："兵不得已而後用，且蠻人貴服其心耳，合寨
中豈無良民？玉石俱焚，非所以廣聖澤也。"親往反覆諭導，衆皆悔
懼歸誠，至今帖服。士民綜其善政，繪爲十六圖，其時上官及僚友
皆賦詩美之。

　　公性孝友，篤姻睦，遇事謹慎，而勇于從善見，有勝己者不憚曲意
承教，故人樂進言，公亦鮮有過差。既遷右江，旋代臬篆攝藩政，上官
屢薦其賢，天子方倚用之，而公以大母年屆八旬，力請終養，曰："吾得
歸奉甘旨，吾志畢矣。"命甫下，旋卒。乾隆庚申七月，屆其大母壽期，
方以未睹孫櫬爲痛，適大小河溢，櫬舟憑城至門，時以爲孝思所感云。

---

①　言詞文誥，龔爲霖《張雲倬墓志銘》作"文詞言語"。

鄧時敏[①]

　　鄧時敏,字遜齋,廣安州人。高祖士廉,崇禎進士,以吏部侍郎從永明王入滇,與李定國等同日殉難。祖嗣祖,邑庠生。父琳,以歲貢生任中江縣訓導。生六子,公其季也。雍正十年舉於鄉,乾隆元年登進士,入翰林。七年,遷侍講。八年,爲江南宣諭化導使。十年,遷大理寺正卿。丁父憂,歸里。服闋,奉請養母,上許之。二十六年,太夫人薨。二十九年,入朝補原官。三十九年,以老病休職。公登第時年方壯,天子加恩邊遠之臣,鋭意用公,不數年立躋卿班,人謂公上邀主眷,中秘可期。乃念切鳥私,陳情終養,絶不以利禄動其心。王荆國云:“古人一日養,不以三公易。”如公者,洵篤於天性,非世俗所可企者與。歸依膝下,忽忽二十年。再入長安,諸新貴少年望公如過時古物,爭避面揶揄,而公亦不樂與熱客昵,退朝閉門,與一卷書、二三耆舊共晨夕而已。

　　公温恭恬退,遇人姁姁,無矜容躁氣,于道義所在,則凝然不可撓。居廷尉最久,每秋鞫,苦心平反,有所得必争,争不得必奏。雖旨從中下,有從有不從,而剛果持正,不肯曲爲遷就,類如此。戊午分房得人最盛,阿公桂出將入相二十餘年,功勳懋著;袁太史枚,官雖止于縣尹,而文章風采,彪炳一代,皆出公之門下,視歐梅之得東坡不是過也。公既去,中朝巨老多惜之。袁簡齋云:“先生今年以計典休,論者疑先生上受主眷隆於始,而替於終,枚獨以爲不然。夫陳寶、赤刀、天球、河圖,陳之東序,照耀萬物,恩也;藏之典寶,俾無玷缺,亦恩也。先生以萬里孤臣,旁無憑藉,而能委蛇卿班,適來適去,卒全名節以歸,此非遭際聖明,始終眷護而能如是乎? 先生手札嘿嘿以未報君恩

---

① 其傳記又見袁枚《大理寺卿鄧公傳》,《小倉山房文集》卷七。

爲愧,枚又以爲不然。夫建一議,理一事,此報恩之小者也;重其身,端其範,以儀型百辟,此報恩之大者也。先生再入都時,有要人怵之使往,先生辭焉。要人愠,先生不悔。其所以不受他人之恩者,爲報一人之恩故也。無形之砥柱,可以抗①中流,挽風氣矣。而況古名臣有以七十起者,有以八九十起者,先生之齒猶未也,則將來之報稱正無窮期。而枚幸且暮母②死,終將濡筆以俟。"李藝圃云:"遜齋先生待人處己,一出於至誠,氣度渾融,接之若略無可否者。及查閱法司案件,絲毫不苟,稍關出入,必穷究其所以然,人以戇直目之,真和而能介者。"觀此可以知公之爲人矣。晚歲生一子,公没後其子亦卒,識者哀之。

顧鴻

　　顧鴻,字農以,號蘭溪,閬中人。雍正壬子舉人。揀發陝西,補延長令。調繁咸寧,擢商州牧。嗣因公左遷,引見,奉旨仍以知州用,即以原銜授宛平令。復因差務降調,揀發河南,補修武令。乾隆十三年,恭逢翠華中巡,奉檄辦差,不累閭閻,諸事修舉,頌聲交作。仰蒙賜宴,并賞給荷包貂皮。明年,河決陽武,河撫陳榕門先生知公能,檄調總理料務兼辦兩邑水災,悉無貽誤。工竣,議敘,以公勞勳最著列第一。次年,擢許州牧,去任之日,百姓争詣府乞留,萬餘人扳轅卧轍至不能行。諭以功令,數日不忍去,送至許州者,尚千餘人。公至許,愛士恤民,亦如在修武時,人人德之。期年,權南陽府篆。大吏保薦,陞山西汾州府太守,築汾水堤,修西河書院,興利革弊,知無不爲,政績懋著。在任五載,告歸。子嵩楷,山東兗州府通判,熟習河務,陞河南開封府上南河同知。卓異,進秩户部陝西司員外郎。

---

① 抗,袁枚《大理寺卿鄧公傳》作"扼"。
② 母,袁枚《大理寺卿鄧公傳》作"毋",是。

周煌①

　　周煌，字景垣，號緒楚，別號海山，涪州人。康熙辛卯孝廉、湖北通城縣知縣易亭公次子。生而聰穎，性嚴重，動履如成人。十三，學舉子業，下筆奇思疊出，群驚爲異才。十四，隨通城任數年，學益進。乾隆元年丙辰，中本省鄉試。丁巳，成進士，選庶吉士。己未，散館，授編修，充《八旗通譜》館纂修官。辛酉，副侍御萬南泉典試山東，得士劉其旋等七十二人。壬戌春，充會試同考官，得陳桂洲、朱佩蓮等十餘人。《八旗通譜》告成，奉旨議敘加一級，稽察右翼宗學。癸亥四月，御試翰詹，恩賜葛紗。甲子，京察一等加一級。八月，充順天鄉試同考官，得榜首馮秉忠等十餘人。丙寅秋，侍瀛臺宴，恭和御製詩元韻，得七律八首。丁卯，京察一等。四月，奉命偕編修楊錫紱典試雲南，得士謝宣等五十四人。因請假便道歸省，易亭公諭以君恩深重，不宜久羈，飭令早還直次，於是冬回京復命。戊辰二月，補行京察加一級，隨丁父憂，馳歸營葬。秋，奉特旨擢陞侍讀，閣臣以守制回籍奏撤。庚午冬，服闋赴京，充國史館纂修官。辛未四月，充咸安宮官學總裁。十一月，丁艱回籍。

　　甲戌冬，服闋赴京。乙亥二月，稽察左翼宗學。三月，充咸安宮官學總裁。會琉球國中山王世子尚穆遣陪臣毛元翼、蔡宏謀等上表請封。五月初七日，特賜正一品麒麟服、副正使侍讀全魁往封。十二月，陞授右中允。丙子二月初五日，擢補侍讀；初九日，馳傳出都。四月二十四日，抵閩。六月初十日，開洋。二十二日，渡海，遙見琉球姑米山，守風下椗，忽颶風大作，遭三晝夜。接封大夫鄭秉和請易小舟登岸暫避，煌以詔敕在舟，不從。二十四日，風愈暴。是夜四鼓，椗索

① 其傳又見《清史稿》卷三二一。

十餘齊斷，柁走，龍骨觸礁而折，底穿入水。時既昏黑，兼大雷雨，帆葉廚棚吹落殊盡。倏見神火飛向桅木，焚招風旗而墜。又海面一燈浮來，若煙霧籠罩狀，於是衆悉呼曰：“天后遣救至矣！”須臾，船身直趨向岸，一礁石透入船腹，不動亦不沉。因令解杉板小舟下水，捧詔節陸續登岸，同舟二百餘人舉慶更生，皆云：“皇上洪福，天后默佑之所致。”後每歲遇是日，必爲湯餅會，蓋慶死而復生，不忘在莒之意也。登岸後，暫駐姑米山。謁廟行香，公獻“願大能成”扁，“神爲德其盛乎，呼吸迴天登彼岸；臣何力之有也，忠誠若水證平生”，聊以答神貺。方顚播時，虔祝天后，若默佑平安，當爲神乞加封號諭祭。七月初八日，抵琉球國，住天使館。八月，行册封禮。球人更造新船報竣，於十月二十六日奉節印登舟，遇颶不敢發。至丁丑正月二十八日，復登舟。二月十三日，進五虎門，行抵閩省。四月二十一日，回京復命。奏對移時，上問海上被風情形，一一具奏。上語次每言：“可憐！可憐！”公紀事詩有“一生九死尋常分，聽到温綸淚不勝”之句，蓋紀實也。隨具奏請加“天后”封號諭祭，上命部議，旋奉旨加“誠感咸孚”四字，并書明封號，即於怡山院天后宮舉行祭事。復撰《琉球國志》十六卷，於是年十二月十八日表進。

戊寅正月，充《文獻通考》館纂修官。三月，廷試翰詹諸臣，公考列二等第二，上嫌名次未當，執煌卷問閱卷大臣，刑部尚書秦蕙田奏曰：“四川人。”上曰：“四川原有人才，如司馬相如、揚雄、蘇軾輩，非耶？”并於折角處，褒獎久之。五月，充咸安宮官學總裁。十二月，奉命入直尚書房。越日，陞補左庶子。己卯，京察一等。二月，陞授侍講學士，奉敕恭和御製《喜雨》詩七律十首。七月，扈駕木蘭，出塞。歷興安大嶺，恭和御製古今體詩三十二首。歷覽山川之盛，隨路紀載，吟咏尤多。庚辰，考取試差一等一名。五月，奉旨典福建鄉試，偕副使户部員外郎毛理齋抵閩，得士張克綏等八十五人。比復命，上問："曾出學差否？"對以"未出學差"。上曰："爾所出者，苦差也。"

　　辛巳六月，陞補內閣學士兼禮部侍郎，奉派隨駕巡幸木蘭，恭和御製古今禮詩三十二首。九月，有視學江西之命。是時，鄉會試新增五言排律試帖，於場後磨勘甚嚴，公釐正文體，一以清真雅正爲宗，並選武林顧嗣立所定《詩林韶護》以爲多士楷模。江右舊有《庠音集》，明吳嘐侯所手定也。兵燹後，篇帙散失，鮮有能舉其名者。公到任，訪於新淦教諭饒君，始得是集，刪煩就簡，付之剞劂，名曰《庠音選》。新建裘大司空曰修聞而嘆曰："鄉先賢之風，亘百餘年，賴以不墜，周公之力也。"江西白鹿書院無講堂，太守陳子恭詳請動項修建，格於司議，公言于撫軍峻菴明公，始得准行。九江郡城有濂溪祠，祠舊有田八十餘畝，後止存四畝。公於按試時偵知之，以百五十金付教諭周君鴻基買田入祠，適得墓旁民田七畝有奇，立契給值，飭發德化縣，存貯入交代册。士民聞之，遂各以其先世所買祠田，後先繳官，不受值，積之得七十一畝，公爲碑以紀其事。初，公甫下車，示考經學，有輕薄子譏曰："邊省人員，幼年科第，何經學之有？考《三字經》可耳！"公銜之。臨試題係《連山歸藏賦》《大小戴禮異同考》，諸生俱爲擱筆。公笑曰："《三字經》竟亦難作耶？"及按試各府，所取皆窮經服古、名重一時之士。發落時，與諸生講論《十三經》《廿一史》《文選》《三通》諸書，衝口□□①，□②字不遺，辨析題旨，俱究極精微，無絲毫障蔽，其不取之卷，亦必批示疵謬之處，多士始服公學博而精，莫能窺其涯涘也。

　　丙戌正月，任滿回京復命。上問江西士習文風及地方事甚悉，奏對稱旨。二月，擢刑部右侍郎，充殿試讀卷官。夏，奉派閱各省拔貢朝考卷。又派考試景山覺羅教習，得士邵玉清等七十六人。秋，隨駕巡幸木蘭。丁亥五月，調補兵部侍郎，尋授左侍郎。戊子六月，有視

---

①　□□，原文缺失，存古書局本作"而出"。
②　□，原文缺漏，存古書局本作"一"。

學浙江之命。公以浙江爲人文之藪，崇尚實學，釐正文體，恪恭將事，亦如在江西時，故所取皆一時名雋，中甲科、入詞館者不一其人。陳星齋兆崙、寶東皋光鼐，皆亟稱之。庚寅，公次子興岱舉於鄉，明年辛卯成進士，改庶常。公以元年恩科聯捷，興岱聯捷，又恭逢皇太后八旬慶典，公詩以志喜，有“兩世承恩國慶偏”之句。秋，公長子宗岐中本省鄉試。十一月，學政任滿，復命。是月，命考試八旗教習，得士王青雲等三十六人。壬辰，充殿試讀卷官，命閱新進士朝考卷。五月，隨駕巡幸熱河，恩賜克食。

癸巳五月，奉命馳驛赴川，查辦璧山縣民徐亮彩控告武生鄧貴榜勒派一案。九月，事竣回京。十月，又奉命赴川，審辦蓬溪縣生員黃定獻呈控本縣知縣勒派一案。兩次俱與少司寇覺羅永公覈實陳奏，審虛反坐，一面宣示鄉人，現在辦理軍需，事關重大，務須奉法，兢兢自守，勿蹈前非，意極愷切。乙未四月，宗岐成進士，改庶常，奉命考咸安宮教習，得士包承祚等四十五人。丙申夏，隨駕巡幸木蘭。丁酉，派考八旗教習，得士王德榮等三十人。十月，奉命赴川，查辦大足縣民黃玉芳控紳約侵蝕一案，與少司寇覺羅阿公同辦，仍審虛反坐。公以離家二十餘年，奏懇便假省墓。事竣後，由渝城返里。旬日內，展禮先壟，并得與親族綢繆話舊，鄉人榮之。戊戌春，復命，奏對稱旨。四月，命閱各省拔貢朝考卷。秋，奉命充《四庫全書》總閱。十二月，補授工部尚書。庚子，欽點會試總裁，副大宗伯定圃德公保、大宗伯地山曹公秀先、少司空胡公高望，得士汪如洋等一百五十八人。九月，調補兵部尚書。

辛丑八月，帶領武職人員赴熱河引見，蒙恩賜克食。時川督正以查辦嚕匪奏到，召問實在情形，當作何辦理，公條陳二事，敕下督臣辦理。嗣上慮匪徒肆行洩忿，廷寄川督，飭地方官於原籍村莊住址預爲防護。天恩格外體恤，無微不周，真未有異數也。壬寅二月，充《明臣

《奏議》總裁。三月,命爲阿哥書房總師傅。十二月,特賜紫禁城騎馬。癸卯十一月二十七日,爲公七十初度。先是,六月帶領武職人員赴熱河引見,上垂詢年歲,欲逾格加恩。屆期,上召對,以二十七日爲齋戒之期,面諭改於二十一日。至日,詔遣御前侍衛阿彌達頒賜御書"中樞耆望"扁額、梵銅無量壽佛、上用紅絨結頂、熏貂冠、皮裹蟒袍補褂、碧玉如意、琥珀朝珠、鵝黃瓣珊瑚豆花、大小荷包等件。公恭設香案,叩頭祇領,趨謝天恩。是日,公卿大夫捧觴稱壽,咸謂公德福兼隆,極人生之樂。

甲辰三月,調補左都御史。四月下旬,忽覺左手足運掉不靈,延醫調治,未痊。九月,具摺請假,求敕部開缺。奉旨准假,不必開缺。嗣於是年十一月乙巳正月,因病增劇,兩次奏請解任回籍,俱奉溫旨慰留,并著以兵部尚書致仕,加太子少傅銜,用昭優眷。公爲紀恩留別詩四章,書房阿哥皆出詩贈行,以壯行色。至四月初一日,忽溘逝。上深加軫惜,加贈太子太傅,並派散秩大臣帶領侍衛十員往奠茶酒,敕部議恤,予祭葬如制,謚文恭,崇祀鄉賢,時年七十有二。

生平著作甚富,《琉球志略》已奉旨發武英殿修書處刊刻頒行,尚有《應制集》《海東集》《豫章草》《湖海集》《蜀道吟》《海山存稿》若干卷藏於家。

子七人:長崇岐,乙未進士,翰林院編修,先公卒;次興岱,辛卯進士,翰林院編修,現任內閣學士兼禮部侍郎、提督廣東學政;興嶧、興岷、興岳、宗華,俱孝廉;宗㴌,太學生。

公丰度端凝,立朝方正,居清要數十年,不改本來面目。與人交,極誠愨。有問者,必委曲開示,不厭詞費。每客至,坐談移晷,無不暢然意滿以去。至趨直禁廷,被召對,知無不言,而小心慎密,未嘗宣洩。雖親子弟不敢請問,真不愧古大臣風。臨卒,命其子孫曰:"萬惡淫爲首,百行孝爲先,此雖老生常談,却係至論,人人宜奉爲箴銘。吾家自墨潭公身被鱗傷，救父於流賊之手，純孝動天，後世得邀餘蔭，人皆知之。然我一生遭際聖明，克享厚祿，並無絲毫坎坷，豈天之獨厚我歟？其間亦自有故，曾記年十八時，同友三人讀書江村，值中秋節，友俱回家，獨予在館。夜靜桂香滿庭，月明如晝，因出戶玩月，忽見一人走入臥室，立帳後，予疑爲賊，近視之，鄰女也。問之不答，予曉之曰：'夜靜無人，來此何故？汝家祖父俱詩書中人，汝夫家亦體面人家，倘一失節，何以見人？'女泣。予復慰之曰：'此時並無人知，汝第回家，我斷不告人，壞汝名節。'女跪謝辭去。數十年來，予未嘗一洩其事。今老矣，故爲爾輩言之，使知暗室中俱有鬼神，一墮孽淵，必遭冥譴。此等處，不可不慎也。"其鄰女姓氏，公卒不言。公文章氣節，彪炳寰區，觀此亦可知其概矣。公祖儼，康熙庚午經魁，流賊姚、黃十三家亂蜀時，儼父爲賊所劫，備極楚栲。儼與其弟儒聞信奔救，身被鱗傷，百計哀懇，賊爲所動，卒免於難。世稱周孝子。

顧汝修

　　顧汝修，字息存，號密齋，成都華陽人。幼孤，性聰慧，祖志道愛憐之，曰："大吾門者，其在此子乎？"口教授之，下筆千言立就。年十七，受知於督學任香谷先生，補弟子員。嗣督學宋雅伯先生尤加器重。雍正己酉選拔，隨中鄉試。乾隆丁巳會試榜，後以明通選宜賓縣教諭。壬戌，會試成進士，選庶常。散館，授編修，以御史記名。逾年，特旨開坊，選詹事府右贊善，旋充講官。戊辰，充《大清會典》纂修官。是歲分校禮闈，所得皆知名士，有擢用至大學士者。撤闈後，欽點武會試總裁。既而隨駕幸盤山，謁東西陵，賜宴。旋奉命告祭嵩嶽、濟瀆、淮瀆。復命扈蹕五臺，上命和《御製雜詠》及《賜唐縣老人》詩。旋京，陞順天府尹。蒞任即查諸陋弊，悉與革除，清理積案。有浙省捐職某索逋無償被誣，繫於經歷署；又某宦僕假約控僧錢債，拖累三載,公訊得實,即與昭雪。其餘詞訟紛拏,不動聲色,一言折之而遂定。府尹衙門批詞牌示事件,向多匿不張掛,至兩造守候莫辦直曲,佐雜領憑曠職。定期乃悉令懸牌二門,一切咨行文告鞫語皆手自批發,不假吏胥,雖老奸宿蠹,但瑟縮奉行文書,無敢戢法以售其奸者。

辛未,上南巡,公辦大差車輛,首嚴吏役,賣放稽察周密,州縣送到之車隨交收明,無一透漏,不事煩擾而車已足用。送駕,奉旨看花燈於皇新庄。留辦平糶,二月開廠,四路各發米十五萬石。分廠糶米,有日報至七八千人者,公先爲釐定章程,收錢發米,先後次序靡不井井有條。竟事,民人均沾實惠,口碑載道。公驟膺封畿要地,人或以儒生易之,及試諸事,俱遊刃有餘,無不嘆其才之足恃而知學之通於世用也。是年,因奏請寬免同事處分,部議罷職。壬申,辦慶典,賞給頂戴。旋奉旨以四品京堂即補授大理寺少卿,隨駕木蘭,和御製詩甚多。己卯冬,奉命告祭禹陵、明孝陵。次年,欽點磨勘會試卷,加一級。會安南國王請封,特賜正一品麒麟服,副翰林院侍講德保,奉命前往。嗣因安南國王簡傲,起程後致書戒其恭順,安南奏聞,部議煩瑣非體,奉旨革職。

公爲人強毅正大,有古大臣風。其任學博也,宜賓貢生某,年老子少,爲豪壻所持,誤以幼女強字匪人,邑令主之。某攜女以逃,公廉得實,逐壻字女,邑人稱快。令銜之,百計中傷,幾爲所陷,公了不懼也。及居廷尉,案偶未允,即與刑部駁詰,面質上前,動得俞旨。刑部大堂某,公座主也,謂之曰:"君毋大剛。"公曰:"事論可否,不當問剛柔也。"其蹇諤風節,一時俱斂手謝之。當時名宿陳星齋、孫虛船、沈歸愚,皆友善相與始終。

爲文汪洋灝瀚,往復不窮,容與跌宕,望之如千頃陂,酷類東坡先生。回籍後,受當道聘,掌教錦江書院及晉平陽書院,造士甚衆,經其講畫者俱有法度可觀。晚精宋儒之學，一以敦行爲務。林下二十年，小帽敝服，往來村市間，人不知爲舊京兆也。著有《釣引編》《四勿箴》《味竹軒》等集藏於家。

李化楠[1]

李化楠，字廷節，號石亭，羅江人。乾隆辛酉選拔，旋中本省鄉試。壬戌成進士，考充咸安宮教習，不就。歸，設館南村，遠近學者多宗之。癸酉，補浙江餘姚縣令。姚邑濱海，自上林至蘭風七鄉通錢塘，橫亘八九十里，時有海潮爲患。十五年秋七月，颶風挾雨大作，吹瓦拔木，三晝夜不止。公戰慄跪庭中，祝曰："海地窮民，甫離災難，若天不降康，堤潰水溢，民其爲魚。水旱頻仍，罪在長史，願身受罰，爲此地民暫延殘喘。"祝畢，即分役查看水勢。天明，廟山巡檢俞漣馳報：水幾潰堤，賴東南風大作，潮竟不至。人皆以爲公至誠所感云。

姚邑賊重民頑，爲盜賊出没之藪。公銳意廓清，應比期懸賞格，一時小賊多擒，而巨猾依然漏網。因思緝權不可專委捕快，因密録難獲猾賊四五人名於票，夜喚皂隸李兆、民壯婁恩至署，出票袖中，面諭之曰："賊某等現藏某所，爾若依限獲，受上賞，否則革役。"二役唯唯退，不三日，積賊景三擒至，内外無知者。又十餘日，逸賊張子顯、張文紹、陸通儒、鄒士元、繆允年、孫善平等先後就擒。審出屢次行窃，及賄囑勢豪州同楊某串捕庇縱各實情，通詳分別軍流抵罪。重賞兆、恩二役，合邑驚以爲神。乃將小賊創立枉生所，捐俸給食，扃使自新。擇執藝人爲之師，量所執大小，暫借官錢資之。藝既成，乃保釋之。人咸感悔，終身不復作賊。值歲歉，公先期稽察户口實數，以備賑恤。上官入境，爲口講手畫，某里某甲，如數指上紋，無毫髮爽。

---

[1]　其傳又見李調元《誥封奉政大夫同知順天府北路事石亭府君行述》，《童山文集》卷十八。

丙子，調秀水，移署平湖。前令積案三千有奇，公自立程限，每日分辰、午、申三時訊之，時各數事，三月盡理。令洞開門庭，任人觀聽，有未愜眾心者，咨詢得實，立時更正。先是乍浦多賊，公至，捐俸設局教之藝，如餘姚之法。甫兩月，復秀水任，民有“兩月青天”之謠。巡撫楊公廷璋謚公循卓，以知府薦。尋丁父憂。庚辰服闋，進秩司馬，署滄州牧。州爲四方盜逃淵藪，公嚴保甲法，稽覈部内丁男年貌，按册搜索，鮮脱者。署涿州，州方患旱，得旨賑恤。公嚴絶胥吏侵漁，捐俸煮粥加賑，民賴以安。癸未，補天津府海防同知。抵任，復以憂歸。丙戌，署霸、冀兩州牧。丁亥，補宣化府同知，駐新保安。境亦多盜，立查更法，以小紅旗三十二，半爲守旗，半爲望旗，初昏給邏卒守旗，及夜分更給望旗，天明必以望旗驗，傳析中宵不輟，由是奸宄屏跡。戊子，調順天府北路同知，兼署密雲縣事。值有冤獄，公會讞得情，將力雪之。是時，天子秋獮於木蘭行在，樞府以檄來提勘，留不發，幾挂吏議，旋經寬免。上迴鑾時，目公於道左，曰：“爾爲李化楠耶？可謂強項令矣。”其有定職定力，守正不屈如此。

公爲人狀貌雄偉，氣度豁達，勇於赴公，爲政寬猛相濟。然一以愛民爲主，不輕勾攝，曰：“堂上一點硃，民間一點血也。”所在約束吏役，維嚴公事，或需車驢，應以吏役家所有，而厚償其值。緝賊不藉捕役，令鄉保甲正偵所知者擒送，簪花鼓樂以旌之。讞獄不事刑求，使盡其情，虚衷以聽之。精算法，凡丈量倉儲，彈指間盡得其數。性介潔，絶餽遺如浼，每監視鄰境工程，粟粒不擾，家人亦不受一錢。其在浙之餘姚也，兩充壬午、丙子鄉試同考官。□①姚江書院，延壬申所得士李君祖惠爲山長，李故宿學，馳□②文壇者五十年，得出公門，冠榜首，人咸服公之精鑒。平生孝友任恤，力於爲善，期積一累萬，顏其居

---

① □，原文缺失，存古書局本作“立”。
② □，原文缺失，存古書局本作“聲”。

曰萬善堂。每曰："白日莫閑過，必多作有益之事，庶不負此光陰耳。"
喜藏書，以川中書多①，購諸江浙，航來於家，爲樓貯之，曰"此吾宦囊
也"。工吟咏，熟蘇、韓全集，覆案不失一字。善騎射，設垛百步外，每
發必中。家居亦習射於圃，曰："此運甓意也。"著有《萬善堂稿》《石亭
詩集》《石亭文集》《醒園錄》等書行世。子三人：長調元，翰林院編
修，官至直隸通永道；次譚元，太學生；次聲元，爲其弟化梗後。

周萬殊

　　周萬殊，字同川，南川人。乾隆辛酉拔貢。性至孝，母年八十餘，
病不起，同川中夜引錐刺血書表告天，願減壽以益親。越夕，夢神人，
曰："汝算已絶，念汝子純孝，得延壽一紀。"醒而病若失，年九十六乃
卒。後筮仕湖南，清理積年舊案，出罪人獄數十。有富室某感甚，暮
夜酬以千金，卻之不受。桂林陳相國撫楚時，推爲廉能第一。

　　其子士孝，字資敬，乾隆庚辰舉人，恪守家訓，有父風。初任山東
禹城縣，收漕不溢升合。三十二年，縣大水，奉旨賑濟，資敬單騎行積
潦中，遍歷各村，勘災放賑，貧民利賴之。後任廣東電白縣，有謀殺親
夫移屍巨富宅畔以騙財者，資敬鞫得其實，秉公詳報，富人酬以金，不
受。接署某招解時，因姦婦狡供，欲藉端需索，計不諧，遂翻案。上憲
復委某會審，亦依樣葫蘆，資敬竟被議。會審某旋署，即妄見妄言，頃
刻而没，粤東言果報者常道之。資敬後復遊宦北直，任文安、遷安等
縣十餘年，亦多善政。

　　士廉，己酉拔貢。士澐、士濤均丙午舉人。士澐，現任中江教諭。
士節、士禧、士岳，俱諸生。資敬子石蘭，乙卯舉人；立矩，丙午舉人。
簪纓雀起，一門稱盛，可知周氏之家傳有自矣。

---

　　①　書多，據李調元《誥封奉政大夫同知順天府北路事石亭府君行述》當爲"書少"。

彭端澂

彭端澂，字子徹，丹棱人。性倜儻。少讀書，略觀大意，不屑事章句，然聰穎絶人，每下筆千言立就。乾隆甲子舉於鄉，出宰山東棲霞。當是時，登萊方旱後，粟價昂甚，前令某請糶常平以濟之。及糶，男女混亂，搶奪喧嘩，胥吏爲奸，民不得粟，以故五閱月而糶未及什之二三。澂甫下車，百姓遮道爭訴，佯應曰："諾。"然實未能策也。於是多方籌畫，計縣若干鄉，計鄉若干村，計村若干户，悉登於簿。乃遣家人及幹役持印票四出，按鄉、村及户口給之，倉中驗票發粟，數日而畢，靡有遺者。棲人德之，至今東省諸州縣遵爲成法。居無何，蝗蝻大作，蔽日如雲，澂率衆日夜撲之。當是時，勞身於外，久不得息，令吏攜卷與俱，所至村墟間，有訟者，或止樹下，或傍崖邊，傳集立斷，蝗滅而頌亦清。其居官之勤類如此。

二年，丁母艱。服闋，補黄安令。楚俗多盜，黄安尤甚。澂至，積案累累，嘆曰："是可以法禁也。"於是有犯盜者，計其輕重，重則致之法，輕者薄償之，約曰："若毋爲盜，再犯如律。"已而再犯，則縛至堂下，多方辱之，使無所容，然後鞭以荊條，驅之去，曰："若再爲盜，是不復知人間有羞恥事，雖死何惜。"其人以首觸地，不敢仰視，他犯亦以此懲。於是群盜感激，相率遠颺，黄安四境幾無犬吠之驚。先是，澂會以事謁大府，力爭不稍屈，大府銜之，陰使人伺其過，使者三反無有也。會省中令保能員辦理疑獄，黄州太守某及臬司某以澂應，大府大怒，即於是夕飾詞劾澂，而令太守某摘取澂印。守至署，欲言者再，澂察來意，捧印付守。守檢視倉庫畢，偕澂出署，黄民號泣相從，守顧泣曰："似此罷官，亦復何憾？"至郊外，有鄰邑黄陂父老攜萬民衣爲澂壽者，澂聞大驚，急呼而止之，曰："諸公何所聞而來？吾已解任就質，此風一播，吾無死所矣。"於是父老嘆息欷歔而去。其政事感人類如此。

　　瀓常自負其才，又以罷官非罪，鬱鬱不得志，每狂飲無度。歸里，逾年卒。

王清遠

　　王清遠，字宇曙，號翠岩，別號蝶園，定遠人。精制藝文，不苟作，作必曲折幽深，立闢古人堂奧。年十七，補邑諸生，名藉甚，試輒冠其曹。丁卯，舉於鄉。戊辰，成進士。初任湖南臨湘令。臨湘接壤湖北監利，江有大洲，兩邑民互爭，動釀大案，數十年不能結。公到任後，稟請兩省大吏委員會勘，定期齊赴洲所。是日，兩邑民千餘皆手刀杖集洲上，倡言：“今日界不清，即以兩縣令葬此。”當事咸危之。公挺身出，諭曰：“我來正爲爾兩縣人息積年之訟，全鄰邑之和。設必欲忿爭不已，爾輩又安所逃罪乎？”語畢，皆唯唯釋刀杖。卒爲定界立石，兩邑民悅服，各叩頭散去。當時諸大吏相謂曰：“王令一初任官即能辦此，不唯有才，亦且有膽。”稱善再三。

　　旋調繁城，步未抵任，以憂歸。服闋，補官長樂。邑故苗疆，未設學。到任後，進鄉民之秀者，時與講習，其尤穎異者，極口獎藉，以爲多士倡。兩年，文風丕振，力請大憲奏明，設學科，歲兩試，共進學十四名。邑無稻，駐防官食米皆江陵、松滋等縣運至，路險費繁，邑人甚以爲苦。公察其情，詳請折銀，兵皆土住，素食玉麥，既獲糧銀，所糶逾多，人人稱便。辛卯春，調繁監利。獲鄰省鉅盜，置之法，同寮皆賀，公曰：“除盜安民，守土責也，豈可以此邀功。”卒不求保薦。是歲冬，以俸滿推陞貴州正安州知州，未赴任。旋以同官被累鐫級歸，扁舟西上，行李蕭然。抵家後閉戶著書，綽有餘裕，當道聘主東山書院講席，汲引後進多所成就，至今士林稱之。著有《竹修堂集》若干卷藏於家。

高辰

高辰，字元石，一字景衡，號白雲，金堂人。性聰穎，年十四補弟子員。博通經、史、子、集及醫卜、相數、天文、地理，靡不究心，而尤精兵家言。乾隆十二年丁卯，金川用兵，制軍策公節制諸軍進發灌口。公時以諸生負奇氣，詣轅門條陳山川形勢、用兵機宜、作戰取策千餘言上之，制軍稱善而不能用。秋闈，舉於鄉。辛未，會試成進士，授庶常。壬申散館，歸班回籍，受當道聘，掌教錦江書院，造士最盛，如李郎中漱芳、張太史翯、姜禮部錫嘏、李觀察調元、王進士孫晉，皆其門下士也。癸未，選授清河令。逾年，調震澤，再調華亭。震當太湖之浸，鄰浙省歸安，爲群盜淵藪，倚兩省交界，易於藏奸。公到任，偵知王啓祥者，名捕也，年老爲僧，乃結以恩，便捕盜。捕得劫水姓者楊二，供其魁繆二、董七等十二人，現伏歸安。公移檄關取，歸安令憚處分，護匿不與。公怒，具稟兩省巡撫，悉擒以來，破積案數十，盜風爲靖。華邑海塘多甃，碎石屢崩於潮，公加巨木，貫以鐵絚，躬自堵築，既堅且固。以故乾隆三十四、五兩年，颶風屢作，浙之蕭山、海寧等處俱被災，而華亭獨無恙。闔邑尸祝，勒石紀功，以垂不朽。三十七年，以卓薦陞禮部祠祭司主事。三十九年，授鳳陽府同知，未任，卒於京。

公好文愛士，雖布衣童子，苟有才，必折節下之。在官不名一錢，清俸之餘，悉以購書，每遷一官，則縹緗石刻壓車上，粼粼然。未仕時，常爲大將軍岳鍾琪客。將軍知其才，授以韜略，勉其報國，公慨然以經世自期。當三十七年金川木果木失事時，公奮然作色，上書大府，言自幼學兵法，願棄官從軍，以報朝廷，大府壯之而未許也。無何，金川平。卓異，入都時見袁太史子才，謂曰："君知星象乎？太白橫貫齊魯間，慮山東有盜潢池兵者。"袁笑以爲妄。未幾，果有王倫之變,袁嘆曰:"白雲,真奇人也。"時公已没矣,年五十一。

生平雄於文,著有《樹耕堂詩草》《晚成録》《白雲山房詩文全稿》若干卷。

陳琮

陳琮,字國華,號蘊山,南部人。公生而右手駢指,爲人沉毅慷慨,多智略。好讀書,尤熟習諸史,其爲文淵深雄偉。甫弱冠,即遊泮中。丙子,副車,就職州判。乾隆二十八年,適直隸河工請員,赴部應挑,發往永定河委用,補永清縣丞。遇事敢爲,於河工尤留心,胼手胝足,不辭勞瘁。每有建白,轍①中肯綮,同官皆異之。三十四年,陞固安縣知縣。茂著循聲,蒞任三載,兩遭河決,民田被災,俱親履勘,代請賑濟,凡支放錢米,必令部尾均沾實惠,胥役無敢侵漁,上憲以爲能。性好施與,固安近京百里,凡在都門空乏來告者,傾囊以贈,無稍吝色,於親戚尤加厚焉。

三十七年,陞南岸同知,承修玉皇廟欽工。次年,皇上巡幸天津,便道閱視永定河堤。時户部尚書新建裘公日修久任總河,深器之,謂公曰:"君當以河員顯,吾有替人矣。"後金門閘接駕,奏對稱旨,即於天津行在召見,諭令總理永定河工,蓋異數也。四十年,丁祖憂,即奔喪回籍。上諭總督周元理有"河工不比軍功,此人斷不可少,准回家治喪百日,即赴直聽用"。公九月抵里,葬事畢,即於四十一年春來直。次年服闋,仍補南岸同知,時承修戒壇寺欽工方竣。次年十二月,復丁祖母憂。四十六年服闋,仍赴直候補。恭逢皇上巡幸熱河,委查密雲一帶路道,因得隨班恭迎聖駕。上諭軍機大臣曰:"永定河同知陳琮,熟習河工,今安在?"查取職名,蓋昔年新建裘公業經密薦,

---

① 轍,存古書局本作"輒",當是。

已蒙記名屏風，而公不知也。大吏聞之，即於四十七年委署東安縣
事。十二月，即題補務關同知。務關，通永道屬也，向例不得借補，以
上意故亟用之也。

　　四十九年春，聖駕南巡於新城，召見，問河工事宜，奏對稱旨，蒙
賜宴，賞貢緞二疋、荷包一對、貂皮一對。是年，補永定河道。嗣後凡
遇巡幸，俱蒙召見，問水勢大小及勘估堤工，奏對俱如聖裁。五十三
年二月，巡幸天津趙北口，於左各庄賜宴。又於王家廠召見，面奏永
定河下口情形，並呈《永定河全圖》，蒙恩賞黃緞一疋、袍料二件、貂皮
一對。聖駕至桐柏村，由軍機處傳旨取《永定河簡明圖》。五月，上赴
熱河，於密雲召見，問下口情形及永定河平安，公爲陳奏如聖意。公
以永定河源流分合、險夷遷徙，即在河年久者亦難深晰，若驟易生手
必茫然失措，乃沿岸履勘，準今酌古，多方採集，彙爲《永定河志》，俾
後之官斯土者瞭如指掌，殫心考究，三年乃成，總督劉公峨見之，嘆
曰：“渾河工程，莫備於是矣。”

　　五十四年三月初十日，聖駕駐蹕湯山，奏陳所輯《永定河志》已告
成。上諭：“他去年所進圖就好，着軍機大臣閱看。”即日，召見獎慰。
十八日，軍機處奏覆陳琮所輯《永定河志》，分門別類，體例尚屬整齊，
恭錄歷年。皇上親臨指示，諭旨亦皆詳備，奉旨着交懋勤殿藏貯。時
《志》未刊，旋歸，得疾，至五月初八日卒。其卒時，猶以“君恩無由報
效”爲言。大吏以聞，上嗟悼久之，連稱：“可惜！可惜！”諭軍機大臣
曰：“陳琮自任永定河道以來，經今五年，渾河安瀾無恙，皆琮之力，
不料其遽溘逝也。”前任永定河道蘭第錫陞山東總河，以公代之，公
在永定河道多所建白，人皆謂公受上知有過於蘭，指日總河可冀，
孰知竟至於此，豈非豐於才而嗇於遇，未得一竟其用哉！然公爲治
河官，由知縣、同知至道，皆在固安，斯亦奇矣！所著有詩文集二
卷，藏於家。

李漱芳

李漱芳，字藝圃，渠縣人。乾隆丁丑進士，官巡城御史，以參額駙福公家人蘭大醉打金陵事，蒙上召問，嘉其有膽，陞給事中。時中外驚傳，有"鐵面御史"之稱。旋以奏山東王倫事不實，左遷禮部主事。後擢員外郎。丁繼母艱歸，遂卒，年五十二。

藝圃性極孝，年十八失恃，其弟某尚在褓抱，口哺手攜，撫之成人，鄉里嘉之。一生講宋儒學問，立心制行，居官任事，均以聖賢自勵，今之古人也。丁丑入闈，題係"藏文仲其竊位者與"，藝圃行文至出題後，神思窘滯，倦臥號板，夢其母夫人喻之曰："汝文入手太實，須從'竊位'虛摹，二比折入'文仲'，使題境寬舒，數虛字神氣着紙欲飛，方能制勝。"藝圃寤覺，文思開朗，一揮而就。榜發遂中，人咸以爲至孝所感云。在都時，耿介自處，不妄交一人，除上朝預班入部辦事外，即閉門靜坐，藐若高僧，性泊如也。及有關國政要事，則挺身任之，不肯絲毫迴護。嘗云："寧可見忤於衆人，不敢得罪於君父。"持論甚正，雖名公鉅老皆敬憚之。

臨卒前，晨起盥水靧面，忽自驚視曰："來何早也，且門外候。"家人問之，曰："帝命至矣，適來羅漢四人及輿馬人夫等，飭令外候。"入室更衣，端坐而逝，玉著下垂，面作金色，亦異事也。左氏曰："神，聰明正直而壹者。"歐陽文忠曰："生而爲英，死而爲靈。"藝圃至性純篤，忠孝克全，其爲神也無疑，惜當時家人未細問爲何神也。

藝圃有《自題小照四圖詩》[①]甚佳，其一《白雲斷雁》云：

我年十八時，慈母棄兒逝。五弟褓褓中，日夜啼不止。一聲

---

①　孫桐生《國朝全蜀詩鈔》卷十二詩題作"自題小照四首"。

一腸斷，旁聽涕灑灑。老父重悲淒，摩撫嗟何恃。兄嫂兒女牽，顧此復失彼。我時尚未婚，眠食責①諸己。包裹衣②與巾，中夜再三起。鄰媼乞乳盡，軟嚼糜粥飼。待其爛熳睡③，背燈究經史。放聲口若箝，回顧淚漬紙。如是者六年，通籍成進士。拜命官農曹，我父聞之喜。遠攜兩弟來，觀我出而仕。自冬越殘春，目厭緇塵眯。④柳風三月和，劍閣一鞭指。季弟遣隨行，五弟留京邸。牽衣蘆溝橋，離別從兹始。別時片言勖，勵節報天子。吾老力強健⑤，心毋⑥繫甘旨。翻身⑦上馬去，淚落渾河水。誰料⑧一月程，風露疾難理。可憐逆旅中，竟作捐館地。生無以為養，死無以為禮。嗚呼天蒼蒼，此恨無涯涘。幸賴邑宰賢，高義脫驂比。當我未至時，觸事自經紀。及撫柩呼號，⑨婉慰節⑩哀毁。至今款曲情，緘封在骨髓。是時九月交，秋風吹菊蘂。扶病輓靈輀⑪，雲棧經迤邐。猿聲天上鳴⑫，慘切入吾⑬耳。峽勢日邊迴，碚嵒折我趾。⑭我前咆猛虎，我後叫蒼兕。行路飽艱難，安厝事始已。庚寅季弟亡，乙未兄又死。相距⑮數載間，零落已如此。遺七八孤

----

① 責，孫桐生《國朝全蜀詩鈔》卷十二詩題作"任"。
② 衣，孫桐生《國朝全蜀詩鈔》卷十二詩題作"布"。
③ 此句，孫桐生《國朝全蜀詩鈔》卷十二詩題作"得其爛熳睡"。
④ 此句，孫桐生《國朝全蜀詩鈔》卷十二詩題作"日厭塵沙眯"。
⑤ 強健，孫桐生《國朝全蜀詩鈔》卷十二詩題作"猶強"。
⑥ 心毋，孫桐生《國朝全蜀詩鈔》卷十二詩題作"母心"。
⑦ 翻身，孫桐生《國朝全蜀詩鈔》卷十二詩題作"擲身"。
⑧ 誰料，孫桐生《國朝全蜀詩鈔》卷十二詩題作"豈料"。
⑨ 此句，孫桐生《國朝全蜀詩鈔》卷十二詩題作"及我憑棺號"。
⑩ 節，孫桐生《國朝全蜀詩鈔》卷十二詩題作"勿"。
⑪ 靈輀，孫桐生《國朝全蜀詩鈔》卷十二詩題作"素車"。
⑫ 鳴，孫桐生《國朝全蜀詩鈔》卷十二詩題作"啼"。
⑬ 吾，孫桐生《國朝全蜀詩鈔》卷十二詩題作"我"。
⑭ 此二句，孫桐生《國朝全蜀詩鈔》卷十二詩題作"峽高翻日輪，石險折我趾"。
⑮ 相距，孫桐生《國朝全蜀詩鈔》卷十二詩題作"分手"。

雛,嗷嗷竟誰倚。雖有小弟存,生事拙①如螳。哀哉骨肉懷,生死隔千里。我欲踏寒郊②,陟岡陟岵屺。③ 白雲生遠天,鴻雁度隴坻。雲盡雁行斷,極目空指似。因將酸楚心,寫入圖畫裏。寄與④後來人,此意莫輕視。

其二《蘭省晚歸》云:

我之高祖公,寸心具千古。讀書見大義,筮仕飭簠簋。三年守孟城,春風動淮浦。去時截鞭鐙,攔道走兒女。北遷儀曹郎,再轉⑤主客部。是時妖焰張,鬼車啼夜雨。請假奉慈闈,賊已陷夔府。延緣山谷間,取道向南楚。半載歸故園,膏血塗村墅。弟兄搴義旗,殺賊猛如虎。馬蹶遭縶維⑥,奮舌就斤斧。江翻血淚紅,月照丹心苦。大吏闡幽光,採掇⑦陳當宁。重荷國恩褒,賜謚列祠宇。至今肅典禮⑧,兩地薦邊俎。我生際太和,微才一覆筥。備員首丁丑,歷十九寒暑。初從戶吏⑨曹,叨陪鵷鷺序。十年擢御史,法⑩冠簪鐵柱。群烏看往還,古柏空摩撫。旋復拜瑣闈⑪,是年歲甲午。秩漸次第加,事乏絲毫補。如何職守乖,殃咎實自

---

① 拙,孫桐生《國朝全蜀詩鈔》卷十二詩題作"微"。
② 踏寒郊,孫桐生《國朝全蜀詩鈔》卷十二詩題作"躡郊原"。
③ 此句,孫桐生《國朝全蜀詩鈔》卷十二詩題作"陟岵兼陟屺"。
④ 與,孫桐生《國朝全蜀詩鈔》卷十二詩題作"語"。
⑤ 再轉,孫桐生《國朝全蜀詩鈔》卷十二詩題作"授官"。
⑥ 遭縶維,孫桐生《國朝全蜀詩鈔》卷十二詩題作"身被執"。
⑦ 採掇,孫桐生《國朝全蜀詩鈔》卷十二詩題作"搜採"。
⑧ 典禮,孫桐生《國朝全蜀詩鈔》卷十二詩題作"樊章"。
⑨ 戶吏,孫桐生《國朝全蜀詩鈔》卷十二詩題作"吏戶"。
⑩ 法,孫桐生《國朝全蜀詩鈔》卷十二詩題作"豸"。
⑪ 瑣闈,孫桐生《國朝全蜀詩鈔》卷十二詩題作"黃門"。

取。惟帝①曲矜全，鐫級赦愚魯。續命②移春司，感激涕潸潸。
自憐蚊翼輕，未克荷峰岵③。再拜④天地慈，摩頂心自撫。容臺
高峨峨，禮樂中備舉。惇典三綱正，吹簫百神敘。不道百餘年，
小子此⑤接武。事業感年華，家學溯⑥規矩。進思與退思，夙夜
縈心腑⑦。問我歸來時，夕照餘幾許。職盡心始安，身在力⑧強
努。聊⑨以報吾君，還⑩以慰吾祖。

其三《載書過峽》云：

巫峽七百里，突兀天下壯。連峰走長蛇，對面勢相抗。中漱
大江流⑪，鬱怒⑫蛟龍讓。逆舟鬬水勢⑬，牽挽巉崖傍。若無萬卷
書，何以壓巨浪。天子⑭盛文藻，學海波瀾漾。宏開獻書途，讐校
天禄上。多藏錫賚加，次亦拜縑繒。煥乎文明治⑮，士氣一時
旺⑯。我學久荒廢⑰，沙溪縮寒漲。心希秘閣奇，延頸屢忻悵⑱。

---

① 帝，孫桐生《國朝全蜀詩鈔》卷十二詩題作"皇"。
② 續命，孫桐生《國朝全蜀詩鈔》卷十二詩題作"改官"。
③ 荷峰岵，孫桐生《國朝全蜀詩鈔》卷十二詩題作"蜂鐺拒"。
④ 再拜，孫桐生《國朝全蜀詩鈔》卷十二詩題作"終荷"。
⑤ 此，孫桐生《國朝全蜀詩鈔》卷十二詩題作"許"。
⑥ 家學溯，孫桐生《國朝全蜀詩鈔》卷十二詩題作"家訓緬"。
⑦ 心腑，孫桐生《國朝全蜀詩鈔》卷十二詩題作"心緒"。
⑧ 身在力，孫桐生《國朝全蜀詩鈔》卷十二詩題作"豈遂誚"。
⑨ 聊，孫桐生《國朝全蜀詩鈔》卷十二詩題作"近"。
⑩ 還，孫桐生《國朝全蜀詩鈔》卷十二詩題作"遠"。
⑪ 此句，孫桐生《國朝全蜀詩鈔》卷十二詩題作"中流浮大江"。
⑫ 鬱怒，孫桐生《國朝全蜀詩鈔》卷十二詩題作"激湍"。
⑬ 鬬水勢，孫桐生《國朝全蜀詩鈔》卷十二詩題作"犯水威"。
⑭ 天子，孫桐生《國朝全蜀詩鈔》卷十二詩題作"熙朝"。
⑮ 文明治，孫桐生《國朝全蜀詩鈔》卷十二詩題作"治文明"。
⑯ 旺，孫桐生《國朝全蜀詩鈔》卷十二詩題作"王"。
⑰ 廢，孫桐生《國朝全蜀詩鈔》卷十二詩題作"落"。
⑱ 忻悵，孫桐生《國朝全蜀詩鈔》卷十二詩題作"惆悵"。

有如嗜酒[①]徒，饞涎落酒[②]盎。吾家棄産人，好古志高亢。嗟我無田園，購蓄[③]安所仗。約[④]躬節清俸[⑤]，庶幾免嘲謗。一年營一帙，漸漬[⑥]成岩嶂。譬彼窮措大，斗[⑦]掘珠玉藏。客過笑[⑧]書淫，一一資醖釀。吾蜀古多才，絶學楊馬倡。歷唐宋元明，淵源大[⑨]流暢。爾來復誰繼，文獻感凋喪。經籍半殘闕，後生失宗仰。買舟裝載歸[⑩]，高擁談經帳。老宿擴見聞，多士啓昭曠。兼以謝父老，即此知宧[⑪]況。豈惟父老知，江神或愋[⑫]諒。狼頭鹿角灘，孤帆煙中颺。劃破青琉璃，坐聽舟人[⑬]唱。

其四《茅檐望闕》云：

東風銅魚洲，[⑭]雨散一江緑。湔湔濕雲起，薄蓋[⑮]溪南竹。田家力東作，御[⑯]此老觳觫。東塍分秧苗，西崦理溝瀆。裹飯走婦子，催耕[⑰]啼布穀。日暮行荷犁，土盎酒初漉。銜杯息勞筋，還

① 酒，孫桐生《國朝全蜀詩鈔》卷十二詩題作“飲”。
② 酒，孫桐生《國朝全蜀詩鈔》卷十二詩題作“杯”。
③ 蓄，孫桐生《國朝全蜀詩鈔》卷十二詩題作“求”。
④ 約，孫桐生《國朝全蜀詩鈔》卷十二詩題作“菲”。
⑤ 清俸，孫桐生《國朝全蜀詩鈔》卷十二詩題作“俸錢”。
⑥ 漬，孫桐生《國朝全蜀詩鈔》卷十二詩題作“積”。
⑦ 斗，孫桐生《國朝全蜀詩鈔》卷十二詩題作“陡”。
⑧ 笑，孫桐生《國朝全蜀詩鈔》卷十二詩題作“誚”。
⑨ 大，孫桐生《國朝全蜀詩鈔》卷十二詩題作“肆”。
⑩ 裝載歸，孫桐生《國朝全蜀詩鈔》卷十二詩題作“載五車”。
⑪ 宧，孫桐生《國朝全蜀詩鈔》卷十二詩題作“官”。
⑫ 愋，孫桐生《國朝全蜀詩鈔》卷十二詩題作“吾”。
⑬ 舟人，孫桐生《國朝全蜀詩鈔》卷十二詩題作“榜人”。
⑭ 此句，孫桐生《國朝全蜀詩鈔》卷十二詩題作“春風網漁洲”。
⑮ 蓋，孫桐生《國朝全蜀詩鈔》卷十二詩題作“罨”。
⑯ 御，孫桐生《國朝全蜀詩鈔》卷十二詩題作“馭”。
⑰ 催耕，孫桐生《國朝全蜀詩鈔》卷十二詩題作“祀神”。

課兒童讀。一別十餘年，此景常在目。國恩未粗①報，焉敢問茅屋。游魚思淵潭②，老馬戀豆③莢。二者交縈懷，④擬向季主卜。他日乞身歸，誅茅背幽谷⑤。縛帚掃先塋，刈草培⑥宰木。然後⑦樹桑麻，次第蒔⑧苜蓿。鄰翁醉杯酒⑨，子弟聚家塾。竹簟暑風涼⑩，茅檐冬日爆⑪。相與談金鑾，⑫補注歸田錄。要使職深恩⑬，為我後人勖。人生無百年，福貴一風燭。忠愛⑭苟不虧，安用展退矚。⑮分遠或相忘，⑯隨事可根觸。西來劍閣雄，東去巫峰矗。何處望舳艫，兀坐自往復。

陳朝詩

陳朝詩，字正雅，涪州望族。中乾隆己卯鄉試。官湖南安福令，强幹有爲，誅暴懲奸，縣稱大治。時楚南盜風甚熾，有盜魁廖天則者，富而黠，居澧州東村，其徒數百人，來往江心，日肆劫掠，文武員弁稔知其惡，莫能制。督軍吳達善知公能，調至省，問曰："貴縣能捕此巨

---

① 未粗，孫桐生《國朝全蜀詩鈔》卷十二詩題作"猶未"。
② 思淵潭，孫桐生《國朝全蜀詩鈔》卷十二詩題作"樂深潭"。
③ 豆，孫桐生《國朝全蜀詩鈔》卷十二詩題作"萁"。
④ 此句，孫桐生《國朝全蜀詩鈔》卷十二詩題作"兩念縈中腸"。
⑤ 背幽谷，孫桐生《國朝全蜀詩鈔》卷十二詩題作"依澗谷"。
⑥ 培，孫桐生《國朝全蜀詩鈔》卷十二詩題作"瞻"。
⑦ 然後，孫桐生《國朝全蜀詩鈔》卷十二詩題作"次第"。
⑧ 次第蒔，孫桐生《國朝全蜀詩鈔》卷十二詩題作"兼可收"。
⑨ 杯酒，孫桐生《國朝全蜀詩鈔》卷十二詩題作"深杯"。
⑩ 涼，孫桐生《國朝全蜀詩鈔》卷十二詩題作"清"。
⑪ 爆，孫桐生《國朝全蜀詩鈔》卷十二詩題作"曝"。
⑫ 此句，孫桐生《國朝全蜀詩鈔》卷十二詩題作"高語話巖廊"。
⑬ 深恩，孫桐生《國朝全蜀詩鈔》卷十二詩題作"朝儀"。
⑭ 愛，孫桐生《國朝全蜀詩鈔》卷十二詩題作"信"。
⑮ 此句，孫桐生《國朝全蜀詩鈔》卷十二詩題作"安事分外矚"。
⑯ 此句，孫桐生《國朝全蜀詩鈔》卷十二詩題作"境過情易忘"。

盜乎?"公曰:"願效驅策。"因檄委查挐。公回署,選健役五十人,密帶軍器,改裝潛行。至其家,房屋壯麗似公署,牆高七尺,大門緊閉,公一躍而過,開門放群役入。凡五進,公俱先之。其家尚未覺也,至後樓,諸賊在樓喧賭,樓門高一丈,向南開。公一躍入,廖驚曰:"何人?"公曰:"是我,特來入夥。"一人持械向公直樸,公手揮之,立扑。一人識公,曰:"是安福陳老爺,莫輕動。"群賊俱伏。公開樓門,呼眾役入,各就縛,共十一人,帶至省垣,置諸法,一時有神勇之稱。督軍大加贊賞,擬保奏,公以鄰封諱報案多,徹底根究參罰必眾力辭,乃已。乾隆三十五年,丁憂回籍。買舟西上,至宜昌府,有小船百餘艘,倏近倏遠,夾舟而進。公知有變,趣撓夫挨岸,至江邊丈許,公一躍上坡,拔碗粗橡栗樹連根在手,呼曰:"汝等欲爲廖天則復仇乎? 我在此,試來一較。"各小舟聞聲四散去。服闋,補江西貴溪令,亦多能聲。

弟朝書,字右文,精制藝,丙子舉人。官山西襄陵令,修學宮,捐建姑汾書院,興利剔弊,知無不爲,襄人德之。丁憂歸,聞兄以累重羈安福,傾數千金完項不吝。甲午,補雲南通海令,減錢糧之半以甦民困,設海屯公田以供差費,修秀麓書院以教士子。丁酉,署阿迷州,擒巨盜王之棟。王格鬪,公手執轎尺以斷其左臂,名與兄埒。

三朝易,字象圖,庚午舉人,官福建建陽令,著述甚富。時稱一門三傑。

羅楯

羅楯,字廷衛,號飛鸞,樂山人。乾隆己卯舉人。丙戌,挑發河南,初任息縣,丁憂歸。服闋,補寧陵令。其人外朴誠而內明達,精吏治,在任數年,吏畏民懷,大著能聲。四十三年,河決儀考馬家店,下游各州縣俱被水災,寧陵尤甚,城被水圍,四鄉居民淹溺者不計其數。公雇覓船隻,各處打救,全活甚眾。其依高阜而糧食匱乏者,運送米石以散給之。一面報災，一面開倉發粟，并設粥廠以食日不聊生之輩，民亦愛之，若嬰兒之待哺於慈母也。嗣調辦河工，凡屬公所辦之工段，民皆聞風子來，踴躍趨事，不日告成，並不受雇價而去。其鄰封在工之民，亦誦不絕口，樂勤其事。時大司空袁公守侗奉命督辦河工，見民情愛戴之甚，曰："此循吏也，非實心實政能如是乎？"特疏奏聞。奉旨引見，陞南陽司馬。上憲亦廉其能，將大加擢用，因在工日久，積勞成疾，告歸，旋卒。

陳鵬飛

陳鵬飛，字之南，涪州人，精於文。乾隆己卯科入闈，已擬元十日矣，後何希顏卷至，主司曰："此宿學也。"因易何爲元，置陳於十一。川省簾官十房，何與陳同出一房，故移至十一也。癸未，成進士。少赤貧，族人有絕業，衆共瓜分，之南獨不往，人咸迂之。通籍後任山東萊蕪縣，廉明公正，甚著循聲，士民愛若慈母。後調任曹縣，會歷城監犯劫獄，捕獲審訊，知渠魁在曹縣獄中，原約同日劫獄。大憲急差官弁前往，則犴狴宴然，異而詢之，渠魁曰："誠有是約，但吾邑侯仁人也，我劫獄，官必獲罪，是以遲遲耳。"其化及兇頑類如此。丁憂歸。服闋，仍赴東省補單縣令。一日至藩署官廳，閽者請見，備言伊因病死去，拘到提牢廳，一人上坐審問，即公也，蒙恩釋放還陽，叩謝不已，公止之。及見藩司，亦語及此事，且云伊已死二日矣。非公何以得生，於是東省有"陳提牢"之稱。未幾，公亦没。

公幼孤，事母以純孝聞。母文孺人，旌表節孝，卒後廬墓三年，盡哀盡禮。文章品行，士林仰之。左氏云："神，聰明正直。"公真無愧哉！

王畊

王畊，字硯田，中江望族。卓峰公裔，丰姿俊美，氣度雍和，見者知爲端人正士。自幼以孝聞，待諸弟尤極友愛。年十七，母戴太夫人病篤，公延醫調治，衣不解帶者月餘。一日焚香籲天，願以身代母病，遂愈。乾隆乙酉，舉於鄉。辛丑，挑發湖南，補桑植令。邑屬苗疆，頗難化理，前任積案三百餘件。公至，細心研鞫，務期得情，限每日五案，兩月後塵案俱清，人人傾服。舊例，署中日用薪米雜費皆供之民間，不發價值，四鄉輪派支應，率以爲常，民不勝其苦。公下車聞之，驚曰："此真厲民而以自養也，雖舊規，吾不忍沿其弊。"立除之，一切按日發價，一時頌聲交作，有"撥霧見青天"之謠。凡涉詞訟者，到案數言即解，從無留難之事。暇則勸課農桑，訓飭頑梗，肫切化導如父兄之於子弟，民亦愛之若慈母，幾至刑措。後因公降調，去之日，百姓遮道泣送者數千人，公亦垂涕而別。

入都引見，奉旨仍以知縣用，發往甘肅。陝甘總督福公康安與語，奇其才，補寧夏縣。寧夏兼四要缺，蓋破格用也。公到任，得展所長，一切差務咄嗟立辦。向例有折草折料等弊，力爲革除。至自理詞訟，隨到隨審，民尤頌不絕口。邑有興賢書院，曠廢已久，公重加修葺，延師訓課，給以膏火，暇則入館與諸生講論文藝，數年得作育而成者十餘人。諸生中有傅天俊者，頗優於文，因貧爲訟所累，公審案得實，苦加訓飭，并給與米麵以養其母，勸令自奮，是歲丙午果登鄉薦。公之愛才類如此。各憲以公望重資深俱議超遷，適丁艱信至，事遂寢。初，公之補桑植也，雙親俱迎養至署，朝夕侍奉，得遂愛日之歡。及遷寧夏，太夫人以病不能遠行，公欲請終養歸，而太翁不許。忽訃至，公一痛幾絕，月餘竟以哀毀病卒，年四十有九。

唐樂宇

　唐樂宇，字堯春，號九峰，別號鴛港，綿竹人。桐城縣知縣叔度第九子。生有凤慧，讀書過目成誦。稍長，盡通經史，旁參諸子百家以及天文星數之學，無不窮究。乾隆壬午，舉於鄉。丙戌，成進士，授户部主事。公素明九章算法，凡錢糧榷稅布指便知，摺奏檔案過眼不忘，胥吏不得爲奸，以是各司農皆倚爲左右手。金川之役，辦理軍需奏銷事，纖毫不爽。大學士英相國尤器之，陞員外郎，保舉提督錢法堂監督，論俸推陞禮部郎中，英公仍奏留本部山西司郎中，其見重如此。充内廷方略館纂修兼户部則例館纂修。由郎中俸滿，選授貴州平越知府。平越係黔省苗疆，士習卑陋，五十餘年未有登科者。公爲建墨香書院，延浙江名士葉夢麟教之，暇日即至院中與諸生講課。三年丙午鄉試，中甘思贊、蘇延和等四人，文風丕變。調繁南籠，南籠多生苗，不通聲教，桀驁難馴。公至開誠布公，曲爲開導，苗民胥悦。年餘，積勞成疾。旋因失察家人，捐官降調。復丁母程太恭人艱，扶櫬回籍，卒於雲陽舟次。

　　公爲人大耳高鼻，目短視，至對面不能辨人，然胸羅萬卷，兼精六壬星命、五禽遁法，著有《奇門紀要》。嘗於琉璃廠市得西洋渾天銅儀，購歸，排列敷衍，遂究其術。守南籠時見太白行非常度，私謂總鎮某曰：“君宜秣馬勵兵，不久當有警報矣。”未幾，果有臺灣之役。群謂公言已驗，公曰：“未也，蜀徼外尚有事。”不一年，西藏復告變，人益傾服。居官多異政，當爲錢法堂監督時，鑄工萬餘忽以私憤致變，公即促駕撫之。群戒勿往，公曰：“若輩無知，豈可聽其釀成巨禍耶！”銳然入其群，曉以大義，皆流涕服罪而散。又鑪神爲祟，每夜嬲鑪頭，公問其狀，則神前土偶皁役也，以釘釘其足，血出而祟息。爲人瀟灑絶俗，嗜酒，不問家人生産。好購書，官監督時，所入俸以萬計，盡以易書，疊架盈櫥，雖朝炊不繼，宴如也。善諢諧，赴平越時，空乏不能具行李，時保定守某素相善也，以缺費拜謁，某知其意，辭以疾，公直下輿坐大堂暖閣候。久之，竟不得見，乃醮案上硃，題詩於壁曰：“右諭通知貼大堂，主人從不會同鄉。門前若遇抽豐客，只説官今病在牀。”投筆竟去,其善謔類如此。

　　又公善扶乩,語多奇中。未遇時設館中江,孟副憲邵適家居,延請扶乩。乩動,書灰盤中,曰:"須得户部牒文,方可呈請。"僉曰:"安得有此?"復書曰:"着唐生書一押字代之,如言辦理,吕祖降問休咎,皆驗詩文。"一揮而就。後公登第,果授户部銜,亦異事也。工詩,有"白沙千里月,黄葉半江潮"之句,李雨村亟賞之。著有《鴛港集》,卒後皆散佚無存,可惜也。子七:長張友,次張瑶、張蘭、張禄、張扶、張超、張巖,俱能讀父書。

錦里新編卷四

武　功

楊展[1]

　　楊展，字玉樑，嘉定人。長七尺有咫，性倜儻，負文武姿，尤工騎射。舉崇正己卯武科。庚辰，成進士第三人，授遊擊將軍。時秦寇方熾，朝廷深重武臣，尋陞展參將。以憂家居，值蜀亂，鄉盜縱橫，嘗與族子踏月江邊，隔岸影見人行，諦視曰：“此賊也。”射之，應弦而斃。覘其人，果素掠鄉里者，人以是畏服之。

　　甲申，獻逆據成都，僭號改元，遣僞將肆掠。展起兵犍爲，會閣部王應熊檄至，即從總督樊一蘅及遊擊馬應試、余朝宗等攻敘州。力戰復其城，走僞都督張化龍。又擊敗馮雙禮，遂次第收嘉、眉諸邑，衆至數萬。獻賊遣狄三品、劉文秀等來侵，大敗還。永明王嘉之，授總兵，晉爵華陽伯。時歲饑，人相食，展遣使告糴黔楚，自紳士以下至弟子員皆給賞；農民予牛、種，使擇地而耕，願從戎者補伍；百工、雜流各以藝就養；孤貧無告者廩之。又置竹筏數千於同河，以濟榮、威、富之避難者，俾居思經、瓦屋諸山，而令其子璟新屯田於峨眉，歲獲粟數千，蜀南賴之。

　　獻忠忿展盡取故地，率衆十萬，裝金銀珠寶數千艘蔽江而下，擬

入楚。展起兵逆之於彭山江口，分左右翼衝拒，而別遣小舸載火器以燒賊舟。兵交，風大作，賊舟火起，展身先士卒，殪前鋒數人。賊奔潰，反走江口，兩岸逼仄，前後數千艘首尾相銜，驟不能退，風烈火猛，勢若燎原。展急登舟促攻，鎗銃弩矢，百道齊發，賊兵糜爛幾盡，所掠輜重悉沉水底。獻從別道逃免，旋奔川北。展追至漢州，封其遺屍而還。

是時，展威名大振，蜀之起兵拒賊者皆倚爲長城，袁韜、武大定窮困來奔。袁，故姚、黃餘賊；武，則小紅狼別部也。展愛其勇，推心任之，命大定守青神，韜守犍爲，鼎足備賊。偏沅巡撫李乾德初以總制來蜀，獨許袁、武，深相結，至是，韜與總兵李占春相惡。展素厚占春，以銀萬兩、米萬石饋之，韜不平，大定亦忌展富。乾德以展遇己簡略，因嗾二人殺展。適值展壽日，詭稱介壽，設宴犍爲。展欲往，其子璟新諫曰：“近觀二人意殊怨望，須察之。”不聽。及出乘，所愛白馬回齧其衣者三，展屬聲曰：“吾不懼獻忠，豈懼他人耶？”佩劍，攜一僮扁舟南下。袁、武迎之，僞爲恭謹者。展坦然入帳，連飛數十觥，大醉。日暮，袁、武解展劍，舁入密室，使勇士往刺之。展寢後目不交睫，睛光炯炯射人，操刀者三至，不敢動。展僮云：“無畏也。”遂縛展。展覺，知有變，佯呼曰：“酒渴甚，予我水飲。”僮止之，遂遇害。展素精五行遁術，得水可免。其死也，實僮促之云。

占春聞展被害，率兵爲展報仇，不勝而歸。袁、武遂圍嘉定三月，破其城。璟新以親丁三百騎突圍奔逃，其妻陳氏指袁、武罵曰：“爾等窮來依我，我先人處以要地，資以多財，何負於爾？乃圖我家，真喪心犬彘也。”袁、武殺之，悉并展之資與衆。乾德因勸袁、武據守嘉定。後賊將劉文秀至，袁、武與戰，大敗，俱降賊。乾德赴水死，璟新奔投我師，更名璟，授參將，遷遊擊。順治十六年，王師下嘉定，文秀大敗。韜爲亂軍所殺，大定乞降。十八年，璟路遇大定，手刃之。大定死，璟坐擅殺落職，家居十餘年卒。

陳登皞①

陳登皞，眉州人。生有膽識，膂力過人。家貧，獵獸自給。常赤足逐鹿、豕，奔新斬叢竹中里許，而足不傷，人呼爲"鐵腳板"。獻賊據成都，賊將狄三品等攻眉州，先期傳示云："除城盡剿。"民不悟，攜老幼入城。乙酉正月五日，賊驅城中人至原田，盡殺之。又搜戮四鄉居民，登皞突起，忿言曰："洗頸待死與抗賊殺死等死，奈何袖手待盡耶？"遂裂白布爲旗，招各山亡命少壯，大書於上曰："敢□□②忍流賊張獻忠爲敵者，從我。"數日得千人。登皞持獵械，負柴弓竹矢，赤足先趨，千人者各執白棓相隨。據城西禮泉河，斬木列栅，標所書白旗於前，名曰"鐵勝"。鐵勝者，取己勝賊之義也。遂與賊持，前後殺獲甚衆。賊大懼，潛移東館。登皞又令民兵數百具羊酒，僞爲投順者迎賊帥，賊納之營中。夜半，登皞率衆大至，鳴金鼓，火攻賊營，數百人從中噪而應之。內外夾擊，賊衆大亂，死者不可數計，乃遁去。於是眉之多月鎮、斑竹王、二郎埧③諸村各聚衆自守，皆名其營爲"鐵勝"，賊聞之不敢逼，而"鐵腳板"之名大播川南。後爲嘉定向成功所殺。成功亦起師拒賊者，有衆五千，欲轄登皞自豪，登皞不從，率兵圍之甘溪口，登皞勢弱不敵，力戰死之。順治四年，大兵入蜀徇川南，成功聚衆拒敵，中流矢死。

余飛④

余飛，洪雅人。勇健絕倫，遇不平事輒以身先之。言出，人莫敢

---

① 彭遵泗《蜀碧》卷三鐵腳板傳與此略同。
② □□，原文漫漶不清，存古書局本作"與殘"。
③ 埧，彭遵泗《蜀碧》卷三作"壩"。
④ 彭遵泗《蜀碧》卷三余飛傳與此略同。

違,蓋俠士也。獻忠之亂,賊入洪雅,飛諭衆曰:"吾鄉花溪,地險穀足,背枕飛仙關,其前崇巒屏峙,青衣江環繞其外,水勢洶湧,急不能渡。爲今之計,惟有同心拒敵,可保無虞。"衆曰:"唯唯!"於是刑牲瀝酒,誓於神曰:"我等與賊,義不兩全。有一人從賊者,殺其人;有一家順賊者,誅其家。"誓畢,戶抽壯男年二十及四十者,得數千人。塞隘保險,造戈矛鎗銃,疊大石數十蔂,繫長繩備飛擊之用。賊至,飛選勇士伏左右山谷中,山岡遍樹旗幟,又決大堰之水灌田,而自以羸弱迎敵溪口。其時賊氣甚銳,目無飛。戰方合,飛即佯北,賊追逐入溪,左右伏發,翼而擊之。飛反戈衝突,賊大敗,顧望山間旗,疑不敢上,沿田蹊走,徑狹,騎步蜂擁,陷田中不能出,擒斬二千餘人。其遁者爲鳥鎗飛石所斃又過半,賊氣沮喪,遁去。賊退後,飛益修險扼,寇來則戰,去則耕,如是者二年。

其後僞撫南劉文秀駐兵天生城,飛單騎出覘,被圍,不能脫,力斬十數人,死陣中。飛死,衆遵其法,團營自保。時越險擾賊,得賊諜輒殺之,賊終不能加,故蜀民之不被賊者惟洪雅云。

周鼎昌

周鼎昌者,夾江南安鎮人也。獻賊據蜀之三年丙戌春正月,僞撫南劉文秀率兵十萬由丹稜、洪雅入夾江,欲搜西山諸路,並剿峨眉。督師王應熊聞之,授鼎昌副將,給兵千餘,俾間道援鄉井。比至,賊壁青衣江,連營三十里,警斥堠,搆浮橋一座,跨江面去南安一望矣。鼎昌急竪柵,刳大木爲炮,隔岸飛擊賊營,斃賊人馬甚衆。又編亂草爲筏,狀若蓑笠,大數圍,鬅鬆散漫而隆突其頂,頂中空,旁貫以繩。擇善泅者百人,人與一筏,佩鉤腰鐮,藏首空中,繫繩於背。入水,筏浮其上,人伏其下,遠望如敗草漂流,不疑有人也。近浮橋,百人者齊用鐮截絡,而以鉤分橋梁。橋解,守橋者盡溺。賊覺,急射之,矢格於草不能入。餘兵分爲二，隔於兩岸，其浮入西岸者，鼎昌促圍攻之，斬獲無遺。賊遁，合邑以全。

劉道貞、曹勳合傳[①]

劉道貞，字墨仙，天啓辛酉孝廉也。其族世襲黎州指揮，獨道貞家臨邛，爲邛人，以文學顯。初時州有登科者，建旌坊，虐使其鄉。簡富民入户，歲收牌煙、雜稞，名曰"免差"，官不能難，沿爲紳例，里中苦之。至道貞，盡謝去，曰："吾忍以一科名累桑梓哉！"州人高其德。道貞敦行古直，其學六經、百氏，無所不窺，尤刻意兵家言。

獻逆踞成都，遣兵四出。道貞語子暎度曰："邛州控制黎、雅、建昌，爲川南門户，沿邊土司可聯以守，惜猝不及備耳。"未幾，僞參將張某掠地至邛，道貞策殺之，棄家走沉黎，激勵土漢李衛等兵抗賊，而身自資軍於曹勳。曹勳者，亦黎州世襲指揮也。先奉調守成都，軍於門，賊入，獲焉。同輩皆斬，次及勳，勳遽呼奮起，絶其縛，還奪行刑刀殺數人，泅江脱亡。至是，起師洪雅。道貞之至邛也，賊帥狄三品、王復臣等再至，巡道胡恒樾寧越都司楊起泰入援，未及而城破，恒率州牧徐孔徒巷戰，死之。賊遂趨，陷雅州，分其軍爲二，一走榮經，一循江下攻洪雅。勳率衆保拒小關山，山去邑西南四十里，連崗嶙峋，中一徑，蔂石錯雜。賊至，不得過，盡驅騎兵薄隘口。時李衛軍來援，道貞遣暎度由山右伏行，渡青衣江，轉襲賊後。賊陣動，曹勳自上望之，挺刃趣賊，貞援枹鼓以從，斬前鋒十數騎。賊返走，騎闐塞不可退，暎度等自下揮短刀，仰面疾攻，力蹙賊，絶其徑。賊衆數千悉墮糜塹中，復臣等踐死人貿匿深箐以免，喪失衣甲器械無算。賊入蜀後，所至摧陷，無敢攖者，至此始畏蜀人。又以勳前絶縛殺行刑者亡也，益憚之，

---

① 彭遵泗《蜀碧》卷四劉道貞傳與此略同。

號曰"曹軍"，而目道貞"伯溫先生"云。

是時，寧越都司楊起泰奉檄援邛，至榮經遇賊，合所官丁應選、千戶馬京，逆戰於龍觀川，大破之，斬偽總兵，賊兩路俱敗。於是道貞曰："寇膽喪矣，乘此追亡，臨邛可復也。"令曘度引軍疾馳逐賊。川西舉人郝孟旋者，新起師復雅，斬偽牧，會而之束，圍邛城數日，幾克。會賊大帥劉文秀以重兵來爭，勢不敵，退歸。天全六番招討使高克禮、楊之銘者，兩相構怨。高款於賊，銘弟僑欲乘亂弒兄與高合，而銘方連成都進士朱倖尹、川北舉人鄭延爵兵共討賊。僑先導賊至，敗銘等於飛仙關，擄殺之，雅州復陷。道貞時駐黎城，料土兵，募壯勇，謀進取策。遽聞之，憤懣嘔血，臥疾不起，語勳曰："吾以一書生破家討賊，意借公忠勇之氣，報朝廷二百年養士之恩。今病至此，死有餘恨矣！願公勉力，無墮前功。"丙戌春正月，道貞卒。

公爲人廉幹縝密，時四方師起，羽檄交馳，外應內謀，事無留滯。又番漢把目等戰歸，自出金帛酒醴曲勞之，人爭爲用。嚴道以南，二年不懼寇害者，道貞、佐勳之力也。初走沉黎時，夫人王氏率家屬百口避西山，賊搜執之。及曘度圍邛，環刀械頸，置城上，令招其子。夫人大罵，賊怒，斷其舌，磔屍置之城外，舉家殉焉。後一年，曘度單車遇賊，同孟旋力戰以死。勳自道貞死後，合李衛、馬京等兵，敗賊於雅州，據其境與楊展相聲援。巡撫川南范文光任洪雅，同心備賊，軍聲大振。己亥秋，乾德慫袁、武殺展，勳勢孤，范文光因惡乾德，入山不視事。庚寅九月，劉文秀突至，勳左右無人，力不支，走嘉定。壬辰，王師下川南，餘寇次第蕩平。勳入本朝以壽終。

是集專載本朝人物，以上諸人皆前明遺彥，似不應入，然當日倡糾義勇，保土救民，俱在甲申以後。所謂志士仁人，聖朝之所矜者，故備錄之，以見忠肝義膽，不隨鼎社俱遷，雖天命已革，而功德自不可泯也。

彭萬崑[①]

　　彭萬崑，號玉吾，丹稜人。生九歲而孤，有田百頃，家僮數十人。甲申之變，逆賊張獻忠由夔及重、瀘破成都，據藩府。土賊蠭起，眉有"鐵腳板"，丹有蕭永道，皆團鄉勇，力爲防衛，盜不敢近。獻逆遣假子撫南王劉文秀屠川南，始邛、蒲，次及丹，營丹城外。彭計款賊，且覘動靜，於是擇健勇七人與俱，內裏綿甲，藏利刀，牽牛擔酒至賊營。橫戈豎矛[②]，刀劍交加，寒光射目。從人俯首次進，股慄失□[③]，□[④]意氣自若。賊詰來意，語未畢，忽從人藏刀墮地，鏗然有聲，賊叱縛帳下，詰以故。從人畏賊，舌强不能下，彭從旁應曰："某等去將軍營數十里，防路盜劫，藏刀自衛，無他意也。且某僅八人，計何能爲？"賊釋之，遂歸。暗據扼要備賊，賊亦旋引去。當是時，丹東南北諸村殘害幾盡，獨彭所居之鄉安堵如故，邑之避賊者多依焉。

　　其時戎馬縱橫，里民驚竄不暇耕，會大旱，斗粟數千錢，人不得食，道路死者枕籍。彭家有餘貲，設鬻場於通衢之旁，減價出糶，以其所入代爲轉運。有缺費者，量資不取值，四方就食者日不暇給。復擇膏腴地種菜芋可食之物以佐之，三年全活數千人。我朝大軍既誅獻賊於西充鳳凰山下，餘孽未息，其黨郝承裔復據黎雅叛，建南觀察使張熊麟聞風負印以逃。賊乘勢由青衣江破洪雅、夾江，直下嘉陽，川南復大亂。警報至成都，制軍李公國英憂之，問軍中誰能探賊虛實者，或以丹稜界連黎雅，舉彭與張公應試對。應試者，彭世威，爲人有幹略。召至詢之，彭曰："某聞師出有兩道，一由邛州，一由洪雅。洪

---

①　其傳記又見彭端淑《贈懷遠將軍玉吾公家傳》，見《白鶴堂稿》，文字略有不同。
②　據彭端淑《贈懷遠將軍玉吾公家傳》，"橫戈豎矛"前當脫"賊"字。
③　□，原文漫漶不清，存古書局本作"色"。
④　□，原文漫漶不清，存古書局本作"彭"。

雅地僻而徑險，賊不知備，將軍揚言大軍出邛，而以奇兵襲之，可以破賊。且傳言賊喜僧，此亦易計耳。"辭歸，遣幹僕削髮易衣，乞食賊營，潛探路徑，還報制軍。於是制軍分兩道，尅期暗應。及期，使前軍挑戰，佯敗，賊悉衆來馳，奇軍突入，豎旗鳴鼓，縱火焚其巢，火焰螠天，賊回顧驚亂，夾擊之，斬郝承裔，衆悉降。制軍語彭曰："微君之功不及此。"給以都督僉事劄付，張如之，彭堅辭，制軍不能屈。張宦數年亦歸。彭年八十八卒。以孫肇洙贈承德郎，孫端淑贈奉直大夫，孫端節贈懷遠將軍。

郭榮貴

郭榮貴，字仲禹，渠縣人。性倜儻，任俠。明末群寇蜂起，榮貴首倡義兵，率弟榮高及族里數千人，築砦大斌山爲保障計。會賊吳應元驅衆二萬焚掠鄰水、大竹，將至渠，榮貴詭詞約好，趁機殺應元及左右數十人，衆驚潰。順治戊子秋，賊楊秉印衆數萬踞禮義城，與斌山對壘，相持一載，榮貴乘間走成都投撫軍李國英，請爲前驅，國英遣總兵盧光、馬化豹統兵從榮貴破之。東北二道始入版圖。

張正化

張正化，太平諸生。流賊楊秉印陷太平，正化偕里人避居山中，分以糧食，全活數千人。率鄉里保銅城寨，順治六年，首以寨歸，總督李國英授參將，劄委令城守。康熙元年，從征茅麓山，賊平，正化曰："吾保鄉里耳，安事功名？幸升平可以高枕矣。"堅辭城守，以布衣終。

李芳述①

李芳述，字贊芝，合州人。頭大而扁，綽號李扁頭，武藝絕倫。康

---

① 其傳又見(雍正)《四川通志》卷九下。

熙十九年，勇略將軍趙良棟從白水江入川，芳述率先納款，隨大兵進
剿吳逆餘黨，收復滇黔，所至克捷，累官西寧總鎮，擢貴州提督。時吳
逆初平之後，整飭營伍，懾服苗蠻，威名大震，加太子少保。卒於官，
贈太子太傅、鎮遠將軍，謚壯敏。子亨時，官至廣西巡道。

張奇星

張奇星，屏山人。康熙十九年，吳逆餘黨據馬湖，百姓驚逃，奇星
團練族姓鄉勇百餘人，挺身抗賊，逆黨奔潰，郡人因得復業。當事表
其功，曰"忠勇可風"。

吳伯裔

吳伯裔，號超菴，巴縣人。康熙初，中貴州武舉。吳三桂叛，蹂躪
巴蜀，裔從事戎行，平定重、夔、保、順，有軍功，歷浙提標遊擊，調福建
海澄。致仕歸，陶情詩酒，足不入城，時人高之。

韓成

韓成，合州人。康熙四十二年，任重慶鎮總兵，法令嚴明，諸蠻率
服。遇亢旱，禱雨輒應。郡中人偶不戒於火，成具衣冠肅拜，忽返風，
火尋滅，人稱爲神。

韓良輔①

韓良輔，字翼公，重慶總鎮成長子。成入籍合州，實居巴縣。輔
狀貌魁梧，勇力絕人，有膽氣，十五、六時即隨父殺賊。已入文庠，旋
棄去，復入甘州武庠。弱冠中康熙庚午解元，聯捷探花，授二等侍衛。

---

① 其傳記又見《清史稿》卷二九九。

隨征厄魯特有功,授延綏遊擊。遷宜君參將。宜多盜,輔嚴窩主連坐法,與文員和衷共理,邑大治。又多虎患,造虎鎗,教兵習殺技,獲百餘,虎患遂息。陞神木副將,除奸匪出口墾田冒混之弊。歷遷廣西提督,剿獞擒猛,厥功丕著。改廣西巡撫,卒。

　　子勳,貴州提督;烈,葦蕩營參將;杰,雲南奇兵營參將。

韓良卿

　　韓良卿,字省月,總鎮成四子。康熙壬辰武進士,由侍衛歷官甘肅提督。年羹堯征西藏,卿總統軍務機宜,悉協。卒於官,賜祭葬,諡勤毅。

岳鍾琪[①]

　　岳鍾琪,字東美,一字容齋。先世湯陰人,爲忠武王飛之後,十七世由宜興徒居蘭州。父昇龍,以永泰營百夫長歷陞天津衛總兵。因平定噶爾旦功,授四川提督,遂家焉。薨,諡敏肅。

　　公生有至性,母苗太夫人疾,刲股以療。敏肅公命之射,猶忍痛發矢。爲兒時,好布石作方圓陣,進退群兒,頗有法。敏肅公器之,以同知銜奏請改武授松潘鎮遊擊,遷永寧副將。康熙五十八年,西藏達哇、藍占巴等叛。天子命果親王爲大將軍,噶爾弼爲副將軍,率公征之。公領兵四千,駐察木多,會齊大軍進討。途獲落籠宗逃酋,探知有準噶爾使者在其地,誘各番兵守三巴橋遏我兵。公念三巴橋者,進藏第一險也,賊若斷橋守之,我兵勢不得過。而其時兩將軍隔數千里,無由咨詢。乃遣能番語者三十人,衣番衣,飛馳至落籠宗,擒其使

---

　　①　記載岳鍾琪生平事跡之文獻衆多,主要有袁枚《威信公岳大將軍傳》(《小倉山房文集》卷六)、李元度《岳襄勤公事略》(《國朝先正事略》卷十四)、《清史稿》卷二九六本傳等。此傳主要採自袁枚《威信公岳大將軍傳》。

者五人,殺六人。諸番聞之,驚以爲神兵自天降,相與匍伏請降,無梗道者。已而副將軍率諸將來會,將鼓行入藏。忽大將軍以調蒙古兵未至,檄諸將各就所到處屯兵待之,毋輕動。諸將瞠視不能決,公請于副將軍曰:"我兵自察木多齎兩月糧,已四十餘日。若待大將軍,糧將盡。聞西藏部落有公布者,爲其右背,最強。能檄令先驅,當無俟蒙古兵也。"副將軍許之。公即招撫公布,率之渡江,殺喇嘛四百、逆番七千,擒其首犯達哇等。自四月十三日用兵,至八月十九日西藏平。聖祖嘉之,由副將遷四川提督。

雍正元年,青海羅卜藏丹津叛,寇西寧。公時駐松潘,大將軍年羹堯召公會謀,公沿途剿撫:有播下①等四部落爲賊阻道者,滅之;有哈齊、奴木漢等二部落爲賊擄者,撫降之;有果密番三千人盜官馬聚大石山喊搶者,擊殺之。自松潘行至西寧,五千餘里,烽煙肅清,青海爲之奪氣。二年春,公征爾格弄寺喇嘛軍於華里,羅氏黨也。華山險峭,橫當軍前,山下五堡環峙,軍到寂無人聲,公曰:"是有伏也。"分兵搜之,餘兵依山結陣。俄而堡內賊起,公分官兵爲三路,奪山殺賊,賊敗走,追之。又至一山,山有高樓,賊伏其中,發矢石。公命健兒二十人,密攜引火木梯從山兩旁進,而躬率大隊迎戰。戰方酣,樓上煙起,天大風,焰光灼耀,賊累累然焦爛墜矣。是役也,破賊萬餘,公兵止三千也。還營,大將軍喜謂公曰:"上知公勇,將命公領萬七千兵直搗青海,約四月啓行,公意如何?"公曰:"青海賊不下十萬,我以萬七千當之,其勢不勝。且塞外地曠,無畜牧所,須賊人並集時可與決戰,若散而誘我,將四面受敵矣。鍾琪願領精兵五千,馬倍之,以備駝載軍裝、口糧,二月即發,及其無備攻之。"大將軍以公言奏,世宗壯之,加奮威將軍,如期出塞。行至崇山,見野獸群奔,公曰:"此前途有放卡賊

也。”蓐食速驅，果擒放卡者百餘，自此賊偵探者斷矣。至哈達河，賊據河立營。公渡河戰，始發銃箭，繼以短兵，自辰至午，斬千餘人。賊竄而西，追之，其黨貝勒彭錯、台吉吹等相繼迎降，告知羅卜藏丹津擁衆數萬，駐烏蘭大呼兒。公拔營夜行，黎明①至其處，賊尚臥，馬未銜勒，聞官軍至，大駭，不知所爲，則皆走。生擒賊母阿爾太哈、賊妹阿寶等。羅卜藏丹津衣番婦衣，騎駝②走噶爾順。公留兵守柴旦木要害處，而躬自追之，日行三百里。至一地，見毿毿然紅柳蔽天，目不能望遠，夷人曰：“此桑駝海也，路自此窮矣。”公乃班師。公詩云：“出師不十日，生擒十八王。”蓋自二月八日出師至十六日，其主帥悉就擒獲，尚未十日也。是役也，公以五千兵往返兩月，降台吉三，擒台吉十有五，斬賊兵萬餘③，生獲男婦、軍器、駝馬、甲帳無算。獻俘京師，世宗告廟，御太和殿受賀，以青海平大赦天下。加公公爵，賜詩賜像，仍命率師二萬征莊浪衛、石堡城諸番，皆青海餘孽也。所至讋服，乃安插洛力達等十六族耕地起科，而奏改莊浪爲平番縣。

三年，遷川陝總督。七年④，準噶爾叛，上命大司馬查郎阿至關中，築壇拜公爲寧遠大將軍征之。公率師至巴爾庫爾，賊已隱匿，公按圖籍築東四⑤二城，爲屯兵計。會上召公面授方略，公交印於提督紀成斌，身自入都。賊伺公行，入劫馬廠，奪五堡。時我兵不克，廷議者爭劾公失機，所薦非人。上罷公職，繫公於獄。今上登極之二年，赦歸田里。

十三年，金川叛，征之不克，起公爲總兵，即補四川提督征金川。時金川以勒歪爲巢穴，康八達、跟褥爲上下門户，恃碉爲險。公命撤

---

① 黎明，袁枚《威信公岳大將軍傳》作“遲明”。
② 駝，袁枚《威信公岳大將軍傳》作“白駝”。
③ 萬餘，袁枚《威信公岳大將軍傳》作“八萬餘”。
④ 七年，袁枚《威信公岳大將軍傳》作“五年”。
⑤ 東四，袁枚《威信公岳大將軍傳》作“東西”。

土兵，募新兵，揚言攻康八達，而暗襲跟褼，奪其碉樓四十七處。復臨勒歪隘口，囊土作運糧狀，誘賊出，伏火器待之。賊果出搶糧，鎗銃齊發，皆糜爛，死傷甚衆。先是，金川聞天子用公，皆不信，曰："岳公死久矣。"至是大挫，方疑公來，然猶未知公果在否也。會天子命大學士公傅恒視師，誅姦人阿扣、王秋等，賊懼，有降意，猶恐降而誅，負固未出。公請於傅公曰："鍾琪願詣賊巢驗誠否。"問："帶若干人？"曰："多則賊疑，非所以示信也。"乃袍而騎，從者十三人，傳呼直入。群番①千餘，金環花衣，持銃矢迎道左。公目酋長，自指面笑曰："汝等猶認我否耶？"驚曰："果然岳公也。"皆伏地羅拜，爭爲前馬導入帳，手捧茶湯進公。公飲盡，即宣布天子威德，待以不死之意。群番②歡呼，頂佛經立誓，椎牛行炙，留公宿帳中。次日，酋長莎羅奔、郎卡等從公坐皮船出洞，詣大將軍降。事聞，天子命公爲太子少保、兵部尚書，復還公爵，加"威信"二字以寵異之，並賜詩賜像，所奏善後事宜，允行。

　十五年冬，西藏朱爾墨特叛，都統傅清等殺賊遇害，上命公會同總督策楞相機定之。十六年，雜谷腦土司蒼旺有異志，窺取舊保城，頭目諫者殺之。又攻伐梭磨、卓克基兩土司，惡其背己謀也。公得信，急言於策公曰："雜谷腦即唐維州，最險要。聞蒼旺密調孟冬九子、龍窩等處兵據維關，此地一失，後將噬臍。宜及其未集擊之，然兵貴神速，不得延時日也。"策公深然之，即會奏便宜行事。支武弁一年養廉，兵三年糧，率大軍夜圍雜谷，擒蒼旺斬之。改土司爲三雜谷，群番悅服。十九年，討墊江酋陳昆，擒獲過半，以疾卒於軍，年六十九。天子震悼，予祭葬，賜謚襄勤。二十年，再賜一等輕車都尉令，子孫世襲罔替。

　公生沉雄，駢脅善射，寡言笑，長七尺二寸，目炯炯四射。食前方

---

① 群番，袁枚《威信公岳大將軍傳》作"群苗"。
② 同上。

丈,饍飲兼人。其忠誠出於天性。征青海,至哈喇烏蘇,天寒溝涸,軍士渴,公禱於天,水即湧出。任川陝總督時,有逆人曾静者上書勸反,立擒以聞。雅精風角占驗,好書史,吟咏不輟。放歸十餘年,開別墅於百花潭北,青鞋布袍,與野老話桑麻,極林泉之遊,人不知爲故大將軍也。有《薑園詩草》等集行世。相傳番僧號"活佛"者,倨受王公拜不動,見公則先膜手,曰:"此前身韋陀也。"每歲元旦,必遣番衆三百人往成都拜祝,歲以爲常。公歿後,番衆始不至。

公子七人:長濬,山東巡撫;次泅,戊午武舉,任一等侍衛;四沄,由侍衛擢雲南遊擊;五洤,由知縣任户部山西司主事;六沛,例授理問;七瀚,癸酉孝廉,以廕授安徽六安營參將。

周瑛

周瑛,字奇育,號和菴,松潘衛人。由康熙己卯武科鄉薦赴營效力,歷陞漳臘營遊擊。值西陲用兵,撫軍深以糧運爲慮,詢公,公條陳其略:一曰改長腳爲轉運,二曰棄渾脱係整脱牛皮吹氣浮渡,甚險。而造木船,三曰先剿鐵布劫賊以通大道。撫軍善之,遂委公總其事。

公以靖盜爲心,先密調祈命、班佑等寨番兵,自率輕騎冒險而進,連夜攻擊,直搗賊巢,擒其首惡,鐵布地方悉平。時有郭羅克賊番,恃其險阻,肆行劫奪,猖獗特甚。公奉命征剿,直抵中郭羅克,調集雜谷蠻兵,鼓勇進擊,用大木礮係木包鐵心,取其輕便。攻破虎頭、臘務等一十三寨,擒其渠魁唆他兒布、索布六戈等,哥賈盡等解赴京師。聖祖仁皇帝大加恩獎,特授化林協副將,帶兵進剿羊峒。公督率漢土官兵剿撫並用,不閱月,峒蠻平。遂設南坪營防守,由是路通,陝西商販往來源源不竭,松漳軍民世享其利焉。事竣,赴化林任。

雍正元年,叛賊羅布藏丹津青海會盟,廷議以察木多乃西藏要地,宜選將彈壓。世宗特授松潘鎮總兵官統兵鎮守。旋奉大將軍密扎云奮威將軍岳已剿平羅布藏丹津，餘孽竄入準噶爾，欲謀取西藏等語，公即帶兵兼程進藏，至噶爾藏胡，又擒斬逆黨之宰桑蝦謗塔拉、魏正沙不隆等賊，邊境悉寧。蒙恩賞世襲騎都尉，賜戴孔雀花翎並人參、貂皮等物。師旋，順路招撫納克樹、餘樹、霍耳鎖戎等寨，户口一萬三千有餘。回至乍了地，方補授四川提督。

雍正五年，奉命至察木多，指授賞給達賴喇嘛地方，勒石定界。回任，蒙恩召見，並諭兵部差司官一員迎接，賜鞍馬全副，擢授鑾儀衛鑾儀使。旋晉散秩大臣，賜紫貂搭護。雍正六年，西藏阿爾布巴戕害康濟鼐，藏地大亂。上以公熟悉彼處夷情，命統領川、陝、雲南三省官兵進藏，賜黄帶子、撒袋、元狐帽、帑金、蟒緞、腰刀等物，并賜其子周鴻鼎爲藍翎侍衛。到川日，川中父老迎接於駟馬橋邊，咸謂當年司馬相如未必如是之尊榮也。次年，統領三省官兵出口，行至打箭爐，達賴喇嘛首先差人迎接，並稱合藏唐古忒人民仰天子威靈，莫不踴躍歡呼，發誓静聽。是以兵不血刃直抵西藏，凡逆賊蟻聚之衆，靡不畏威服罪。因將首惡阿爾布巴等在藏正法，地方復寧。

後與同事不合對揭鐫級，命以副總兵職銜往北路軍營總理屯田糧餉。公暇輒從事筆墨，吟風弄月，借以自適。閲七年，致仕回川。年七十二卒。

張朝良

張朝良，字君弼，四川保寧世族也。太封翁以經術教於鄉，子六，長五人，皆業儒。公最幼，負大略，不事呫嗶，喜兵家言，每曰："大丈夫須立功邊陲，使名垂竹帛，豈屑屑作書生事耶。"及長，燕頷鳳目，軀幹奇偉。總鎮魏公相時帥保寧，於市中見公狀貌，異之，召與語。公以"士卒平日當先知忠義，而後勇幹可恃"對，魏公曰："爾一語中的，異日必爲名將。"留仗下，屢薦於提督唐希順、岳鍾琪二公，大加録用。

出征青海、西藏、打箭爐等，無役不從，軍中稱爲"鳳眼張"。累戰功，授副總兵官。

雍正九年，從軍準噶爾。公時以副將帶兵二百名，分戍卡倫。賊眾突至，連犯台站七十餘處。至公所駐，公出奇禦之，賊少却。越日，賊漫野而來，圍數十重，援兵不至。公轉戰七晝夜不少息，無可得食，采葡萄夾毡雪嚼之。身被數十創，力戰無少却，軍中稱"張鳳眼，如天胆"云。公有家丁，名旺奴，本達種，通達語，公令其混賊中至達大營，告提督顏公、冶公、總鎮樊公倍道馳至，圍解，士卒存者數十人。公衣血漬凝厚不得脱，以刀割之，三公親解所衣易之。表其事於朝，世宗閲奏驚喜，下詔曰："巴爾庫爾逞其跋扈，犯我卡倫，而張朝良以孤軍突遇大敵，且能轉戰七晝夜，此等功績，實在平常剿寇平戎之上。朕心嘉悦，著賞拜他喇布勒哈番，世襲騎都尉二，次授四川重慶鎮總兵官。賞銀五千兩，人參五斤，貂皮馬褂一件，馬一疋，御用馬鞍轡、大小荷包各一副，折花鎗一桿，刀一口。"後大將軍岳鍾琪平定西戎，面奏公在軍義勇超群，戰功卓絶。召對，世宗指示大學士鄂爾泰等曰："此張鳳眼，聞其名否？古名將不是過也。"隨改授肅州鎮，賞銀三千兩，人參三斤，裘馬、佩囊如初賜，一時在事無與爲比。時山西大同鎮猶掛提督印，節制全省，實嚴鎮也，命公移鎮焉。公在任數年，訓練士卒首以忠義爲先，故大同之兵愛公如慈父，至今稱勁旅焉。年六十六，以老請於朝，被旨家居，仍給全俸。越一載，終。一子懷瑛，孫承恩蔭官，未仕。

譚行義

譚行義，號羅溪，潼川人，世以務農爲業。公十四、五時，入州城觀燈，夜深出城不及，因宿十王殿下。時黔南御史張公應詔牧潼川，是夕夢一黑虎蹲殿下。十五日五鼓即入廟行香，公猶酣眠未醒，乃呼之起，一見輒驚，曰：「此子燕頷虎頭，與常人異，乃命世功名之士，非池中物也。」遂召入州塾讀書，公餘親為講授。補博士弟子員。兩次赴省試不遇，張公嘆曰：「班定遠立功異域，武科亦可以成名。」因命兼習騎射。康熙辛卯，以武孝廉舉於鄉。兩次會試復下第。緣親老家貧，赴部效力，補碾伯所千總。正當平定青海征剿桌子山時，隨營效力，屢立戰功，歷陞至總兵。繼因黔楚苗匪不法，更著勞勣，晉廣西提督。後調江浙、閩廣、河南、陝西等省提督，歷事三朝，備承恩眷。

公平居恂恂若儒生，一遇疆場有警，運籌決策，所向無前。工書，善為七言歌行，無事時吟哦不輟。為人輕財好義，尤篤於師友之誼。當乙未、丙申之際，正在京挑選南漕時，值業師中江牟孝廉繩祖因下第悲憤，卒於客邸，公遍募同鄉，得數十金，計算不敷扶櫬之用，乃不憚數千里徒步送歸中江牟氏先塋，人尤欽之。乾隆十八年秋，具奏乞休，命甫下即卒，年六十八。疏聞，賜祭葬，謚恭愨。次子結，乾隆七年進士，御前侍衛，廣東遊擊。至今子孫繁衍，為潼川巨族云。

韓勳

韓勳，字建侯，巴縣人。良輔長子，英勇多智略。年十九，中康熙戊子陝西武舉。隨父出兵口外，授侍衛，歷鎮遠遊擊、鎮雄參將、安籠古州總鎮。以征逆苗屢立戰功，陞貴州提督。卒於官，賜祭葬，贈右都督，謚果壯大學士。徐本著《平蠻紀略》表其功。

樊廷

樊廷，潼川人。由行伍出身歷陞至固原提督。膂力過人，有將才，諳韜略。出師黔楚，屢立戰功。上嘉之，世襲一等輕車都尉。子經文，以廕仕至廣東總兵。出征緬甸，隕於王事。世襲恩騎尉罔替。孫繼祖，以廕現任湖北副將。

劉應標

劉應標,字偉功,號嘯峰,松潘衛人。由行伍出征郭羅克、熱當十二部落及西海棋子山、苦苦腦兒、槕子山等處,以軍功特擢藍翎侍衛。雍正七年,發往四川,以遊擊補用。八年,瞻對用兵,奉派出師,分剿擦馬所、擦呀所,直搗賊巢,戰功第一。師旋,調重慶鎮標中營及綏寧營、黎雅營三處遊擊。乾隆六年,陞會川營參將。九年,奉旨補授黃州副將。十二年,調補湖南沅州副將。十四年,奉旨簡授湖北襄陽鎮總兵。二十三年,調湖南鎮筸總兵。二十五年,委屬湖廣提督印務,嗣回任。三十年,卒於鎮筸。

公雖武人,謙恭和雅,大有儒風。歷任三十餘年,與同城文武員弁交,從容委婉,從無間言。生平愛惜士卒,尤善撫夷人,所蒞各苗疆無不感戴之者。嘗言:"撫綏夷民之道,姑息則長玩,滋擾則生疑,當不激不隨,順其性之所適,示之以威,懷之以德,處之以公,諭之以理,自然動其天良,化其梟悍,同享升平之福矣。"殁後,鎮筸人懷思不[①],置塑像於南華山祀之。

冶大雄

冶大雄,成都人。由行伍出身,隸岳總統鍾琪麾下,出征西藏、青海,俱頭等功。乾隆十三年,傅相國恒經略金川,以大雄爲中軍。由雲南總兵疊陞至甘肅固原提督。

岳鍾璜

岳鍾璜,成都人,化之公子。以恩廕襲封山侍衛,屢加擢用,仕至

---

① 　不,疑爲"不已",脫"已"字。

四川提督，在任數年。鎮撫士卒，控制蠻夷，威望最著。卒於任，賞恤甚優，諡穆襄。

宋宗璋

宋宗璋，字璞瑗，甘肅武威人。隨伯兄武德公千夫長任，入籍成都。康熙五十八年己亥，蜀有西藏之役，公以後秀自效，隸岳總統鍾琪麾下。五月，隨軍克裡塘、巴塘、乍了、察木多，擒逆首達哇藍占巴以獻。五十九年，軍發巴塘，探知準噶爾澤零敦多布來，調兵之寨桑，在落籠宗欲守三巴橋第一險。奉總統遴，馬兵高雄、冶大雄暨公等三十人，衣番衣，九晝夜馳二千里，計擒托托哩、金巴等五名，餘盡殲之，奪其險。隨撫朔般多、打籠宗、龍布結落、結樹邊噶、結東、三打奔工數萬户。七月克喇哩，計擒漢奸黑喇嘛。定西將軍噶爾弼以公智勇，兼優功在諸將士右外，委軍司馬，給札優異之。八月十五日，克墨竹工卡。十九日，入藏，生擒準噶爾内應之喇嘛四百餘人，並散其阻截大兵之番兵數千名，西藏平。

雍正元年癸卯，青海羅布藏丹津構逆，諸部效尤。大將軍年羹堯駐西寧，檄川兵助聲援聽調。四月，隨提軍出駐松潘口之包坐，賊犯西寧。十一月軍興，攻克梗道之播下、上中下三作革。十二月，克下寺東，轍寨三十有七，陣斬數千人。西寧圍解，復乘勝破助逆之果密番衆於大石山。二十六日，達西寧。是役也，公凡接仗三十一次，衣不解帶者五十晝夜。

二年甲辰正月，隨提軍剿平爾格隆寺。事聞上，諭："宋宗璋等奮勇爭先，甚屬可嘉，議功加二等。"二月，大將軍有事於青海，提軍謂："青海部落十有八皆王爵，合衆二十餘萬，不可以力取，當選精銳五千人，人三騎，出其不意，馳擊之，事當濟。"大將軍據以告，授提軍奮威將軍節鉞，聽進止。大將軍遴公率二百人爲先行，初八日啓行，後二

夜及賊於哈喇烏蘇，破其氊帳。賊脫者騎以遁，尾追之，盡晝夜，馳百
八十里始就食，擒渠阿喇布垣、温布妻長馬兒，及青黃台吉兄弟吉吉
札布等。公既先行，獲諜訊，因野獸西奔，賊知中國兵至，故來偵以告
將軍。將軍察敵有備，遂率衆一晝夜馳三百餘里，及賊於天成插漢哈
達，獲其老幼輜重。更分兵兩路，岐追之至烏蘭木呼兒，夜將蘭，群賊
半睡夢中，縱兵奮擊，擒藏巴扎布等六台吉，並獲羅卜藏丹津之母阿
爾泰哈同、妹阿寶及其夫格勒克即濃。唯渠走柴旦木，更減騎晝夜追
至其地，復獲數百人，而羅布藏丹津已易婦人衣，挈妻妾三人走噶順
矣。復分兵趨噶順，至一地，紅柳蔽目，不能望遠，詢之則桑駝海也，
地至此窮無可去，乃旋師。而前遣岐追之兵亦擒吹喇克諾木齊夫婦，
及其弟台吉五十餘人來獻。以三月二十八日班師，計往返五十日，降
王三，擒王十有五，陣斬首八萬餘級，青海平。諭功，公冠其曹。事
聞，賜公貂幣。四月，廷議平西藏功，授公秩視副將，乃除川提標中營
千夫長。

　　時寫爾素噶住六族，盤踞莊浪西山。石堡城首鼠，爲行旅害，加
爾多寺亦與之應。乃議除之，授將軍兵二萬，以四月十五日禡牙。將
軍仍授公先行。十八日，出闇門，多雨雪，與賊遇輒殲之。晦日，克加
爾多寺，毀其巢。閏月望日，克棋子山。將軍乃授公密計，聲言軍於
石門寺，而夜率勁旅襲其黃羊川，旋奪木毛山，斬達哇藍占巴之姪阿
牙子等，及其黨七千百餘級。公手刃十人，復率登山矯捷者躡空而
下，遂獲阿屋側零作嚮導，盡殲其衆，桌子山平，改莊浪爲平番縣。師
旋，廷議平青海功，授公秩視都督僉事，駐劄西寧。

　　四年，補平番營守備。五年，下郭羅克劫札薩克台吉行旅。廷議
征之，制臣以公能，率漢土兵二千名往剿撫兼施，獲其魁，誅之。五閱
月，竣事。十二月，特授川陜督標前營遊擊。

　　六年九月，權知督標中協事。時準噶爾、噶爾旦策凌逆命，廷議

將聲討，令總制預籌之。乃開局於長安，造炮百，鎗一萬二千，諸鈎鐮、十字鐮、板斧、蒺藜之類稱是。以公精敏，專任之。七年五月，總制拜寧遠大將軍西征，公以總統戎纛從。八月，軍於巴爾庫爾。八年三月，大將軍請加公參將銜，移廣武營遊擊。七月，莊浪營員缺，請以公權其事。十二月，賊犯克什兔，援兵去久無耗，公憂之，率同志六將叩軍門以自效請，乃以公行。應援鏡兒泉，與敵十一戰，皆勝。賊懼，遁去。特賚公白金二百五十兩。九年七月，隨大將軍襲擊烏魯木齊，至納鄰河遇敵，大小十餘戰，公手殪其酋一人。賊退，據山口扼我軍，公復由北路截殺奪險，賊被搶去。黎明益眾復至，公乃率敢死士奮擊，搗其中堅，賊大亂，遁去。八月，全軍歸壁。上聞，以公勇，特賜護身靈符一道。十年正月，隨副將軍常賚出征烏克兒、搭板。六月，隨大將軍移師穆壘。八月，罷戎纛，輓運大軍衣履至自巴爾庫爾。時苦雪，賊勢張甚，在在糧運告警。公率勁旅二千轉戰十餘日，解烏兔水噶順圍，接運歸，賊不敢犯。九月，魯固慶官兵乏糧，公隨鎮安將軍卓鼐督運晝夜，遇賊無已時，卒濟。復移回民至塔兒納慶，迄竣事，無或擾。大營兵既眾，須糧急，搭板冰堅，不時至，危甚。副將軍張廣泗委公督運，誤期，以軍法從事。公乃鑿冰，復沃之以水，使平滑，製木拖床分載糧各三二石，建瓴下以濟不能難。時大將軍褫職解京，有能言其過失者聽，公獨無，曰："殺人以媚人，吾不爲也。"眾銜之，副將軍尤吹求，盡爲公危，公曰："生死命也，何懼焉？"卒無所得。

十一年，署大將軍、相國查公廉知公長者，四月，補甘提標中軍參將。時大軍出塞久，論者建議屯田，署大將軍乃以相視委公。公東起哈密，至哈棟達三百五十里，西盡五堡，達下棗泉二百七十五里，察流泉，辨土宜，約可受種二千一百石有奇，穫當十倍之。爲之條議，上鈎閫報聞。十二年三月，領北山牧馬廠。先是，大將軍入覲，受代者違指致失利，賊既得志，猖甚，以是爲一軍急務。公殫心防守，無纖芥失，署大將軍益器重之。乾隆元年丙辰六月，調川提標中衡。十一月，圓明園引見，特賜内庫大緞旌其勞。二年丁巳二月，蒞任成都。北郊有提標牧馬廠，周數十餘里禁樵采，而牧者寥寥。公乃請於大府，以十之六招民墾，留其四以備蓄牧。復親定其疆界，增稅無算，至今便之。三年，泰寧協副將員缺，提軍以公薦。九月，總制查相國入告，蒙允。冬十有二月，蒞任泰寧。四年夏四月，特命以原官赴西藏，轄緑旗弁兵。藏，故公所宣力地，咸敬畏之。公至，與欽差副都統紀山相和衷，嚴斥堠，信賞罰，士氣爲之大振。六年十月，公自藏歸。

七年正月，至泰寧。時尹相國總制川陝，有金沙江之役，公迎諸途。相國雅重公，諮以邊防時政損益，公乃條上六事：一、建昌鎮之瀘寧營不宜移入冕寧，嘉順、懷遠兩營不宜裁去，以孤聲援。時有以此建議者，故首及之。一、泰寧協之卓和營都司應陞設遊擊，清溪縣守備應以瀘定橋都司改設，以資控禦。一、松潘鎮之漳臘營遊擊，界連青海，應設參將，以壯藩籬。一、松潘疊溪平番素不產穀，宜募鐵石工匠數名，隨時鑿險，俾通商販。一、禁西寧河州人民假貿易各色逗遛夷巢滋事。一、禁西南各夷潛入内地，置產聯姻，以防漏洩。總制深然之，多見諸行。

二月，權重慶鎮總兵官事。八月，受代歸泰寧。時西寧差員馬龍、西藏達賴巴兔使人撥巴存本，及卓奈和尚、玉樹族米拉等行李，皆被劫，甘肅撫軍、青海都統各指三郭羅克肆窃入告。廷議用兵，陝總制、川提軍以委公。十二月，公奉檄往。八年正月，公如松潘。二月，軍出，皂集漢土兵。公察知下郭羅克無辜，乃議釋之。閏四月，誓師上、中。酋丹增等率其民匐伏迎百八十里，請命願獻贓，賊自贖隨質子。公察其誠，乃駐師河上。河故無橋，兩部落夾岸居，公親督成橋，長五十有二丈，聲息以通，遂移軍色利塘。九年，公擒盜魁論其素、忙撒革藏蚌等四十名，獲贓銃三百執有奇，銀物、牛馬四千一百有二。

唯最魁林噶架夫婦子姪抗調，及委官就見，裹甲執兵不爲禮。公乃詒使暫去，伏巨礮几案下，納兵兩壁。詰朝更召之，至則傲如故，益陳兵自衛。乃使前立，呵之使記，數其罪，不應，以目視其黨，扣鐔將起。公乃據案呼炮法，斃架及其妻阿讓、姪甲噶酸架，並其腹心甲柯等四名，黨鳥獸散，伏起，盡殲之。乃械送所獲魁赴制轅分別誅之，傳其首，遠近股慄。至是，復以善後七事委公。公乃相土宜，捐器具，開耕種，以裕番民生計。嚴立土目，分割疆界，不得越境滋釁。選土目子弟之明秀者，教以漢字，時頌者有"立見桑麻出戰場"之句。

事竣，九月至成都。是時當補行七年軍政，又上令制撫提臣各舉堪勝總兵官者，三大府先後交章薦，上命公入見。十年二月，見上於圓明園，奏對稱旨，特罷松潘鎮某，以總兵官授公。三月初四日、初七日，兩蒙召見，天語垂詢及家世，移時始出。四月，蒞松潘任。時蜀有事於瞻對，公感上知遇恩以自效請，上批其奏曰："汝處亦須人彈壓，不必。"七月，師久無功，上諭督臣檄公往。公以八月臨上瞻對，酋四郎詣軍門降，察其誠，納之，遂攻下瞻對。九月，克木魯。十一月，克阿斯羊雀。十二月，克靈達。十一年，公至中路木魯工軍營。正月，克底朱臘蓋。三月，克納洪多，破其巢，克上、中甲納溝三十有一寨。閏月，克下甲納溝谷細碉三百有奇，克曲工山立林達戰碉各二、樓各一。夏四月，奪如郎橋濟師克特弄十寨，間四十有五，諸所擒斬稱是，獲輜重、牛羊以獎有功。公居平與士卒同甘苦，每戰必身先，至是疾作。十三日，聞於提軍。二十一日，提軍來調，不克赴。二十三日，破泥日寨，提軍以酋班滾被焚聞。五月，公會制軍於子龍。七月，公移師擴域頂，總理善後。冬十有一月，師旋。廷議加軍功一級。

十二年二月，莎羅奔侵小金川，公檄維茂協控禦。三月，賊圍沃日。公聞，輕騎馳赴，收復小金川，沃日圍解。南路毛牛山失利，公急應援，邦可乃告請留軍，遂仰攻黨壩，克之。駐師，名其地爲滅金嶺。

時代制軍者，即向之副將軍張廣泗也。接見禮貌厚於昔，公方喜釋
忿，可共濟。六月，克康八達、木耳、金岡卡三十有七，及其營三處。
金川碉率以巨石橫砌，堅甚，雖礮不能撼，乃更鑄之，食子幾三百二十
兩。礮之重，衆莫知幾何，公令就礮豎木懸衡，以觔加彼，礮起則數
定，乃知重二千金有奇。自是克革什、戎岡二碉，間七十有一。作固
山、梁營二處，卡三十有二。大戰碉一，間三十有五。陡物黨噶卡二
十有九，斬首十，耳記六。捦賊格要雍中一，戮於軍。他器械、食物準
是。莎羅奔屢以降求公，制軍不可，無如。南路馬邦陷，移檄戒公輕
舉，公以師期會。又令候陝黔軍牽綴之。是時上聞班滾不死，以公去
留聽制臣斷，制軍秘不聞。經略將至，慮糾其失，乃劾兩路將領以不
聽調遣稽成功，盡沒公所得地，復入班滾事奏，凡三上。上命解任來
京候質，九月入都。十四年，制軍逮至京，備五刑死。十五年庚午，公
年六十一歲，二月初五日歿於京邸。

公偉軀幹，從岳襄勤遊，精韜略，戰無不克，名將也。尤嫻於文，
《復產約》云：

　　某幼負先大人教，不讀書。稍長，殊自恨，乃奮跡行。間沐
國家三朝厚恩，由偏裨荐登專閫，至有今日，良由祖宗積累所致，
寧不思所以報之。某自束髮從戎三十年於茲矣，憶總角隨大人
登樓督耕，人滿青疇，揮汗如雨，歲入計四千石有奇，而今何如
也？嚮有事於西陲，往來兩過里門，子姓日益衆多，而田土日削，
未始不心焉憂之。顧征人裹創而趨，未遑謀也，繼自今又十祀
矣。某枕戈塞上，又復七易春秋，今幸解甲返轅，而吾弟瓚適至
意者，其憂心之感召乎？事機不可失也，乃捐擋廉俸千金，令諸
姪澤潮侍弟歸，并命奴子彩柱賷金以從。至之日，擇田之肥饒者
先復之，復則弟琳、瓚均任勞，董其成於四兄，計金足復產三之

一，歲可入粟千數百石，工則通力合作，入則計口均分。春秋墓費之餘，積之以供各房婚喪，出入有籍，支用有度，稟成在四兄，而歲聞於某。毋私踞，毋多取，毋藉婚嫁蹈故轍，復廢產，違者執印據鳴究，仍除名，不得復支。於戲！祖遺某一無所受，豈今茲有覬覦哉！亦唯是吾祖吾父之遺體，一無凍餒，藉以慰先靈，塞吾責耳。昔范文正公既貴，置義莊，周同姓，其子忠宣諸公繼之，遂爲千古儀型。某武夫，區區千金，行自愧矣，然祝國家數年無軍旅之興。某老矣，當節日食之費以更益之，則復者果守失者，踵復先大夫之盛不難再睹。況祖父積累深厚，又敢以忠宣其人爲絕響乎？

爲文堅勁有法，類如此。

子濬，乾隆丁卯科舉人，官湖南祈陽縣知縣。

張霖

張霖，字沛蒼，閬中縣人，由行伍出身。康熙五十九年，出征西藏，由西路進剿，至楚嗎喇，黑夜與賊大戰，奮勇爭先，殺賊多人。雍正三年，議敘頭等軍功，授副將劄副。五年，補湖南撫標右營中軍守備。十年，軍政卓異引見，奉旨准其卓異陞用，恩賜蟒袍一件，補廣西左江鎮右營遊擊。乾隆三年，廣西提督保舉，兵部帶領在箭亭子引見，射箭一枝，奉旨記名，恩賞大緞一疋、銀二十兩。五年，楚粵苗猺不法，侵擾地方，派撥官兵三路進剿，掃除桑江等寨逆匪。總領貝子一路，官兵乘機冒險，四路截殺，斬獲渠魁劉申第、蔣進祿首級，鎗斃逆黨甚多，奪獲器械無算，賊巢焚燒一空。又攻克張家等寨，擒逆賊吳再仁等百餘人。又會剿甘蔗，水陸續搜，獲兇首石欄命、楊扒頭等男婦二百餘人，或解省，或正法，或省釋，或發賣，分別辦理。又奉檄調撥官兵赴楚會剿江頭、藍山、通水等寨，殺苗無數。又接管龍勝，一路攻克里木等八寨，斬獲首級六十三顆，鎗斃者甚衆，活擒男婦二百餘人，苗疆悉平。是役也，共計陣斬生擒苗匪五百八十餘人，攻剿一十八寨，招撫四十餘寨。奉旨補授廣東惠州副將，隨頒給功加一等劄副。十一年十二月，兵部帶領引見，奉旨准其一等駐册。十三年二月，奉上諭："廣東左翼鎮總兵員缺，着張霖補授。欽此！"在任數年，因病告老回籍，以壽終，年八十。

公生平愛恤弁兵，能與士卒同甘苦。平時訓練軍旅，申明紀綱，又必使知同仇效忠之義，故臨陣人人用命，風卷雲馳，所向克捷，戰功最著。性尤恬雅，與同城文武員弁交，從無忿爭之端。遇兵民交關事件，必委婉開導，使彼此各服其心，歸於無事。是以所到之處，人人愛戴，至今粵人猶有"羊叔子"之稱。

劉仕偉

劉仕偉，字信吾，一字鼎隅，梁山人。乾隆乙丑科武進士。十三年，金川跳梁，仕偉奉母命，臂刺"精忠"二字，投營自效，隸岳襄勤麾下。屢立戰功，岳因奏請以守備補用，奏云：

> 十三年八月，内有梁山縣武進士劉仕偉呈請自備鞍馬效力，臣未收錄，而仕偉報效心堅。九月十二日，臣派撥官兵明攻康八達，暗擊河邊跟雜地方。仕偉率同民兵張德盛等由河邊跟雜一路奮勇先登，頭中石傷，殺賊數人。隨同官兵焚燒七層大碉，及大小戰碉、平房、賊糧，奮取侵地，燒斬賊番甚衆。十八日，又隨同官兵攻取噶布基，奮勇直撲，燒燬木城平碉，奪取石卡，殺賊二十餘人，燒斃無數，又用箭射死賊番一人。左膀石傷，守備馬化鰲、游登俊等俱在陣目睹。先後咨明督撫，轉咨兵部在案。十一

月十八日,臣派遣官兵攻打木耳金岡,劉仕偉帶領新兵潛赴賊卡,直入番寨,攻奪石卡、平房三處,水卡一處,焚殺賊番甚多,又用箭射死賊番五人。右胸肋、右軟肋、左胸前、左肩、左手大指俱被石擊重傷,指裂下血,臣同統領法酬目擊。功績懋著,給以臣營都司委牌,受領新兵。臣查劉仕偉帶傷立功多次,才具明鍊,胆勇過人,番情亦諳,仰懇聖恩賞準,以守備題補。

硃批送部引見。後復臨勒歪險口,囊土作運糧狀,誘賊出,大破之,賊懼請降。岳襄勤親詣賊巢以驗誠否,帶十三人傳呼直入,仕偉身爲前驅。奏凱後補河南襄城營都司,督令士卒不時操演,營伍整飭,爲中州南北兩鎮之冠。陞山西寧武關參將。嗣以年老告歸。

仕偉精六壬、星象、醫卜諸書,詩、字、指畫俱可觀。罷官後,往來名公鉅卿間,人多以異人目之。著有《金川從戎事實》,曹地山先生敘以行世。晚尤精灼龜法,得宋儒王沐遺編,詳加注釋,勒爲成書。李雨村序云[1]:

　　古者大事卜,小事筮,卜法見《周禮》,筮法見《周易》,故筮之揲蓍尚可稽,而卜之灼龜久不傳。按灼龜之法,古謂之"燋契",《周禮》:"菙氏掌其燋契。""凡卜,以明火爇燋,遂龡其燹契,以授卜師使役之。"燋謂"爇灼龜之木也",契謂"契龜之鑿也"。《士喪禮》曰:"楚焞置於燋。"即契也,詩云"爰契我龜"是也。所謂"灼龜"也,"春灼後左,夏灼前左,秋灼前右,冬灼後右"。皆視龜之腹骨近足,其部高者,以火灼之,所謂"卜大封,則視高作龜"也。龜既灼矣,而兆作焉,"兆者,灼龜發於火,其形可占也"。太卜三

---

① 　原文作《灼龜序》,見《童山文集》卷六。

兆之法：一曰玉兆，謂文如玉膚也，屬陽；二曰瓦兆，謂暴裂如瓦解也，屬陰；三曰原兆，謂折裂如原田也，陰陽雜。其體皆百有二十，其頌皆千有二百。每體十繇，體有五色，又重之以龜坼。所謂"體"，龜之金、木、火、土也；所謂"頌"，即繇也，如《夏后鑄鼎繇》曰"逢逢白雲"，《懿氏占繇》曰"鳳凰於飛"之類是也。五色者，《洪範》所謂"雨、霽、圛、蟊、尅"之類是也。君占體，大夫占色，史占墨，卜人占坼。體兆象，色兆氣，墨兆廣，坼兆墨。墨者，如玉之坼也。四者各不同，既有體、色，則因之以兆象、氣、廣、墨也。兆微而不可辨，故曰"揚火作龜，以致其墨"，則可辨也。然又必辨龜之上、下、左、右、陰、陽，以授命龜者詔相之。首爲上，尾爲下，左爲陽，右爲陰，上、下、左、右辨，則四兆可知矣。此灼龜之法之大略也。上古以來有謂"玉兆爲帝顓頊，瓦兆爲帝堯，原兆爲有周"，近師又謂"玉兆爲夏，瓦兆爲殷者"，今皆不可考矣。即百有二十之體，千有二百之頌，皆三代占詞之目，今亦不可得而聞矣。古者作事，不憚一己之思慮，明則謀之人，幽則謀之鬼，蓋兢兢業業焉。而尤莫謹於征伐之事，故其所以作龜而命之者有八。首曰"征"，"征"謂征伐人也。若吳伐楚，楚司馬子魚卜戰龜曰："尚大克之，吉。"是也。然此法也，見之於經不爲備，而今浸失其傳。即有傳者，亦不灼照而數計，求神而明之者，殆難其人乎？

西蜀劉君仕偉，字鼎隅，今之君平也，凡陰陽術數、諸子百家之書，無所不覽。以武進士[①]起家，仕至寧武參將。曾從威信公出征金川，帷幄之中，歷有占驗，無不奇效。岳公每神其術，以是征伐罔不與謀。今年八十有三矣，優遊林下，鬢髮初白，目光炯

---

① 　武進士，《童山文集》卷六《灼龜序》作"武甲"。

炯,步履如飛,類有道者。一日相晤於都城,挾其所著《灼龜》一書而示余曰:"此古燋契法也,與筮並垂,而筮短龜長,術亡可惜。偉奉威信公指授,得於殘編斷簡中拾其遺法,旁採諸書,細加修葺,繪圖呈像以補不逮,蓋嘔心血者半生於茲矣。乞一言以弁。"余惟占卜之書惟龜最古,亦惟龜最靈。大而言之,河出圖,洛出書,皆是道也。擴而充之,太極生兩儀,兩儀生四象,四象生八卦,皆是道也,所謂一以貫之也。劉子既神悟其旨,皆歸實用,故廣爲河洛理氣、支干納甲諸説,皆娓娓數千百言,無不探天根而躡月窟,而又不肯自秘其術,宣其奧以示後人,其功豈尠乎!余故爲備採古書灼龜之原委,以書其端,使閲者得其引經据古,與此書相考證,不至流爲畫家之支離,則燋契之法不昭然再見於今日乎?

　　余今年亦半百矣,以視劉君猶爲後生。顧性剛才掘,與物多忤,學道未聞,動輒得咎。今雖逍遥山水,而忽忽不樂意者,尚有未定之升沉乎?幸遇君平,煩爲一灼,以代三年之艾。讀此可知其胸次不凡矣。

補　遺

楊天縱[①]

　　楊天縱,陝西渭南人,入籍成都。少習儒業,涉獵經史,研求風角、太乙、奇門諸書。勇力絶倫,善騎射。投營自效,於康熙二十三年拔補提標左營把總。二十九年,陞授峨邊營千總。庚辰歲,打箭爐昌側、磔巴狨酋蠢動,侵擾内地。天縱熟習番語,潛往賊巢,賊不及覺,

---

① 　其傳記又見《清史稿》卷二九九。

偵探山川險要形勢,繪圖以獻。時四川提督唐希順派令前驅,猝遇蠻酋,攻克烏泥、魚通、鳥達各寨,乘勝直渡瀘水,未及兩載,全爐克。復議功加五等。

四十四年九月十八日,帶領引見於暢春苑射箭,蒙聖祖仁皇帝賞,補浙江處州協標都司,隨授山西潞澤營參將。五十三年,蒙特旨補授山東沂州協副將。未幾,鹽梟孔振公聚眾作亂,焚掠村堡,勢甚鴟張。天縱帶珠連珠快鎗手數十名巡邏汛地,正月初二日,遇賊於費縣柱子村,倉猝接戰,賊中鎗花就擒,餘黨解散。五十九年,奉旨:"山東地方緊要,楊天縱着以署都督僉事銜仍留原任。"雍正元年,奉世宗憲皇帝特旨:"雲南臨沅澂江總兵官員缺,着山東省沂州協副將楊天縱補授。"到任後,即計擒魯魁山、從前漏網野賊普有才等,邊境寧謐。

雍正四年,特授貴州提督。適鎮沅土府刁翰、樂甸司刁聯斗,頑梗不法,會同總督鄂爾泰、巡撫楊名時籌畫定謀,刁翰等就擒,始抵提督任。洎烏蒙、鎮雄逆猓不法,聚眾破城,威寧鎮遊擊劉琨閤門遇害,天縱調遣安龍鎮總兵哈元生指授方略,剿撫兼施,猓賊次第授首。先是,長寨狃苗倚恃後路生苗之宗地擺頂等處地方周圍一千六百餘里,界連粵西,巢穴險固,兼多煙瘴,歷來梗化藏奸,焚劫綱販,猖獗無忌,黔粵邊民大遭荼毒。天縱自捐賞需,遴選將弁,諭以禍福,宣布朝廷恩威,開誠化導。三年之內,化誨生苗一千三百五十三寨,計六千五百四十七戶,男女三萬七千八百六十五名口,盡歸版圖,輸納糧賦,黔粵邊境以寧。蒙恩於化苗案內賞給雲騎尉世職,准四子楊焞承襲。

雍正九年,因年逾七旬,具摺請休,奉上諭:"楊天縱歷練老成,清操素著,訓練士卒,嚴整有方。簡任貴州提督以來,勞績懋著,朕深嘉之,但年過七旬,黔省地方緊要,恐楊天縱精力不足,着加太子太保,原品休致。欽此!"於雍正十年四月束裝旋里。口占一絕別同寅云:

"皇恩沛我走天涯,五十餘年未到家。今日放歸無別物,空餘書卷兩三車。"又一聯云:"居官敢望隆三錫,報主惟憑凛四知。"五月内回籍,七月初三日病故。蒙賜一品祭葬,銀八百五十兩,謚襄壯。廕一子楊煓,仕至丹江協副將。

岳超龍①

岳超龍,字化之,原籍甘肅蘭州,因伯兄敏肅公奏隸蜀籍,遂家焉。父鎮邦,以平吳三桂功,累官山西大同鎮總兵。公起家千總,歷建昌守備、東川遊擊。康熙六十年,兄子鍾琪提督四川,遵例迴避,補陕西西寧鎮遊擊。雍正二年,帶領河州協漢土官兵會同參將張元佐合兵進剿铁布撒路等寨,殺死逆番二千一百餘人,取番寨四十一所,燒斃逆番男婦甚衆。事聞,擢河州協副將。是年五月,會同四川官兵剿撫番夷,自西寧出口,由歸德一路至六哨虫庫兒等處相机進剿,所在有功。七月,統領先鋒,帶領四川官兵六百名出口進剿逆夷羅卜藏丹津,擒斬甚衆。隨因兄子鍾琪總督川陕迴避,補張家口協副將,遷天津鎮總兵、湖廣提督。十年,卒於官,年五十一歲,賜祭塟。子鍾璜,四川提督;鍾璿,乾隆庚午舉人。

公儀幹修偉,沉勇敢戰,與姪孫②含奇同時從戎,俱以功著,含奇官川東、兖州鎮總兵。

顔清如③

顔清如,字審源,先世蘭州人,自其父思孔始入蜀,卜居成都。年十八,善弓馬,從事戎行,克復打箭爐有功,拔置千總。底定西藏,敘

---

① 其傳記又見張澍《涼州府志備考》卷八。
② 姪孫,張澍《涼州府志備考》卷八作"侄","孫"字或衍。
③ 其傳記又見(嘉慶)《大清一統志》卷三八六。

功十等。雍正元年,題補疊溪營守備,從寧遠大將軍出征青海,補松潘中營遊擊。蒞任數年,整飭營伍,修明武備,清出番民每年所納各衙門陋規麥稞數千石,設倉存貯以資兵餉。向多漢奸接受外番劫奪誘拐年幼子女赴内地販賣,一面出示嚴禁,一面設法查拿,興販始絶。

雍正五年,欽差内閣學士僧、理藩院侍郎馬赴藏,指授達賴喇嘛地方勒石定界,加公參將銜,檄調同往。事竣,回至中途,復奉命赴藏。正值噶隆爭權,阿爾布巴、隆布奈等賤害康濟鼐,途次據報,兼程前往。適後藏噶隆、頗羅鼐欲爲康濟鼐復仇,帶兵數千,聲言不論僧俗,概行屠戮,勢甚兇惡。二公議將達賴喇嘛送至工布以避之,公力爭不可。二公曰:“萬一有失,誰承其罪?”聲色俱屬。公曰:“現處重圍,萬難脱出。即或無虞,而達賴喇嘛一去,僧俗更無依恃,人心驚惶,藏地必遭殺害。我等在此聞信即逃,是示之以怯,非所以靖亂也。宜宣諭天朝恩威,許爲查拿兇犯治罪,以復康濟鼐之仇,并責以擅動兵戈,驚擾藏地,獲罪不小。念爾蠢番一時爲義忿所激,我等尚可奏懇天朝網開一面,若爾不及早退兵,我等奏聞,罪當萬死。如此剴切開導,又見天使在此,自必畏服,重圍可以立解。”二公不能用,再商之。

達賴喇嘛堅閉寺門不出,公因事不可遲,遂盛服登最高碉樓,俾頗羅鼐望見,知爲漢官。乃令通事將前議備細譯諭,往來數次。頗羅鼐將兵撤聚一處,并求見欽差一面。公至寺,備述所以,二公始來。頗羅鼐益信不疑,將兵退駐二十餘里。公同二公商之,達賴喇嘛將各犯逐一拘齊,頗羅鼐將兵退回,後藏請罪候審。其時康濟鼐被害及頗羅鼐妄動情形,已經達賴喇嘛先後奏聞,奉旨調發川、陝、雲南三省官兵,欽差都察院左都御史查公總領赴藏辦理。及聞頗羅鼐退兵待訊,留兵中途,兼程赴藏,將阿爾布巴等訊供,擬罪結案。同查公至藏者,副都統邁公禄、鑾儀使周公瑛、西寧鎮周公開捷、永昌協副將馬公紀師、西鳳協副將周公起鳳、波羅協副將惠公延祖、泰寧協副將楊公大立，咸以公之識力、胆量一身兼備，倉猝而遇急難之事，不事張皇，使之冰消瓦解，尤人所難爲，群公推服如此。

仰蒙世宗憲皇帝宸衷簡在，即補授洮岷協副將。不數月，復荷補授延綏鎮總兵，賜戴花翎，并賞帑金，製備行裝，隨寧遠大將軍岳公出師巴里□①，數載於軍營。奉有補授四川提督之命，大將軍委赴兔爾番，搬取回民赴哈密。其中情節多端，辦理殊屬棘手，公多方籌計，有可從權者，不避專擅之咎，一面酌辦，一面報明大將軍。查公據情入告，奉有"俱照顏清如所議辦理"之旨。公感極涕零，易加奮勉，殫心圖報，不遺餘力。

乾隆二年撤師，赴京陛見，蒙高宗純皇帝詔對三次，詳悉詢問，親承天語，訓勉諄切。補授湖廣提督，赴楚任事。董率訓練，使伍卒咸成勁旅；砥礪廉隅，俾屬員共矢清操，地方營伍官常事宜與督撫扎商，知無不言，言無不盡，督撫俱見采納。無何，以脾泄，舊症復發，兼之楚省潮濕，更患腰疼，乾隆四年具摺請休，奉旨允准。於乾隆五年回蜀，養痾林下，不入市廛。至乾隆二十九年，因病壽終，享年八十一歲。

---

① 　□，原文漫漶不清，存古書局本作"坤"。

錦里新編卷五

儒　林

費密子錫琮、錫璜。[①]

　　費密，字此度，號燕峰，新繁人，經虞子。年十四，值父經虞病劇，醫言知糞甘苦可決死生，密嘗糞，覺苦，病果起。崇正甲申，流賊張獻忠犯蜀，密年二十，爲書上巡按御史劉之渤，言四事：練兵一，守險二，蜀王出軍餉三，停徵十六、十七兩年錢糧四。倉卒未果行。賊遂陷成都，密展轉遷避，得不遇害。丙戌，入什邡縣高定關。倡義爲砦拒賊，賊乘間劫營，設伏待之，不敢犯，一方以安。時經虞仕滇，以家遭大亂，屢乞休。密聞之，遂隻身從兵戈蠻峒入滇。丁亥，奉父歸，入建昌衛。十月至黎州，省母。十二月，復入建昌，過相嶺，被凹者蠻擄去。明年戊子，贖歸。會楊展鎮嘉定，聞密名，遣人致聘焉。因説展屯田於雅州龍門，復於青神江口命人沉水，得張獻忠棄金，爲民間買牛、種，餘貲悉給諸鎮，得久與賊相持。十月，同展子璟新復屯田於榮經瓦屋山之楊村。

　　入敍府，遇督師呂大器，署爲中書舍人。內江范文芠見密文，大驚曰："始以此度有經濟才，不知此度詞客也。"是時，密與成都邱履

程、雅州傅光昭,以□①文雄西南,稱"三子"。已丑秋,楊展爲降將武大定、袁韜等所害,密與璟新整師復仇,與賊戰,身自擐甲。時營在峨眉,禆將來某與花溪民有釁,詐稱"花溪民下石擊吾營,勢且反",以激璟新。璟新遽署檄討之,密力爭曰:"花溪,吾民也。方與賊戰而殺吾民,彼將去而從賊,是益賊也。"乃止。率殘卒復與璟新屯田於瓦屋山。庚寅七月,還成都省墓,至新津,爲武大定賊兵所劫。十月,又爲杜漢良掠,送大定營中,幾被害。十二月,乘間還楊村,復竄身西域不毛之地,墮深阱,傷其足至跛。辛卯四月,歸新繁,舊宅皆爲灰燼。

明年癸巳二月,至陝西沔縣,遂家焉。當時公卿將相聞密名,爭相延致,留楊展父子幕最久。所至屯田爲持久計,而天命人事已改,是以大功不就,已乃究心《內經》《傷寒論》《金匱》諸書。後聞二程見人靜坐,便嘆爲善學。丙申,與破山門人通醉論禪。四月,遂入靜明寺,雜僧徒靜坐。坐六七日,心不能定,自屬曰:"百日之坐尚不能自定,況其大者乎?"誓不出門,半月餘乃定。嘗言始半月視物疑爲二,如履在牀前,心中復有履。久之,胸中見紅圈漸大,至肌膚而散,頗覺暢美。一夕,聞城濠鴨聲,與身隔一層,如在布袋。良久,忽通,鴨聲、水流入身中,甚快,乃嘆曰:"靜坐,二氏之旨,吾儒實學當不在是。"自後益有志古學矣。

丁酉十月,攜家出沔、漢。戊戌春,至揚州。時王司寇士正司理揚州,見密古詩,以爲絕倫,而尤愛近體"白馬巖中出,黃牛壁上耕"、"鳥聲下楊柳,人語出菰蒲"、"大江流漢水,孤艇接殘春"等句,當時咸謂知言。嘗流寓泰州,州守爲除徭役。辛亥,居父喪,悉遵古體,冠衰皆仿古自製。三原孫枝尉見之,自謂弗及。服闋,以父遺命,往事孫徵君奇逢。一日,論朱、陸異同,密進言:"漢、唐先儒有功後世,不可

---

① □,原文漫漶不清,存文書局本作"詩"。

泯□①。"徵君大以爲然。又與考歷代體制之變。逾月,辭歸,徵君題"吾道其南"四字爲贈。丙辰冬,聞孫徵君卒,哭於泰州圓通庵,設主受弔,冠細麻,加粗麻一道橫於上,衣用白布。二十一日,始焚主出庵,心喪未去懷也。丁巳,入山東提督將軍柯永榛幕,會舉博學鴻儒,永榛屢欲論薦,力辭乃止。乙丑,修《明史》,頗採舊臣遺佚者。密塗泥入都,奉其父行狀入史館,涕泗沾襟,在館諸公皆爲感動。己巳大病,尋愈,乃自定生平所著詩書。辛巳六月,病下痢,遂不能起,年七十有七。門人私謚中文先生。

密少遭喪亂,經歷兵戈。中年遷徙異國,足跡遍天下。晚年窮困,闔户著書,篤守古經,倡明實學,以教及門。嘗謂子錫琮、錫璜曰:"我著書皆身經歷而後筆之,非敢妄言也。"凡與諸生論經術及古文詩詞,必本之人情事宜,不徒高談性命爲無用之學。天性和平,與人無忤,終身未嘗言人過。人有機相向者,淡然處之。村居數十年,著書甚多。嘗從古經書注發明斯道定旨,謂:"三代而後,漢唐以下,諸君皆能撫綏萬類,釐正典章,使衣食足而禮義興,此即道之見於政治者也。後世儒者,去實而就虛,陋平而鶩遠,空言性命,不求諸事功,私立道統之名。於是羲皇以來,堯舜禹湯文武裁成萬物,表正四方之道,不屬之君上,而屬之儒生,乖謬實甚。司馬遷曰'天下重器,王者大統',惟天子得以名之,諸侯尚不敢干,況士乎?"因序古今有道之君爲《統典》,纂古今文武忠義之臣爲《輔弼》,錄七十子傳人爲《道脈譜》。並考古經與歷代正史,旁採群書,序儒者授受源流,爲傳八百餘篇,儒林二千有奇,謂不宜尊宋儒而黜漢唐以來學者於不問,其論甚正。著《中傳正紀》百二十卷、《弘道書》十卷、《聖門舊章》二十四卷、《文集》二十卷、《詩抄》二十卷、《河洛古文》一卷、《尚書説》一卷、《周

---

① □,原文漫漶不清,存文書局本作"滅"。

禮注論》一卷、《二南偶說》一卷、《甕錄》一卷、《中庸大學古文》一卷、《中庸大學駁論》一卷、《太極圖紀》八卷、《聖門學脈中旨錄》一卷、《古史正》十卷、《史記補箋》十卷、《歷代紀年》四卷、《四禮補錄》十卷、《古文旨要》一卷、《蠶北遺錄》二卷、《奢亂紀略》一卷、《荒書》四卷、《笭箵歸來晚暇記》四卷、《歷代貢舉合議》二卷、《二氏論》一卷、《題跋》六卷、《尺牘》六卷、《詩餘》二卷、《雜著》二卷、《費氏家訓》四卷、《長沙發揮》二卷、《王氏疹論》一卷、《金匱本草》六卷、《集外雜存》八卷、《補劍閣芳華集》二十卷、《雅倫》二十六卷，共三十六種。蜀中著述之富，自楊升菴後未有如密者。楊主綜覽舊聞，密則獨攄己見，較楊更精。

　　密生平得力於古注疏，謂："古注言簡味深，平寔可用，後儒即更新變易，卒不能過。古經之存，專賴此書。"次則尤熟《史記》，枕籍其文者八年。於諸子則熟《南華》，於八家則愛昌黎，故所爲文浩然如水之無涯，而未嘗騁才矜氣也。爲詩則以深厚爲本，以和平爲調，以善寄托爲妙，常戒雕巧、快心之語。教門人及子弟詩，文法最精嚴，不輕許可，故凡聞其餘風者，下筆率有法度。書法古勁，人得片紙皆珍藏之。

　　子二：長錫琮，字厚蕃。爲人慷慨，任事方正不阿，克承家學，絕意仕進，以詩、古文、詞名，著《階庭偕詠》《白雀樓》諸集，人稱直敏先生。次錫璜，字滋衡。詩尤沉雄，峻拔高出前人，樂府直追漢魏，爲世傳誦，著有《掣鯨堂集》，人稱孝節先生。滋衡遵父命，自揚州還鄉省祖墓，時兵燹甫定，道路榛莽，間關萬里，不殫險艱，與密嘗糞事略同。父子稱孝，尤爲難得。

　　初，滋衡未有詩名，康熙丙子，安徽觀察張魯菴霖由皖至秣陵，賓從皆時詩人，此度、滋衡亦與焉。魯菴舟中出唐宋書畫賞鑒，令各賦詩，限七陽。此度云："飛蠅墨點彈屏小，舞劍工深濡髮長。"梅勿菴文鼎云："龍蛇勢與滄波動，雲樹遥連遠岸長。"商介廬和云："四海賓朋文舉坐,千秋騷雅米家航。"張逸峰坦云:"點蠅誤拂微污墨,懸蚓驚看古硬黄。"時滋衡齒尚幼,侍父側,獨默然。魯菴曰:"令公子何不作?"此度曰:"初拈學筆,恐致貽笑諸公。"强之,遂賦曰:"玉笈名山屢代藏,古人手跡辨微茫。晴江影動蛟龍氣,素練寒生粉墨光。苦茗啜殘移畫槳,折釵評罷促飛觴。閑身欲赴滄浪裏,卧對煙林到夕陽。"一坐皆驚,賀此度曰:"此君鳳毛也。"自是名大噪。

生平豪放不羈,大江南北名士多折節下之。合肥李司空嘗欲薦舉宏博,謝免。後遊燕趙,入大梁,往來皖潁間數十年,都無所遇,益慷慨悲歌,發之於詩。登之罘,投其詩於海中,痛哭而還,蓋傷其才無所見,而求交於天吴紫鳳也。因侍父江東,不肯遠離,每遇故舊,輒綢繆依戀不忍去。詩中思蜀之作,往往聲淚俱下,《蜀圖》及《北征哀鳴曲》諸篇尤極淒惋,至今蜀中談詩者尚推費氏爲大宗云。

余峷

余峷,字生生,號鈍菴,青神人。明大司馬蕭敏公裔,世授衛指揮千户。值流寇亂,黄冠羽衣,避難江東,賣古文詩字自給,不喜入富貴門,亦不喜贈富貴人詩。詩工漢魏及六朝,唐近體不屑也。嘗過江都,與野人高士遊。寓吴門,客舍自言爲"梅花作主人"。康熙乙丑仲夏,卒於瓊花觀中,時年七十有九。有《增益軒草》,共五七古詩若干卷。易簀①時屬其甥焦氏,付其友張諧石選輯,焦竟失其稿。新安姚綸始於扇頭壁上搜録遺詩,僅十餘首,不能窺其全豹,通國傳爲恨事。

植敏槐

植敏槐,字榦青,邛州人。順治辛卯鄉薦。明季,寇屠邛郡,書籍多

---

① 簀:存古書局本作"簀",當是。

爩，敏槐家藏《禮記存要》一書，潛心研究。承平後，邛郡諸生治《禮記》者，皆賴其傳。築室白鶴山南，教授生徒二十餘年，學者稱"鶴山先生"。

林明儁

林明儁，字位旃，學富經史。甲申，獻賊陷蜀，從閣部王應熊討賊，籌畫多中。後以病假歸，隱居。著述有《澹遠堂》《巴子園》《梧桐居》等集行世。子堅，康熙壬子舉人。

李瑢

李瑢，字宕山，號梅岑，渠縣人。順治甲午孝廉，官鳳陽知縣。梅岑爲儀部青黎先生長子，青黎名含乙，以獻賊入蜀，聚鄉勇千餘堵禦，力戰死，本朝賜謚"忠節"，列入祀典。梅岑幼遭喪亂，東奔西竄，艱苦備嘗。及國朝定鼎，諸寇蕩平，始得潛心於學，中本省鄉試。又遊吳越，歷閩海，荏苒三十年得一第。其欽崎磊落之概一寄之詩，凌雲吐鳳，流徵飛商，皆王孟高岑佳境。晚令鳳陽，吏治亦卓然稱善。

著有《片石齋集》行世。又有《集唐》一卷，多哭兄悼亡之作，情深語摯，巧合天成。營山李雪樵題云："梅岑先生，性耽佳句，雅好長吟。孝瑜多才，十行俱下；正平夙慧，一覽無遺。石鼓玉筍，時攜蠟屐；筆花墨瀋，日纘奚囊。花萼之集久成，歡生姜被；琴瑟之聲静好，隱遂鹿門。固極天倫之遊休，誠吾黨所乞羨者矣。洎乎一行作史，萬里辭家，猿鶴之盟未寒，松風之夢固在。香爐茗枕，雖雜簿書；硯□①筆床，猶供嘯咏。故宮蔓草，寫廢徑之哀湍；舊壘斜陽，賦沉沙之折戟。何來家問，頻接訃音。靈運云亡，誰夢阿連之句；彥先羈宦，徒傳贈婦之篇。爰采唐聯，集爲近體，發悲思於四韵，地擲金聲；驚巧手之七襄，

---

① 　□，原文漫漶不清，存古書局作"蠹"。

調成黃絹。秋風蕭瑟,聽鶴唳以何堪;夜月淒清,睹鴛影而無那。嗚呼,人琴並已,子敬之痛良深;芝草難尋,奉倩之神愈切。緬茲佳什,孰不愴懷。期我同人,共爲屬和。"云云,可以想見其風致矣。

李珪

李珪,字公執,號鶴汀,瑨之弟。順治丁酉舉人,官寧德縣知縣。學問淵博,尤工韻語,有《説劍齋集》,爲時傳誦。其自序云:

> 吾少也孤賤,才地既弱,與人無患。又以先大夫殉難,故鄉里憐其忠臣遺孤,多所周恤。順治中,偶登一榜,遂北遊燕,南之吳,歷伊、洛、關、陝。每逢名勝,覽眺見有題詠之作,輒復玩味,亦未嘗有所臧否。自以乘時進取,帖括爲先,不復計及聲律。日月易逝,忽忽十年,三刖卞生之足,重灑劉氏之洟,乃抑鬱不自適,勉爲詩歌,聊以寫其胸中之蘊。遇有良辰美景,或賓客唱酬,乘興落紙,率爾成篇,都忘工拙。辛亥,令鶴城。鶴城瀕海,去京師極遠,回首巴山,蓋萬里焉。邑小而疲,語言不通,除簿書錢穀外,別無事事,以故風晨月夕、野館孤亭多所吟咏,因名其篇曰《説劍》。夫"劍"者,俠士之所寶也。某遭逢聖世,有何不平而説劍?然龍泉、太阿,滯在豐城,向非張、雷博識,至今尚未有知者,雖紫氣竟天,無用也。乃知世不乏劓犀切玉之器,顧未得風胡耳,必欲抉面屠腸,探丸進炙,而後説之,不亦過乎?夫"劍",亦各隨所適耳,有天子之劍,有諸侯之劍,有庶人之劍,莊生言之甚詳。予巴里下人,偶爾習氣未除,藉以發其傀磊,所謂牛刀之試,小鮮之烹,使巴童蕩槳、賨女持節而唱之,亦《竹枝》《欸乃》之餘韻耳。有譏其不類者,亦刻舟之見也。爰次其顛末,俾同志者陶镕而煅煉之,以成青萍、結綠之選,尤鈍夫之所厚望也夫。

唐甄[①]

　　唐甄,字鑄萬,達州人。少嗜學,狀貌短小而剛直亢爽。順治丁酉,舉鄉試,授長子縣知縣,有善政。甫十月,以逃人掛誤去官。僦居吳市,蕭然四壁,炊煙時絕,著述不輟。其學以良知爲宗,貫穿經史,非秦漢之書不談。所著《潛書》九十七篇,寧都魏禧極稱之,其壻王聞遠刻以行世。又有《毛詩傳箋合義》《春秋述傳》《潛文》《潛詩》《日記》若干卷。

李蕃

　　李蕃,字錫徵,通江人。順治丁酉,舉於鄉,官山東黃縣知縣。錫徵讀書好古,能獨擴所見。讀杜牧《咏木蘭》,有"夢裏曾經畫蛾眉"之句,謂失木蘭本色,因反之云:"攬轡提戈坐錦韉,長途籍復看花鈿。若教有夢眉重畫,火伴先驚十二年。"其不隨人俯仰類如此。著有《雪鴻堂集》。

　　子鍾壁,字鹿嵐,康熙丙子舉人,官廣西平南縣知縣。著有《燕喜堂詩》。次子鍾峩,字芝麓,康熙丙戌進士,官至太常寺少卿,著《垂雲亭集》。時稱"通江三李"。

先著

　　先著,字渭求,號蠋齋,瀘州人。本神童先汪之後。學極博洽,尤工於詩賦。獻賊亂蜀後,流寓淮南,大江南北諸名士往來唱酬無虛日,故遺稿盛傳於世。沈歸愚《別裁》所選十數篇,皆戛戛獨造,高出時流。然片羽吉光,猶不足盡篋中之寶也。著有《之谿老生詩》《勸影

---

　　①　其傳記又見《清史稿》四八四。

堂詞》各若干卷行世。

湯學尹

湯學尹,號勉齋,黔江人。康熙癸卯孝廉。黔邑兵燹之餘,經學失傳,勉齋闡明易理,教授生徒,盛暑嚴寒不輟。值吳逆之叛,遁跡山林,不入城市,學者稱"勉齋先生"。

張象樞象翀、象華。

張象樞,字四水,安岳人。康熙癸卯舉人,有《雪浪齋集》。其弟象翀,字六飛,康熙甲辰進士,官至膠州知州,有《處和詩集》。象華,字五華。諸生俱以詩名,時號"安岳三張"。

楊岱楊崑、楊岐。

楊岱,字東子,彭縣人。康熙丙午舉人,有《村山詩集》。其弟崑,字葛山,號中洲,有《三樹堂詩集》。岐,字周子,有《碧蘿亭稿》。三楊俱以詩名,而東子尤矯矯特出,如百戰健兒,三鼓而氣不竭。魏惟度云:"余讀東子詩,氣力沉雄,知爲詞壇英俊。"近董耕伯、蔡方山從維揚來,道:"東子天才秀發,器宇深沉,非流輩所及。"侍乃翁研連先生,恂恂有禮,不特其詩之妙也,益嘆。余暗中摸索,因其詩而知其人焉。

楊兆熊

楊兆熊,什邡人。康熙己酉舉人,任湖廣漢陽令,多惠政。後解組歸里,教授生徒。原本經術,粹然一出於正,至今士林重之。

李以寧

李以寧,號雪樵,營山人。康熙壬子舉人,官至三水縣知縣。以經術飭吏治，大著循聲。長於文，名重一時，著有《綏山草堂集》十卷。出王阮亭先生之門，與施愚山、梅耦長輩遊，詩尤多骯髒磊落之氣。□①《峨眉賦》，設爲綏山先生問答，詞氣直逼《兩京》。近代劍南作者群推爲巨擘云。

李牲

李牲，字楚材，渠縣人。康熙辛酉舉人，有《濠梁詩集》。楚材爲梅岑公執猶子，其氣縱橫排宕，亦與梅岑公執相埒，時號“李氏三傑”。

李謨

李謨，字采臣，富順人。康熙甲子鄉試。性孝友，慷慨好義，其友人楊文兹卒於都，謨爲經理後事，扶櫬回籍。後任河南太康令，有廉聲。尋致仕，歸，依然寒素，平居言動不苟。教授生徒，每以收放心爲務，又謂“聖狂之別，須於起念處省察”。嘗設教峉山，學者稱爲“峉山先生”。

傅作楫②

傅作楫，字濟菴，號雪堂，奉節人。康熙丁卯舉人，海鹽許時菴所得士也。由廣文選直隷良鄉縣知縣，以軍功保舉御史，典試浙江，歷陞至都察院副都御史。緣事出戍遼陽。嗣因征厄魯特，督辦糧餉數年，奏凱後以軍功議敘歸。生平於書無所不讀，詩尤悲壯雄渾，直逼少陵。嘗謂：“言爲心聲，忠厚質直，上也；妥帖排奡，次之；奇峭波折，又次之。其大者有關於世道人心，下亦不失爲性情之陶寫。若夫簸花鬬酒、拈紅拾紫、雕琢字句以爲新穎，雖勞其心以求工，而無當於三

---

① □，原本缺損，存古書局本作“存”。
② 其傳記又見(嘉慶)《大清一統志》卷三九八。

百篇之旨。"時菴序其集云：

　　傳子濟菴，一代人豪，兩川雋望。文鋒清麗，奪錦波峨雪之華；品格端凝，挾紫電青霜之氣。憶余卯歲，校士益州，雖藻鑒空群，慚非永叔；而英雄入轂，喜得南豐。疑義當裁，對短檠而商榷；奇文共賞，終午夜以雌黃。事竣東歸，道經西瀼。濤飛千尺，山過萬重。則有連枝太守，興訪丹霞；猶子元戎，幽尋白帝。萬峰嘯傲，彌日流連。君復攜厥酒尊，餞於江滸，共搜赤甲白鹽之勝，憑弔陣圖魚浦之踪。觴咏盡歡，倡酬交作。于胥樂矣，何日忘之。嗣是秉鐸芹宮，繼即奏刀花縣。時共兵興之役，群憂飛輓之艱。君獨出庫藏以給軍需，免追呼而蘇民瘁。遂聲馳於上國，用表正乎南臺。霜飛白簡之花，露上皂囊之草。鼠狐屏息，鳥雀無喧。特奉掄材，恩垂兩浙；旋膺簡要，威凛三樞。頌宏議於正事之堂，盡是廊巖謨略；鐫讜言於金石之錄，皆成忠愛文章。斯時也，過從無間於晨昏，來往兼多夫贈答。要豈吟風弄月，同詞客之掉頭；配白儷青，效詩人之叉手也歟。顧乃貞如白璧，忽遇錙塵；直似朱絲，見嫌曲木。余既負薪河畔，君亦漂梗邊方。共此羈懷，能無浩嘆。於焉南冠琴韻，淒涼鐵嶺峰頭；西陸禪聲，惕息銀州境內。此蠻溪椰暗，深衛公過嶺之愁；而小圃雀翎，起蘇子居黎之祝也。邇因寇犯西陲，自干薄伐；君遂書陳北闕，願效前驅。維時公子王孫，聞聲者願隨橐鞬；駝酩駱米，接迹者爭饋壺漿。紫塞曉風，時寫激昂之志；黃沙秋月，常□①忠憤之懷。武侯轉粟籌邊，勳名卓絕；王粲饒歌入塞，氣度沉雄。乃蒙溫旨以還鄉，遂踐昔言而過舍。出一編以相質，輒三復而興思。回首襄

---

①　□，原文缺，存古書局本作"攄"。

時，睠言此日，不無菀枯之異致，而今昔之殊途矣。然而把盞劇談，掀髯共笑；挑燈晤對，披卷長吟。又何減縱遊宴於瞿塘，極綢繆於京邸也哉。因以綜其梗概，序之簡端。庶知弱翰書殘，悉屬惘憂之意；唾壺缺盡，終非愁苦之音。

讀之亦可得濟菴之概矣。著有《雪堂》《南行》《西征》《燕山》《遼海》等集行世。

張祖詠

張祖詠，字又益，内江人。有《枕江堂選刻詩鈔》。魏惟憲《百名家》小引云："張子以詩鳴，僑寓巢湖，大江南名公卿爭折節下之。余過昆陵，與研齋李太史衡，浣花才子指首屈焉。得家學於尊甫群玉先生，近始締交河朔，出所爲詩，屬余論定。見其以英雄之氣，練儒雅之才，響中鳴球，風生玉樹。幾幾乎視黄金白雪、牛鬼蛇神輩皆奴隸之矣。"其推重如此。

向廷虁①

向廷虁，字修野，號陸海，成都人。康熙丙子孝廉。性聰慧，博極群書，弱冠舉於鄉。兩試春闈不第，遂絶意進取，以教授生徒爲業。尤敦實行，循循盡道，人無間言。工吟咏，兼善醫，嘗布襪青鞋賣藥市中，刀圭所及，立起疲癃。得錢即沽酒暢飲，高歌自適，雖饔飧不繼，宴如也。官巴縣、邛州、潼川等處廣文三十餘年，寒氊自守，藐若高僧。大學士鄂文端公總制滇黔時，賢其名，延至與語，深加賞識，列入薦剡，除湖南巴陵令。未幾，以老病歸。雍正十一年，詔舉博學鴻詞，

---

① 其傳記又見(道光)《遵義府志》卷四七。

當道以公名上,辭不赴,逍遥林下,作花溪老人,謂:"幸生聖世,讀書稽古,得與野老田夫同享升平之福足矣。勞勞奔逐胡爲也?"自築生壙,并爲文以誌其墓。年六十餘,卒。著有《倫風》十六卷、《陸海文集》十卷、《詩》十卷、《史詠》一卷、《易圖貫述》一卷、《寄企紀吟》一卷、《醫述》四卷,藏於家。

何鉽

何鉽,字元鼎,號厚溪,涪州人。康熙己卯孝廉,官浙江鄞縣令。著有《芝田詩稿》。元鼎有《普和看梅絶句》甚傳於世,詩云:"酒沽林外野人家,霽日當檐獨樹斜。小几呼朋三面坐,留將一面與梅花。"

劉慈

劉慈,字康成,號鷺溪。康熙壬午舉人,授將樂令。好古力學,足跡不至公門,有《鷺溪集》。

董新策

董新策,字嘉三,號樗齋,合江人。康熙庚辰進士,授庶吉士。散館,授編修,因母病呈請終養歸籍。後朝夕奉母,不離左右逾二十年,備極孝思。川督採訪士行,薦新策可大用,蒙世宗召見,慰問良久,賜貂賜硯,賞賚甚厚。授甘肅寧夏道,在任數載。丁憂,回籍,遂閉户不出,窮極經史。每有發抒,皆綜理要,詩、詞、散體,膾炙人口。年九十餘卒。

制義已刊行,外有《容子山人詩文全集》暨《劍外搜奇》等書若干卷藏於家。蔡雪南云:"樗齋先生天機清妙,邈若高僧,所在掃地焚香,得陶、韋逸致。故其爲詩,抒寫性情,一歸和雅,幹以風骨,藻以色澤,巧不傷理,質有其文。允當雄視詞壇,獨執牛耳。"識者以爲知言。

龍爲霖①

龍爲霖，字雨蒼，號鶴坪，巴縣人。少以才名，五官並用。康熙丙戌，年十七成進士，聲噪藝林。既肆力於典墳邱索之書，天文地理、諸子百家靡不究心。壬寅謁銓，得雲南太和令。太和，大理首邑，民夷雜處，宿號難治。公鞫訟不尚刑威，案無留牘，民自以爲不冤。後值西藏軍興，羽檄旁午，公應付措置，悉合機宜。大軍凱旋，一路桀驁難調者，過太和皆歡然交贊以去。時縣有奸僧，所爲多不法，而挾武弁勢。捕之，匿不出，公執法不移，居間者無所用其巧。提臺郝公以此亦贊公有膽識，遂注意於公矣。初，太和舊例，丁糧分納有田，已迭賣而丁名不除且遷徙別地者，追呼杖比，冤苦備至。而白土尤劇，浮糧至千數，貽累迨百年。公廉得其故，爲之請命。上臺以成例難之，再三申請，至欲以官任其罰。上臺鑒其誠，遂爲題免。凡通省有是弊者，查確，概予豁除。

雍正四年，大中丞江陰楊文定公特薦，蒙世宗憲皇帝召見，問滇省吏治之賢否，民情之休戚，又問父母兄弟，亹亹不倦，如家人父子。一一奏對，條理明晰。上大悦，俾回任候陞。頃之，擢授石屏州。是時，公行李方在途，而寵命已至，滇人皆以爲異數。石屏人文仕宦甲於他邦，居城內者，士夫八九而民寥寥，每逢公事，民不堪命。公爲之委曲調劑，均其徭役，士大夫皆樂從。又城垣傾圮且無兵防守，公詳請增設戍守，兼指陳利害，使士民共修城垣，衆心開悟，或出力，或捐貲，功速成，屹然保障。州有土目立勳者，父子三人以狡黠雄夷中，嘗隨官軍效力，得給千總劄，遂有鴟張之勢。公知其將來必爲州患，密請飭革，以剪其翼。未幾，遂有魯魁之變，繼之以茶山猓夷跳梁，立勳

① 其傳記又見《江北廳志》卷七。

父子誘之攻劫，他邑多殘破，而石屏城堅，有兵不可動，賊引去。士民咸免覆巢之慘，然後知公賜之洪且服其先幾之哲也。

　　會提台郝公節制兩廣，奏請以公行，因見求終養，並聲言蜀粵雖遙，舟楫相通，迎養殊便。制報可。遂奉母於雍正八年正月啓行，連舟出峽，遵長江，泛洞庭，徑由衡陽指桂海。三月杪，乃抵肇慶，攝司馬事。逾年，調潮州府丞。俄遷潮州守，剔弊釐奸，興道設教，十一城官吏豪強屏息歛手。先是，潮之韓江水自大埔三河而下，勢若建瓴，北門當其衝，常受水患，古作障山隄以禦之，歲久多圮，田廬淹没。公爲修築，水循故道，民乃復業。郡有大憝，曰余猋陳阿蘭，扇誘無賴，黨羽蟠結，不軌之謀久蓄。公察其奸，而制府鄂公亦密札相屬。因重賞買綫，潛往迹之。久之，其人密稟：清明節俗皆祭掃，猋等必出奠祖塋。猋好酒，飲必大醉，可以擒獲。公乃密會營員，各選兵役繞道出城而不告以故。漸近猋墳，衆皆失色，以忠義順逆激勵，衆咸奮勇直前。猋等無備，方酣醉，雖逞兇迎鬪，瞥然就擒，其黨鳥獸散。星夜解省正法，而脅從請分別從寬。數十年積癉，不動聲色一朝潰之，官民遂獲安枕。後又捕兇惡林振千抵於法。此二役也，即比鄰郡縣亦陰受其庇焉。

　　潮郡東門浮梁渡江里餘，三峰平列如筆格，是爲韓山，中峰之麓爲文公祠。祠左下里許有陸丞相秀夫祠，祠左有廢垣，僅存門榜，曰昌黎書院。公一日過之，輒往觀，惄然心動，遂決策興復。乃核贖鍰，稽公費，進海陽令龔封五而授之圖。於是鳩工選材，卜日營建。前爲重門，題曰"韓山書院"。升階爲講堂，後有樓，樓左右爲山長居，迤左一帶爲諸生習業所，用物咸備。其後左沙蜿蜒隆起回抱院地，於上建魁星之閣。再進，立乞佩亭。大門前有巨池，以亭憑之。乃徵十一屬之秀者而受業焉，延海陽進士翁海莊、彭澤教諭杜肯亭爲之師。每月課，必率郡同寮及海陽令親往，暇則獨造，進諸生爲之講貫。學士百數十人，月給膏火，課試卷，酒食前列，有旌賞。有聞風來學者遍隣封之士，學舍至不能容，於陸祠增修。一時聲播全粵，上臺聞而深嘉之，各製榜聯以標其盛。而士之蒸蒸起者，詞林如饒平詹君肯構，部郎如程鄉藍君欽奎，進士如海陽梁君作則、蔡君躍、謝君升庸，莫不聯翩迭上也。而公母思歸甚切，公送至會城，面懇列憲，求侍歸養。制府鄂公、中丞楊公、觀風使焦公咸委官挽留，乃議先送潘輿旋里，而留公治潮，此雍正十年冬事。越二年，大埔令楊麒生以貪污被揭革職，公中蜚語去官。恭逢高宗純皇帝御極，蒙召見起用，仍堅請終養，吏部爲之說堂，始得請。遂星馳還渝，備極孝思。

　　家居二十年，與知己數晨夕結詩社，極詩酒唱酬之樂。所著有《蔭松堂詩集》《讀史管見》行世，而精心獨詣者，尤在《本韻》一書。以五音、七均參入韻理，並通其郵於變宮、變徵，而十二律、閏律循環相生相通，不相通之處，繪圖立說，分別入微，使三代以上之音粲然復明其旨，洵闇室一燈也。韻學自周容、沈約定爲四聲，後隋唐及宋作者用之，相沿不廢。鄭漁仲、吳才老、楊升菴之徒窺見其謬，多所救正。近日顧亭林、毛西河、邵子湘亦博加考証，均有所見，究不能洞悉其原。雨蒼一洗而空之，獨攄己見，考據精詳，誠韻學家指南。工書法，草學二王真，行學魯公，時或游弋於虞、歐、顛素之間，而指書尤絕詣，所謂才大無所不兼也。

易簡

　　易簡，字位中，鄆都人。康熙壬辰進士，授庶吉士，官編修。解組歸，閉戶高臥，日讀《漢書》一篇。不慕榮勢，有一邱一壑之風。晚年掌教錦江書院，造士尤衆，顧息存、李敬伯皆其入室弟子也。主錦江講席時，有陰擠之者，位中適作雪詩，徘徊庭下，忽得句云“幾回狂舞冰消易，一落蹄涔激濁難”，甚喜其佳，亦可想其胸次矣。子龍圖，甲子舉人,官甘肅敦煌縣知縣。

宋子嗣

　　宋子嗣,字振商,號大邨,夾江人。康熙甲午,以明經領鄉薦。篤學,淹雅詩古文辭,靡不稱善,嘗手訂《易》《詩》《書》《春秋》並"四書",文千百餘首,學者宗之。雍正十三年,授直隸廣昌縣令。甫下車,即首清積弊,凡不便於民者悉行罷之。邑自晉歸直,舊有丁徭之累,有身止一人每歲須輸丁銀五六錢至一二兩不等。公援閩省南坪之例,瀝情通申制憲,爲之題請攤入地糧,徵收銀一千二百五十六兩,餘銀一千四百九十三兩,奉旨豁免,民田以甦。邑有牙庭邨,民被劫,事主報某塗面劫財甚確,公偕同城都閫拿獲。及庭訊,知爲良民被誣,概行省釋。同官文武暨紳士兵民僉謂公袖手問賊,而事主旦赴州上控,公概置勿論。越兩月,旋於宣屬緝獲真盜張明太等四人,人始服公如神。後以疾辭還鄉。

　　子楷,字端書,號素我。乾隆丙辰,以拔貢領鄉薦。丙戌,任湖北遠安令。遠安邑四面皆積塘水灌田,歲旱水缺則無收。公蒞政之日即相視原野,鑿山開堰十有七座,所灌田畝及乎鄰邑。時有立生祠祀之者。卸仕之日,兩袖清風,識者多其世德云。

周開豐

　　周開豐,字駿聲,號梅崖,巴縣人。康熙庚子孝廉,官福建龍崖州州判。梅崖與龍雨蒼、何元鼎等結詩社於東川,嘯歌自樂,不以利禄動其心,故其詩瀟洒出塵,有純儒氣象。

傅輝文

　　傅輝文,字曉亭,號筠溪,簡州人。雍正甲辰進士,官廣西桂平縣知縣。歷陞梧州府通判、直隷鬱林州知州。緣事降調，家居十年。起爲太康縣令。罷官回籍，教授生徒，資館穀以糊口。工詩賦、古文，著述甚富，有《承翼堂集》行世。

張奇瑞 姻再姪綿州李調元填諱。

張奇瑞，字冠玉，號鶴峰，漢州貢生，即雲谷之祖也。邃於經學，凡天文地理、醫卜風角諸書，靡不究極精微，而尤以立品爲先務。年二十，應舉子試，不售，遂絕意進取。以課生徒爲業，暇則布衫芒履徜徉山水間，隨意歌嘯，藉以自適。詩沉着痛快，頗近少陵。《題湧泉》云："萬派靈珠湧，双泉玉液分。源通滄海脈，氣拂蜀山雲。水利農家溥，樓臺宋室聞。競傳天旱日，祈禱雨花粉。"《君平卜臺》云："不見通天井，猶聞卜卦臺。大名動星漢，遺跡傍城隈。丹篆羲文接，鴻書道德該。重吟蜀都賦，瞷若仰昭回。"《金雁橋》云："漢代名橋在，垂虹雁翼傳。桓侯留戰迹，韋相有遺編。酒憶鵝黃美，波分鴨綠妍。只今江岸側，煙火萬家聯。"《萬人墳》云："草殺輪川北，流氛毒石亭。萬人殲此地，九廟哭無靈。誰遣狼煙入，空今雁水腥。至今埋骨處，風雨晝冥冥。"數詩皆力爭上流，非宋元以下所能望其肩臂也。

李專

李專，字知山，江津縣貢生。學極淵博，曾與修《四川通志》。少以詩自豪，放蕩不羈，與巴縣劉康成友善，晚交崇寧蔡雪南，自謂平生得此二友。有《贈湘潭進士劉暐澤續娶詩》云："不用將縑來比素，須知是鳳必求凰。"人多傳誦。又《弔驢》云："茹草何曾耗林田，主人情薄尚加鞭。化爲鳥道一抔①土，愁對鼉叢萬壑煙。野店斜陽山下路，

---

① 抔：原文爲"坏"，據文意當爲"抔"。

小橋流水雪中天。只今行役將誰恃，懶向孤村問釣船。"又《昭君村》云："空舲峽裏近花晨，一綫天低不見春。肯信山川如此險，鍾爲窈窕竟無倫。紅顔兔穎描難肖，青塚龍沙怨未伸。世代屢移遺迹在，琵琶休撥暮江濱。"皆雋永可味。

彭端淑

彭端淑，字儀一，號樂齋，世爲丹稜望族，同懷兄弟七人，公其仲也。幼而穎異，十歲能文，弱冠後益潛心於學，力追古人，與兄又仙、弟仲尹、磬泉讀書紫雲山，不下山者五六年。雍正丙子，登賢書。癸丑，與仲尹同捷南宮，授吏部主事，仲尹授刑部主事。乾隆丁巳，磬泉由乙卯解元成進士，選庶常，改授兵部。公詩云："主恩兄弟三分部，蓋誌遭逢之盛也。"其時簪紱交輝，各以文章知名於世，往來贈答，多藝苑英流，故都門有"三彭"之稱焉。

乙丑，陞本部員外郎。丙寅，進階文選司郎中。丁卯，分校京闈。擬墨出，諸城相國劉公首稱之，同事十八房，多負重望，及閱公作，咸歛□①推服，於是諸館閣曹司造門求文者日相屬。南北知名士如蔡芳三、胡穉威、竇東皋諸人，尤尊稱之，謂爲不世之才。

乙亥，擢廣東肇羅道。肇羅爲粵省要缺，與制軍同城，凡巡邊及盤察多委焉。公以冰操自矢，敬慎無私。每出巡時，騶從不過一二人，所至州縣禁迎送，有事親詣公堂，吏胥不離左右，妨弊甚嚴，事竣即歸，不受州縣絲②毫餽送。民間或有不便，悉爲經畫得宜，輿論翕然歸之。省中書院有名無實，二十餘年少鄉薦者，公延名宿何夢瑤掌院，嚴爲月課，增其廩禄，每暇則至講堂爲之指授。三年中式者十餘人，士風一變。是時，州縣自理事件未結者三千餘案，制軍以讓藩臬，藩臬誘公辦理。公赴各處，權其情事之輕重，當結者即行批結，當審者即拘質審，不恃擊斷之能，一一開誠布公以示之，人各輸服。旬日之間，積案俱清，一時有"神明"之稱。歸省後，制軍楊公握手引之上座，曰："以君之簡默，疑不足以集事，而所能如此，可敬之至。"擬首薦。未幾，楊公去，遂不果。接任相國李公檄運米廣西，其時船户、運户及在事吏役百弊叢生。公外若渾淪，内實精核，至交卸卒無纖失。及回東，舟行海隅，□[1]出望海，誤墮水中，人無知者。足下如有物負之，行約十數里，竟不墜。久之，家人始覺驚呼，公曰："在此，無滋擾。"因援手而上。公曰："人於宦途，不滿意輒以咎人，此誰擠之者？今不葬於魚腹，天於我厚矣，復何望焉？"遂決計告歸。

回籍後，當道延聘，掌教錦江書院，造士尤衆。居林下十餘年，善氣迎人，絶無官狀，遇鄉老高年必盤旋敘舊，即接後進亦平易如常，故知與不知，咸稱盛德。年八十一卒。

著有《白鶴堂今古文集》《雪夜詩談》《晚年詩稿》三編行世。論者謂："蜀中制義，自韓太史琢菴後，董樗齋繼之，爲能發攄經旨；詩自三費後，傅濟菴、王樓山兩家繼之，爲能步武唐賢古文；散體則絶少問津者。白鶴堂時文學歸唐，詩學漢魏，古文學左史，皆詣極精微，幾幾乎跨越一代，獨有千古矣。"至今士林奉爲圭臬，稱樂齋先生。

彭肇洙

彭肇洙，字仲尹，丹稜人。雍正癸丑進士，由刑部主事陞河南道監[2]察御史。仲尹與樂齋爲孿生兄弟，[3]科名官階亦略相同，在都時與弟磬泉俱以文名，號"蜀中三彭"。著有《撫松亭文集》行世。

---

①　□，原文漫漶不清，存古書局本作"夜"。
②　監，原作"鹽"，據文意改爲"監"。
③　孿，原文作"擎"，據文意改爲"孿"。

楊鳳庭

　　楊鳳庭,字瑞虞,號西山,新都人,太史鳳岡之弟也。乾隆丙辰孝廉。幼負奇姿,讀書過目不忘。六歲就塾師,端謹如成人,不二年,四書五經俱成誦。案頭置周子《太極圖說》,愛玩不置,師曰:"此理學精粹之書,汝何能知?"曰:"理本無窮,讀此易曉耳。"因歷陳陰陽五行化生萬物之旨,一一皆如夙悟,師驚曰:"少年有此,異日必爲理學名儒。"丙辰,登賢書。丁巳,會試不第,益奮志研稽,博覽"十三經""廿一史",辨論古今人物得失,并究心天文地理、醫卜星象、奇門納甲諸書,爲之窮源溯委,以晰其閫奧。有造門請謁者,口指手畫,多前賢未發之蘊,故聞其緒論者,心目洞開,莫不暢然得其意以去。嘗語人曰:"天下義理無窮,吾惟以《易·繫辭》作定盤針,庶不誤入旁門耳。"精岐黃術,與人治病,應手輒愈。

　　黃制軍廷桂在川前後十餘年,極敬先生,擬列荐剡,力辭乃止。開制軍以溫車迎至署,屢設皋比講《易》,曰:"我朝深明易學者,先生一人而已。"岳大將軍贈先生詩,有曰"大中理學先明道,老耄文章接潁濱",蓋謂先生講道克繼明經公之後,著作直與太史公並傳也。晚年習静,喜談玄①,髮兩月一薙。著《易經解》《道德經》,注醫學諸書。卜地青城萬山中,曰:"我死百年後必有克振吾業者。"年七十餘,卒。學者稱"西山先生"。

彭遵泗

　　彭遵泗,字磬泉,丹稜人。乾隆丁巳進士,授翰林院庶吉士,官至江防司馬。磬泉有文名,領乙卯鄉薦第一,衆論翕然。尤長於詩、古文,詩由小杜溯源少陵。著作甚富,未梓,後人爲刻《丹溪遺書》若干卷行世。

---

　　① 玄,原文爲"元",避諱回改。

高繼光

高繼光,字熙載。雍正壬子舉人。乾隆丁巳進士,授庶吉士。散館,官編修。工制義、詩、古文,皆力臻古人堂奧。著作甚富,死後被友人取去,俱散失無存。

許儒龍

許儒龍,字水南,郫縣人。舉博學宏詞,與彭樂齋兄弟、蔡雪南等友善。性恬澹,所居掃地焚香,時以一琴一鶴自隨,有飄飄出塵之風。著述甚富,門人爲刻《岷南詩草》行世。

周國器

周國器,字玉潭,大竹人。乾隆辛酉科,由選拔中式。壬戌,會試明通。甲子,補新都縣教諭。玉潭師少貧,目短視,性澹泊,他無所好,晝夜誦讀不輟。年十六,補弟子員,試輒冠軍,苦無力赴省試,杜門不出,亦絕不計及功名。至辛酉,年三十矣,選拔成均。大竹令某器之,資以費,始至成都鄉試,遂登賢書,補官。後以教授生徒爲業,邃於經學,每有闡發,皆前賢所未有。從遊之士,出其門者多至二千餘人,發科甲者,指不勝屈。常作《謙德銘》以示教,光風霽月,時人比之濂溪。著有《桂湖講義》及詩文若干卷。

鄧倫

鄧倫,字啓疇,雅州人。乾隆辛酉孝廉。學問淵博,考據精詳,□[1]與古文皆卓然成家,而尤長於制義,每試必冠其曹,或時爲旁舍代

---

① 　□,原文漫漶不清,存古書局本作"詩"。

草,亦必前列。至甲子,以科場事發被裭,遂無意進取,以教授生徒爲業。批點"十三經"及《四書正解》,極爲精確。門下登賢書、成進士、官詞垣者指不勝屈,當道亦多聘主西席。岳大將軍延教其子瀟數年,每課一題,必自成數藝,共得五百餘篇,多出人意表之作,揣摩家奉爲至寶,後竟遺失,識者惜之。

蔡時田

蔡時田,字修萊,號雪南,崇寧人。乾隆壬戌進士,授庶吉士,官至御史。有《雪南集》。修萊天才超拔,詩文俱極沉博絕麗之觀。以科場事發論死,人皆悲其事而惜其才。有《古劍》四首①,其一云:"化龍躍入江,神物原無主。秋墳走妖狐,静夜騰金虎。出匣劃②有聲,儼與雷電語。肝膽蝕泉泥,千金重一許。"其二云:"神光含古木,怪異動幰幌。仇讐③隔千里,在處時一响。壁間殁以室,精靈自來往。白氣每插空④,徐收入柱礎。"其三云:"鑄成斃⑤千人,入土鋒仍淬。光氣入斗間⑥,星辰失其位。世路歸坦夷,仗之輕細碎⑦。把與結⑧死生,天涯一燈背。"其四云:"床頭時一鳴,匣裏鏘⑨秋水。囊之⑩十餘年,天壤⑪無知己。耻與蓋聶⑫論,歸來自磨洗。騎驢入大梁,向人不爲禮。"峭刻堅凝,絕似長吉。

---

① 此詩孫桐生《國朝全蜀詩鈔》卷十二收録。
② 劃,孫桐生《國朝全蜀詩鈔》卷十二作"鏗"。
③ 仇讐,孫桐生《國朝全蜀詩鈔》卷十二作"讐仇"。
④ 每插空,孫桐生《國朝全蜀詩鈔》卷十二作"亘長空"。
⑤ 鑄成斃,孫桐生《國朝全蜀詩鈔》卷十二作"匕首決"。
⑥ 入斗間,孫桐生《國朝全蜀詩鈔》卷十二作"沖斗牛"。
⑦ 細碎,孫桐生《國朝全蜀詩鈔》卷十二作"瑣碎"。
⑧ 把與結,孫桐生《國朝全蜀詩鈔》卷十二作"何當托"。
⑨ 鏘,孫桐生《國朝全蜀詩鈔》卷十二作"橫"。
⑩ 囊之,孫桐生《國朝全蜀詩鈔》卷十二作"斂之"。
⑪ 天壤,孫桐生《國朝全蜀詩鈔》卷十二作"天下"。
⑫ 蓋聶,孫桐生《國朝全蜀詩鈔》卷十二作"荆聶"。

林中麟

林中麟，字素書，號儼齋，瀘州人。性穎敏。康熙己亥，年十四，受知於督學江南方石川先生，補博士弟子員，兼惠縑繒數事，鐫其文而敘其所以鑑賞之故，一時有神童之稱。雍正己酉，選拔朝考第一。乙卯，中本省鄉試。乾隆丁巳恩科會試，以明通榜授簡州學正。壬戌，成進士，仍回原任，以教授銜管學正事。繼選廣東廣州府三水縣知縣。丁憂，赴補雲南大理府浪穹縣知縣。再丁艱，赴補授北直永平府昌黎縣知縣。任滿，推陞廣西慶遠府河池州知州。

公生平於書無所不讀，而理境異同之辨尤究極精微，發爲文章，無幾微蒙翳。福建鄭石幢、江南儲曰漁①兩先生皆亟稱之。司鐸簡州十三年，造士孔多。及居縣令、州牧，清操自矢，壁立千尋，從無敢干以私者。而用刑則慎之又慎，一切命盜大獄，從容審鞫，不事刑求，十數年解審之案，亦未有妄招反供者。故所至民安，所去民思，真明體達用，不愧古循吏所爲。河池卸事後，囊空如洗，幾不能歸，同寅友生助之而後返里。晚年刻《沖然堂今古文集》若干卷行世。

何飛鳳

何飛鳳，號雨厓，瀘州人。乾隆甲子舉人，官安徽和州州同。在任十餘年，勤慎自矢，大憲廉其才，調補蕪湖令，部以銜大缺小議阻。後疊署舒城、天長、潁上，俱值亢旱，公虔心祈禱，甘霖應時而至，有“雨澤隨車”之頌。庚子，委署本州篆，公熟悉輿情，留心聽斷，民尤感戴。壬寅，年七十五，解組回籍，紳耆數千人泣送江干，依依不忍去。

---

① 儲曰漁，當爲“儲曰虞”或“儲越漁”之誤。儲掌文(1687—1770)，宜興人，字曰虞，一字越漁，善文。

公精制義,幼出宜興儲曰漁①先生之門,登賢書。後師事王巳山先生,晚交何二山,自謂"生平第一知己"。嘗選本朝十二家文批點甚精,直執作者精髓。與王雲衢《明文冶》、何義門《行遠集》、陳師洛《歸雅》等編並傳。又刻蜀人文爲《巴蜀薪傳》,自韓太史士修、彭觀察端淑外,搜羅殆遍,中多可傳之作。字學《聖教序》《蘭亭十三跋》,各自成家,士論歸之。有《未信編稿》行世。

李芝

李芝,字吉山,富順人。生有宿慧,穎悟過人。乾隆戊辰進士,任湖北枝江、宜都等縣令。博雅能文,罷官回籍,教授生徒,劍南後進多從之。著述甚富,有時文八百餘篇,詩文若干卷,俱未梓行。初,戊午中式北上,同行孝廉二人,由襄陽早起行至河南新野。途次,李獨聞餈粑甚香,及抵旅店,見有賣餈粑者,李遂邀同伴歇馬早餐。忽店中一老翁出,問曰:"三位係四川舉人否?"同伴答曰:"然。"老翁又問:"那一位係新中李孝廉?"同伴指李示之,曰:"此便是。但何以知我同伴中有姓李者?"老翁垂淚,曰:"予有隱痛,不便輕言。"強之,老翁始哽咽語曰:"我亦姓李,我早年生一子,名中枝,極聰慧。讀書入學後,一病而亡,今已二十年矣。昨夜夢有土神告我云:'汝子中枝死後降生四川富順李氏,取名芝,去歲中式。今北上路過此店早餐,汝來,可得一晤。'醒後記憶甚清,故到此訪問。"敘其子卒之年月日,恰與吉山生辰符合。吉山亦爲心動,叩其家,唯老翁老婦及一寡婦,煢煢相依,別無應門之人。吉山問之,淚涔涔下。老翁延三人同至其家,款待甚厚。啓一書室,箱上塵積,示吉山曰:"此我子書箱,自歿後封貯於此,無人檢閱,汝可開看。"吉山一一檢視,宛悟爲前生所爲,中式首題"工

---

① 儲曰漁,當爲"儲曰虞"或"儲越漁"之誤,見前。

欲善其事",全章文亦在焉。吉山大驚,取示同伴曰:"異哉此事,人有
輪迴,豈文亦有輪迴耶!造化弄人,當不至是。"住數日別去。後戊辰
入都,復至其處,問老翁老婦,皆已下世。吉山詢得其墓,祭奠而去。
吉山門人朱右佺爲予言。

敬華南

　　敬華南,字位中,號蓮峰,別號映海,閬中籍,華陽人。幼出宜興
儲越漁先生之門,精制義,兼工詩、古文。試,每屈其曹。丁卯,登賢
書。戊辰成進士,授翰林院庶吉士。散館,改編修。本苟氏,上於引
對時,特御丹毫於"苟"傍加"文",遂氏"敬"。丙子,山西正主考,所得
多知名士。嗣江南常熟缺出,上崇尚吏治,特補公,以公精明諳練得
以展其所長,意至厚也。己卯,仍點湖北主考,近侍以出補縣令對,始
易之。蓋公名簡在帝心,非同泛泛也。公治常熟,以經術飭吏治,不
尚刑威,而案無留牘,士民頌德不衰,事事修舉,號稱大治。解組後,
當道延主錦江書院,多所成就。刻有《書院學約》,吳白華、孟鷺洲兩
先生盛稱之。

林愈蕃①

　　林愈蕃,字青山,號澗松,中江人。生有異姿,八歲入家塾,受四
子書,喜聞忠孝廉節之事,端謹如老成。隨其兄香遠讀書館所,拾薪
執爨,克修弟道。始爲文,即有大家風範。年十七,受知於學使周蓮
峰先生,補弟子員。以家貧營館穀,佐高堂菽水,常取朱子《小學》《近
思録》《白鹿洞學規》爲及門講習,一時翕然以師道尊之。甲子,登賢
書。至辛未,成進士。需次期屆,例當謁選,而公鋭意潛修,實有在於

---

①　其傳記又見龔學海《林青山先生墓志銘》,(民國)《中江縣誌》卷二一。

榮祿顯達之外者。乃復杜門授徒,益肆力於儒先著作,泛覽經濟有用之書,貫通古今,源流畢徹。乾隆二十七年,始起程赴選。癸未春,籤掣湖南衡州府酃縣。酃俗好訟,善交納官長,更以演戲耗財爲樂。公到任,首嚴訟棍,卻餽獻,餘以次頒示飭禁,民有神君慈母之戴。政暇則延子弟講課文藝,訓以立身行己之要,士風佻達爲之一變。鄉氓入公庭,引至座下,親詢疾苦,開陳律令中易犯各條,曉譬再三,群知怵惕。他如修邑乘、葺學宮,倡率衆力,汲汲圖之。郡守李文在廉其賢,撮列循迹,薦之大憲,將選顯秩。公以長兄垂暮,切溫公撫背之思,引病請去,堅不肯留。解組歸,白髮兄弟藹然一堂,閭黨榮之。

生平慕程朱之學,每思扶植綱常,羽翼聖教,故隨所睹記,必以身心性命爲之根柢。居父母喪,哀毀循禮;仲兄歿,未嘗飲酒茹葷,動止俱有法度。教人以衣冠必整,拜揖必肅,見者望而知其爲青山弟子也。閒居寡營,爰取《四書集注》排纂《讀朱求是編》,考訂各家同異,薈萃的當,比於精金。惜編上下論而疾作,不克卒業。所著《青山堂文集》,散體浸淫八家,詩賦亦自出機軸,多可傳者。

李拔

李拔,字峩峰,犍爲人。乾隆辛未進士,官至湖南荊宜施道。峩峰久躓場屋,困諸生二十年。試每冠其曹,文名籍甚,當道咸折節下之。通籍後益肆力於詩古文詞,才華豐美,蔚然可觀。居官清慎自持,不異寒素。遇事有不可者,必毅然爭之,絕不稍爲回護。官長沙府時,有發審案罪關出入,原問官怙非不改,上揭部科,致興大獄,當道被累者不一。其人卒從公斷,人咸服公之持正,然非公志也。晚歸,著有《峩峰文稿》行世。子元模,乾隆乙未進士。

黄景

　　黄景，字詔芳，號師竹，別號五峰，金堂籍漢州人。先是江西信豐縣人，年十四，隨其兄甲入蜀，遂家於金淵之五桂坊。居貧苦讀，憑鄰家壽具爲書案，籍柴薪而坐臥焉，隆冬身擁破氊，以一圓杖足蹴之使暖。越二年，應童子試，兄弟齊入泮。次年，齊食餼。其兄甲中雍正乙卯科鄉試，景久困棘圍。乾隆十七年壬申，恩科舉於鄉。八月，會試成進士，後仕湖北宜昌府之長樂縣。舊係苗疆，民刁俗悍，未有學分。下車後，即爲詳請設學四名，建學宮，秀民賴之。其地兵多民少，有舊民、新民之分，舊民即苗民也，新民即新遷漢民也。每年糧米多係舊民轉運，未免苦樂不均，爲詳請輪運以歸調。適上憲以苗疆定制，不應擅更，飭爲迂拘，遂告歸，時年近六十。

　　歷掌教於簡州、漢州、新都、德陽、什邡諸書院，從遊甚衆，一時名士多出門下。生平篤於孝友，謙退從容，學規醇正，性極和平。晚年耳聰目明如童稚，壽八十卒。

何明禮

　　何明禮，字希顔，號愚廬，崇慶州人。乾隆己卯科解元。少有異姿，讀書過目不忘。七歲時，侍其父渼飲，客有以小杯易大杯者，父命作破，應聲曰："以小易大，多見其不知量也。"一座奇之。十二歲，補弟子員，試輒高弟。學使蔣公蔚、史怤堂均刻其文行世。肄業錦江書院，從宜興儲曰漁[①]先生遊，深得古文之法。其才博而肆，當代巨公多就諮焉。曾佐修《成都府志》，並修《什邡》《新津》等志。

　　少時與閬中鄭芥舟天錦、滇南李翼兹敬躋稱莫逆交，鄭、李名士

---

　　①　儲曰漁，當爲"儲曰虞"或"儲越漁"之誤，見前。

也，俱先成進士，希顏獨潦倒場屋三十餘年。及己卯中式，年已五旬餘矣，芥舟寄詩云："拾第尋常事，遲君二十年。"胡太守書巢云："名豈掄元著，詩因出峽多。"皆紀實也。庚辰，北上，試卷已擬高魁，旋因破承小講連用十二轉字太奇，遂落第。從此遍遊齊、梁、燕、趙，益以詩酒自豪。再上公車，終不遇。客於山左禹城周令士孝署中，病卒。所著有《江原文獻録》《浣花草堂志》《斯邁草正集》《續集》《太平春新曲》《愚廬策論》若干卷，藏於家。惟批點孟子大文較蘇批更精，後竟殘缺，爲可惜也。

王家駒

王家駒，字子昂，江津人，性聰穎，少有神童之目。十一歲，受知於學使任香谷先生，補弟子員，刻其文行世。十二歲，中雍正壬子副車。又十九年，至乾隆庚午始登賢書。又十年，庚辰成進士，出朱倩圃先生門下。朱閱履歷驚曰："壬子余初生，子已中副車。更二十九年始拾一第，余竟抗顏而爲之師，黃茅白葦中，屈子久矣。"

子昂泛覽"十三經""廿一史"及諸子百家之書，極淵博。尤酷嗜《昭明文選》，嘗手抄三次，雖《五臣注》《義門批點》皆極記誦不遺。所作文字，獨擴己見，一語不肯寄人籬下。詩古今體皆佳，試帖尤爲時傳誦，蜀中文獻首推焉。一生恬澹無所好，獨寢食典籍無片刻餘閒，見異書若性命，閱不終卷不止。晚年授夔府教授，造士宏多。一日，夢書役等迎作夔府城隍，寤後爲諸生言之。至晚，無疾而逝。

張翯

張翯，字鶴林，號素齋，成都人。乾隆庚辰進士，官翰林院檢討。幼家貧力學，日爲人傭書，夜焚膏誦讀。戊辰，遊泮，與兄翮俱館於外，而束脩仍不敷用，家愈迫。乃與兄謀逐什一爲鹽賈，肩挑車運，翯於雲貴邊境，備歷艱辛，三年終無所獲，慨然嘆曰："利之不成，名又安在？大丈夫終當奮志青雲焉，能齷齪爲此乎？"即先歸，留兄收債於後。遂閉户不出，潛心學業。丙子，列高等，入錦江書院肄業。丁丑，功令科場用五言試帖，諸生向爲講習鮮工穩者，惟公調宫協徵，獨出冠。時當道巨公皆極口交贊，以獨角麟目之。己卯，果中式。謁見座主周立崖先生，聞其素貧，恐難入都，因邀令偕行。明年庚辰成進士，授翰林院庶吉士。辛巳，散館，授職檢討。益發奮爲文章，嘗云："詞臣以翰墨供職，須魁宏藻麗，若不務此而放言自高，攟拾餖飣，薄館閣體爲大帽子，則張曲江何人也？"故一時同官者群指公律賦試帖爲得體云。甲申，掌院保公能勝府道引見記名。公益惶惕，雖在家居，力學始終如一也。戊子，補國史館纂修官，喜曰："向耻素餐無補絲毫，今得籍手矣。"是時已有疾，猶力起入館，辦書不輟。六月，病漸深。八月，順天鄉試，派充同考官。九月，保舉御史，俱以疾不能赴。十月十一日，卒。

公爲人耿介有節操，雖貧不以累人，而赴人之難如救水火。以故人與之交，輒如飲醇，凡朋友有過，不惜忠告，相負者亦不與較。一生從未有凶終而隙末者。處家庭尤極孝友，雖自俸甚儉，堂上甘旨不缺，與兄翩、弟壽極友恭之愛。公詩云："兄本嚴師長，弟亦賢友生。早歲篤歡愛，貧賤有餘榮。"皆紀實也。所著有《鶴林詩草》十卷、《館課存稿》十卷、《制義》二卷、《古文》二卷。

錦里新編卷六

忠　義

熊應鳳①

熊應鳳,字碧山,郫都人。任浙江温州守備。順治三年,平陽初入版圖,山寇吳肇馨乘虛襲城據守,應鳳率兵馳至,一矢殲之,餘衆潰遁。明年,西港桐山諸寇兩次攻城,俱擊退。及大兵至,搜山剿捕,鳳力捕殲沈可耀、陳倉、尤四諸賊。己亥,移汛磐石,海寇鄭成功圍城,應鳳率先登城,百計守禦,久不下。賊以大砲裂城,鳳急馳下巷戰,負重傷猶殺數賊,被執。戮其幼子脅降,鳳聲色愈厲,闔門死者三十二人。事聞,贈副將,賜祭葬,廕子天球拖沙喇哈番,任温州衛左所,入籍錢塘。亦於康熙甲寅聞變殉難,事聞,贈遊擊。

胡天湛②

胡天湛,井研人。順治三年,知福建大田縣。時盜賊猖獗,所在肆掠。天湛督率鄉兵悉心防禦,城孤援絶,力困不支,四年十二月初八日城陷被擒,不屈,死。

---

① 此傳與(雍正)《四川通志》卷十二記載同。
② 同上。

黄瑶①

黄瑶,字白雲,忠州舉人。順治四年,任陝西安塞令。才智明敏,遇事敢爲,殘疆大有起色。六年,王永强作亂,瑶死守孤城,力拒强敵,卒殞於難。事聞,贈按察司僉事,廕一子入監讀書。

楊來鳳②

楊來鳳,巴州人。順治四年,以肅王令攝蒼溪縣事。六年,改湖廣沅陵縣知縣,遇賊被執,不屈死之。事聞,奉旨遣官祭葬,贈按察司僉事。

邱希孔③

邱希孔,字所願,綿州諸生。爲人倜儻,負氣節,明末避兵漢南。順治六年,寧夏巡撫李鑑偉其人,委署靈武同知,守花馬池。姜瓖賊將劉登樓陷城,希孔踞坐罵賊。賊怒,斷其頭,屍猶箕踞,屹④不爲動。賊懼,以爲神,羅拜之乃仆。

王承祖⑤

王承祖,劍州御史梁之棟僕也。獻據蜀,之棟子田璧知不免,止一五歲兒,名繩武,召承祖夫婦屬之曰:“一綫之脈盡寄於汝,其善保之。”梁氏一家俱遇害。承祖負繩武及己子走,賊追及,棄己子,而匿繩武巖穴中,得脱。後土賊起,知繩武所在,欲索其貲。承祖負之乞食山中,及賊息始出。承祖爲之耕耘婚娶,延師教訓,至本朝順治庚子舉於鄉。

---

① 此傳與(雍正)《四川通志》卷十二記載同。
② 同上。
③ 同上。
④ 屹,(雍正)《四川通志》卷十二作“坐上”。
⑤ 此傳與(雍正)《四川通志》卷十二記載同,文字略有差異。

傅永吉①

傅永吉，成都人。順治七年，知福建長泰縣。時鼎革初，民弱兵強，永吉善爲彈壓。九年，海寇圍城，永吉晝夜履堞巡督，砲如飛蝗不避也。與守將王進率驍勇力戰，彎弓殪其酋長三人，賊乃卻，城賴以全。永吉方射賊時，中砲洞腹，氣垂絕猶連呼殺賊不止。事聞，贈按察司僉事，致祭，廕一子。

楊繼生

楊繼生，字爾敘，閬中人。年少領鄉薦，遊京師。順治初，秉鐸江南之太倉。是時蜀方亂，楊之妻子在蜀，音信阻絕。婁東盛泰昭方釋褐令，陝之略陽。略陽故蜀之襟喉，楊以杯酒屬之曰："倘至彼中，得吾家消息，勿靳片鴻。"盛頷之。赴任後，偶以事出，見一婦人匍匐道左，物色之，果楊婦也。即飛書廣文，婦則嚙落二指，作書裹之以寄。楊得之慟，即以金授來足，使其僦車南下。會南宮期近，楊候久不至，束裝且北。舟至京口，有舟□②然而南，詢之則楊夫人也。相失十餘年而猝遇於兩舟之偶觸，於是相持大慟。謝諸同行者，偕夫人而南，仍歸太倉學署③。後中壬辰進士，知福建連江縣。順治十三年丙申，寇至，城陷。繼生死之，妻劉氏同日殉節。

李成芳④

李成芳，巴縣人。由拔貢歷任雲南寧州州同。康熙十三年，吳逆

---

① 此傳與（雍正）《四川通志》卷十二記載同。
② □，原文缺，存古書局本作"欸"。
③ 楊繼生尋妻事，無名氏《研堂見聞雜記》有載，傳記疑據此而來。
④ 此傳與（雍正）《四川通志》卷十二記載同。

悖亂,寧州把總李忠投賊,劫州庫。成芳統領丁壯,生擒李忠,解報上官,以功加議敍同知。十四年,賊復攻城,成芳出城拒戰,兵敗死之。事聞,贈布政司參議,廕子思賢入監讀書。

楊春芳①

楊春芳,萬縣人。由行伍歷官都督同知,管溫州城守副將。康熙十四年,耿逆犯溫州,春芳死之。二十年,奉旨優恤,賜祭葬。

傅汝友

傅汝友,巴縣人,官提標隨征總兵。康熙十九年,出師永寧,與提督王之鼎曁費雅達等被執至貴州,不屈死。事聞,贈都督同知,賜祭葬。子宏經廕衛千總。

周玉麟②

周玉麟,成都人。康熙三十九年,以守備隨提督唐希順進打箭爐,攻大岡得功,議敍歷陞冕山營遊擊。四十八年,冕山賊蠻羅都等肆掠,玉麟帶兵往諭,賊蠻猝至,四面圍攻,矢石如雨,玉麟身中五矢,猶奮勇決戰,陷陣身死。奉旨贈副將,恤賞致祭。廕一子宏祚,以守備用。

王天禄③

王天禄,成都人,提標候推守備。康熙三十九年,隨師取打箭爐,奉令守冷竹關,與賊蠻力戰,歿於陣。事聞,恤賞致祭。廕一子,以衛千總録用。

---

①　此傳與(雍正)《四川通志》卷十二記載同。
②　同上,文字略有差異。
③　此傳與(雍正)《四川通志》卷十二記載同。

劉崑[①]

劉崑,巴州人,康熙戊子科武舉。雍正六年,以署都司僉書管烏蒙鎮左營遊擊事。八年,烏蒙賊猓猝叛,崑挺身決戰,身被數十創,力竭陣亡。妻張氏、妾吳氏並二女全家十餘人皆殉節。大兵至,得崑子暨婢僕四人,雲貴總督咨送回籍。事聞,奉旨加贈署遊擊事,恤賞致祭。廕一子,以守備用。

倪國珍[②]

倪國珍,字懋功,成都人。康熙丁酉舉於鄉。雍正壬子揀發粵西,歷試灌陽、藤及永寧諸州縣,多善政,得授義寧令。義寧之東北曰雙江,苗民雜處,與楚城步、綏寧二邑紅苗接壤,計千餘里,隘口十,堡七十二,大小寨凡數百,鳥言露居,不通教化,百年來僅設雙江巡檢以羈縻之而已。

公既至之明年,楚人黃順、吳萬全煽惑粵苗,僭稱名號。公捐金,令堡目密入苗峒,誘出擒之。諸苗覺,中道劫還,合楚苗為奸。公力不能禁,速牒文武諸大府,請兵防衛。提督譚某發兵四百駐之,苗稍靖。時當事者意在撫,固齟齬。公力陳利害,弗應。於是知府張永熹、巡檢蔡多奇迎合上官意,詭言以進曰:"小醜何能為?但得一二人往陳大義足矣。勞師動眾轉滋邊釁。"當事者以為然,遂撤防衛之兵,而遣公與多奇及縣丞吳嗣[③]等諭之。先是兵駐義寧,苗驚畏斂迹,及撤,復變。公將行,嘆曰:"此所謂投虎以肉,徒肆其噬耳。"然業奉成

---

①　此傳與(雍正)《四川通志》卷十二記載同。

②　倪國珍,《清史稿》卷四八九作"倪國正",當為避諱所改。彭端淑《白鶴堂稿》亦有傳,當據此。

③　吳嗣,彭端淑《白鶴堂稿》、《清史稿》皆作"吳嗣昌",原文脫"昌"字。

命,不敢辭。數日近苗穴,遥望苗人蜂擁蟻聚,豕突狼奔,喧聲遠鎮林谷。多奇潛易衣逃,衆俱股栗失色,或告曰:"虜逆已決,不去禍將及公。"公曰:"吾固知犬羊之性,不先以威,不可以德化也。去則示以怯,今日之事,有死而已。惟是朝廷印篆,不敢失也。"付健役自間道還,囑曰:"諭我義寧堅壘城垣,以待援兵,毋復念我。"言畢,正襟危坐,顔色不亂如常。

俄而,苗突至,取官弁及隨行隸三十餘人,盡殺之。禁公於土窰,絕粒六日,縛至烈日中,去其衣,崛土埋足至膝,强之降。公罵曰:"逆虜,吾女父母,汝死吾,敢辱吾耶!"苗以紙筆付公曰:"若能爲書大府,償黃金萬斤,得不死,且歸若。"公裂紙擲筆於地,大罵曰:"逆虜,國家失一縣令若毫毛,汝輩當無噍類矣。"苗怒,剕其齒,血流被衣。公罵聲益厲,齒盡,截其舌,公不能言,猶仰面噴血作罵狀。苗衆争擊死,沉其尸於潭中。事聞,當事者護前非作公罪。上復遣貴州總督張廣泗經略楚粤,與提督哈元生合兵剿之,纖其魁,得公尸,并公前後狀請於上。上深嘉憫之,爲之輟食,賜祭葬,贈奉政大夫、按察使司僉事,廕其子。

王師槐

王師槐,閬中武舉。原名士懷,蒙御筆改今名。原任廣西新泰營參將起雲子。初,起雲陞廣西參將,甫抵任,適土猺倡亂,劫掠萬承,撫臣、提臣委公進剿,屢戰屢捷,所向有功。明年,賊益衆,公飛報總鎮,懇調兵堵剿,以靖邊疆。自提兵數百,乘勢□①入。後援兵不至,坐困圍中,力戰,身被數十鎗,死。親兵殉公者二十有七人。時粤西提鎮恐干處分,思卸罪於公,劾以輕進致衄,事遂寢。師槐匍匐奔喪,

_____

① □,原文漫漶不清,存古書局本作"深"。

痛父捐軀赴敵爲國隕身,冤抑不能上達。私入萬承土州,揭取催兵告示飛報總鎮懇請援兵禀稿,走京師,赴兵部謝恩,並臚列死難事實上奏。天子嘉公死事烈,而怒封疆吏之不以實聞也。下部議,加贈總兵官,賜祭葬如典禮,入祀昭忠祠崇祀名宦,廕一子,以守備用。師槐讓其弟士宏承襲,後仕至參將。自以武科中康熙戊戌進士,由侍衛任浙江湖州協鎮,誥授驍騎將軍。噫!師槐爲父訟冤時,意在發攄忠悃,俾死者不至含恨於九泉足矣。及邀恤典,又能讓恩,廕於其弟,非篤於孝友、克自振拔者能如是乎!方參戎公之殁也,土猺萬餘直侵萬承,遥見雲中公率二十七人環甲冑,立雲端作攻擊狀。是時風雨驟至,雷電交加,賊驚懼,遂遁。萬承人感公威靈,爲立廟於伏波祠側,以二十七人從祀。每歲暮,師槐必遣人赴萬承致祭,其不忍忘親類如此。

師槐喜讀書,明大義,不肯齷齪,隨俗俯仰,故能奮志雲霄,克邀天眷,以顯榮終其身,孟子所謂豪傑之士非耶?子五人:長澤寬,字栗亭,乾隆丙子舉人,官廣東海豐令;三澤定,字煦堂,庚辰恩科舉人,官至湖南岳當□道。俱能以孝友世其家。

李文仲①

李文仲,巴縣人。任貴州安籠鎮標守備。雍正六年六月,剿滅八達寨逆獞,力戰陣殁。事聞,贈署都司僉書,賜祭葬。

徐維新②

徐維新,松潘衛人。雍正九年,以千總隨大兵駐劄巴里坤,賊兵黃夜猝至,戰殁於軍。奉旨贈署守備,恤賞致祭。

---

① 此傳與(雍正)《四川通志》卷十二記載同。
② 同上。

彭承緒[1]

彭承緒,丹稜人。由乾隆戊辰武進士榜後發陝西以營守備用。二十二年,補西寧鎮屬河拉庫托營守備。二十三年,出師征剿由[2]托木洺克並沙雅爾二路賊衆,奮勇陣亡。奉旨給與全葬,致祭一次,入祀昭忠祠,加贈一級,廕一子。

曹順[3]

曹順,保寧府閬中人。由行伍出身,乾隆三十六年征剿金川,屢著戰功,遞陞至肅州鎮總兵官。四十年,進攻西里山腳黃草坪,搶得各處碉卡,順騎木柵之上親射賊人,並指揮兵丁盡力撲打,不料賊人突出順後,以致暗受鎗傷陣亡。定西將軍阿桂具奏,奉上諭:"曹順自赴軍營以來,節次剿殺賊衆,無不奮勇爭先,著有勞績,是以屢加拔擢,用至總兵。今因攻克黃草坪碉卡,先登督戰,受傷陣亡,深爲憫惜。著加恩交部查照從前李全之例,給與應得恤典,仍入祀昭忠祠。並著該員本籍督撫查明曹順之子現年若干,先行奏聞,俟其服闋後,即行送部引見。"兵部議准給與騎都尉,又加雲騎尉世職。賞銀七百兩,給與祭葬銀兩,遣官讀文致祭。

岳廷杙

上舍岳廷杙,成都人,襄勤公諸孫。少穎悟,讀書多妙解。乾隆三十六年,金川酋叛,總戎董公天弼聘襄戎務。木果木不守,與僕張國祥同被执,賊百計脅降,不屈,死。事聞,從祀慰忠祠。國祥,青海

---

① 其傳記又見(嘉慶)《大清一統志》卷四一○。
② 由,據(嘉慶)《大清一統志》卷四一○,或爲衍字。
③ 其傳記又見李桓輯《國朝耆獻類徵》卷三五四。

台吉孫俘賞爲奴者也，亦罵賊死。

許世亨①

許世亨，新都人。由乾隆壬申恩武科，仕至廣西提督。乾隆五十二年，安南國王黎氏爲逆臣阮惠所篡，其國母率族衆逃至南寧求救。廣西巡撫孫士毅具奏，上命督師征之。世亨帶兵出關，同總兵張朝龍、遊擊張純等分路進攻，殺賊甚衆。兩閱月，直抵安南，復其城，阮惠潛遁。時未悉黎嗣所在，上命嗣孫黎淮承襲國王。班師後，阮惠等復出攻城，衆至數萬。撫臣孫聞報，欲赴救援，世亨謂孫曰："此次賊兵甚衆，公天子大臣，宜靜守邊疆以防外寇，不可冒險。世亨職司禦侮，義不容辭，宜速行。"遂督兵千餘人前進，遇賊猝至，勢不支，世亨手刃賊數十人，戰死。事聞，上深加震悼，賜祭葬，入祀昭忠祠，世襲伯爵罔替。子文模由武舉襲職，現授建昌鎮總兵。

黄仁

黄仁，字安宅，大竹人。乾隆壬午科孝廉，仕湖北當陽縣令。嘉慶元年，湖北邪匪以白蓮教爲名煽惑鄉民，勢甚猖獗。乘湖南征剿峒苗防兵調至辰州，聚衆萬餘攻當陽。仁知勢不敵，具稟各上司，請撥兵救援。兵尚未至，城破，遣其子賫印馳赴省，具衣寇北面再拜曰："臣力竭矣。"遂遇害。事聞，上甚憫之，賜祭葬，加恤廕一子。

戴文煥②

戴文煥，字堯章，中江人。湖南永綏廳花園巡檢。乾隆五十九年湖南苗匪作亂，正月十六日直逼永綏。文煥聞變，帶役出禦，路遇賊

---

① 其傳記又見(嘉慶)《大清一統志》卷四六〇。
② 此傳與(嘉慶)《大清一統志》卷四〇七記載同。

數千蜂擁而至，手刃數人，爲賊所殺。事聞，上甚矜惜，賜祭葬，入祀昭忠祠，襲雲騎尉。三次加恩，騎尉世襲罔替。

王重品①

王重品，字南京，成都人。由行伍出身。乾隆三十七年，出征金川，屢立戰功，拔補建昌右營千總。四十六年，隨提督明亮出師蘭州，攻打逆回，割獻蘇四十三等首級。阿將軍桂奏補漳臘營守備，出口辦理夷情八次。在任三年，部推貴州黃平營都司。五十九年引見，陞湖北宜昌鎮遊擊。六十年，奏調出師湖南剿捕苗匪。閏三月，抵保靖軍營。三月初八日，帶兵在上下長潭打仗，殺賊百餘人。初十日，擒獲逆苗五十餘人，燒燬苗寨五十餘處，搶獲軍器無算。四月初七，搜捕盤車一帶，追賊至山頂，將及殲滅，忽值大雨，四山重霧，賊反鬭，抵死格殺，猶手刃數十人。馬蹶，陣亡。經文襄郡王福奏聞，恩恤雲騎尉，三次加恩，騎尉世襲罔替。廕一子王舜年。

袁國璜②

袁國璜，字希亭，保縣人。少負奇氣，善騎射，嫻韜略，每讀古名將傳，輒慷慨擊節。年十九，值金酋煽逆，喟然曰："此丈夫立功時也。"遂籍戎伍。乾隆十有七年，隨征雜谷，大將軍岳公一見奇之，任使輒稱意。事平，以功署伍長。三十六年，金川再叛，公從制府阿公西征。諸酋峴負不下，上命六師分道進剿，大將軍阿公取西路，定邊將軍明公取南路。公當前茅，偵得要害，以奇兵攻克之，軍聲大震。王師乘勢突入，遂搗其巢，俘逆酋以出。金川平，以功累遷至武翼都尉，賜戴花翎。旋召入覲，遷阜和軍遊擊。秩滿，移泰寧軍，改懋功

---

① 其傳記又見李桓輯《國朝耆獻類徵》卷三五七。
② 其傳記又見（嘉慶）《大清一統志》卷四二一及《清史稿》卷三四九。

軍，復調崇化軍。其地皆新闢，公撫綏以法，歷六載，群蠻咸蒸蒸
向化。

四十七年，福文襄郡王來制蜀，雅重公，表遷秦中參將。旋授武
功將軍協鎮、甘肅中衛軍，復遷制府中軍。能益著，遂擢江南狼山總
兵。會臺賊林爽文犯順，上命福郡王將大軍南征，公請從，署總理翼
長。時賊困臺灣諸羅甚急，公率衆航海進薄之，解其圍。連戰，生縛
林爽文以獻，臺氛遂靖。論功賜號"堅勇巴圖魯"。五十五年，召見熱
河，賜黃馬褂，命圖像紫光閣，上親賜贊。明年，授重慶總兵。適廓爾
喀跳梁，其地距蜀萬有餘里，公隨福郡王進征，賊望風靡。策勳之日，
上再賜贊，褒獎備至。六十年，楚苗滋擾，逼秀山。公星馳會剿，逾年
遂擒其渠，械送京師。

功甫蕆，復遘達州之警。公以桑梓構難，赴援益力，與賊遇，累戰
皆捷。時公與何總兵相犄角，賊衆集插子峽，勢張甚。公奮身突陣
兵，皆一以當百，轉戰竟日，裹血勞軍，士皆蹶起聽命。俄聞何總兵軍
陷，賊蜂擁至，公大呼曰："此吾孝節之日也。"遂力戰以殉，時年六十
有九。事聞，上悼嘆良久，親製文以祭，加贈提督，襲騎都尉，廕一子。

何元卿[①]

何元卿，華陽人。由行伍出身，乾隆三十七年，出征金川，屢立戰
功，拔補馬邊營把總。四十一年，攻克格隆古、勒烏圍等處，得碉數
座。四十四年七月，奉提督明亮委署本營領哨千總。五十四年，蒙川
督李委署普安營守備。五十七年五月內，攻克擦木至瑪噶爾等處，蒙
公中堂福陞補疊溪營守備。是年十二月，復蒙題補督標中營都司。
五十八年正月，自前藏奉委仍管領革什咱，出征土兵由草地回寨交

---

① 其傳記又見(嘉慶)《大清一統志》卷三八六及《清史稿》卷三四九。

收。六十年正月，蒙前督孫檄委護理綏寧營參將。是月交代起程，途次聞苗匪在柳橙勾結楚苗焚搶，逼近秀山，星即兼程馳赴秀城，帶領官兵一面招集難民充作鄉勇，以壯聲勢。追賊至魚梁坡，痛加剿戮，殺退賊苗，救回難民婦女無數。蒙前任中堂孫、前督和會奏，於本年四月補授四川提標中營參將，賞戴花翎。

嘉慶元年三月內，因湖北教匪不法，焚燒來鳳，隨前督孫前往剿辦，殺賊甚眾。奉旨以副將補用。七月內，隨同公中堂福攻克旗鼓寨賊巢，擒獲賊首胡正中，殺賊無數，欽奉諭旨："現在陝西興漢鎮總兵缺出，已降旨將何元卿補授。現有教匪滋擾在東鄉一帶地方，與陝西西安、漢中二府地界毘連，何元卿即赴達州，就近可抵興安本任。川陝交界，幫同英善、秦承恩協力搜捕，以壯聲援。欽此！"隨即前往達州接印任事，又赴太平寨會商。前署督部堂英與重慶鎮袁於是月十六、七、八、九等日，分兵攻打冉家壩、土地埡，殺賊無算。追賊至張家觀，藏匿。於本年十一月二十一日先期會，議與重慶袁鎮分兵會剿賊巢。身先士卒，奮不顧身，翼圖殲除醜類，綏靖地方。不意賊匪突出，抵死接殺於牛背山。陣亡，卒年四十歲。署總督部堂英具奏，奉旨着交部加恩，以提督例議，恤應照例，恤銀八百兩。廕襲騎都尉，三次加恩，騎尉世襲罔替。

錦里新編卷七

孝　友

樊曙①

樊曙，字旭東，宜賓人。明末以門廕襲指揮僉事，博通典籍。寇亂後，家業蕭然，躬耕養母。弟暾流寓滇中，老艱嗣息，遣人迎歸，爲之置妾，生一子。吳逆迫以僞命，力拒之。年七十二，卒。著有《楚澤吟》諸刻。

張泰階②

張泰階，鹽亭人。順治辛卯舉於鄉。幼值寇變，父被擄，泰階哀求，請代，賊感動并釋之。事繼母孝，撫諸弟友愛甚篤，鄉里稱之。

任鍾麟③

任鍾麟，蒼溪人。緇褓喪母，繼母高氏育之。遭獻賊亂，父及繼母皆罹禍。鍾麟朝夕號泣，刺指出血，遍歷賊營，沁骨認屍。一日，獲繼母骸於十廟山，而父骨終不可得，遂取父遺衣同繼母合葬。後中順治辛卯舉人，仕至刺史。

---

① 其傳與(雍正)《四川通志》卷九下記載同。
② 同上。
③ 同上。

羅爲紘

羅爲紘,營山人。順治丁酉舉人,任福建平和令。幼時性至孝,生母李氏病篤,紘刲股和藥,母食之,遂瘥。

冉宗孔①

冉宗孔,蒼溪人。幼遭賊兒②,與母相失,宗孔不避兵刃,跋涉尋母。順治十四年至漢中始見之,募財贖歸。是年遂中鄉試,人稱孝感。

彭王垣③

彭王垣,字君藩,遂寧人。生而穎異,通諸子百家,爲文數千言立就。年十二,應童子試,首拔冠一軍。生母病漸革,夜焚香祝天,刲股以進,翌日霍然起。邑令曹公榜旌之。

流寇入蜀,殺人如草菅,匿稍後,無一人脱者。王垣適遇父没,伏泣柩旁,賊義而釋之。避地滇黔,以事謁經略洪公。公與語,偉之,將大用,因父親未瘞,力辭。歸,從兵燹、荆棘中遍求父殯所在,不可得。日夜慟哭,忽假寐,夢父拊其背曰:"我來矣。"黎明馳往,得之,於是竭力營葬,躃踊哀慟如初。

康熙癸卯登賢書,躬履隴畝,人或勸之,喟然曰:"古不云乎:'與富貴而屈於人,寧貧賤而輕世肆志。'"遂耕耘自若。吴逆叛,王垣托病匿山中,屏跡不入城市凡七年。及平定,學憲馮公訪知,曰:"是足爲士模楷矣。"委署順慶府學教授,士子服其訓,皆整飭有規度。其後

---

① 其傳與(雍正)《四川通志》卷十下記載同。
② 賊兒,存古書局本作"賊亂"。
③ 其傳又見張鵬翮《彭覺山先生傳》,見(光緒)《遂寧縣志》卷四下。

歸老於鄉，鄰里質成，多望廬而返，曰：“無事圜先生爲也。”故所居有“仁里”稱。傳經三十餘年，誠弟子以力行爲先，文藝次之。浮華者，厲色規正，必改行乃已。學術無所不該，通《五經》，尤長於《易》《詩》。所著有《四書纂要》，未梓。

黃承冕①

黃承冕，字冠群，大竹人。年十二居父憂，哀毀過禮。值獻賊之亂，負骸潛逃，與鄉人避山岩。夜謼，言賊至，驚竄跌半岩中。有鬼物攫噬，忽空際叱曰：“此孝子也，孼物不得侮傷。”即覺有人舉足推之，飄然墮地，竟毫無傷損。賊平，始得歸瘞。廬於墓側，晝夜攻苦。領康熙丙午鄉薦爲蒲城令，人以爲孝行之報。

韓士修②

韓士修，字琢菴，瀘州人。先世江南虹縣人，明高陽侯成之後，永樂間有以功授瀘州指揮使者，因家焉，子孫皆世其官。父灝，明末舉於鄉，知楚雄之鎮南州，頗以經術潤色政治，有古循吏風。士修穎敏，能自强力學，性至孝，承候顏色未嘗頃左右離也。以隨父任入鎮南州學，後歸就童子試，其州學使者見其文曰：“異哉，童子中有是人乎！”亟召問，士修語之故，曰：“固也非初學所辦，今年解首定屬子矣。”即於前復試題者三，下筆立就，文益奇。使者益喜，曰：“蜀中誠無先子者，吾言驗矣。”既而果然。康熙丙午也，始君赴省試，時母李夫人病，士修堅欲無行。父趣之，士修曰：“應舉求禄以養親也，母病若此，兒寧捨去。”李夫人强起慰士修曰：“吾幸無所苦，兒但能行，倘成名，即吾病立愈矣。”士修不得已乃往。甫終場，不待報，馳歸。然母病益

① 其傳又見《蜀龜鑑》卷六。
② 本傳録自韓菼《翰林院檢討加一級文林郎韓君行狀》，見《有懷堂文稿》卷十八。

甚，竟以不起，士修號痛，幾不能生。既殯，始進米，朝夕一溢，猶以父故強自抑遏，不欲貽之憂，然心絕痛不暫釋也。體素羸，自是多病。庚戌計偕，竟不能赴。

至壬子冬，始以父命來京師。明年癸丑成進士，選入翰林爲庶吉士。士修於富貴利達泊如也，以親遠在數千里外，舉進士即欲歸覲，顧在詞館習滿書職，當日入署受程課既，未得引去，則急遣一力奉書迎大人就養邸中相樂也，報書以明年當來。是冬，滇逆告變。明年春，全蜀皆陷矣。士修家既阻絕，未得其父平安問則日夜泣，雖一飯之頃不忘，冀一見之也。平居獨坐，仰天椎心，對客常探肺肝欲自道，或哽咽不言而神傷。性不喜酒，後更自彊飲，顧酒後益悲，無可奈何，即舉坐爲之愀然而罷。尋亦謝客不復出，雖數邀之，亦不至矣。諸厚士修者譬解百端，咸相謂士修必將成疾，疾且不支，然卒莫能移其志也。士修疾既革，神色不亂，一語不及他事，彊起衣朝衣，面闕謝，西望拜哭，辭其父，爲書云：“兒不孝彌天，今死已。惟大人勿以爲戚，厚自愛也。”又書付稚子見祖：“吾不孝無德以至於此，信賴祖宗之澤以有汝也。汝今往依外祖，視之如祖，勿違教訓，以冀成立，克振前緒，努力爲望。道路通即扶我喪歸，拜見祖父。事爾母，認爾姑姊若兄。汝早失怙，早夜勤篤，天必佑汝。”時士修外舅在濟南未至也，士修留書與別，亦如其所以諭見祖者。韓會元焱，士修密友也，往視疾，並問所欲言，曰：“吾千古之罪人也，復何言已。”又書韓掌作“入川”二字。嗚呼！士修之志具此矣，豈僅首邱之思哉！始同館長樂林君仲達家亦阻亂，母蔣夫人少寡，育其孤以節聞。林君思慕其母不置，未一年而卒。士修往哭之，慟曰：“吾非哭忘友，吾行自念也。”未幾，卒。

《陟岵》之詩曰：“尚慎旃哉！由來無止。”孝子於役，想像其父念己之辭，庶幾猶可以來歸，無止死而不來。誠以思慕其親之至，有至於死之道，其不死而得歸者，幸也。非可以豫慎於不死而恝然其親也。然而古之行役者,常在百里之外,遠亦不過千里之間,又無亂離之阻。士修之遭逢,於理更酷,以來歸之難而至於止死,固其宜已!

士修生平無他嗜好,惟酷嗜讀書,自丙午歲欲纂集經史分類成一書,尚未就,以故自耗竭,心輒忡悸。旋罹母大故,益以增劇,後裁展卷及數行,心輒痛不可忍,亦可哀矣。士修爲文謹嚴,《爾雅》及所作詩皆不愧古人,沒後遺失無存。卒於康熙十六年四月二十六日,距其生年三十有六。

貫玗①

貫玗,昭化人,邑諸生。崇正十四年,父玉元官江西龍泉縣知縣,母與兄嫂及玗俱未隨任。未幾,兵戈阻絕,音問不通者凡十五年。兄嫂皆沒於疫,玗銜哀殯葬。負母居鄉,母亦物故,玗哀毀骨立,瀕死者數次。康熙六年,始知父卒於任,徒步奔喪。時道路荒殘,土寇搶掠,玗沿途乞食。人感其孝,欣助金帛,得扶櫬還里。

冉德②

冉德,廣元人。康熙丙午舉於鄉,避吳逆徵聘,逃匿深箐中。賊劫其父,德奔救,臨以刃弗去,賊義而釋之。蜀平,選陝西西寧縣知縣。

苟金徽③

苟金徽,合州人。康熙甲子登賢書,性孝友,潛心理學。初任廣東曲江令,以卓異陞廣西新寧州牧。丁繼母艱,痛甚,抵家三日卒。

---

① 其傳與(雍正)《四川通志》卷十下記載同。
② 同上。
③ 同上。

張偉奇①

張偉奇,字素臣,松潘衛人。性孝友,喜讀書,尤長於韜略,善言兵。康熙十一年拔貢,因母疾侍湯藥,不就選,家居教授生徒,多所成就。又獻策當事撫綏蠻部,遠人率服。以子元佐貴,誥封榮禄大夫,崇祀鄉賢。

樊澤達②

樊澤達,字昆來,宜賓人。康熙己丑進士,授庶吉士,官至翰林院侍讀,提督廣東學政。澤達少值寇亂,奉二親避兵越溪。家貧,負米百里外徒跣供爨。又常於蓮塘賀市寺授徒養親,往來皆水道,嘗撐筏至魚窩沱,觸石,身墮水中,聞人呼曰"此孝子也",若有扶之者。及出波心,筏猶在側,得不死,此亦異事也。詩頗有俊逸之氣。

郭充廣③

郭充廣,字宏毓,隆昌人。父忠懿,宦黔省,卒於任。充廣時年十一④,又值兵燹,無計歸櫬,乃奉祖自黔省寓播,晝負薪米養祖,夜則讀書弗輟。後還鄉,祖以天年終,哀毀逾禮。康熙癸丑,列歲薦。值吳逆亂,隱居教授敘瀘間,從學者百餘人,多知名士。充廣每痛父喪未歸,與人言及輒流涕不欲生,終身如一日焉。

---

① 其傳與(雍正)《四川通志》卷九下記載同。
② 其傳又見(雍正)《四川通志》卷十下。
③ 同上。
④ 十一,(雍正)《四川通志》卷十下作"十二"。

趙日榮^①

趙日榮,漢州人。事母至孝,賊至,獨負其母避難,妻孥皆被害。母年九十有七始卒,日榮哀毀骨立,人稱純孝。

彭鎔

彭鎔,遂寧人。十歲喪母,晝夜泣血,欲絕粒以殉,父力勸之乃復食。比長,奉父克孝。父善病,侍湯藥不離左右。及父卒,廬墓三年。待諸弟以友愛,旅黨稱之。康熙丁卯登賢書,任成都府教授,訓課有方,士爭向學。陞江南震澤令,政有循聲。

周儼^②

周儼,字墨潭,涪州人。母先喪,事父以孝稱。時賊譚宏煽亂,儼欲負父潛避,爲賊所執,兩臂受傷,血溢昏潰。弟儒與賊戰,亦受傷,四鄰奔救,賊乃退。越三日,儒傷重身死。逾年,父疾篤,儼嘗糞試甘苦。後竟不起,號泣嘔血,七日髮盡白。弟婦孀居,撫姪孤如己出,人謂孝友節義萃於一門。後中康熙庚午經魁。

何天章^③

何天章,內江人,避亂遷遵義。爲諸生。性剛直,深明《春秋》《周易》。事母孝。創議建學。吳逆之亂,僞將擄男女三百餘人,天章挺身營救,僞將感其義,悉釋之。年七十卒。

---

① 其傳與(雍正)《四川通志》卷十上記載同。
② 其傳與(雍正)《四川通志》卷十下記載同。
③ 此傳與(乾隆)《貴州通志》卷二九記載同。

樊敘倫①

樊敘倫，字仲彝，宜賓縣貢生。幼失父，奉母避吳逆亂，荒山乏食，覓糧數百里外，爲賊所得，監守甚嚴，無計得脫。會兵弁覓能書者，敘倫稍見禮重，遂以老母在哭告，兵弁感動至深，夜給米少許，縱之潛逃。及抵母所，母病且死，敘倫呼搶大慟，具棺殮。時平，扶舁歸葬，人稱其孝。

湯輅②

湯輅，字居易，渠縣人，諸生。父母相繼没，停柩未窆。山賊蜂至，人勸之避，不從，乃盡出貲財，于户外哀請曰："幸持去，勿驚我二人柩也。"賊爲之動，相戒勿入其廬。年八十餘，無疾而逝。

李鳳翔③

李鳳翔，瀘州人。明末避亂山莊，父如星病篤，鳳翔焚香露禱，持刀刲股，血流被體。適賊衆大至，見而驚曰："此孝子也！"戒勿犯，遂引去。如星病亦尋愈。

李長亨④

李長亨，字會也，合江人。七歲遇亂，父華爲賊所執，亨泣求身代，賊動并釋。順治十七年，母任氏病篤，刲股獲愈。華患痢，又嘗糞驗疾。長亨没十年，其季女年十二，亦刲股以療其父，人稱爲孝德傳

---

① 此傳與（雍正）《四川通志》卷九下記載同。
② 同上。
③ 同上。
④ 同上。

家云。

樊澤迴①

樊澤迴,字膏郇,宜賓人。四歲失母,終日哀慟,不離喪次。八歲能文,從父避亂,與兄澤達百里外負米養親,寒暑弗輟。先是,哭母獲疾,胸結痞塊,後竟不禄,鄉閭惜之。

胡元雍②

胡元雍,字玉南,蘆山人。年十二遭獻賊,父兄伯叔皆遇害。既又值土寇破城,負母避賊,幸脱於難。母病三年,偕婦俞氏躬進藥餌。兩弟被擄,遍覓贖還。人稱孝友兼盡。

萬谷陽③

萬谷陽,字律吹,潼川州舉人。母傅氏病篤,朝夕侍湯藥,衣不解帶者累月。一夕,母夢天門放榜,有"萬思壽"三字,覺,語其事云:"吾病當愈,子必獲售。"病果愈。次年谷陽遂登鄉薦。平居敦行好學,著述甚富,年八十以壽終。

龔起鳳④

龔起鳳,資州人。同妻王氏事親極孝,母病,夫婦皆割股肉進之,遂愈。順治十八年,學使席教事旌之。

---

① 此傳與(雍正)《四川通志》卷十下記載同。
② 同上。
③ 同上。
④ 同上。

楊鼎

楊鼎者，丹稜楊氏僕也。父没，家貧無炊，鼎溷水捕魚，鬻米供母，以其餘佐食。母善驚，常終夜不寐，鼎伴臥則稍安。居數年，鼎没，母泣思鼎，驚尤甚。一夕罷劇，夢鼎來，云：“母無恐，兒伴母矣。”母寐，有大蛇盤臥足下，曰：“爾是吾鼎兒耶？可馴伏。”蛇且至不動。自是每夜必至，而母驚亦減。後十年，母卒，蛇不知所之。

李方升①

李方升，黔江人。事親至孝，父母亡，家貧，治喪無力，方升夫婦質身營葬。升有膽氣，膂力過人，及質後，俛首服役，略無怨言。或誘之曰：“以君才力，舍此他往，自當出人頭地，奈何久居人下。”升曰：“吾以父母故質身，豈忍負之？”後土蠻擾境，升率衆捍禦，鄉人擁立爲團練長。

劉宗裕②

劉宗裕，華陽人。康熙二年，母病不愈，裕焚香祝天，自割左股，煎湯奉母，母病痊，邑人咸以孝稱。

吳國瑞③

吳國瑞，綦江人。與弟國泰、國安事母陳氏皆至孝，母疾篤，兄弟號泣祈天，願以身代。初，國瑞刲股奉母，疾少瘥。繼兄弟三人同刲股以進，疾良已。

---

① 此傳與（雍正）《四川通志》卷十下記載同。
② 同上。
③ 同上。

于前光①

于前光,營山人。賦性純孝,母病,光侍藥必親嘗跪進,達旦不寐。母曰:"兒憊矣,曷就寢?"光泣曰:"母且未愈,忍自安乎?"如是者三年,勞瘁過甚。一日,伏母枕,竟先其母而逝。里人哀之。

姚銓②

姚銓,西充人。父早喪,事母至孝。母病,銓祈天願以身代。疾危,割股肉食母,母病痊。縣令王葵錫旌其孝。

張天錫③

張天錫,南充民。母病,刲股進之,獲愈。逾年復病,又刲股進之,亦瘥。

王翰中④

王翰中,雅州人。父新命繼娶劉氏,三十餘年無所出,癱廢牀笫者三年,翰中與婦朝夕更侍,飲食藥餌必躬進之。劉臨終謂翰中夫婦曰:"願爾子孫世代榮昌。"又事兄某如父,終身不變。里中遭回禄者三,火皆及門而反,人以爲孝友所感。

鄧穎莘

鄧穎莘,邛州拔貢。早孤,事母孝。母疾革,謂曰:"兩幼弟,汝善

---

① 　此傳與(雍正)《四川通志》卷十下記載同。
② 　同上。
③ 　同上。
④ 　同上。

撫之，獨弱妹目眚，奈何！"穎挐泣然跪應曰："必使得所嗣是婚。"兩弟
且教以成立，妹贅同里白瑛，爲置田産、僕婢，并延師課讀入泮，食餼
與兩弟等。

曾光祖[①]

曾光祖，字輝前，安岳人。性至孝，侍二人無疾言遽色。家貧，竭
力以供膳修。父病篤，刲股以進，立愈。康熙二十一年，知縣鄭炳旌
其門。

王允迪[②]

王允迪，字吉甫，綿竹人。邑諸生。幼以奇童稱，博極經史，事親
誠敬。父茂榮病，允迪刲股以進，尋愈。後居喪哀毀，里人稱其孝。

蕭氏

簡州蕭氏，農家女也，嫁秦某爲妻，事翁姑極孝。一日采薪河干，
誤落水中，沉水底，順流而下，經數十灘，值一漁舟，忽騰躍入舟，漁人
大駭曰："吾漁於此，未見水面有人，汝從何來？"氏曰："吾失足落水，
已沉河底，自分必死。幸口中尚未吃水，旁若有人以手援之者，至此
徑提水面置舟中。不知離家遠近若干。"問之邑，十餘里矣，漁人送歸
其家。咸以爲至孝所感，得蒙神佑云。

邱文秀

邱文秀，三臺人。本姓劉，幼喪父母，同邑邱泰撫爲子，文秀事如
所生。乾隆四十六年，父病篤，割股和藥以進，病即瘳。五十年，病復

發,亦如之。妻羅氏於四十六年因姑病,心痛甚劇,亦割股以救,即愈。郡守張松孫書"愚孝可風"四字表其門。

何之瀛[1]

何之瀛,成都人。幼失怙,善事繼母,以孝見稱。家貧,好善樂施,親族有不能婚葬者,竭力周給。訓三子習儒業,先後成名。同居式好,門庭雍穆,里黨化之。邑令董瀛之額其門曰"錦里善人"。

姜毓奇

姜毓奇,字嗣可,内江人。康熙初邑訓導開之子。先世資中人,四世祖時習與兄時和同登嘉靖丙子鄉科,俱歷部郎。開避亂無家,由巴籍任邑鐸。晚生毓奇弟兄,遂隸内籍焉。毓奇性孝友,沉潛史籍,試輒冠軍。數奇,以恩貢拔閬中縣教諭。端嚴,善獎勸士類,奉爲典型。昆季及子姪同時列膠庠,入成均者十數人。以孫錫嘏貴,膺贈奉直大夫。

李元勳

李元勳,永川人。性至孝,父病篤,元勳潛禱於神,持刀剖腹割肝一片食父,父竟愈。

彭文舉[2]

彭文舉,綦江人。十二歲時,母病篤,醫藥罔效,文舉割股以進,疾瘥。邑令以童齡篤孝旌之。

---

[1]　此傳與(雍正)《四川通志》卷十上記載同。
[2]　同上。

陳登魁

陳登魁,富順人,字逢元。康熙甲子科武舉,英偉有智略。里人趙應選爲流賊所擄,遇登魁得脱,收養之,後趙姓繁衍奉祀之不衰。登魁雖武弁,恂恂如書生,嘗終年閉户抄習經書,與胞兄愈泰同居至老,無間言。

羅彬①

羅彬,綦江人。幼以孝稱,嘗刲股療母霍氏疾,疾愈。邑令旌之。

冷應詔②

冷應詔,彭水人。父病,禱於天,割股救之。邑令尹嚴維旌其門。

霍壽長③

霍壽長,綦江人。年二十,嫡母曹氏病危,壽長三次刲股和藥療之。

王文璋

王文璋,内江人,字獻侯。先世邑西鄉人,祖九相强幹有智略,故脱明季之難。文璋家貧,嗜學,事父母以孝聞。生五子,多市書史,隆冬訓課不倦,嗣各有成就。長子者瑞,以拔貢中乾隆庚子鄉試,赴春官,欽賜内閣中書;次體亨,由廪生應己酉鄉試,欽賜舉人,庚戌會試,聯邀翰林院檢討;體恭,恩貢生;體睿,歲貢生;者輅,充廪庠。人咸稱

---

① 此傳與(雍正)《四川通志》卷十上記載同。
② 同上。
③ 同上。

義方之訓焉。丹稜彭樂齋傳其事。

陳我堯

陳我堯，彭水人。事繼母劉氏以孝聞，劉病痢甚劇，堯偕妻李氏滌穢浣中衣，晝夜無倦。劉死，哭泣盡哀。家素貧，妻子常凍餓。父天相年八十餘，所需用必竭力營辦，甘旨不缺。邑令蔣棟旌異之。

黃志煥①

黃志煥，涪州人。事父母以孝稱。康熙己丑夏，五城中失火，延燒民居。父適病卒，志煥先扶母置他所，復冒烈焰入，負父屍以出。州牧董維祺目擊之，旌其門。

吳君美

吳君美，富順人。自幼以孝聞鄉里，父母在日，從不遠行，晨昏冬夏視寒暖，奉服食，歷終身不衰。父母多病，恐爲庸醫所誤，因習醫學，後親病亦瘳。

龔遂②

龔遂，西充貢生。少失怙恃，事庶母如母，克盡孝敬。弟瘖廢，爲之娶妻生子，代畢婚嫁。人多賢之。

王玑

王玑，富順人，字爾修。事母能孝，家甚貧，朝夕承歡，甘旨無缺。吏滿赴京考職，至龍泉驛遇解課銀者因早行遺銀五十二兩，玑拾，坐

---

① 　此傳與（雍正）《四川通志》卷十下記載同。
② 　同上。

待黎明,遺銀者尋至,欲自盡,遂還之。至河南,有人負糧欲鬻妻以償者,相對泣別,玑詢知,爲出銀贖還。授八品,以親老不仕。卒,年九十二。子升冕,邑庠生。親歿,廬墓,以孝聞。

丁世恭

丁世恭,巴縣人,字一開。康熙歲貢,綏陽訓導。事母孝,年六十告歸,母八十餘。家貧,授徒於城,三二日輒歸省,市梁肉親奉之。繭足深山,無間寒暑。與諸生語,不禁涕出。孺慕之誠,老而彌篤。

李九文

李九文,富順人,字盈章。歲貢生。有至性,居親喪不作佛事,儀節一準家禮。葬後寢於靈側,朝夕哭奠,小祥乃歸。同懷兄弟五人皆先卒。教諸侄有法,倣柳氏小齋,每夜聚一書室,詢日中所爲事,諸侄屏息受訓誡,歲以爲常,故姪等多登科第。入成均,彬彬守禮,性爽直,能面折人是非,人皆諒其無曲。里族中有訟諍,率來質成,隨感悦以去。卒年七十九。子芝戊,辰科進士,仕湖北宜都令。

葉重開

葉重開,巴縣人,字芳叢。康熙歲貢,通江訓導。性至孝,母疾,奉侍衣不解帶,垢膩躬親浣濯。弟重蕃,司鐸潼川,卒,訃聞告歸,撫幼姪如子。哭弟成疾終。

侯啓印[1]

侯啓印,營山人。父文才任直隸順德府同知,印隨之任。至沙

---

[1]　此傳與(雍正)《四川通志》卷十下記載同。

河驛,繼母王氏偶感疾昏憒,服藥罔效,印籲天,割股和藥食之,疾遂愈。

羅心簡[①]

羅心簡,營山人,康熙癸卯舉人。事父母備極色養,遇親疾即籲天請代,屢以誠感獲愈。

姜察

姜察,字履潔,内江諸生,閬中教諭毓奇三子。性極孝,幼年綜理家政,備極勤劬。尤潛心理學,創精舍修身養性,兼采元門冲淡希微,獨詣純邃。與人交,推誠不欺,周貧恤匱,悉出自然。子錫嘏由庶吉士改部曹,挈眷赴官,以兩孫早折鬱鬱卒京邸,一時鄉宦罔不哀之。以子貴,贈奉直大夫、翰林院庶吉士、工部虞衡司主事。

張鳳舒

張鳳舒,西充諸生。母劉氏病篤,割股以愈。

張元正

張元正,字維網,漢州人。性孝友,家素饒,尤多隱德,每遇歉年,減價糶穀以周貧乏,鄉里賴之。與人交,開誠布公,從無欺飾,人益欽服。子四:長仁榮,乾隆乙卯進士,欽賜翰林院檢討;次仁爵,乙酉選拔;三仁守,太學生;四仁同,乙酉舉人,安徽黟縣知縣。至今子孫繁衍,簪纓不絕,咸以爲積德之報。

---

① 此傳與(雍正)《四川通志》卷十下記載同。

王榮秀

王榮秀,西充人。母袁氏病危,割股救之。

艾祖麟

艾祖麟,内江人,字端微。明鴻博南英裔,先世由東鄉遷楚,大父復由楚入蜀。祖麟生六歲而孤,母龔氏守志,送就村塾授卷,咿唔不與群兒伍。長遊楚名士羅玉峰之門,深爲契賞。屢試不售,家益貧,惟以教授佐母膳,課子孫以文藝爲末。長子榮松,由拔貢雋乾隆己亥恩科,任江南碭山縣令。三子榮模,己酉選拔。孫亦入庠,有聲。祖麟晚荷恩榮,處之若素,平生不談人過,讀書之願至老不衰。以子榮松任知縣,恩加三級,誥封奉直大夫。

馮天桂

馮天桂,西充人。父病將死,割股愈之。

張越姻姪姜錫嘏填諱。

張越,字凌霄,漢州諸生,冠玉公次子。性聰慧,下筆千言立就,試每冠其曹,鄉先達俱以偉器目之。尤篤於孝友,事冠玉公先意承志,事事得其歡心。乾隆丁巳秋,瘟疫大作,兄超、嫂羅氏俱染沉痾,越朝夕親侍藥餌,形神俱憊。冠玉公又病,衣不解帶者數月,積勞成疾,竟至不起,識者哀之。以子邦伸貴,敕贈文林郎。

楊鳳翥

楊鳳翥,西充人。母病,割股療之。父病,復割股而愈。

高璞①

高璞,西充人,邑諸生。叔祖儀坤任浙江平陽令,卒於官,璞奉祖儀乾命赴浙扶櫬。儀坤居官清介,囊無遺金,璞作募啓,丐求浙省當事,風霜勞瘁,越七載,始移柩還葬。先是,璞已列子衿,以入浙屢年不獲赴,歲試竟除名,里人惜之。

談中經

談中經,字序五,内江人。家貧篤學,晝耕夜讀者數年。弱冠舉乾隆丙子鄉試,授鹽源縣教諭,陞夔州府教授。丁内艱,起補翰林院待詔。性孝友,嘗先意承志,兄弟有不足者疊助之。外憂歸,淡於仕進,教授生徒,歲時敍親戚情話一以儉樸。讀書導人,家居守禮,喪葬不用僧道。年六十五卒。著有《墨耕堂文集》。子熊,中乾隆丙午鄉試。

陳揎②

陳揎,南充諸生。父於王教諭營山,隨任侍養。父暴疾甚危,揎哀號祈天,割股以進,父疾遂平。

孟衍鄒

孟衍鄒,中江人,山東鄒縣令佺公長子。性極孝,佺官鄒縣數年,清白自矢,囊橐空虛,衍鄒摒擋一切,晝則出外經營,夜則閉門讀誦,菽水外尚饒餘資。待弟衍興尤極友愛,怡怡一堂,至老不倦。以明經授昭化縣訓導,教士有方,首以敦品立行爲先,士風一變。長子邴,中庚辰副車,選廣東欽州州判。次子邵,庚辰進士,由庶常官至督察院

---

① 此傳與(雍正)《四川通志》卷十下記載同。
② 同上。

副都御史，現任大理寺正卿。

耿聯甲

耿聯甲，南充武生。父疾篤，聯甲夜禱於竈神，刲股進之，病竟痊可。

馮瑛①

馮瑛，南充武生。父光偉有痼疾，一夕病篤，瑛割股和藥，竟賴以痊。

張天錫②

張天錫，南充民。母病，刲股進之獲愈，逾年復病，又刲股進之，亦瘥。

王鶴立

王鶴立，字九皋，中江人。天性純篤，居家孝友，鄉黨無間言，一切冠婚喪祭必遵家禮，教子弟以忠厚勤儉爲本，鄉里化之。親戚偶遇爭執，曲意開導，片言立解。當道有興役大務，多就諮焉。年八十五卒。長子畊，乾隆乙酉舉人，官湖南桑植縣及甘肅寧夏知縣。次子勇，三子思，俱邑廩生。

馮勷③

馮勷，南充民。父化羽病危，勷刲股以進，尋愈。

---

① 此傳與(雍正)《四川通志》卷十下記載同。
② 同上。
③ 同上。

王偉①

王偉,宜賓人。康熙六年母病,偉割股救母,遂愈。

羅文斗②

羅文斗,宜賓人。康熙十五年母病,文斗刲股療之,病遂愈。

鄧乾③

鄧乾,宜賓人,郡諸生。家貧,授徒養親。父汝謨病危,乾殷憂莫措,遂質子以備衾殮。父病忽愈,子亦贖歸。康熙二十五年,學使江皋以行優旌之。

李珍④

李珍,奉節人。年十二,母疾篤,珍旦夕焚香,祈以身代,并刲股和藥以進,母疾遂愈。

李芳⑤

李芳,平武人。性至孝,父成宗病篤,割股救之,病尋愈,里人稱焉。

胡其英⑥

胡其英,冕寧人。由貢生任永寧教諭。年十三時,祖嘗臥病,其

---

① 此傳與(雍正)《四川通志》卷十下記載同。
② 同上。
③ 同上。
④ 同上。
⑤ 同上。
⑥ 同上。

英刲股療之。

劉纘向①

劉纘向,雅州人。與弟祖向四世同居,教子弟以孝弟,力田爲本,鄉里高其風義。

陳如佐②

陳如佐,雅州人。孝友純篤,與弟如章同居無間言,古誼爲後人法教。子延簡,中乙酉鄉試,有賢名。

王登震③

王登震,雅州貢生。性孝友,康熙庚申諸兄嫂多卒於疫,登震乃與季弟撫育諸孤男女二十人,皆成立婚嫁。家貧,弦歌自娛。知州劉啓和甚重之。

劉溢

劉溢,號彥菴,大竹人。性孝友,事父志聖先意承志,朝夕無違;與兄濤同居五十餘年,内外無間言。持家勤儉,常手書《朱子家訓》於座右,見諸子有不合理者,即舉家訓以規之。以己酉選拔授慶符縣廣文,五載辭歸。子天成,由甲戌進士授庶常,擢臺諫,官至大理寺卿。

---

① 此傳與(雍正)《四川通志》卷十下記載同。
② 同上。
③ 同上。

胡宗玉①

胡宗玉,雅州人。與弟宗琼侍父純臣、母姜氏和樂承歡,朝夕匪懈。父母壽俱九十有二,同日而卒。

彭可富②

彭可富,廬山人。有孝行,親亡,廬墓,哀毀骨立。知縣張緒揭其門曰"永言孝思"。

駱應成③

駱應成,廬山人。事親孝,家貧,傭工以奉甘旨。有司旌其閭曰"樸孝可風"。

彭崇④

彭崇,峨眉人,雍正癸卯進士。嘗慮父母年迫桑榆,每朔望夜表奏天,有"願減己算以益⑤二親"云云,聞者感嘆。

謝朝玉⑥

謝朝玉,榮縣人。性至孝,家貧,奉養無缺。居親喪,朝夕悲號,三年不入内室。後薦明經,任大竹訓導,以老辭歸。

―――――――――――

① 此傳與(雍正)《四川通志》卷十下記載同。
② 同上。
③ 同上。
④ 同上。
⑤ 益,(雍正)《四川通志》卷十下作"增"。
⑥ 此傳與(雍正)《四川通志》卷十下記載同。

李化樟

　　李化樟，字香如，綿州諸生，英華公三子。以兄化楠壬戌成進士，授館在外，遂絶意進取，一切甘旨獨力任之。教弟子尤勤懇不倦，和睦鄉鄰，持論公正，咸以黄叔度、郭林宗推之。子三人，長鼎元，戊戌進士，授翰林院檢討，改内閣中書加正一品麒麟服，册封璃球；次驥元，甲辰進士，授翰林院編修，擢詹事府詹事，入直上書房；三本元，丙午舉人。

鄒玶①

　　鄒玶，容縣人，康熙丙子舉孝廉。母早卒，玶與弟三人俱幼，能盡哀慕。後繼母舒氏生少弟，於玶等衣食故從豐，反逾己子，玶雖受之，暗給少弟維均。冬夜讀書，以己衣爲少弟禦寒，護惜備至。舒屢窺見，信其友愛之誠，自悔矯情，由是一視諸子。人咸謂玶之孝友所感，可爲異母者法。

楊州英②

　　楊州英，榮縣人，邑庠生。貧能奉親，菽水養志。康熙庚午登賢書，後任昌化縣令。未幾，聞父柩病篤，力請終養，歸侍湯藥。父卒不起，英竭力營葬，哀毁見骨，亦得疾，旋逝。人有王戎死孝之比。

王俅士③

　　王俅士，邛州人，康熙丙午舉人。父孚顯卒，異母弟俶士年幼，俅

---

① 　此傳與(雍正)《四川通志》卷十下記載同。
② 　同上。
③ 　同上。

士以所貽田産器物盡讓之,仍代爲措辦差糧四十餘年,兄弟友愛無異兒時,里人義之。

楊先憲①

楊先憲,字式毅,潼川人,歲貢生。敦品行,博經史。幼以孝聞,母閔病卒,值獻逆之亂,粗具殯殮。及蜀平,始盡喪葬禮,哀毀如初,廬墓三年,鄉里稱之。

楊繼光②

楊繼光,樂至人。避獻賊亂,奉母寓閬中,得無恙。順治十六年,母九十,繼光六十有四,忽抱重病,屬其妻曰:"我死,爾無過哀,須自保愛,孝養吾母。"言訖而卒。後其妻竭力事姑,能成夫志,至今傳頌不衰。

何祉③

何祉,射洪人。遇母疾,露禱求以身代,割股和藥以進。康熙五年,有司旌之。

周景旦④

周景旦,安岳人。事親恭謹,温清不懈,曾刲股愈父疾。康熙二十一年,知縣鄭炳旌之。

---

① 此傳與(雍正)《四川通志》卷十下記載同。
② 同上。
③ 同上。
④ 同上。

楊天植①

楊天植,江安諸生,天性純篤,孝養惟謹。親疾,齋沐告天,割股和藥以進,病立愈。

湯日新②

湯日新,江安諸生。事親孝,愉色承歡。親病,割股以進,閭里咸稱孝子。

馮奇③

馮奇,合江人。父聖聰病篤,奇甫十歲,割股和藥,父食之,病愈。巡撫榜其門,曰"孝篤穉齡"。

舒登華④

舒登華,合江人。割股療親疾,巡守二道以烈孝可嘉,旌之。

朱子範

朱子範,本名珂,以字行,興文縣諸生。性極孝,試每冠軍,屢赴棘闈不第,遂棄舉子業,隨六兄一弟牽車服賈以供甘旨,壽皆至耄耋。晚年積有贏餘,分贍姻黨中貧乏不能婚嫁喪葬者,故好義樂施,聲聞數郡,家漸中落。子振新,邑廩生,承父志,益篤於行。孫五人:偓,乾隆己亥舉人,庚戌進士;佶,丁酉選拔,隨中本省鄉試;侃,己酉選

---

① 此傳與(雍正)《四川通志》卷十下記載同。
② 同上。
③ 同上。
④ 同上。

拔;侑,附貢生;俛,甲寅舉人。簪纓雀起,咸以爲世有令德之報云。

胡大振[1]

胡大振,綿竹人。事親至孝,嘗割股療母病,逾年母死,廬墓盡哀,鄉里咸稱之。

苟克孝

苟克孝,綿州人。獻賊之亂,孝父被執,乃給賊曰:"隔河有藏金,盍令吾父取以進?"父得脫,甫渡,克孝急呼:"父遠遁。"賊怒,亂刃交下,死之。

鄭延富

鄭延富,安縣人。值歲儉,父患病思肉食,延富割股代之,父病獲瘳。

---

① 此傳與(雍正)《四川通志》卷十下記載同。

錦里新編卷八

節烈　流寓　異人

節　烈

嚴蘭珍①

嚴蘭珍，華陽人。父春②茂，邑諸生。蘭珍工書法，年十六，與齊飛鸞、許若瓊、李麗華同選入宮。甲申八月③，賊攻④急，蘭珍於月之望日⑤投宮西苑荷池死。華陽縣諸生王松麓煓作《荷池引》樂府弔之，云：

宮中書法誰第一，嚴家女有鍾王筆。麗春軒裏最承恩，蘭紙鸞箋紛絡繹。競渡詩成寫未終，驚天聾鼓王城急。國將亡，生何益？妾身殞，妾事畢。行過風梳束鬢橋，回頭東望煙塵逼。不受賊奴污，願作魚兒食。浣荷池水深幾尺，明年花開色映⑥碧。

---

① 此條及以下三條皆見李調元《雨村詩話》卷八，爲王松麓樂府《蜀宮》四首。
② 春，《雨村詩話》卷八作“椿”。
③ 八月，《雨村詩話》卷八作“十一月”。
④ 攻，《雨村詩話》卷八作“攻城”。
⑤ 望日，《雨村詩話》卷八作“晦日”。
⑥ 映，《雨村詩話》卷八作“應”。

齊飛鸞

　　齊飛鸞，華陽人。甲申八月①朔，王同周貴妃自經端和殿，飛鸞躍入御溝死。王松麓作《御溝怨》弔之，云：

　　　　外城開，内城開，蜀地山河何有哉？國君縊，王妃縊，魂與烈皇悲社稷。君王殉國妾殉君，仰天一痛慘煙雲。御溝水深清灑灑，中有玉人眠水底。君不見，美人頭，桃花面，酒可消，色不變。

許若瓊

　　許若瓊，華陽人。王没之日，賊入宮，逆閹王宣執瓊見獻賊。賊喜，僞封皇后。夜伴宴寢宮，瓊執席上銀瓶擊中獻賊額，賊大怒，戕瓊右臂，瓊復以左手撻賊，賊又戕瓊左臂，罵不絶口，賊衆臠之。王松麓作《銀瓶擊》弔之，云：

　　　　錦官城頭鼓聲死，鐵礮如雷地中起，山嶽崩頹悲徹耳。宮門開，黄虎來，殿庭格磔屍盈階。嗚呼！蜀王安在哉？阿瓊倉皇逢惡監，縛以獻賊賊稱豔，趨立宮中陪夜宴。含羞忍恥受賊封，決計殺賊酒筵中，眼底已無張獻忠。自顧手中無寸鐵，審視國仇心膽裂。隱孃匕首②提銀瓶，奮力擊賊賊腦裂。賊雖未死魂已懾，群賊顧之咸虺蟟。左臂折，右臂折，倒地罵聲猶未絶，肉鬻骨碎飛香血。香血飛，貞心烈性誰與歸？荆軻難把秦王袖，豫讓徒擊趙襄衣，都亭殺賊今古稀。君不見，司農擲笏擊朱泚，忠義之氣

---

①　八月，《雨村詩話》卷八作“十月”。
②　匕首，《雨村詩話》卷八作“驪首”。

堪比擬。堂堂大節屬娥眉，荊軻豫讓空男子，吁嗟乎！荊軻豫讓
空男子。

李麗華

李麗華，華陽人。幼而慧，父友許寬義嘗以"吳江月"令對，華應
曰"漢殿秋"，其家因呼爲"漢殿仙"。賊既破蜀宮，幽華密處，絶粒五
日不死。越日，吞金卒。卒時，與蘭珍、飛鸞、若瓊年皆未二十云。王
松麓作《漢殿仙》弔之，云：

漢殿仙，蜀王宣，直何處，麗春軒。五月浣花溪上渡，王有
賦，誰能步？字裏風霜含諷喻。龍舟酣宴正傳杯，錦水爲竭寇忽
來，殺聲賊焰日爲隤，案頭黄紙隨劫灰。念君王，美人傷，絶粒不
死吞金亡。何物黠賊逞猰狺，争殘玉體舞郎當。豈知烈女骨，萬
古猶馨香。

裨將妻[1]

富順貞婦劉氏以詩名。夫蕭某戍黎雅，獻賊入蜀，知不免，乃遣
子遠適夫所，與其女俱自經，題詩於壁，以"驛梅驚别意，堤柳暗離愁"
十字爲詩，十首各拆一字成詩，號離合體。

其一拆"驛"字云：馬分。革何人誓裏尸，四分。維不振笑男兒。
幸分。聞[2]碩果存幽閣，驛合。使無由寄雅黎。

其二拆"梅"字云：木分。偶同朝只素餐，人分。情説到死真難。

---

① 　此條亦見於《蜀龜鑑》卷四。
② 　幸聞，《蜀龜鑑》卷四作"幸存"。

母分。牽幼女齊含笑，梅合。骨留香莫畏寒①。

其三拆"驚"字云：苟分。活何如決意休②，文分。姬胡拍總堪羞。馬分。嘶芳草香魂斷，驚合。醒人聞妾婦流。

其四拆"別"字云：口分。中節義是誰無，力分。挽江河實浪虛。刀分。鋸不移巾幗③志，別合。無芥蒂④是吾徒。

其五拆"意"字云：立分。也傷悲⑤坐也傷，日分。斜光景對⑥殘陽。心分。憐夫嗣兒還父，意合。慘君仇女伴孃。

其六拆"堤"字云：土分。兵劫去⑦又官兵，日分。望征人⑧不復⑨生。疋分。練有緣紅粉盡，堤合。邊一勺⑩是匡城⑪。

其七拆"柳"字云：木分。嫁原知⑫冠蓋凋，夕分。陽古道冷蕭蕭。卩分。邊似聽征魂泣⑬，柳合。絮因風未許⑭招。

其八拆"暗"字云：日分。前送別唱⑮陽關，立分。石望夫還未還。音分。信頻從⑯隴外寄，暗合。傳⑰汝婦已投繯。

其九拆"離"字云：凶分。莫凶兮國破⑱亡，内分。庭無救各奔忙。

---

① 留香莫畏寒，《蜀龜鑑》卷四作"棱棱傲雪寒"。
② 絕意休，《蜀龜鑑》卷四作"死便休"。
③ 巾幗，《蜀龜鑑》卷四作"紅粉"。
④ 芥蒂，《蜀龜鑑》卷四作"沾滯"。
⑤ 傷悲，《蜀龜鑑》卷四作"悲傷"。
⑥ 日斜光景對，《蜀龜鑑》卷四作"日沉誰與挽"。
⑦ 劫去，《蜀龜鑑》卷四作"才過"。
⑧ 征人，《蜀龜鑑》卷四作"征夫"。
⑨ 不復，《蜀龜鑑》卷四作"不欲"。
⑩ 一勺，《蜀龜鑑》卷四作"一撮"。
⑪ 匡城，《蜀龜鑑》卷四作"佳城"。
⑫ 原知，《蜀龜鑑》卷四作"原來"。
⑬ 泣，《蜀龜鑑》卷四作"語"。
⑭ 未許，《蜀龜鑑》卷四作"一爲"。
⑮ 唱，《蜀龜鑑》卷四作"出"。
⑯ 頻從，《蜀龜鑑》卷四作"憑誰"。
⑰ 傳，《蜀龜鑑》卷四作"悲"。
⑱ 破，《蜀龜鑑》卷四作"喪"。

佳分。人命薄成何用①,離和。卻塵氛骨也香。

其十拆"愁"字云:禾分。黍流離②最可憐,火分。焚無與③救眉燃。心分。雖甘作黃泉客④,愁合。向山頭問杜鵑。

按:離合體創始漢孔融《漁父屈節》篇,後鮮繼者。氏於國破家亡之際,從容就義,抒此絕妙好詞,視伯玉妻《盤中詩》、蘇若蘭《織錦圖》復何多讓,真絕代逸才也。惜忘其夫名,謹録其詩爲名媛佳話。

周氏⑤

周氏,越嶲衛指揮同知王自明妻也。越嶲本西南夷地,四面皆番猓,自明能用其衆,番猓頗畏之。周氏先爲自明妾,適妻亡無子,周氏生兩男一女,與自明同甘苦十餘載,自明乃得嗣其世廕。周氏多智略,嘗佐自明謀事,自明愛之,遂以爲妻。越嶲既近猓,猓人喜掠,其耆帥有愛子,來掠越嶲城下,官兵殺之。猓妻激猓爲子報仇,殘越嶲甚久,自明遣人往撫猓,不肯從。猓妻曰:"自吾兒死,吾殺越嶲人亦多。今鹽布皆不來受,和好乃便。"猓遂與妻來見自明,誓不内犯。猓妻,黠婦人也。入謁周氏,周氏善遇之。猓妻臨去,要周氏出視,周氏曰:"當視汝。吾前日欲往村中收蕎,有事未得行⑥,汝屯與吾村中相近,今必來矣。屯處無屋,吾久待汝於此。"因同觀刈蕎,經理田事,久始飲食猓妻,多與之酒,命侍婢左右勸酬,歡呼至暮,盡醉乃罷,又益加食物令猓妻持去。越嶲以此得無事者數年。後成都亂,自明率衛軍從曹勛於大渡河所拒賊,賊遁,復治越嶲。

---

① 何用,《蜀龜鑑》卷四作"何用"。
② 流離,《蜀龜鑑》卷四作"離離"。
③ 無與,《蜀龜鑑》卷四作"誰與"。
④ 心雖甘作黃泉客,《蜀龜鑑》卷四作"心中一念惟夫子"。
⑤ 此傳出自費密《王氏小傳》,見《新繁文徵》卷九。
⑥ 行,費密《王氏小傳》作"去"。

自明與勳有隙,周氏力解之。勳兵饑,越嶲餽糧往救者,周氏之力也。順治丁亥,自明同勳裨將攻建昌,數月不下。自明病將死,時番猓乘内變多爲盜,路阻不通,周氏召其嘗所惠之番衆往迎自明,自明歸而卒。人樂周氏賢,故子乘龍復總其父衆。次年,楊展遣部將馮朝宣援建昌。朝宣至越嶲,部下見猓騎好馬,殺而奪之。猓衆來戰,匿東山下,先以羸弱誘朝宣,朝宣輕之,直渡與戰。周氏登樓見朝宣兵渡,嘆曰:"爲猓所詐矣。"果敗還。朝宣暴亂,乘龍所將皆悍卒,欲攻朝宣,周氏不許。朝宣知之,以木榜旌其門,周氏遣人謝曰:"吾軍何嘗有異志。"不受其榜。次年,曹勳攻建昌,兵敗,賊追至越嶲。周氏聞賊兵且至,以次子屬人,奔大渡河所積草樓下,與其女自經。女死,周氏繩絶墮地,刎又不死,遂自焚於樓下。後得遺骨於瓦礫中,合葬之,人謂之雙塚云。

周氏女,彭縣士人趙弼妻也。弼父司鉉,官越嶲撫夷同知,與自明共城治事,因締婚。成婚後一年死。

馬士騏

馬士騏,字韞雪,西充人。高祖廷用官大宗伯,曾祖金官左布政使,祖晉明官太守,父雲錦官江西南城令,文章德望,聲籍累世。韞雪從父讀書,十四歲以詩名,適祥符張應垣上舍,爲斗齋先生孫婦,先生盛稱之。中歲孀居,輒自晦其筆墨,故見者絶少。初有《漱泉集》七百餘篇,爲其姻黨女竊去。越數載,嗣集成帙,又以病革自焚,由是殘箋賸紙僅百存一二而已。其子新輯其遺詩,名《燼餘詩草》。詩鴻洞踔厲,籠蓋諸家,絶無閨閣氣,真名媛中所未有也。集中有《落花詩》十五首[1]甚工,詩云:

---

[1]　孫桐生《國朝全蜀詩鈔》卷六〇收其中十四首,漏其五"亦知尤物豈長存"一首。

夢回春色已^①闌珊,百舌聲聲語^②曉寒。一塢香風團牧笠^③,半溪紅雨打魚竿。飛來瓦硯知詩苦,偷入湘簾訴別難。爲報君恩銜幾片,枝頭黃雀莫輕彈。

不分山厓與水厓,踏青時襯合歡鞋。只應天上留金鎖,忍看塵中着玉埋。和月欲眠高士榻,好風扶上美人釵。多情吾亦浣花者,坐對經旬閉小齋。

千樹繁花豁倦眸,和煙和雨一窗收。好隨流水勾漁父,莫更爲雲上楚樓。老矣朔風^④甘自退,仙乎飛燕恐難留。如何鎮作長春物,消得人間幾許愁。

爛紅殘紫乍高低,痛惜行人踏作泥。六代鉛華蝴蝶夢,一林風雨鷓鴣啼。徒聞湘瑟人何在,再問胡麻路已迷。元亮尚存松菊徑,不須空説武陵溪。

亦知尤物豈長存,獨把空條餞一樽。膏少青鸞絲已絶,頰餘白獺玉爲痕。將無藥就因奔月,縱有香來不返魂。我欲笑花花笑我,只憑青帝一評論。

陌上籬邊泣曉風^⑤,含羞含恨一叢叢^⑥。香飄池面魚争餌,影掠簾鈎燕接^⑦蟲。放^⑧葉詩隨^⑨流水上,助妝人在夢魂中。既憐復損何勞爾,消息須當問化工。

---

① 已,孫桐生《國朝全蜀詩鈔》卷六〇作"漸"。
② 語,孫桐生《國朝全蜀詩鈔》卷六〇作"報"。
③ 牧笠,孫桐生《國朝全蜀詩鈔》卷六〇作"牧子"。
④ 朔風,孫桐生《國朝全蜀詩鈔》卷六〇作"翻風"。
⑤ 曉鳳,孫桐生《國朝全蜀詩鈔》卷六〇作"晚風"。
⑥ 含羞含恨一叢叢,孫桐生《國朝全蜀詩鈔》卷六〇作"含愁惹恨幾叢叢"。
⑦ 接,孫桐生《國朝全蜀詩鈔》卷六〇作"啄"。
⑧ 放,孫桐生《國朝全蜀詩鈔》卷六〇作"寫"。
⑨ 隨,孫桐生《國朝全蜀詩鈔》卷六〇作"飄"。

何煩①好景問芳茵，地棘天荆幾度春。五夜冰霜啼嫠婦②，十年羈殺伴孤臣。白駒已自逃空谷，黄鳥難教贖百身。爲語封姨無③作惡，東皇不負惜花人。

雖④有仙姿不駐顏，漫言霧鬟與雲鬟。明珠客去湘中水，玉佩人歸海上山。高閣莫吹猿背笛，小階全作鹿胎斑。憑君寄語看花者，且趁花時百往還。

腥風處處射眸酸，蝶泣⑤鶯啼送夜寒。點鬢乍銜釵燕動，黏書時伴壁魚乾。人間空有黄金屋，天上何勞白玉棺。榮落東君原有意，不應真⑥作散場看。

自幸名園托此根，寒威如剪不相存⑦。人來道士栽桃觀，魂斷清明問⑧酒村。有淚未能忘故土，寸心何以答春⑨恩。願君⑩留得長條在，歲歲還來⑪綴緑軒。

放春還是爲春收，辛苦春工可自由。⑫十里鶯聲樵子徑，半簾蝶影玉人樓。問來多少嘗因夜，別有時年不管秋。⑬莫謂穠華⑭易消歇，六陵松柏幾株留。

---

① 煩，孫桐生《國朝全蜀詩鈔》卷六〇作"須"。
② 啼嫠婦，孫桐生《國朝全蜀詩鈔》卷六〇作"泣嫠婦"。
③ 無，孫桐生《國朝全蜀詩鈔》卷六〇作"休"。
④ 雖，孫桐生《國朝全蜀詩鈔》卷六〇作"縱"。
⑤ 泣，孫桐生《國朝全蜀詩鈔》卷六〇作"戀"。
⑥ 真，孫桐生《國朝全蜀詩鈔》卷六〇作"便"。
⑦ 不相存，孫桐生《國朝全蜀詩鈔》卷六〇作"骨空存"。
⑧ 問，孫桐生《國朝全蜀詩鈔》卷六〇作"賣"。
⑨ 春，孫桐生《國朝全蜀詩鈔》卷六〇作"君"。
⑩ 君，孫桐生《國朝全蜀詩鈔》卷六〇作"他"。
⑪ 還來，孫桐生《國朝全蜀詩鈔》卷六〇作"新陰"。
⑫ 此二句，孫桐生《國朝全蜀詩鈔》卷六〇作"放春依舊化工收，辛苦東皇可自由"。
⑬ 此二句，孫桐生《國朝全蜀詩鈔》卷六〇作"飄零豔質如逢劫，瞬息韶光莫怨秋"。
⑭ 莫謂穠華，孫桐生《國朝全蜀詩鈔》卷六〇作"休怪繁華"。

擬向芳叢試①一歌，殘紅已下最高柯②。定知人事無常好③，
不信天心太折磨。一代琵琶隨④鐵騎，十年荆棘臥銅駝。瓊宮玉
蕊收將去，野草漫漫⑤奈爾何。

惆悵人間萬事違，刑花風雨亦何威。⑥ 采蓮歌散鴛鴦去⑦，
種杏園空蝴蝶飛⑧。疏幹自寬啼鳥路，隨潮欲上釣魚磯。⑨ 年年
見慣禁愁寂，閑倚柴門⑩送夕暉。

徘徊如怨復如嗟，似向韶光⑪嘆不辰。燕子樓中愁盻盻，美
人圖上喚真真。惟餘籬菊差强項，見說堤楊也效顰。繞樹⑫種梅
三萬樹，明年春色屬幽人⑬。

畹蕙⑭江籬事已乖，柔腸不是惜香娃。⑮ 文同王子生前祭，
曠若劉君死便埋。⑯ 賴有鍾情高士在，未應欲殺衆人皆。山齋莫
許奚童掃，留取香魂照碧階⑰。

────────────

① 試一歌，孫桐生《國朝全蜀詩鈔》卷六〇作"譜怨歌"。
② 已下最高柯，孫桐生《國朝全蜀詩鈔》卷六〇作"無奈下庭柯"。
③ 無常好，孫桐生《國朝全蜀詩鈔》卷六〇作"多殘缺"。
④ 隨，孫桐生《國朝全蜀詩鈔》卷六〇作"悲"。
⑤ 野草漫漫，孫桐生《國朝全蜀詩鈔》卷六〇作"緑葉成陰"。
⑥ 此句，孫桐生《國朝全蜀詩鈔》卷六〇作"妬花風雨太支離"。
⑦ 去，孫桐生《國朝全蜀詩鈔》卷六〇作"懶"。
⑧ 飛，孫桐生《國朝全蜀詩鈔》卷六〇作"肥"。
⑨ 此二句，孫桐生《國朝全蜀詩鈔》卷六〇作"拚爲墮樓攪燕影，最憐解珮漾魚磯"。
⑩ 柴門，孫桐生《國朝全蜀詩鈔》卷六〇作"闌干"。
⑪ 韶光，孫桐生《國朝全蜀詩鈔》卷六〇作"東風"。
⑫ 樹，孫桐生《國朝全蜀詩鈔》卷六〇作"屋"。
⑬ 幽人，孫桐生《國朝全蜀詩鈔》卷六〇作"何人"。
⑭ 畹蕙，孫桐生《國朝全蜀詩鈔》卷六〇作"蘭澤"。
⑮ 此句，孫桐生《國朝全蜀詩鈔》卷六〇作"送春重試踏青鞋"。
⑯ 此二句，孫桐生《國朝全蜀詩鈔》卷六〇作"傷心庾信枯能賦，荷鍤劉伶死便埋"。
⑰ 階，孫桐生《國朝全蜀詩鈔》卷六〇作"苔"。

向節女

　　向節女，華陽孝廉向日升女也，許聘張方曉次子元德。方曉歷官至刑部曹郎，以細故與同官旗員某角，某恃强推方曉仆地，方曉不能起，以腳向上，誤傷其害，立斃，罪當償。元德爭於朝，力救之不得，觸階死，京師人爭傳其孝云。

　　是時，節女未字，家華陽，聞訃悲傷，自誓以節，日升曰：“女未爲婦，無守節禮。”答曰：“婦人之義，從一而終，既已聘矣，豈必爲婦哉。且使張郎爲孝子，兒爲節女，不亦可乎?”日升復引未廟見、未成婦，及明儒歸震川之論示之，答曰：“事不求異，各行所安耳。金石可斷，此志不可易也。”日升不能難，聽之。於是服齋衰往弔，撫槨盡哀。哀畢，髡其髮，執婦禮拜姑。姑怪之，强之歸，節女曰：“姑婦也，將焉歸?”姑强益力，事益恭。久之，察姑無留意，不敢拂，請於姑曰：“歸易耳，願得伯之子爲嗣。”姑許諾。不得已涕泣別姑，攜其子歸，自課之，其弟某亦師事焉。外客雖至戚，弗與見，鍵戶自守。年三十餘卒。

張節母程孺人家傳綿州李雨村調元作。

　　節婦者，漢州張公凌霄之妻也。以子邦伸貴，封孺人，並請旌表敕，就其地后營建坊，故今人皆稱其里曰花牌坊。

　　初，孺人之歸凌霄公也，年二十一。未逾旬，即遭姑喪，枕苦茹荼，未嘗御帛。時公與兄超、弟趨皆入庠，試輒優等，一時有“三鳳”之目，人皆謂公取青紫如拾芥也。卒不得意，賫志以没，遺子仁壽甫六歲，邦伸甫二歲，孺人矢志撫孤，日則脂膏滲髓以事舅，夜則篝燈紡織以課子。嘗涕泣謂仁壽、邦伸曰：“汝父之彌留也，囑我曰：‘吾未竟之志將於二子是續，汝善教之，毋使吾目不瞑。’汝等若隳厥志，吾無以見汝父於地下矣。”二子皆謹受教，不敢違。伯超先凌霄公没，未幾，又遭舅喪，煢煢在疚。伯遺孤俱幼，畢門環立，相對凄然。孺人皆視如己子，爲之擇師授室，而諸幼亦視如己母，無此疆彼界，鄉人至今化之，奉爲女宗。己卯，邦伸與余同舉於鄉，籤發中州令，借補光州州判，宰襄城，歷固始，卓薦循良第一。仁壽亦授廣西布經，先孺人没。然二子之貴也，孺人皆親見之焉。其各有能聲，皆出畫荻之教云。壽七十一，卒於固始署，扶櫬歸葬三臺樂安鋪之東原。明年，鄉人奉主入州節孝祠，州牧徐公德元親以鼓吹送之，人以爲榮。

贊曰：程氏自宋以來爲蜀中望族，蘇軾之母亦出於程，嘗謂軾曰："汝爲范滂，吾獨不能爲范滂之母乎？"世謂有此母方生此子。今孺人以節孝著，而固始以循良稱忠孝之傳，累葉不替，其於蘇母若後先一轍焉。天之所以而熾而昌者，寧有既乎！

山陰童二樹鈺著《貞孝篇·書孺人傳後》云：

張君古張仲，孝友今人賢。非惟張君賢，母節高云巔。示我節母狀，語語出心肝。我讀未終篇，淚下如清鉛。君言烏鳥私，陳情思歸田。方期御版輿，行樂周家園。新疴不再作，舊痾頓有痊。庶幾陟屺意，長慰倚閭憐。奈何天降殃，樹静悲風旋。我聞忽大痛，陡覺生悲酸。小人亦有母，中道傷棄捐。懿蹟久不著，負疚將就湮。只抱寸草心，空誦《蓼莪》篇。生兒不顯親，雖生亦徒然。今君具禄養，甘旨開長筵。稱觴當七十，繞膝競斑斕。絲綸旌煌煌，青史永不刊。況君擅述作，母德行復傳。始聞樂芊織，兼致江鯉鱻。黾勉事老翁，能使翁心歡。誰知松柏姿，乃有風霜纏。結褵未十載，一旦遭屯邅。哀哉雙黄鵠，遽爾成孤鸞。上視白髮翁，涕泣常漣漣。下視黄口稚，服膺常拳拳。三世百憂集，萬事單身肩。吞聲勤女紅，布粟良獨難。孤燈牽恤幃，口授銜黄連。抱冰冰不寒，握火火不燃。惟識竭慈孝，遑恤精神殫。

天行久應復，窮谷回春暄。雙雛豐兩翮，一舉騰紫煙。伯也捧檄喜，志豈全在官。仲也傲良宰，弦誦徹郊塵。良由奉慈訓，舉止忘尤愆。回念未忘人，抱痛幾何年。偶然破涕笑，用以報所天。憶母於歸初，姑病正纏綿。入門未及拜，婉孌牀第邊。阿姑聞婦來，起坐強盤桓。晨夕衣不解，藥石親烹煎。可憐八日婦，嗚咽悲遺鈿。捐我芙蓉裳，卸我翡翠冠。麻衣事含殮，纖手薦蘋蘩。時聞阿翁嘆，新婦禮法嫻。支我門戶衰，端賴閨中媛。詎料翁即世，悉中翁所言。節高報亦厚，翟茀華且妍。譬彼捩柁者，遍歷瞿塘艱。號呼出險阻，今始行通川。如何遘陽九，身非金石堅。矢志願同穴，含笑歸重泉。以母作女宗，母真無忝焉。行看灩澦堆，丹旐飛翩翩。又看廣漢陌，復高三貞阡。道旁雙石楔，烏頭與雲騫。碑用翠珉刻，書用黃金填。若非瀧岡表，徽音何由宣。使我愧爲子，欲語增厚顔。爰述貞孝吟，庶續彤管編。

　　蜀中節婦貞女載《通志》及《蜀碧》《井蛙雜記》諸書無慮百千，大都青年矢志、白首完貞、敬事雙親、撫孤成立者爲多，其或遭時不偶，所遇非良刀鐶，自甘百折不屈，尤爲閨閣中所難。此皆乾坤正氣，足以貫金石而泣鬼神，與古來忠臣義士殺身成仁者何異？惜集隘不能遍登，謹錄數人爲前書所遺者，并附先慈家傳於後，一以表懿行，一以揚親徽，覽者幸勿譏其掛一漏萬也。

流　寓

蔣超[①]

　　蔣超，字虎臣，金壇人，明僉事鳴玉之子。其祖母夢峨眉老僧而

---

① 其傳又見施閏章《故翰林修撰蔣君墓志銘》，見《施愚山文集》卷十九。

生,生數歲,嘗夢身居山中,茅庵一間,屋後有流泉繞之,古佛數入己室與之談禪。年十五時,有二道人坐其門,言:"山人有師在峨眉二百餘載,恐其墮落。"久之乃去。幼耽禪寂,不茹葷酒,工詩文,酷嗜書法,得晉唐行楷筆意。年二十二,舉順治乙酉鄉試。丁亥第一甲第三人,授編修,主浙江鄉試。數請假謝病歸,起爲順天提督學政。時學租並入正賦,學使無所賚予,超舉債賑貧士,又疏請復古學,禁天下有司刑責諸生,疏皆報可。

超爲人和易,嘗戒忿怒,自號"無嗔道人"。而性愛山水,多方外之交,尤喜比邱,狎遊不厭。嘗遊歷五嶽、黃山、九華、天台、武當,窮幽極邃,不避蛇虎。嘗語同館施閏章曰:"僕有不可解者三:略貴顯而禮寠賤,畏館閣而僻山水,薄妻子而篤比邱,三者是也。"督學事竣,即告歸。不過里門,由嵩洛至長干,躡匡廬,遊鹿門,扁舟草屨,徑自楚之蜀,直達峨眉,愛伏虎寺,遂居焉。會當事請修《四川通志》,數月書成。即山中建一亭,書"蘿峰"二字,語小僮曰:"死,厝我於此。"癸丑正月,遺書別當事,越三日,沐浴端坐而逝。詩曰:"翛然猿鶴自相親,老衲無端墮蟄塵。妄向鑊湯來避熱,卻從大海去翻身。功名傀儡場中物,妻子骷髏隊裏人。只有君親無報答,生生常自祝能仁。"時年四十九。

超生明天啓甲子,先是有術者言其壽止此,超篤信之,爲詩四十九篇,至是果符合云。以所居近華陽洞,未沒前數日自序有《華陽洞山人傳》。其卒也,朝士大夫皆嗟嘆流涕,蜀之大吏經紀具舟歸其喪。所著有《綏菴集》《論史百篇》《蔣說》《峨志》等書,惟《儒宗辨統輯稿》未竟云。

王寡郎[①]

王寡郎,不知何許人也,亦不詳其名,並無室家妻子,因自號"寡

---

① 李調元《蜀雅》卷二十有其小傳並錄其詩二首。

郎"。流寓蜀之資縣，爲塘卒，代置遞送文書，得錢則沽酒暢飲，吟哦不輟，人莫測其所爲。資縣有王生者，設教鄉塾，與塘近，寡郎往來必入，入必有詩。語王曰："請先生爲余書詩，余素不知書者。"王曰："子不知書，何由能詩？"曰："余非真能詩也，聊以適意耳。"王代書畢，讀之甚佳，以爲偶記，試之，探喉而出，皆新穎異常。使人潛伺其居處，案上並無書。其後往來成都，漸與文士唱酬，如夙構，然皆口拈，不事筆墨。詩多感慨悲涼之音，或有所托而逃耶。《過白帝城》云："忽見雀飛處，人傳白帝城。山形猶未改，世事幾回更。灩石①何曾險，江流不肯平。興亡千古事，無故客愁生。"又《登成都八角樓》云："益州吾夢古蘭州，春日頻登八角樓。萬水②千山都不是，一層雲樹一層愁。"彭樂齋云："寡郎必蘭州人，此其懷鄉詩也。"後竟不知所終。

黃霖③

黃霖，江南人，僑寓成都。善畫菊，自號"菊花老人"。年八十餘猶吟咏不輟。與董太史樗齋友善，其詩以豐韻勝，飄飄有仙氣。《歸農》云："我愛騎驢婦④坐車，兒肩書籍僕擔花。出城未到青羊市，先問橋西⑤賣酒家。"《畫蟹》云："不食霜螯二十年，未曾舉筆口流漩⑥。何時得到江南去，明月蘆花繫釣船。"五言如："燈借月相照，門隨風自開。萍開池受月，風急雁藏雲。草人驚野雉，石虎卧秋山。雪消春水漲，野曠夕陽低。"七言如："書來巫峽秋應暮，人到瀟湘雁已稀。有酒方知春夢穩，不窮安得晚吟工。"皆名句也。

---

① 灩石，李調元《蜀雅》卷二十作"灩預"。
② 萬水，李調元《蜀雅》卷二十作"遙望"。
③ 其傳記又見鄧之誠《骨董瑣記》。
④ 婦，鄧之誠《骨董瑣記》作"懶"。
⑤ 橋西，鄧之誠《骨董瑣記》作"橋頭"。
⑥ 漩，鄧之誠《骨董瑣記》作"涎"。

張清夜[1]

張清夜,字子還,別號自牧道人,著有《潭東草》。道人先名尊,本長洲諸生,不得志,乃溯江入蜀,覽峨眉、青城諸名勝,遂易羽服結廬於成都城南武侯祠之西偏,一琴一榻,蕭然自得。著作甚夥,當道名公卿及文人學士多訪之。字學顏魯公,嘗摹《古柏行》嵌於祠壁,識者以爲不減唐人手筆。乾隆二十四年,余遊武侯祠猶見之,鶴髮蕭疏,吐詞清妙,藹然有道士也。其《荷花池載月軒集》云:"桂子月中落,荷花鏡裏香。"自然工麗,字亦清挺異常,可以想其豐致矣。年八十餘卒。

異　人

狗皮道士[2]

狗皮道士者,成都乞人,不知姓名,善作犬吠聲,酷相類。嘗冠道冠,躡赤舄,披狗皮,乞食市中。每至人家,輒作犬吠,衆犬聞之,亦爭吠不休。獻賊入城時,道士突至賊前,攔馬作犬吠聲,獻賊怒,令群賊策馬逐殺之。道士故徐徐行,賊數策馬,馬不前。獻賊益怒,令飛矢射之如雨,皆不中。獻賊益大怒,以爲妖,親策馬射之,中其首不入,矢激還,中賊馬,馬斃,獻賊大駭,乃已。他日,獻賊僭尊號,元旦朝賊百官,忽見道士披狗皮,列班行,執笏作犬吠聲。獻賊大怒,令群賊縛之。道士乃大作犬吠,聲盈庭,如數千百犬爭吠狀,聲徹四外。合城之犬聞聲,從而和吠之,聲震天地。獻賊大聲呼,衆皆不聞,爲犬聲亂也。獻賊大驚而退,既退,犬聲息,道士亦不見。

---

①　其傳又見(嘉慶)《四川通志》卷二〇〇。
②　張潮《虞初新志》卷十録有陳鼎《狗皮道士傳》。

李雨村調元詩①云："狗皮道士不知名，以皮爲衣犬②爲聲。乞食成都偶一吠，城中百犬皆吠驚。忽聞獻賊鳴③驄至，突向馬前作犬④吠。賊怒彎弓射不入，反中賊馬馬立斃。是時獻賊僭稱王⑤，百官稱⑥賀如朝堂。忽見道士立班內，狗皮執笏隨班行。賊聲如雷令縛至，一時吠聲震天地。賊退入宮吠亦息，道士以賊爲兒戲⑦。嗟乎！狗皮尚與⑧賊爲戲，豈有人皮反畏避。君不見，驅賊入蜀楊嗣昌，人皮不若狗皮良。"

羅節

羅節，丹稜道士，有異術。結茅盤陀山，放虎自衛。言風雨禍福必驗，鄉人奇之，咸呼曰仙。明季，歲大旱，自春至夏不雨，屢祈禱不應。或以節告令，遣役召之，節曰："召我何爲？"役曰："祈雨耳。"節曰："若他事則節當應命，若祈雨必以禮至。"役以節言告令，令怒曰："若吾民敢傲耶！"既而曰："吾爲雨計，暫禮之。"令役備車幣以迎，語曰："若能祈雨，吾敬若；若不能祈雨，吾笞若。"節已知令意。

及至，與令抗禮，令拂然。卒問曰："若能祈雨乎？"節曰："能。"時方亭午，烈日如焚，令曰："似此欲雨，良難。"節曰："易耳。公試建臺城下，高二丈許，官民衣冠羅列虔伏，節祈之可立至，不然不能必也。"令熟視節良久，乃從之。節取雞卵百餘置兩石臼中，令健兒舂擣終

---

① 李調元詩見《童山詩集》卷一，題名《狗皮道士歌》，中間數句有異。
② 犬，李調元《童山詩集》卷一作"狗"。
③ 鳴，李調元《童山詩集》卷一作"前"。
④ 犬，李調元《童山詩集》卷一作"狗"。
⑤ 王，李調元《童山詩集》卷一作"皇"。
⑥ 稱，李調元《童山詩集》卷一作"拜"。
⑦ 以上四句，李調元《童山詩集》卷一有異，作"獻賊由來狗天子，一時百官狗而已。道士以狗爲詼諧，反借狗皮整綱紀"。
⑧ 與，李調元《童山詩集》卷一作"把"。

日，卵無損者。於是節登臺，披髮仗劍，直指東南呼曰"雲至"，雲驟集。又呼曰"雷至"，雷果鳴。旋以卵亂擲空中，每一擲，霹靂隨手而震。節大呼曰："有貪官污吏剥削百姓者，有不孝不弟欺害善良者，盡擊之。"令失色，衆亦驚。須臾，雨傾如注，溝澮皆盈。令及諸耆老衣冠盡濕，起視，節衣履乾燥如常。初，擲卵時，衆訝其不下。後訪之，累累入節家，然去邑三十餘里矣。令以是奇節。至我朝定鼎初，節年已八十餘，矍鑠如壯盛時。一日，語其徒曰："某月日，吾當逝於清虚之府，與汝輩訣。"及期，無疾而卒。人以爲尸解云。

曾虚舟[①]

曾虚舟，榮昌縣人。康熙中佯狂吳楚間，言多奇中。所到處，老幼男婦環之而行。虚舟嬉笑嫚罵，所言輒中人隱。或與人好言，其人大哭而去；或答罵人，人大喜過望。在問者自知之，旁人不知也。

杭州王子堅知瀘溪縣事，罷官後，或議其祖墳風水不利，子堅意欲遷葬而未決，聞虚舟來，走問之。適虚舟持棒登高阜，衆人環擠，子堅不能前。虚舟望見子堅，遥擊以棒，罵曰："你莫來，你莫來！你來便要掘屍盜骨了。行不得，行不得！"子堅悚然而歸。後子堅子文璿，官至御史。

張誠

張誠，名山，諸生。放浪不羈，飲酒肆中，醉後或歌或泣，人皆呼爲顛。間語人間禍福多中，人亦莫之奇也。客丹稜，會邑中有乞丏數人，皆大瘋疾，見者輒避去。誠呼與語曰："吾能治若疾。"丏者俛首唯命。吐其沫，使啖之，已而果愈。於是一邑人盡以爲奇。口不言書，

① 本條出自袁枚《子不語》卷一。

人莫知其能書。興至，每於古寺中研墨數升，縛箒醮書壁，盤結迴環，有虯龍之勢。又好溲，溲必倒行，印痕行行皆字。

嘗止旅舍，其主人以爲顛，驅之出。旁舍憐而宿之，且待之厚，臨別語曰："感子厚意，吾思報子。"因溲，溲高數丈，達於主人之屋脊，主人大駭。數日，市被火，延焚殆盡，至溲處忽滅，乃奇之。其後往來蒲邛間，一盂一鉢，乞食道途。復遊重慶，以蒲團渡江，不知所終。

陳益

陳益，丹稜人。康熙中，爲里甲保户，代民輸公，錙銖不枉，如是者數年。一日外出，遂不歸，後有人於東南山中遇之，益呼曰："汝識南街陳益否？歸語吾妻子，勿吾望也。"言罷騰樹而去。

桂柏老人

桂柏老人，不知何許人，嘗鬻藥往來河洛間。予丙戌挑發河南，寓汴之書店街旅舍。一日有客扣門，年約四十許，稱係同鄉，請見。延之入，問其里居，曰："某鎮遠將軍李扁頭之胞弟也。本合州人，後遷居成都，今離成都又七十餘年矣。"予意李將軍芳述乃國初平吳逆有功，受封者没已百年，何得指爲同胞兄，言太不經，因問曰："尊齒幾何？現住何處？作何生理？來此何幹？"曰："予今年一百三十五矣。雲遊四方，住無定處，多往來嵩山、武當、武夷山中，時入市鬻藥救人。偶於途次見公可服丹藥，故來相訪。"余益疑爲騙客，因辭之。臨去，曰："公即不服藥，亦急流勇退人也。"遂去。予略不以爲意。

又十年，如南兄自京邸歸，言在京見一異人，自稱李將軍之弟，能祈雨。其時天大旱，江西正一真人奉敕設壇祈禱，數日不應。李自言於額駙福公隆安，福公遂以入告。命下，敕令設壇，即日甘霖大沛，四野均霑。上嘉之，厚加賞賚，辭不受，賜號"桂柏老人"，並賜二品頂戴以榮之。李曰：“我出山本意救人，而獲此殊恩，亦數也。”在京住十數日去。問其年齒、像貌，則予汴城所遇者也。始知向與予言皆實話，而予誤疑爲詐，遂覿面失之也。

又聞老人在京時善擒烈馬，每秋後，馬販入都，人不能馭者，延伊擒之。伊跨馬背，任其闖坡奔澗，控縱自如，觀者無不色變。逾時，馬疲汗下，自馴擾俯受羈勒，真異事也。

李赤腳

道人李赤腳，四川人。客陝西涇陽古寺中，年歲不可考，貌極清癯，似四五十歲人，自言伊明末曾充兵丁，談李自成、張獻忠爭戰事甚詳。乾隆三十年間尚在，從未以文字示人，人亦不知其能書也。

尹相國繼善聞其名，疑有黃白之術，遣人致書相召，伊覆云：“乞人浪跡涇干，苟延殘喘。岐黃之理，素未究心，即老莊之書，亦不寓目，惟知饑來出門，食後靜坐而已。忽承慕道之誠，兼訊治病之術，大約混俗即脫俗之法，養生即長生之方，況天上神仙，人間宰相，一而二，二而一者也。若使服藥燒丹，閉門避穀，是所謂道在邇而求諸遠，事在易而求諸難也。來京之約，不特野心久戀白雲，亦且老病有如黃葉。後會有期，不必相強。”字甚遒勁，似晉唐人手筆。尹得書嘆曰：“此野仙，自全其真者也。”再訪之，已扃户出矣。

五十三年秋，忽謂其徒曰：“予將逝矣，汝等葬我於寺旁。五日後有代予題碑者。”其徒磨巨石以待。至五日，畢撫軍秋帆至其地聞之，題曰“赤腳大仙之墓”。

毛女

毛女，姓楊，丹稜民家子。父死，事母孝。年及笄，忽失所在，其母索之不得。後二年，有遇於竹林寺山中者，飛升木末，捷於猿鳥，叩其故,曰:"食松葉耳。"人以遍體生毛,呼爲毛女仙。

張氏

張氏,温江人。生而穎異,幼好神仙之術。未笄而娠,家人疑之,女剖腹示父,内俱經書。事聞,賜建仙女觀。

錦里新編卷九

方伎　高僧

方　伎

林虛泉①

　　林端，號虛泉，明萬曆間涪州名家子。生而穎異，出就外傅，常見黃冠相隨，父母不能制。久之，遂多異術。每出行，負行李入人家，或主人不接，則虛掛中堂。與食則食，不與則囊中諸饌備陳，異香滿室，反請主人共酌，盡歡乃去。

　　州守聞其名，訪之。延守上坐，頃刻珍羞羅列，備極款洽。時多蠅蚋，守問虛泉曰："是可驅否？"曰："可。"喚侍役取泥一握，捏作蝦蟆數隻，跳躍筵上，諸蠅蚋盡去。是夜守宿其家，池塘蛙聲聒耳不可耐，守曰："盍驅之？"即取架上白紙數張，碎作寸許，投之水中，其聲遂止。次早視之，各蝦項下俱被紙條拴緊，欲作聲不能矣。守甚敬之，然告守皆正大語，絕不爲幻誕之言，且囑以省刑薄斂，忠君愛民之事。謂："某雖多戲術，不過小技耳，欲爲世間不朽之業，自有正道。"故一時縉紳多與之往來。後遊滇中，入本朝不知所終。

---

　　①　此條又見(康熙)《涪州志》卷三。

老神仙①

老神仙，姓陳名士慶，河南鄭州人。幼遇終南山道士授以方書，能生死人、接斷骨，其術甚神。初爲獻賊所擄，將殺之，自稱能以泥塑像，獲免，賊中遂以“塑匠”呼之。隨獻賊入蜀。一日，滌大釜沃水，燎以火，數百沸，以一榜左右攪成膏。賊問何用，曰：“此膏乃仙授，或刀斧，或榜掠，受重創者能頃刻完好。”時有受榜者試之，立驗。獻賊殘忍，日殺人，剮剕人至笞掠無算。笞凡數百，血肉糜潰，氣息僅屬者，付塑匠，以白水膏傅之，無不生，且立刻杖而行。軍中爭趨之，餽遺飲食無虛日。

獻賊有愛將某者，攻城爲飛礮所中，去其頦，奄奄一息矣。塑匠曰：“易與耳。”即生割一人頦，貼之，傅以膏，一日而甦，飲啖如未割也。時孫可望在賊爲監軍，夜被酒，殺一嬖妾，且行三十里，醒而悔之。道遇塑匠，笑問曰：“監軍夜來未醉耶？何有不豫色然？”可望告以故，塑匠曰：“監軍果念其人乎？吾當回馬覓之。”可望曰：“唉！起營時，尸不知何往，想爲犬豕啖矣，何從覓？”塑匠曰：“監軍若令我覓，何物犬豕敢啖貴人乎？”可望曰：“鼠子紿我，汝欲逃耶？我當令介士押汝覓。”塑匠笑曰：“何處覓？覓何能得？”可望怒曰：“汝何戲我？”塑匠指道旁畀一㡓橐曰：“何需覓，即此是也。”可望曰：“已朽之骨，何畀之？”塑匠笑謂監軍曰：“曷啓之？”可望下馬解㡓，則星眸宛轉，厭厭如帶雨梨花，帳中之魂已返矣。

可望喜噪，一軍皆驚。聞於獻賊，獻曰：“此神仙也，當封之。”口封恐衆未知，時營大澤中，下令軍中各備一几，以次日集廣原。是時賊數十萬，令以數十萬几累之，擇累之最高者謂拜仙臺。於是呼塑匠

---

① 此條又見張潮《虞初新志》卷二所録方亨咸《記老神仙事》。

至。塑匠身長六尺，衣深衣，手綸巾，方履絲緌，廣額濶面，鬚滿腮頰，望之如世所繪社神者然。命之升臺，臺高且危，塑匠怯不敢登。獻賊令各持弓矢引滿以向之，曰：“不登即射。”塑匠不得已及其半，惴慄惶懼，而萬矢擬之如的，不敢止，勉登其上。獻賊令三軍釋弓矢，羅拜其下，呼“老神仙”者三。於時聲震天地，自此不復呼“塑匠”，而皆曰“老神仙”矣。

老神仙亦自此不輕試其術。有渠賊某者，戰敗傷足，脛骨已折，所不斷者皮僅寸耳。求老神仙治，辭以不易。某哀號宛轉，盛陳金帛以請。老神仙揮之曰：“此身外物，吾無需。雖然，吾不忍將軍之創也。吾無子，將軍能養我乎？”某指天而誓，願終身父母事之。老神仙從容解所佩囊，出小鋸，鋸斷足上下各寸許，取生人脛，度其分寸以接之，傅以藥，不數日而愈。自此賊中凡求其藥者，皆不敢侈餽遺，爭投身爲養子矣。

獻賊有幸婢曰老腳者，美而慧，善書畫，腳不甚纖，因名。凡賊中移會偵發文字，皆所掌，獻賊嬖之。燕處有所思，老腳見其獨坐，私往侍之。賊不知爲老腳，疑旁人伺，以所佩刀反手擊之，中其腰，折骨剚腹出腸死。獻賊省之，悔恨惋痛，急召老神仙。老神仙曰：“已死，不能救。”獻賊罵曰：“老狡，監軍妾不亦已死者乎？汝不能救，當殺汝以徇。”老神仙逡巡，需時乃可。獻賊急欲其生，限三日。老神仙請期三七。比以酒合藥灌之，一七喉間即格格有聲。老神仙賀曰：“可救矣！七日當復。”因取水潤其腸，納腹中，引針縫之，傅以藥，夾以木板，約以繩。果七日而老腳步履如常時。

及獻賊死，賊衆潰，從蜀奔滇。生平素德老神仙者，衛之至滇。永明王敬禮之，賞賜甚厚。老神仙擁厚貲，闢室城東隅，累石成山，鑿井爲池，旁植花木，蓄朱魚數百頭。客至浮白，呼魚出水以娛。醉後高歌而卧不顧也。迄永明奔緬甸，老神仙從之行，及騰越，以疾死。

張本元

　　張本元，犍爲人。初從邑梅子元學醫，同採藥至馬湖山中，投寺宿。寺主一老僧，近百歲矣，問客所往，告之。老僧曰："回，爲我市某物來。"子元反致之。僧喜，夜半出篋中書授子元。次日，至途起視，盡鍼訣，世所未見者。復還寺，蛛網扃户，闃其無人。詢之山鄰，云："此寺空鎖十餘年矣，亦無見此老僧者。"子元驚。及歸，按法治人，甚神效，固秘之。

　　子元卒，無子，書歸其壻沈氏。本元從沈竊其書徙臨邛，家焉。本元本農家子，不知醫。至邛，自許能醫，善針法，人莫之信。會鄰人張氏婦難於産數日，舉家惶怖不知所爲，本元至，命取婦褻衣一、履一，以箕加其上。口吐針針之，囑曰："産時兒頂上有針孔，須泥以飯。"張佯應之。俄而生子，頂上果然，急如囑泥之。張驚且喜，始知其能。

　　又彭楚錫苦瘧，頭痛不止，請鍼之。本元曰："鍼其腓。"楚錫戲曰："吾病在首，而子鍼其腓，可乎？"本元亦戲之。針甫半，忽折。徐鍼其踵，呼曰"出"，針躍出達於梁。又爲人治瘰疾，鍼其脊，終身無恙。自是名漸著，聞者爭造其門，試之輒效，一時有"神針"之稱，求治者踵相接，與之錢不辭，不與亦不責報。其針長或尺及數寸，約計七十餘。用則取諸口中，言笑飲食率如常，不覺也。本元死，書失所在，遂不傳。

朱世續

　　朱世續，通江諸生。得異人傳授，精醫兼通符咒。同邑鄔氏女病危，延續治之。續命其家人俱退，入室良久乃出，倒鎖其門，謂女之母曰："此門俟吾明日來時親開，不可亂啓。"次日，其母早起，聽女房中並無聲息，候續不至，疑其女已死矣，遂開門視之。門甫開，見一巨獸如鹿狀，自房內出，直觸其母，母被觸，死。續亦隨至，見其女已愈，乃曰：「雖救其女，又傷其母，皆數也。」人問故，續曰：「適所見獸，乃天上之星月鹿也。其母不知觸犯星煞，故死。」

又保寧黃氏患傳尸瘵，死數人矣。一女病，延續治之，續曰：「此病有蟲，捉其蟲則病自愈。須炙之。」炙其女腎俞穴五壯，續默誦咒，須臾女叫眼疼，續曰：「非汝出所。」又叫鼻疼，續曰：「可矣。」忽一蟲從鼻出，長寸許，如蜻蜓狀。續以手握之，取女之髮以縛其翼，置石臼中，令人搗之，不爛。又以利刀斫之，亦不斷。續曰：「非油煎不死。」乃取桐油入鼎鍋中煠，一炷香時取出，置瓦罐內，命人埋靜處，囑曰：「須深丈許，若淺，則百年後仍出害人，難捉矣。」女遂愈，病亦不傳。

乾隆三十三年，天大旱，邑中祈禱皆不應。有言續能祈者，延至。續曰：「須得龍洞水方可望雨。」其地有龍洞，深不測，人莫敢入。續自仗劍執盂，取水而出。隨後雷電交加，續叱曰：「借汝一盂水便若此咨耶！」頃刻大雨如注，四野皆盈，續曰：「勾了。」仍還水於洞，雨亦止。

嘗與人捉迷藏，須臾不見，遍尋之不能得，呼其名，則隨呼隨應，人疑其有隱身法。續曰：「我自在目前，公等自不見耳！」後因通江瘟疫大行，眾請調治，日數百家，不去則延者跪不起。續年老不勝其勞，謂其子元昂曰：「吾將去矣。」翌日，無病而逝，求治者尚數百人。葬之日，舉其棺甚輕，人疑爲仙去云。

馬元榜

馬元榜，德陽諸生。精《京房易》，占卜奇驗，咸以「半仙」稱之。乾隆戊寅三月朔，家沛霖兄夜失牛一隻，遍尋不得，往卜之，曰：「牛乃走失，非被盜也。但其去已遠，依課求之尚可尋獲。汝於初五日向東行，離家七里有板橋河一道，汝於橋頭等候，見有持傘婦與一男子同來，後隨一犬，由板橋渡河，汝即尾之。東行又十餘里，仍由板橋渡河而北，汝即問其婦'有內戚王監生者'，至其家問之，牛可得也。"兄歸，述其言，無不以爲誕。兄曰："理之所無，事之所有，何妨？"如法尋之。宅東七里板橋河必唐家碾渡口也。至日，徑向橋頭等候，果見一持傘婦與一男子同來，犬隨其後。兄私計曰："課驗矣！"渡橋後，遂尾之。行至火盆山下，復渡橋而北，兄因問其內戚王監生，婦曰："順河而下二里即是。"兄至王宅，備述依課尋牛之故，王詫曰："課誠驗矣。但牛實不在，何前驗而後不驗也？"留宿其家，厚款而歸。兄不敢深問，終疑王言之不實也。歸數日，王使人來曰："牛在矣。"蓋王有庄在中江，佃人耕種，佃收得牛，數日後使人告王。王聞之，驚喜過望，以爲課之奇也，遣人來告兄。往視之，果前失之牛。因謝佃，牽牛而歸。

又余佃王廷恒因兄病久不愈，往卜之，曰："病不可救，課已注明，汝自觀之。"王不識字，星夜赶回，其兄已將斂。衆取課視之，注"速歸速歸，有緣見尸"八字。衆咸嘆，服其奇驗類如此。余觀其課，亦按六爻世應生尅言之，不知何以曲折盡致，明如目睹也。

高　僧

海明①

　　破山和尚海明，一字懶愚，梁山人。本姓蹇，明大學士蹇義之後也，母姓徐。雙親殁後，遂棄妻室，從佛恩寺大持師剃度，持戒甚嚴。一日坐定，見金光萬道彌漫虛空，舉步不知東西。出寺走，從萬丈懸崖墮落，聞空中語曰："跌死這禿賊。"及甦，遂寤。博通內典，遍遊方外，一參雪嶠，再參湛然，然後參天童，得法雄踞九山，名聞四海。著

---

① 孫桐生《國朝全蜀詩鈔》卷六三有其小傳，並録其詩。

有《破山語録》，世稱"小釋迦"。

張獻忠殺人之多，較黃巢百倍。自甲申正月犯蜀，陷重慶，悉斷人手，男左女右，有誤伸者，左右俱斷。既破成都，大殺三日，號曰"草殺"。授其義兒孫可望爲僞平東將軍，監十九營；李定國爲僞安西將軍，監十六營；劉文秀爲僞撫南將軍，監十五營；艾能奇爲僞定北將軍，監二十營，分剿各路。初殺蜀卒，蜀盡，則楚，楚盡，乃殺共起之秦人，並其妻妾愛子亦殺焉。後令量之以度，過、不及者皆死。駐西充時尚存一百三十餘萬，逾兩月，剮刖宰割者過半矣。相傳賊欲屠保寧府屬，破山爲民請命，賊持犬豕肉進，曰："和尚啖此，吾當封刀。"破山曰："老僧爲百萬生靈，忍惜如來一戒乎？"遂食之，賊爲止殺，府屬獲免。

又故簽事金文毅公聲被刑，時邏守甚嚴，破山乃乞貸往市棺，徑前抱公屍而殮，邏卒訶止之，不爲動，卒殮公，載歸蕪湖庵中。後歸蜀演化。丈雪是其入室弟子也，蜀禪教皆宗焉。

破山有《山居即事》云："幾年勘破是非關，小住茅茨擬住山。園裏竹雞晴引子，崖前石虎老生斑。一條心事弓弦直，三個柴頭品字灣。法法拈來皆活句，更餘何事可躋攀。"《永慶寺》云："踢倒須彌鏡影空，逢人休①鼓舌尖紅。黃鸝不識我生意，叫落庭前一樹風。"《示四不侍者》云："倒騎驢子上揚州，却是當年跨鶴遊。邵伯湖邊親説與，紅塵飛處莫停舟。"《寄通醉》②云："嶺畔桃花相映紅，恍然如醉薜蘿中。通身長出參天棘，刺殺山頭瞌③睡翁。"皆破空而出，新穎異常。尤工書法，至今寶之，相傳能避火災云。

①　休，孫桐生《國朝全蜀詩鈔》卷六三作"徒"。
②　孫桐生《國朝全蜀詩鈔》卷六三詩題作"寄炎雪禪友"。
③　瞌，孫桐生《國朝全蜀詩鈔》卷六三作"渴"。

通醉

通醉號丈雪,内江人,破山弟子,蜀禪教皆祖破山。初,通醉聞破山開祇於西充,荷金粟衣鉢直詣參謁。時已昏黑,有寺僧在寺門守候,通醉至寺,僧曰:"汝非通醉禪友乎?吾師命予二人候子久矣。"隨導入,方丈曰:"吾師慮子走入旁門,特令在此静坐。"二人入,久之不出,視案上有宗支譜一帙,逐頁翻閱,皆歷代傳派名號,驚曰:"吾師示我有所皈依矣。"及見破山,語涉禪機,破山作卧勢云:"老僧不參禪,只愛伸腳眠。"通醉疑駭。時心海法師至,命燒浴,心海入湢,見通醉找扎手執火叉,云:"我出一對,曰:'竈前立塊金剛漢。'"通醉對曰:"鍋中煮個粉頭禪。"心海以告破山,曰:"臨濟兒孫。"

一日,侍遊白兔亭觀瀑布,爲更號"丈雪",書偈曰:"劃斷蒼崖倒碧岑,紛紛珠玉對誰傾。擬將鉢袋橫攔住,只恐蟠龍丈雪冰。"遂入記室。丈雪亦題瀑布云:"誰將玉線掛山頭,晴雨凄凄總弗收。幾許劫風吹不斷,牢拴天地一虛舟。"一日,辭往天童,破山書扇餞云:"雪骨冰肌誰個知,臨行相贈扇頭詩。清風贏得還歸握,漫莫逢人露一絲。"後演化於昭覺寺,門徒甚盛,年八十餘示寂。主持弟子佛冤即其從子。

顛和尚[①]

顛和尚者,長安人,踪跡詭異。蜀臬某迎之成都,禮拜甚恭,而顛往往面斥之,言無忌憚。嘗食犬肉,帽檐插花一枝,引群丐遊行市中。入昭覺寺見丈雪禪師,詼諧不屑,禪師頗敬憚焉。一日,騎馬出城數里,語廝吏曰:"吾歸矣。"竟舍騎,徒步去。臬追贐,不受。往來秦、蜀

---

① 此條原載王士禎《隴蜀餘聞》,彭遵泗《蜀故》卷二二亦載,略同。

棧中,所至輒畫達摩像施人。歸至長安,數日遂坐化。

石穴僧①

石穴僧者,不知何許人,夷臥成都山中石穴內,二十餘年不起,亦不飲食,當臥處痕跡宛然。山中樵牧習見之,就問不答。一日,有士子於山下遇髯道人,云:"此山有六祖,應見之否?"士子即詣僧禮拜,云:"師六祖耶?"久之,張目曰:"莫信髯道人亂道。"明日再過之,不復見矣。

稽古靈②

稽古靈,住綦江中峰寺。年一百一十有五,骨健神清,不畏寒暑。從遊者惟教以敦倫行善,他無所語。康熙十九年,呼衆升座說偈示寂。

默野僧③

默野僧,居內江縣聖水寺。其年不可考,或云百二十歲,亦揣擬之詞,無實證也。雍正年間,初至寺時猶未披剃,止寺門首,數日不去,亦不飲食,寺僧問之亦不答。數日後,寺中有老僧出,見其形踪詭④異,問曰:"汝欲披剃乎?"默野點頭。老僧邀至寺中,爲之削髮。問之,終不言。與之食,每餐可盡數盂,或數日不與,亦不食也。寺僧耕種爲業,當栽插時,老僧命衆僧次日插秧。早起,田盡栽插,寺僧不知其由。又老僧命衆僧次日入山伐薪。早起,薪盡搬運至寺。僧益

---

① 此條原載王士禎《隴蜀餘聞》,彭遵泗《蜀故》卷二二亦載,略同。
② 此傳與(雍正)《四川通志》卷三八記載同。
③ 其傳記又見丁治棠《仕隱齋涉筆》卷三《異僧》。
④ 詭,原作"跪",當爲"詭"。

怪疑，令密伺之，乃知皆默野夜静潛出所爲。一人能任數十人之工，但聞人聲即遁去。夜多不眠，每自蹲立，或田間露處，數日不動。獨處時每自言自語，見人則閉口不出聲，其詭異類如此。

乾隆甲午，安岳令洪成鼎訪之。自寺外歸，飲茶畢，手拈茶葉示洪，不發一語。洪異之，爲立《默野僧傳》。庚戌春，孫督憲士毅招至成都，西指東指，亦不發一言。至驛道林觀察署，見署中自修猪，撫摩終日，若遇舊友戀戀不忍舍去，人不知其何因也。自修猪蓋林出署時跟轎不去，林命養之署中者。癸丑，卒於聖水寺。臨卒前一日，用炭寫詩於壁，云：“天地中空日月明，無人不向此間生。從今撒手西歸去，免得拖泥帶水行。”次日趺坐而逝。

附　默野僧傳①應山洪成鼎。

默野僧者何？志異人也。② 有人之形，無人之情，而無名者也。究莫知其何如人也，故異也。然則惡乎僧？類乎僧，故僧之。惡乎野？不屋棲，不茆蓬，石穴古墓、藜藿荆叢之是居，狼、鹿、狐、豕、鼯、鼪之與遊，無所在而無所不在，故野之。惡乎默？能言不肯言，而或偶一言，如吹劍首，咦然而已，以是知非喑啞也，言而不言也，故默也。無可名而强名之，則曰默野僧云爾。

默野僧之名，蓋自梅翁始也。初，默野僧之來內江聖水寺也，才若二十餘歲人耳，蓬頭草履破衲，身外無一物，如丏不乞，如顛不狂，止山門坐地。問之不答，呵之不去，食之則食，不食③不食，如是三日。時老僧可拙者，修行禪宿也，見而異之，曰：“此可憐人，大衆毋呵叱，善視之。”默野僧見此寺之容己也，依附焉。日則隨處行遊，夜則隨壁

① 此文又見(光緒)《資州直隸州志》卷二六。
② 按(光緒)《資州直隸州志》卷二六此處有“何異”二字，疑脱。
③ 按(光緒)《資州直隸州志》卷二六此處有“則”字，疑脱。

倚坐。安以寮不宿,與以衣不著。不隨班,不妄作,若有知,若無知,瞳然而往,瞳然而來而已矣,來漸習。老僧見其蓬髮中蝨蟣蟣,謂曰:"盍薙諸?"默野僧首肯,遂薙之,於是居然一僧矣。每見寺僧作務,若負薪鋤園、耘田担穀等事,默野僧偶一隨衆雜作,作則皆有條理。且力健,每作常兼人。而目最明,絲毫即見;耳最聰,細語即聞,衆悦之。然任其乘興自作,則窮日夕不倦。若一令之作,輒掉頭弗顧昂然去。一夕,監寺預告大衆明當伐薪,默野僧未之知也。質明大衆上山,則薪樵縱橫遍山谷。尋之,則默野僧持斧尚丁丁不休,衆喜且駭,恐伐過當,奪其斧,齊梱束,荷擔歸。盡合寺四五十衆一日之力,運其一夜所析未竟也,自是衆始異之。

先是春夏之交,久不雨,秧苗匝月勃勃然,高田無水,不得栽。默野僧一夜忽盡拔秧,作數百束,散置各田中。衆僧晨起,見而讓曰:"田盡旱,拔秧秧槁,奈何?"默野僧笑且走。是夕星月皎皎,夜半後忽大雷雨,水深二尺,田盡滿。詰旦,橐鼓四起,所拔秧盡得栽。栽次,默野僧歘然來且助衆栽,其整齊勻疾,老農不若。有鄰田工少,栽才半,秧頭累積田間。明旦起視,其水田十餘畝秧遍栽,狂喜雀躍,詫以爲神,則默野僧一夕戲也。自是人益異之,以其所至爲快,爭餽以錢,棄不取;爭拜以禮,略不顧,遂兢以神仙呼之,而默野僧殊夷然不屑也。歲偶旱,禱雨弗應,踵問之,不聽;以筆紙請判,不聽。固請,則以筆大抹三條擲筆去。遲三日,竟得雨。

前邑令趙侯聞而慕之,邀之見,不得。一日,忽自詣署。令喜,出迎揖之。默野僧瞪目不爲禮,直入中庭,徘徊四顧,旁若無人。令見其衲破甚,命新衣衣之,其破衲堅不肯脫,左右强以新衣蒙衲上。默野僧笑而出,即棄去新衣,披破衲如故。或遊市城,或走村曲,從不入人家,亦不妄動人一物,以故所至遠近無厭惡者。意所至則至,不欲至則雖數人强挽之,一挣即脫去,去則莞而笑。即遭衆攪擾圍阻,從無怒容嗔色。或以錢强綴之破衲上，則行步琤琤然，沿途墜遺，見兒輩爭拾，輒大笑。

每來寺中，興之所至，則隨事共作，不則危坐不動，亦不食。或數日不一至，或一日數數至。偶欲食，則不擇生熟淨穢，若生豆渣或啖之至飽。生芋最棘喉，稍不熟不可食，默野僧每拔生芋置火中，略一炮，輒啖之如蜜，白汁渾渾，他人舐之，舌澀不縮矣。他若圈箕、織席、捆屨、編筐筥、蘿爸諸器具，凡人所作，見輒能作，雖粗樸，俱可用，然非自欲作不能强也。嘗拾棉花滿筐，手撕去子，自出己意，曲竹爲弓而彈，彈則成絨；排竹爲車而紡，紡則成線。復以兩竹作機、作綜、作筬、作扣、作梭，皆不類世所用，而莫不適其用。積十數日，織布成疋，長二三丈，濶近尺，雖疏而紉，欣欣然自剪裁，以補其破禪、破衲，日夜不休。餘布任取去，亦不復惜。然亦偶一爲之，不數爲也。其無師之智而能創器製物，大率類此。平居無定所，覓之，了不可得；不覓，則忽然至。不就本寺宿，亦不就他寺廟宿。若疾風雷雨，不知所之。雨後踪跡之，或偃臥古石榍，以髑髏作枕；或坐慈竹林內，摘芭蕉葉蓋頂，任雨淋漓，尚鼾鼾未醒。破衲濕透不即脫，待晴立日中曝乾之，渡河濕亦然。然二十餘年來，此一破衲冬夏未嘗易，亦未嘗見其一日冒風寒臥病呻吟也。

聖水主持僧三謙者，今年七十六矣，前老僧可拙之徒也，親見默野僧之來，因悔翁備詢之故，歷歷道其大概如是如是。噫嘻，異矣！

悔翁以乾隆甲午六月客內江，遊聖水寺，尋默野僧不遇。中元日，復至聖水，亟問默野僧，未至。有頃，行童報曰："神仙來矣，廚廊吃齋矣。"悔翁趨視，時酷暑，默野僧則頭頂破絮帽，身披破布衲，縷縷若蓑，雖破而潔，若不時漿洗者。迫視之，累七八重相連綴層疊，厚寸許，茸茸如重裘。然以繩束腰，啖飯飲茶，微汗津津，晏如也。悔翁方手握蒲葵以風送之，視而笑。與扇弗接，頻問之，若罔聞。飯畢，周行廊廡間，折旋有態，翔步從容，若游泳其中之所得者。悔翁步步隨覿，細觀其所爲。至茶室，以勺挹茶，滿碗而飲，對悔翁曰"吃茶"而止，復以手拈茶中大葉一片，笑與悔翁。接嘗而不解其故。意者其以清淡之味示乎？或趙州旨耶？未可知也。諦觀其貌類老猿，清癯無鬚，年僅若四十餘。無他異，唯雙顴隆然插鬢，耳高過眉近寸。當甚暑而破衲中絶無半星汗穢氣，是故有異於人也。與紙筆索其書，但以筆宛轉調墨硯上，若有所思。隨草數字於硯，旋草旋抹，不可辨。其運筆走腕非不能書者，而終不肯書，亦猶之乎能言而終不言也。坐對半晌，徘徊移時，忽爾一笑，彷徉從後徑入山，飄然而去。噫嘻，異矣！

夫人之汩没浮沉於世俗中而不能逃造化之拘者，唯有此身耳。有此身，則不免於饑渴寒暑、居室衣食。凡含生負氣之屬，自王公黎庶，以及蟲獸禽豸、蜂蟻蜎飛、蠕動之類，其日夕營營，雖小大不同，大都無非爲居食計也。上之席豐履厚，甚或暴殄狼籍；中則拮据勞役，隱忍牽就；下之或寡廉鮮恥，莫不由是，是身之爲患大矣。若默野僧者，有身而外其身，有情而忘其情，浮游不知所求，猖狂不知所往，其形止去來，類皆自適其適，而不役人之役者。方且鄙金銀如糞土，方且等錦繡如草芥，方且視宮室莊嚴若蓬棘荒榛，方且對軒冕貴介若牧豎童隸，方且迸言語字句如風鳴鐸鐍、蚓竅蠅聲。其塗卻守神，翛然自樂，逍遙乎無爲之宇。蓋混跡於閻浮提濁穢之中，而獨皎皎乎泥而不染者也，是天地與並生，而萬物與爲一也，倘所謂"大水弗溺，大火弗熱，寒暑弗能害，禽獸弗能賊者歟"之言也，始吾弗信，今乃於默野僧見之矣。

噫嘻，悔翁方戚戚然累於此身，求免累世患而不得，仰企若人，如之何其能及之？奚但悔翁，盡天下人焉能及之？焉能及之，又焉得而知之？又焉得而名之耶？若云神仙固不得而測矣。竊怪神仙應化度世爲亟，又何爲沈冥自晦若是？豈謫降者然耶？吾又烏能定之。幸而遇之,未能忘言,爲作《默野僧傳》以俟知者,而知之者其誰耶?
贊曰:

　　土木而形,雲水而情,藏心而鏡。而何緘口而瓶,寒耶?拾耶?
抑孝然耶?默野僧豈其徒歟?寒拾有句,孝然有廬,兹并句與廬而亡
之。噫!世無至人則已矣。他日者倘有饒舌頭陀,庶幾乎其或能知
之,庶幾乎聖①或能名之。

　　乾隆甲午七月既望,應山洪成鼎悔翁譔於其水靈湫之石屋。

---

　　① 聖,(光緒)《資州直隸州志》卷二六作"其",當是。

錦里新編卷十

賊 祲

張獻忠[①]

張獻忠，延安鎮[②]柳樹澗人。身長而瘦，面微黃，鬚一尺六寸，僄勁果俠，軍中稱爲"黃虎"，又號"八大王"。明崇正三年，陝西大祲，平梁、延綏間赤地千里。獻忠與李自成俱反，同時倡亂者，王子順、苗美、張聖、姬三兒、王嘉允、小紅狼、一丈青、龍得水、混江龍、掠地虎、上天猴、孟良、曹操、劉六等，名目甚衆。督撫討之，不克。

甲戌二月，獻賊自楚犯蜀，陷夔州府及大寧、大昌、開縣、新寧。至梁山邑，中書涂原集鄉勇擊走之。退入巴州，爲川兵所破。攻太平，石砫女土司秦良玉將兵至夔，賊聞之，棄城走。掠保寧，犯廣元，圍七晝夜，城上發礮石擊之，遂遁。賊既退，秦楚間藩封數陷，蜀王泄泄然不知遠慮。成都令吳繼善痛哭於王之朝，以書諫曰："高皇帝衆建藩輔，棋置繡錯。數年以來，踣命亡氏，失其國家。此數王者，非真有敗德失道見絕於天也，直以擁福貴之貲，狃便安之計，爲賊所利而不思自全，此非殿下前車之鑒乎？今楚氛日惡，秦關失守，曹、闖、姚、黃時姚、黃賊初起。陸梁左右，殿下付之悠悠而不恤。夫全蜀之險，在邊不在腹。若設重戍於夔門、劍關，誠足自固，否則黃牛、白帝亦屬彝

---

① 其傳又見《明史》卷三〇九。本文主要取自彭遵泗《蜀碧》。
② 延安鎮，《明史》卷三〇九作"延安衛"，當是。

庚，黑水、陽平更多歧徑。乃欲坐守門庭，謂爲設險，不可解者一也。往者藺酋撲滅，獻賊逃遁，止以藺兵力有虧，獻地利不習。今者，荆襄撤其藩籬，秦隴寒其唇齒，揣量賊情，益無瞻忌，而欲援引前事，冀倖將來，不可解者二也。至於錦城之固，不及秦關；白水之險，寧逾湘漢？此可恃以無虞，彼何爲而失守？且城如孤注，救援先窮，時及嚴冬，長驅尤易，累卵不足諭其危，厝火不足明其急，而猶事泄泄以幸苟免，不可解者三也。爲殿下計，宜召境内各官諮諏謀議，發帑金以贍戍卒，散朽粟以慰饑民，出明禁以絶厮養蒼頭，蠲積逋以免流離溝瘠，募民兵以守隘，結夷目以資援。政教内修，聲勢旁振，則可易危爲安，轉禍爲福。苟或不然，蜀事誠莫知所終矣！竊爲殿下危之。”王不能用。吴，江南人，才辯濶達，有謀略。後徇難於蜀。

丁丑五月，闖賊李自成自秦州犯蜀，連陷南江、通江等邑，尋退去。十月初三日，自成復同混天星、過天星等破漢中之寧羌州，分其軍爲三：一由黄壩攻七盤關；一由犁樹口攻麥坪，入廣元；一由陽平關過青岡坪、土門塔向白水，結七十營於烏龍山。鎮臣侯良柱壁廣元，賊至，力戰死於陣。陷昭化，知縣王時化死之。破劍州，知州徐尚卿自縊。破梓潼，三分其軍：一往綿州，一往鹽亭，一往江油。賊至綿州，彰明、安縣、羅江、德陽、漢州聞風先潰。抄綿竹，焚新都。越一日，焚彭縣。掠郫縣，主簿張應奇死之。攻温江，丞簿縱擊囚逃鹽亭。一股賊抄西充，折遂寧，趨潼川，直走金堂，攻破之，典史潘夢科不屈死。賊圍成都二十日。戊寅春正月，總督洪承疇帥師援蜀，大敗賊於梓潼，賊還走陝西。

己卯秋八月，獻忠復自興安寇蜀，屯於大巴山分水嶺，又從義溪走沙子嶺以窺合江，從鹿耳坡走高竹坪以窺大寧。蜀撫邵捷春遣其兵二千人，同副將王之綸、方國安分地拒險，官軍敗績於湯家壩。之綸力戰不支，都司何明歿於陣。九月，方國安部將岳宗文、譚鈘破賊於三尖峰,又破之於黑水河。獻忠、羅汝才分其軍,一自白水之碧魚口入秦,一自合江之萬家坡入楚。冬十有二月,羅汝才入巫山,爲石砫女土官秦良玉所扼,遂犯夔州。庚午五月,良玉邀之於馬家寨,斬首六百級。又追敗於留馬堐,斬其魁東山虎。復合他將敗之於譚家坪,又大破之於仙寺嶺,奪汝才大纛,擒其渠副塌天等六人,賊走大寧。秋七月,督師楊嗣昌駐師彝陵。嗣昌,楚人,不欲賊騎蹂楚,謀以蜀困賊,謂:"蜀地險遠,極邊則松潘諸蠻。吾藉將士力蹙賊而致之蜀。蜀能守則守,不能守,棄涪、萬、松、雅之間以陷賊。秦兵斷棧道,臨白水;滇兵屯曲靖,扼白石江;我率大兵掩擊其後,驅入松潘諸蠻中,可制賊死命。"又恐蜀之門戶堅,反而決鬭,凡蜀兵之强者,輒調之以飾他備。巡撫邵捷春麾下止弱卒二萬守重慶。捷春憤曰:"令甲失一城,巡撫坐令以蜀委賊,是殺我也!"爭之不能得,移秦良玉兵至重慶。時知綿州陸遜之罷官歸,捷春遣往按行營壘。過秦,秦冠帶佩刀出見,左右男妾十餘人,然能制其下,視他將加肅。爲陸置酒,嘆曰:"邵公不知兵。吾一婦人,受國恩,應死,所恨與邵同死耳!"遜之請其故,良玉曰:"邵公移某自近,去其所駐重慶三四十里。而遣張令守黃泥漥,已失地利矣。賊在歸、巫萬山之上,俯瞰吾營,鐵騎建瓴而下。張令破,次及我。我敗,尚能救重慶之急乎?且閣部驅賊入蜀,無智愚皆知之。不及此時爭山奪險,令賊毋敢即我,而坐以設防,此覆軍之道也。"

九月,獻忠陷大昌,總兵張令死之。令,奢崇明降將,年七十餘,能馬上用五石弩,中必貫革,忠勇善戰,軍中號"神弩將",捷春倚之,然性輕敵。時有賊策一騎於山,呼其壘曰:"誰是張將軍?"令易之,躍馬出城。曰:"若善弩,今用相報。"發矢,中項以歿。石砫軍亦敗,良玉單騎見捷春,曰:"事急矣!盡發吾溪洞之兵可二萬,我自餉其半,半餉之官,足破賊。土官家調兵用一箸一籌者最急,箸以能飯者畢至,帝則掃境盡出也。"捷春見嗣昌與己不相能,而蜀無見糧,峒寨之人詎可信?遂謝良玉不用,自收其兵扼梁山。又爲降卒所紿盡,新募軍二萬人深入萬山中,遇賊,全軍覆沒。捷春退屯綿州,扼涪江。賊屠綿州,捷春歸成都。賊趨內江,內江有土司家將毛文者設守。賊至,文與戰,大敗之於東瓜崖,殺其渠魁曰曹四,賊因偃旗鼓疾走成都。成都城龜形,其下皆甃石,惟北角樓用土填築。賊夜穴城數處,將穿矣,城中出董卜蠻者與之戰,賊大敗,殺其卒萬人,乃遁。十一月,逮邵捷春,論死。十二月,賊陷瀘州,知州蘇瓊死之。辛巳春正月,總兵猛如虎追賊及開縣之黃陵城,敗績,參將劉士杰、遊擊郭開力戰死之,賊遂東下。三月,楊嗣昌引兵還楚,至荆州之沙市自殺。

　　甲申崇正十七年,大清順治改元。正月,獻賊復自楚寇蜀,陷夔州府。秦良玉馳援,衆寡不敵,敗走。賊遂掠萬縣、梁山至忠州,參將曾英率水師迎之,用火攻,燒其舟百餘艘,賊死以千計。英還守涪州,賊悉衆屯忠州葫蘆壩,選健卒十餘萬,負載者倍之,置橫陣四十里,左步右騎,翼舟而上。時英與劉鱗長守涪州水路,趙榮貴守梁山陸路。賊至,榮貴望風先遁,英接戰而敗。賊追至望州關,斫傷其頰,英手殺數人,跳而免,與鱗長走川南。六月二十日,賊陷重慶,瑞王常浩及巡撫陳士奇、關南兵備副使陳繻、知府王行儉、巴縣知縣王錫、指揮顧景俱遇害。瑞王常浩,神宗第五子,先自漢中奔蜀,關南道陳白羽與之俱,隴西士大夫多挈妻子以從。王來駐重慶,城陷被執。王好佛,不近女色,丞、監以下皆化之。吳民有解瑞府糧者,闕費必厚給賚,使早歸。其死也,乘白氣冉冉而沒,人謂之"兵解"。士奇字平人,福建漳浦進士,崇正十五年來撫川,緣劾候代。賊既入夔,將吏謂公曰:"卸事撫軍可以去矣。"曰:"大臣與國同休戚,我現在川,若去,何以對君父?義與封疆共存亡耳!"城陷,不屈死。行儉字質行,江南宜興進士。賊縛於演武場,大罵不絕,賊臠之。錫字古田,江西新建進士,被執,慷慨激烈,與士奇俱受五毒磔死。景聞城陷,入王府,以己所乘馬乘王,鞭而走。遇賊,呼曰:"寧殺我,無犯帝子!"賊戕王,景死之。自瑞王以下,死者萬餘人。是日,天大雷電,晝晦。獻怒,架飛礮向天擊之,天復霽。時重慶軍士尚存三萬七千餘人,賊盡斷其臂而縱之。賊分兵肆掠,至合州,諸生董克治傾家貲募勇壯殺賊。賊大至,遇於長安坪,與戰不勝,退據硐中。月餘,賊鑿山梯硐,舉火勳之,凡三千人感克治風義,至死無一降賊者,時比之田橫云。入永川,邑人蔣士鉉集義勇二百人攖城固守,城破,力戰死。

秋,八月初九日,賊攻成都,城陷。成都王至澍、太平王至淥、巡撫龍文光、巡按劉之渤俱遇害。同時文職死者:按察副使張繼孟、守西道陳其赤、建昌兵備僉事劉士斗、監紀同知方堯相、成都令吳繼善、華陽令沈雲祚、郫縣令趙佳煒、教授何、失名。[①] 長吏鄭安民。武臣死者:川北總兵劉佳印、總兵張奏凱、敘南衛世襲指揮同知魯印昌、鎮守成都守將羅大爵、劉鎮藩、雅州指揮阮士奇、撫標參將徐明蛟、都司僉書李之珍,俱巷戰死。賊大殺三日。賊自重慶趨成都,一路州縣望風瓦解,烽火數百里不絕,成都大震。蜀王謀遷於滇,按臣劉之渤力持不可。内江王不聽,與之爭。王以六月十三日成行,守門卒洶洶亂,輜重,婦女有被掠者,王乃止。之渤與監紀同知方堯相等請王出財貨招募死士,向東殺賊,王以祖制爲辭。於是城中一日數驚,火藥局災,雷震宮殿,大雨雹。王懼,方出財招募。三日,人無應之者。而賊從資簡至矣。是時新撫龍文光、總兵劉佳印率三千兵自川北入援,謀守禦,而王宗大姓逸[②]者半。賊薄城下,佳印出戰,敗還。文光見濠涸,急遣郫縣令趙佳[③]煒決都江大堰以益之。時賊穴城,實以火藥,又

---

①　失名,彭遵泗《蜀碧》卷二同,存古書局本作"秩"。
②　逸,彭遵泗《蜀碧》卷二作"逸去"。
③　佳,彭遵泗《蜀碧》卷二作"嘉"。下同。

刳大木長數丈者合之，纏以帛，貯藥向城樓。之渤等屬衆奮擊，賊却二三里。未幾，雨大作，雷電交加，守陴者不能立。賊縱火攻城，穴西北陬，以大炮擊之，八角樓①崩，木石飛空蔽天，賊蜂擁而入，城破。王率邱妃及宮人素馨等沉於宮中八角井，太平王至渌從焉，文光等俱殉難。

　　文光，柳州進士。以川北道擢撫四川，駐節順慶。聞賊趨成都，星馳赴省，圖拒守。城破，投浣花溪死。之渤字羽長，寶雞進士。以御史巡按四川，與文光謀守城，被執。賊以同鄉欲用之，之渤大罵。賊縛於端禮門，攢矢射之。不少屈，臨死，厲聲曰："寧多剮我一刀，少殺一百姓。"賊磔其屍。士斗，番禺人，以進士任成都推官，之渤特薦建昌兵備僉事。賊將入，之渤趨之行，士斗曰："安危死生同死耳。"城陷，死之。堯相，字紹虞，黃岡人。兵餉不繼，與巡按請於蜀藩，不允，遂投王府河，以②拯起。次日被執，受害於萬里橋。其絕命詞③云："時危節見古今同，取義成仁且盡忠。江水茫茫願借力，此身飄蕩赴團風。"方家團風④，故云。繼善，字志衍，江南人。能文，有智略。賊未至，上書藩府，勸其出餉募兵，極痛切，王不用。城破，闔家三十六人同日死。雲祚，字予淩，太倉人。城陷，與之渤、士斗俱幽於太慈寺，絕糧半月不死，賊餒之食誘降，雲祚躍起曰："吾欲食賊肉，肯食賊粟耶！"與二劉同遇害。有幼子荀蔚，方五歲，友人匿之山中得免，越二十年始歸。佳煒，浙江監生，令郫縣。賊圍城，濠涸，文光令決都江堰以益之。水甫至，城陷。佳煒還，遇賊射之，赴水死。何教授，當賊破時，坐明倫堂，鳴鼓集諸生不至，夫婦自縊。其時鄉宦士女殉難死者

---

①　八角樓，彭遵泗《蜀碧》卷二作"錦江樓"。
②　以，彭遵泗《蜀碧》卷二作"被"。
③　詞，彭遵泗《蜀碧》卷二作"詩"。
④　方家團風，彭遵泗《蜀碧》卷二作"方家在團風"，疑脫"在"字。

不計其數。

十六日，獻踞藩府稱帝，僭號大西，改元大順，以成都爲西京。置丞相六部以下等官，命汪兆麟爲左丞相，嚴錫命爲右丞相，胡默爲吏部尚書，王國寧爲戶部尚書，汪鼎鎮爲禮部尚書，龔完敬爲兵部尚書，李時英爲刑部尚書，王應龍爲工部尚書，其餘九卿科道官以次分。授封四養子爲王：孫可望平東王，劉文秀撫南王，李定國安西王，艾能奇定北王。設五軍：都督府中軍王尚禮，前軍王定國，後軍馮雙鯉，左軍馬元利，右軍張化龍。易王府正殿爲承天殿，以府門外屋爲朝房。詔民間皆稱老萬歲。又建東西二府，以可望、定國居之，命皆稱千歲。是日，殿前賜各官朝服，令丞相以下朝罷，齊集朝房議事。

賊取井研陳氏女立爲僞后。其迎入也，自南門五里外架橋，高十數丈，逾城直達藩府。左右五彩欄檻，上結錦繃，絡以明珠，象星辰；首尾懸水晶燈籠，象日月，一望如長虹亙天，迷離奪目。諭衆云："天賜后也！"封其兄爲國戚。不十日，后賜死，其兄亦受極刑。自是令兵馬於城上大橋出入。

隨開科取士，中鄉試者八十人，中會試者五十人，以漢州樊姓爲狀元。獻自爲萬言策，評古今帝王，以西楚霸王爲第一，命頒布學宮。所取狀元，傳臚後賜美女、酒緞。甫歸，令人就其家斬之。其餘俱以受職死。又取華陽張大受爲武狀元，賞金帛、美女無算，過三日盡誅之。

禁軍民私語，犯者斬。禁昏夜勿燃燭，燃則十家連坐。列兵爲甬道閱民，過之，壯男少女留入營，餘盡斬。禁勿觸諱，犯者殊一手一足。下令民間勿畜馬，乃擇日考武生，武生無馬，選棧馬之獷劣者數百正，驅之使騎。既騎，發巨礮，合營大譟，馬驚人墮，踩爲肉臠。驅通省教員、進舉、貢監、文生、吏員聚青羊宮考試，盡殺於遇仙橋，棄筆硯如山。蜀府醫院有銅人，以楮幕其竅，令醫者鍼之，差者即取金鎗刺醫者。太慈寺僧近千人,初因藏有宗室,闔寺俱斬。至是,拘會城內外寺院僧道盡戮之。召成都五衛指揮千百戶應襲赴僞尚書龔完敬考選,至日午,忽下令盡殺之。

時孫可望取漢中,爲闖將賀珍所敗,獻親往救。過梓潼七曲山,仰視神廟,問神爲誰,左右告以文昌神,姓張,曰:“此吾祖也。”追上尊號“始祖高皇帝”。獻不知書,其從官進諛,比於李唐之追王混元,自謂文昌之後裔,宜帝巴蜀,詆耀百姓。建太廟於山,鑄像祀之。落成,賦詩其中,令右相嚴錫命以下皆和,稍遲者斬。詩刻石,置八卦亭內。初,可望自漢中還,僞官連名狀迓之於郊,可望不敢隱,陳之。獻怒其沿故朝陋習,按名棒殺二百人。忽一日殺從官三百,或言其太甚,獻曰:“文官怕莫人做耶?”因朝會拜伏,呼葵數十入班次,有爲所嗅者,指爲不忠,引出剖其心,名曰“天殺”。分兵爲一百二十營,設都督領之。城外列大營十,小營十二,各設兵部二、都督一,譏訶出入。爲保甲法,凡出入以油印印左頰,脫者死。宮中夜爲鼠所撓,漏三下,忽令兵各殺一鼠,旦明交轅門,不者代以首。是夜,兵毀屋穿窖殺鼠,轅門外成京觀焉。

大殺紳士,令各州縣僞官查檢鄉紳學校,詭云選舉,用軍令嚴迫上道,不至者孥戮,並坐比鄰。既集,令由東門入,西門出,盡斬之。又以所獲婦女累人心,悉令殺之。有孕者,剖腹以驗男女。又取小兒數百爲一群,圍以火城,貫以矛戟,視其奔走呼號以爲樂。獻復爲僞聖諭曰:“天以萬物舉人,人無一物與天。鬼神明明,自思自量。”命右丞嚴錫命作注釋發明之,刻諸石。又創爲生剝人法,若皮未去而先絕者,刑者抵死。僞兵書龔完敬以道不治,用前法刲剔,實以藁,衣冠以殉於市。一祭酒某以生辰受諸生禮,僅值十錢,其誅法一如完敬,召諸生集而觀之。僞禮書江鼎鎮以郊天祝板不敬,杖之百,闔門自經死。右相嚴錫命家在綿州,獻過其地,見宅第壯麗,即命斬之。賊分道搜殺四路遺民。賊以遺民逐殺僞官，而四方兵漸益日迫，忿然曰："四川人尚未盡耶？自我得之，自我滅之，不留毫末貽他人也。"於是令僞帥孫可望等四將軍分道出屠，窮鄉僻壤，深崖峻谷，無不搜及。得男手足二百雙者，授把總，女倍之，官以次進階。可望等或日殺四五倍不等，童稚手足不計，止計壯男女手足。寅出卯還，比賞格有逾十倍者，獎以爲能。有一卒日殺數百人，立擢至都督。嗣後賊營公侯伯甚多，皆屠川民積功所致也。正月出，五月回，上功疏：可望一路殺男五千九百八十八萬，女九千五百萬；文秀一路殺男九千九百六十餘萬，女八千八百萬；定國一路殺男九千九百餘萬，女八千八百萬；能奇一路殺男七千六百餘萬，女九千四百餘萬。獻忠自領者名爲"御府老營"，其數自計之，人不得而知也。又有振武、南廠、七星、治平、虎賁、虎威、中廠、八卦、三奇、隆興、釜戈、天討、神策、三才、太平、志正、龍韜、虎略、決勝、宣威、果勇等營，分屠川南、川北。而王尚禮在成都，復收近城未盡之民填之江中。賊復檢各衛軍及各營，新兵年十五以上者殺之。各路會計所殺衛軍七十五萬有奇，兵二十三萬六千有奇，家口三十二萬。自成都北威鳳山起，至南門桐子園，綿亘七十餘里，屍積若喬嶽然。

　　順治二年乙酉秋七月，賊攻川南諸州縣。入洪雅，爲余飛所破。攻南安鎮，爲周鼎昌所破。攻眉州，陳登皞又大破之，於是奔回，洩怒於士卒。以婦女、財物累衆軍心，不肯致死，移營之日，有金銀必棄，有婦女必殺。其留屯久者，或已成夫妻，有子女，軍行發令，輒大痛①。毀中園一浮屠，穴其下，置礮崩之，兵之壓而死者萬人。又伐木造船數千，由山路曳入水，或數十里，或百里，稍怠而休者立死。若闔營犯法，裝大艦沉之江中。於是左右親信，各生畏心矣。南門營、中大營

① 痛，彭遵泗《蜀碧》卷三作"恸"。

兵懼誅,開門散走,差豹韜等四營追及大邑,三千餘人盡坑之。

　　賊欲北行入陝,惡其黨太多,曰:“吾初起草澤,從者五百人,所至無敵。今日益多,前年出漢中爲賀珍所敗,非爲將者習福貴而不用命,即爲兵者有所貪戀懷二心。吾欲止留發難時舊人,即家口多者亦汰之,則人人輕便,所向無前。”汪兆麟慫恿之曰:“恐兵知而先謀,奈何? 不若先立法,責之各將軍、都督等多置邏者以伺察營伍,有偶語者及微過俱置之法,並連坐。如此,則殺之有名,無覺之者矣。”密議已定,諸營尚未知,猶習故態,角射、酗酒、縱博、嬉笑怒罵如平時。邏者輒收治,自誣服並及其家,是日所殺十餘萬人。於是人人惴習①,無敢出一言者。邏者無所得,每於夜靜,逾垣穴壁,入伏雷下及床笫幃幕間竊聽,但有笑語,即躍出收繫,並其家屠之。

　　賊大殺僞都督、總兵等官。僞總兵溫自讓,延川人,不忍無辜戮其下,棄妻子,率所部百餘人遁去。獻自引驍騎追之,自讓走脱,所部兵俱自殺。他如僞右軍都督米脂張君用、八卦營汝州王明、振武營麻城洪正隆、龍興營涇陽郭印、三奇營鳳陽宋官、永定營合肥郭尚義、三才營山東婁文、干城營六安汪萬象、援剿營寶雞彭心見、決勝營周尚賢、定遠營張成、中廠營萬縣杜興文、英勇營黄崗張其在、天威營開封王見明、龍韜營麻城商元,及志義、天討、金戈、神策、虎威、虎賁、豹韜、虎略等營總兵,失其名,俱以搜括無功,坐徇庇誅殺,或剥皮死,并其家口部落盡斬於河。

　　賊嗜殺出天性,偶夜靜無事,忽云:“此時無可殺者。”遂令殺其妻及愛妾數十人,惟一子,亦殺之。令素嚴,無敢争者。晨召諸妻妾,左右以告,則又怒其下不言,舉左右奴隸數百人,悉殺之。賊偶病瘧,誓曰:“疾愈,當貢朝天蠟燭二盤。”衆不解也。比疾起,令斫婦小足,堆

---

① 習,彭遵泗《蜀碧》卷三作“愵”。

積兩峰，將焚之，必欲以最窄者置其頂。遍斬無當意者，忽見己之妾足最窄，遂斫之，灌以油燃之，其臭達天，獻以爲樂。又禁不得私藏金銀，有至一兩者，坐誅；十兩者，生剝其皮。人或沉井中，或窖幽室，被獲亦按連坐法。告捕者即以其家妻妾、馬匹給之，於是豪奴悍婢爭訟其主焉。賊天性特與人殊，一日不流血滿前，其心不樂。殺人之令，有以語犯死者；有以事犯死者；有令健卒羅織而按户以死者；有言事小兒夜行街巷，聽人陰談，白堊識其門户而收之以死者。殺人之名，割手足，謂之"匏奴"；分夾脊，謂之"邊地"；搶其背於空中，謂之"雪鰍"；以火城圍炙小兒，謂之"貫戲"。抽善走之筋，斬婦人之足，碎人肝以飼馬，張人皮以懸市。又剝皮者，從頭至尻，一縷裂之，張於前，如鳥展翅，率逾日始絕。有即斃者，行刑之人坐死。又遺將盡墮州縣城垣，並取牛犬盡磔之，謂毋爲後人遺種也。

　　順治三年丙戌三月，參將楊展恢復川南。初，賊取嘉定，置僞官守之。展起師，潛身入犍爲，擒殺僞令。州人聞風開門迎展，僞太守逃去，展遂取嘉定。獻遣劉文秀、狄三品來攻，爲展所敗，退回成都。展遂合遊擊馬應試盡復嘉、眉、邛、雅諸州邑。於時故總兵賈聯登及中軍楊維棟取資、簡，侯天錫、高明佐取瀘州，李占春、于大海守涪陵。其他據城邑奉調者，洪雅則曹勳及監軍范文光，松茂則監軍僉事詹天顏，夔萬則譚弘、譚誼。樊一蘅移駐納谿，居中調度，與督師王應熊會瀘州，展①諸路刻期並進。獻始懼。

　　獻聞展兵勢甚盛，率兵十數萬，裝金寶數千艘順流東下，與展決戰，且欲乘勢走楚，變姓名作巨商以遁。展聞，逆於彭山之江口，縱火大戰，燒沉其舟。賊奔北，士卒、輜重喪亡幾盡，復走還成都。展取所遺金寶以益軍儲，自是富強甲諸將。王祥、曾英亦以兵趨成都。王祥

---

①　"展"，存古書局本作"展約"，彭遵泗《蜀碧》卷三作"橄"。

者,綦江人,勇悍著聞,爲九圍子隘官守遵義,賊不敢窺。至是與曾英進兵討賊。獻自江口敗還,軍勢不振。又聞王祥、曾英近資、簡,決走川北。將所餘蜀府金銀鑄鉼及瑤寶等物,用法移錦江,錮其流,穿穴數仞,實之。下土石掩蓋,盡殺鑿工,然後決堤放流,使後來者不得發,名曰"錮金"。又盡毀宮殿,墮砌堙井,焚市肆而逃。時府殿下有盤龍石柱二,名擎天柱。賊行,取紗羅等物雜裹數十層,以油浸之,三日後舉火,裂焰冲天,竟一晝夜而柱枯折。楊展聞賊遁,急引兵追之。至漢州,賊已去遠,因盡收暴莽骸骨叢葬於城西,識其碣曰"萬人墳",序云:"余奉命討賊,提師過此,憐爾白骨之慘,用加黃壤之封。"

冬十有二月,王師西征,追賊於西充鳳凰山,擊之,獻忠伏誅。先是,賊保寧守將劉進忠部下多蜀人,獻惡之,謀誅進忠並坑其眾,進忠大恐,北走。時我朝肅王奉命西征,至漢中,進忠赴師迎降。王問獻所在,曰:"在南充、西充交界金山鋪,去此千餘里,馳五晝夜可及。"王命導師疾行。至西充之鳳凰山,會大霧,王潛勒軍登山。賊諜者知之以告。獻素驕,又以進忠守朝天關,不虞大兵之至也,斬諜者以徇,曰:"此群徭求食耳,清兵豈能越朝天關耶?"少頃,又告,又斬之。三報亦斬。王詗得之,揮鐵騎促賊營。時方辰食,獻衣飛蟒半臂,含飯,率牙將數十人倉皇出視。進忠指善射者章京雅布蘭射之,一矢中其喉。賊拔矢視之,曰:"果然大兵也。"逃伏積薪下,我兵尋得,曳出縛之。王乃拔佩刀,仰天祝曰:"獻忠罪惡滔天,毒流萬姓。予受天子命,奉行天誅,謹敢爲萬姓復仇。"祝訖,親加刀於獻,斬首刳心,心色純黑,時十二月十一日也。獻忠四養子兵潰東走。

初,成都東門外沿江十里有鎮江橋,橋畔有迴瀾塔,萬曆中布政使余一龍所建。獻登其上,見城內宮殿,語從官云:"橋是弓,塔是箭,彎弓直射承天殿。"遂命毀之,就其地修築將臺。穿穴取磚,至四丈餘,得一古碑,上有篆文云:"修塔余一龍,拆塔張獻忠。歲逢甲乙丙,此地血流紅。妖運終川北，毒氣①播川東。吹簫不用竹，一箭貫當胸。炎興元年諸葛孔明記。"至肅王督兵攻獻於西充，射殺之，乃知"吹簫不用竹"，蓋"肅"字也。

獻賊餘黨②

偽平東孫可望等東走，復陷重慶，守將曾英死之。初，英起兵合州，以涇陽李占春、項城于大海爲左右，二人皆英腹心舊將，以勇聞，一鼓克復重慶。而邑紳刁化神集土人助英，共結陣塗山下，水陸聯進四十餘里。獻聞之，顧劉文秀曰："楊展不足忌，重慶要害地，不可失。"因遣文秀往爭之。英令占春、大海逆之多功城，文秀大敗而還。至是大兵誅獻，偽平東孫可望四將之兵潰而東下。時英守重慶，賊突至佛圖關，出英不意，攻之。英中矢，顚於渝河以没。李占春、于大海收殘卒二千退入涪州。英，福建人，以偏裨著功夔門，累績至總兵。永明王假制封平蜀侯，威名爲賊所憚。起兵時，欲屯田於重慶，督師王應熊不許，識者惜之。孫可望陷綦江，攻畢節，督師王應熊以兵禦之，力不支，遁入永寧，旋卒。一子陽禧，死亂兵中，竟無後。應熊，巴縣人，萬歷四十一年進士，其行述俱載《明史》。

順治四年丁亥春正月，孫可望等陷遵義。初，賊據全川，惟遵義未下，爲王祥所守。及獻誅，可望等四偽將東走，大兵追之，以糧盡引還。賊遂陷遵義，王祥等入保、順二郡。樊一蘅復駐兵江上，爲收蜀計，上書永明王。王以爲户、兵二部尚書，加太子太傅，諸將祥等進爵有差。時于大海據雲陽，李占春據涪州，袁韜據重慶，譚詣③據巫山，譚文據萬縣，譚弘據天字城，侯天錫據永寧，馬應試據瀘州，王祥據遵

---

① 氣，彭遵泗《蜀碧》卷三作"氛"。
② 本文主要取自彭遵泗《蜀碧》卷四。
③ 譚詣，彭遵泗《蜀碧》卷四作"譚詣"，下同。

義，楊展據嘉定，朱化龍、曹勳等各據地自擅。而宗室朱容藩、故偏沅巡撫李乾德以總制至，楊喬然、江爾文以巡撫至，各署置官。於是全川盡附永明王。

先是崇正中，川賊有姚天動、黃龍聚黨劫掠。巡撫陳士奇及道臣陳其赤、葛徵奇，郡守王行儉，巴令王錫，營將趙榮貴等，設奇①夾擊，斬賊一千七百有奇，生擒渠魁馬超、一斗麻、代天王等二十餘人，賊奔脫他徙。而沔人袁韜因姦嬸事發，逃投響馬賊馬潮、呼九思等，繼踵姚、黃，日肆掠殺。及獻入，遂乘勢據蓬州、儀隴、南部各地方。殺老幼，擄精壯，掘墓開墳，生死均受其害。數年間，烏合愈衆，分爲十二大隊。時歲饑，賊以人爲食。順治二年，我巡撫李國英大破諸賊於遂寧之曠虛壩，九思、潮等走死，韜以殘卒數百奔川東，歸樊一蘅。諸賊或稱四家，或稱十三家。袁韜、武大定及夔州譚文、譚誼、譚弘，巫山劉體純，酆城胡明道，金城姚玉川，施州衛王光興，皆甚著。其王有進景、果勒、張顯、劉惟靈、白蛟龍、楊炳英、李世傑等，莫可稽考，總所謂十三家賊也。

又獻忠未敗，李自成之衆先潰出關。袁宗第、賀珍之徒，偕郝搖旗、李本榮、黨守素、李永亨等，約結十三家，出入巴渠巫峽間，東北四五十州縣大受毒害。又各州縣亂民號土暴子，以打衙蠹爲名，凡胥吏之有聲者，糾衆擒之，或投諸水，或畀諸火，甚則臠食其肉，官司束手，無可如何。而一時紳士家，豪奴悍僕，戕滅其主，起而相應。深山大谷中，建寨栅，標旗幟，攻劫鄉里，以人爲糧，其惡殆與獻等。是時遺民畏土暴子甚於流賊也。

其時瘟疫流行，有大頭瘟：頭發腫赤，大幾如斗；有馬眼睛：雙眸黃大，森然挺露；有馬蹄瘟：自膝至脛，青腫如一，壯似馬蹄。三病中

---

① 奇，彭遵泗《蜀碧》卷四作"計"。

者,不救。又鬼魅白晝現形,與人爭道,夜則聚於室中,嗓聒不休。其名"夢魂魔"者,人方就枕,隱隱有物攝魂去,傍有覺者,即呼[①]可活,少頃難救。"抹臉魔"者,黃昏時抹人面皮,忽自脱裂,不知所之。二物來時,形影模糊,死者甚衆。"夢魂魔"尚可趕逐,"抹臉魔"必明火震鼓以守之,最難防備。又遭亂既久,城中雜樹蓊鬱成林,人家遺犬,食賊所殺人肉,多鋸牙若猛獸,群聚爲寨,利刃不能攻,爲害滋甚。又多虎豹,形如魑魅饕餮然,穿屋顛,逾城樓而下攫,其人必重傷,斃即棄去,不盡食也。白晝入城市,遺民數十家,日報爲虎所害。有經數日而一縣之人俱被殘者。種種孽氛,皆兵火慘殺之流毒也。

　　順治六年己丑,袁韜、武大定歸楊展。袁、武久駐重慶,士卒饑。故巡撫李乾德善占驗,諸將中惟許袁、武遣人説展與合兵,因其餉。展喜,納之,誓爲兄弟。徙韜屯犍爲,大定屯青神,厚給其貨,共犄角以防賊。李占春素與展善,展以銀萬兩、米萬石餽之,袁、武不悦。乾德怨展遇己簡略,陰勸袁、武圖展。三人合謀,會展生日,詭稱介壽,置宴於犍爲。展至,醉以酒,殺之。展起家武科,以進士第三人及第,智勇冠諸將,獻賊深畏之,川西東之起兵者倚爲長城。既死,人心解體,士無固志矣。袁、武賺殺展,後以兵圍嘉定,展子璟新力拒之。三月城陷,璟新以親丁三百騎突圍奔,其妻陳氏罵賊被殺。袁、武悉并展之資與衆。乾德遂勸袁、武據守嘉定。李占春聞展被害,率兵爲展報仇,不勝而歸。曹勛與展刎頸交,時亦默然而阻。樊一蘅投書責乾德曰:"嘉陵、峨眉間二三遺民,不與獻忠之難者,楊將軍力也。且背施忘好而取人杯酒之間,天下其謂我何?"乾德笑,以爲救時大計,非竪儒所知。於是蜀紳士無不切齒乾德者。初,王應熊既没,兵部尚書吕大器奉永明王命來川。至涪州,與將軍李占春深相結,楊展及于大

---

① 即呼,彭遵泗《蜀碧》卷四作"疾呼"。

海、胡雲鳳、袁韜、武大定、譚弘、譚誼、譚文以下，皆受約束。大器因遍歷諸鎮，謂監軍道陳計長曰："楊展志大而疏，袁韜、武大定忍而好殺，王祥庸懦不足仗，事尚可爲乎?"後忽於石砫司夜遁走黔之獨山州，鬱鬱疽發背，卒。

順治七年庚寅九月，孫可望遣兵圖蜀。可望在滇，聞袁韜、武大定賊害楊展，將圖蜀，乃上書永明王，爲展訟冤。使王自奇將兵向川南，而別遣劉文秀、白文選取遵義。文秀、文選等以兵至烏江，王祥力戰不勝，自刎死。文秀降其衆二十萬，盡取遵義地。初，獻入蜀，畏祥，不敢窺遵義。前後拒守凡八年，受永明王晉爵綦江伯，至是敗死，聞者惜之。

順治八年辛卯，文秀大敗袁韜、武大定於嘉定，降之，賊遂取嘉定。李乾德被執，載舟中，不食者數日。屆月波驛，偕弟升德並閤家人俱赴水死。重慶復陷於賊。文秀既取嘉定，舉兵東下，而前破遵義時所遣別將盧名臣者入涪州。李占春逆戰於群豬寺口而敗，于大海在忠州力不支，遂共放舟出夔門，走荊楚，降於王師。諸將盡散，無一人應敵者。譚弘、譚誼、譚文皆降文秀。

順治九年壬辰正月，文秀復還雲南，令白文選守嘉定，劉鎮國守雅州。三月，王師南征，下嘉定，鎮國、文選俱敗，挾曹勳走。巡撫川南范文光賦詩一章，仰藥死。時安綿道詹天顏兵敗被執，亦死之。順治十年癸巳，賊將劉文秀屯於保寧，率兵來攻。大兵奮擊，破其象陣。大敗，遁走。順治十六年己亥，譚弘、譚誼共殺譚文，文安之率劉體仁、袁宗第、李來亨等十六營，由水道襲重慶。聞大兵將至，弘、誼二人懼，率所部來降。未幾，王師取重慶、敘州、馬湖等屬。時三郡爲賊將盧名臣所據，適我梅勒章京葛朝忠，總兵陳德、楊正泰水陸並進，攻破佛圖關，直抵賊巢，擒斬無數。降牟勝，赦而用之。獻孽之擾蜀者盡矣。

　　初，闖賊餘孽李赤心竄死廣西南寧門①，其子來亨代領其衆走川東，分據川湖間，耕田自給。而先潰出關之郝搖旗、名永忠。袁宗第及劉二虎等，共依結之。時獻黨雖盡，永忠等尚據巴東。康熙元年壬寅冬十二月，我總督李國英奉旨統秦、豫、廣三省兵將會四川進剿，師駐萬縣。賊棄夔州，國英兵至夔，道路榛莽，伐山開徑以入。二年癸卯元日，進奪羊耳山，宗第遁入深箐。諸將謂宜速追，國英曰："賊之贏，誘我也。"因屯大昌下，度宗第食盡兵疲，乃督諸將攀籐而上，直攻茶園坪。宗第敗走巴東。

　　二月，師次巫山，聞賊衆復謀來襲，國英曰："巫地低凹，不便馳驟，宜堅壁以待。"於是深溝堅壘，具砲石，城下樹梅花樁，樁外挑品字坑。又於城外高處立敵樓，以防偵探。具甫備，郝永忠、劉體純合數萬衆直薄城下，攻圍甚急，卒不得進。我兵乘其銳盡，於九月初七日鼓勵鎮將突衝賊營，斬首數千。體純等敗走陝西。會剿兵至陳家坡，奪老木空，體純自縊。大兵乘勝追至黃草坪，永忠、宗第皆授首。惟李來亨居茅麓山，高險難攻，我兵四面圍之。來亨出入地名通梁，路徑險絕。康熙三年閏六月初九日，我師蒙霧直上，遂奪通梁。來亨力窮勢迫，八月初六日焚其妻子，自縊，茅麓山破。馬騰雲、拓天寶、王光興俱納款投誠。

　　至是，闖孽之在蜀所謂"中山寇"②者悉盡。全蜀收入版圖，蜀人始獲享升平之福矣。

吳三桂逆黨③

　　康熙十三年甲寅，吳三桂僞總督王公良率僞將軍王鳳岐、劉之衛

①　門，彭遵泗《蜀碧》卷四作"間"，當是。
②　中山寇，彭遵泗《蜀碧》卷四作"西山寇"。
③　本傳錄自(雍正)《四川通志》卷十二。

等據夔州逾六年。庚申，四川總督楊茂勳等率師由楚江峽路逆流而上，破巫山，隨風直進。不二日，抵夔城，兵不血刃，群逆鼠竄遁去，遂復夔郡。

十八年己未冬十二月，吳三桂賊黨吳之茂潛兵白水壩，勇略將軍趙良棟討之，抵白水，賊阻江對壘。十九年庚申正月初一日，官兵渡江直入，擒斬千餘人。追至青州，賊伏石峽，官兵四面攻擊，自未至酉，殺賊無數。龍安餘賊望風投降。良棟乘勝追剿，正月二十九①日克成都，文武兵民跪迎道左，發兵各路招撫。二十年辛酉三月，逆黨胡國柱等復據關山、象嶺。良棟同將軍紀哈禮率總兵鄒九疇等三路征剿，箐口站、周公橋俱皆賊營，官兵破之。抵土地橋，賊密架鎗砲恃關抗拒，大兵分爲兩翼，戮力攻戰，賊衆大潰。良棟遣兵乘夜跋崖，直上關頂，奮勇剿戮，克復關山、象嶺、黎州諸地，陣斬四千餘級。復戰於渡河②口，斷賊歸路，國柱等降。建昌一帶，遠近聞風相率輸誠。之茂，賊族子，國柱賊壻也。

十九年庚申，賊黨王屏藩陷漢中，據保寧。奮威將軍王進寶討之，戰於武關，身先士卒，所向無前，賊潰。進寶直抵保寧，屏藩縊死。餘黨約降，猶據城觀望，進寶單騎馳入，大呼曰：“我仁義將軍也，降者待以不死。”衆賊感泣歸命。遂定閬中。

苗匪③

雍正四年丙午，建昌糯咀所管夷猓金格等滋事不法，騷擾邊境。川陝總督岳鍾琪奏請調總兵趙儒、副將張成龍等，於本年八月二十六日領兵進古魯橋，直抵羅乾縣五馬山等處，努力前進，奮勇殺賊，擒獲

---

① 二十九，(雍正)《四川通志》卷十二作“二十四”。
② 渡河，(雍正)《四川通志》卷十二作“大渡河”，疑脫“大”。
③ 本傳錄自(雍正)《四川通志》卷十八。

賊首金格、阿租、官壽斬首。大小涼山、遠近番蠻,悉已歸誠。

雍正五年丁未,寧番三渡水、黑麻溪、臘汝窩等寨番蠻滋行劫盜,擄掠人民。川陝總督岳鍾琪奏請調各路漢土官兵進剿,正分佈間,黑麻溪、瓦都、瓦尾、哈哈等村蠻赴營乞降,許之。惟三渡水迤西生番心懷反側,總兵趙儒、副將王剛統兵進剿。從頭渡造船齊進,分兩翼擊之,破其中渡水黑岩對山之兒斯等七寨。六月,三渡既平,遂乘兵威進剿臘汝窩。先是兇蠻住牧建昌,會鹽營西共十二村素行不法,於康熙五十八年殺傷鹽井衛守備李起龍,屢經官兵剿撫,至是復叛。川陝總督岳鍾琪委令洮岷協副將王剛,領漢土官兵分三路進討,連破賊寨,追至左所之水寨地方,擒獲首惡丫馬車。其餘河東各寨助惡番蠻俱經剿撫,陸續投誠。隨同建昌道馬維翰調集各處番猓,並招回之麼麼,以及哈哈、窩卜等寨男婦五百餘人,於青山嘴地方宣布天朝威德。群蠻皆洗心改過,認納糧差,永作良民。是年十月,四川提督黃廷桂進討結覺。適建昌逆番阿驢、阿都等狂悖不法,殺傷滇省官兵,隨撥兵救援,復親臨策應,分路進剿,斬其首惡助兵之別哺加樂、阿必擒解滇省,所有剿平。結覺地方交沙罵土司管束,餘衆招撫化誨,各蠻俱畏威感德,出寨投誠。

雍正六年戊申六月,米貼逆夷陸氏聚衆肆行,殺害滇兵。川陝總督岳鍾琪、四川巡撫憲德、提督黃廷桂請兵進剿,遵奉上諭,指授方略。本年七月十三日,提督黃廷桂兵抵馬湖,進圍吞都山,擒土司德昌兄弟二人。攻破夷寨,斬賊首屋雞、母雞二十餘人,擒獲頗多。於是分兵四路,直搗賊窟。提督黃廷桂由黃螂、雷波中路進發,令副將張玉駐劄黃螂以資彈壓,王剛駐劄竹核互為聲援,遊擊康世顯渡江斷賊歸路。王安民、吳維翰、高麟瑞、何懋甫等由太平、馬湖兩路截剿,斬賊二百餘級,擒獲甚衆。賊因遁磨石簸箕坵內,恃險負固。提督黃廷桂親至其處,周閱形勢,見兩山緊抱一峰,半山有數十峒,峒外賊蠻群持摽鎗毒矢,並積巨石坐守木柵之下。當即分遣官兵四面攻擊,自巳至酉,連克九峒,遂拔營前進,直抵黑龍崖、黃草坪,奮勇深入,大破賊巢。九月十六日生擒賊黨楊明義,連奪一百餘寨,惡目達姐等皆授首,卑租、阿路亦次第擒獲,土目沙罵投誠,招撫苗民共計一千五百九十六户。留兵暫駐,以資防範,夷地悉平。

金酋①

順治十四年丁酉,雜谷土官桑吉朋、阿日土官巴必太合兵千餘,攻圍瓦寺土官曲翊伸番,砦未下,闖入內地,劫堡斷橋,殺戮汶民,掠去男婦四十餘人。監軍道僉事程翔鳳調防威守備關天爵、林阿桂等率領勁兵六百,首尾夾攻,斬馘不計其數,生擒兇首阿朋并賊番一十三人,桑吉朋、巴必太共負重傷逃回。六月,內吉朋輸款納甲,以圖自新,各番控籲部院願獻所掠男婦以贖阿朋。及釋阿朋,歸見吉朋没其家貲,遂成莫解之釁。康熙元年,內水田、星上、曾頭三寨賊番聽阿朋誘惑,阻路橫劫,威、保聲息不通。威茂兵備道參政陳子達、松潘副總兵何德成奉令調剿,四路夾攻②擊,平其寨,斬其渠魁。各番始納款輸賦,聽瓦寺打喇二土司官約束,每歲量給賞需,以示羈縻。諸番悉平。

康熙二年,剿上下五族。先是青片上下五族等寨生番散居石泉、茂州山後,地方綿亘數百里,兇肆自擅,不討之日久矣。至是松潘副總兵何德成奉令剿撫,於正月十七日分兵進討,克平下五族。上五族之番畏威投順,願隸版圖。合上下五族,每年俱輸蠟認糧。番寨近茂州者,責之茂州隴木土司管束;近石泉者,責之石泉縣唐李土司管束,邊患以靖。又阿朋糾阿姜濟等於元年內逐土官桑吉朋於別思寨,而立其姪,勢甚猖獗。兵備道陳子達遣中軍張士龍,由董卜接吉朋至

<hr>

① 本傳乾隆以前事俱錄自(雍正)《四川通志》卷十七。
② 攻,據(雍正)《四川通志》卷十七當爲衍字。

省，尋帶至汶，示番部以有所歸，並宣布朝廷恩威，撫諭阿朋迎故主以蓋前愆。奈阿朋恃惡不悛，斷我繩橋，阻我哨道，煽引諸番，攻堡日急，亦於康熙二年始討平之。

二十四年，疊溪大定堡山後住牧巴豬五族逆番阻道劫營，抗撫拒敵。四川巡撫韓士奇題請抽調漢土官兵相機進剿，復繕寫招撫告示，委松威道僉事王鷖親往列角、雙馬等寨，諭以安分，住牧免取株連，並招撫巴豬，令其歸順。乃逆番恃其緊鄰之卓沙、白卜、撮箕等寨爲之協從，反復抗撫。松潘總兵高鼎領兵攻擊各寨，剪其羽翼，逆番猶恃險拒敵，我兵奮勇直攻，斬焚逆番數百餘人。遂屯營山頂，給發白旗招安，各寨俱畏威投降。惟巴豬逆番詐降復叛，巡撫韓士奇隨分遣漢土官兵三路進發。巴豬逆番約六千人亦分三路迎敵，我兵奮勇攻擊，自卯至辰，當陣擒斬并焚死追殺番蠻七百餘口，獲印一顆、僞敕一道、沙帽一頂、角帶一條。其首惡挖子已被焚死，餘番盡奔大歷日寨，見大兵追至，復奔黃梁，走大定。我兵力追，抵黑水江岸，復擒斬一千餘人。其先後招撫番蠻共一十三寨，輸賦納糧，屬大定堡撫夷管束，邊患遂消。

五十九年庚子，口外惡洛西番劫我兵民，提督岳鍾琪、松潘總兵路振揚請兵由松潘進剿。數敗賊番，阿壩土目旦增等歸降，願償所劫，許之。先是住藏之厄魯特貝勒額付阿保移文乾清門頭等侍衛拉錫，言："西邊郭羅克愛滿肆行搶掠，請派兵剿撫。"奉旨着提督岳鍾琪等即行剿撫蕩平。又派滿洲兵數百名，並插漢丹精兵協助。提督岳鍾琪、遊擊周瑛於五十九年冬十月率諸軍進攻，取下郭羅克之吉宜卡等處二十一寨，直抵中郭羅克之那務等寨。賊番出敵，官兵奮武，連破一十九寨，斬三百餘級，擒獲首惡酸他兒蚌、索布六戈。乘勢復抵上郭羅克之插六等寨，寨目旦增等綁縛首惡假墥並賊從格羅二十二名以獻。賊從盡正法，首惡酸他兒蚌等三名解部。其投誠番衆，令雜谷土目囊索沙加布管理，留土兵一千名駐劄。自黃勝關至惡洛俱安塘站。由是西番平服。

雍正二年甲辰，下羊峒兇番拔那剛讓笑等復猖獗不法。松潘鎮總兵張元佐率領遊擊劉屏翰、邱名揚進剿，擒獲首惡，餘寨投誠，番目牽慢、甲箇、扎實太等率各寨悉皆願爲編戶。闢地二百里①，得番民三十七寨，建城於南坪壩，爲南坪營，川陝道路始通。

五年丁未，雜谷土司約束下郭羅克番蠻不嚴，仍行劫掠。川陝總督岳鍾琪遣平反營守備宋宗璋領兵進剿招撫，下郭羅克阿樹等一十三寨歸并本營管轄，由是川陝各邊并關②内番屬俱帖然懾服。

乾隆十二年丁卯二月，金川土舍莎羅奔蠻兵圍革什咱地方，攻至毛牛。四月，侵犯沃日，松潘鎮總兵宋宗璋令都司馬光祖、守備徐克讓往援。至熱籠寨，賊衆大至，被圍威茂。協副將馬良棟帶兵至巴納，大雪，奮勇前擊，轉戰數十里直至松林口，連破要卡三處、小卡二十處，斬殺賊番千餘人，熱籠圍解。良棟由色思橋至達卡，小金川土司澤旺、土舍良爾吉投降，獻出所擄沃日男婦四十八人，並鎗箭、火藥。副將張興、禮塘土司汪結亦收復毛牛，並克巴旺、巴底、孫克宗等處。六月，總督張廣泗駐劄美諾，分兵七路進攻，莎羅奔恃險設碉抵死堵禦，遲久不克。十三年九月，上命協辦大學士傅恒視師。查係降賊良爾吉、漢奸王秋暗通消息所致，立行誅戮，揚言大兵由昔嶺進攻。四川提督岳鍾琪帶領將弁由跟雜捷徑直入，連奪碉樓四十七處，軍臨勒歪賊巢，計誘賊番，斬殺無算。金酉莎羅奔、郎卡窮促乞降，情願退還各侵地，獻出馬邦兇首，與衆土司一體當差，西番平。

三十六年辛卯秋，金酉索諾木、小金川僧格桑背約跳梁，侵奪鄰境土司，拒敵官兵。將軍溫福奉命征討。三十八年六月，攻克小金

---

① 二百里，(雍正)《四川通志》卷十七作"二百四十里"，當脱"四十"。
② 關，(雍正)《四川通志》卷十七作"闢"。

川,至木果木失利。定西將軍阿桂督兵由西路進剿定邊,右副將軍明亮由南路進剿,八旗勁旅及漢土官兵同心撲殺,奮勇争先,前後四十餘戰。至三十九年七月,攻克達爾圖,并該布達什那、色溯普等碉寨。金酉獻出僧格桑屍身、妾側累、儧拉大頭人蒙固阿失咱阿拉等,哀懇求饒。定西將軍一面奏聞,一面乘機進攻。四十年八月,直搗烏勒圖賊巢,金酉奔至噶喇依。四十一年二月,攻克噶喇依,索諾木就擒,逆酉兄弟莎羅奔、甲爾瓦沃雜爾、斯丹巴旺并兩上婦及助惡大頭人等悉就捆縛,獻俘京師。金川全境蕩平。

錦里新編卷十一

邊防一

金川①

金川蠻部一號西番,本吐番遺種也。在蜀維州徼外,周秦以前謂之西羌。自漢武帝募民耕塞下以代轉輸,設河西五郡,以洮州、岷州、河州、扶州、潘州、松州隸湟中郡。後趙充國設金城十二屯政,統十五萬之衆,松州亦屯營之一,屯兵一萬有零,置護羌校尉。迨後屯政廢弛,轉運不繼②,始分洮州、岷州、河州屬秦,松州、潘州、扶州屬蜀。隋改設縣治,名曰交川。又設翼州,即今疊溪所在。漢時名鹽陵縣,皆屬松潘地方。

唐爲吐番地,設立松州,戍兵數萬以防禦之。代宗大曆十五年十月,吐番率衆入寇,上命李晟等討平之。貞元三年,韋皋領劍南節度使,吐番寇瀘北,皋遣兵擊破之。五年,復嶲州。八年,攻維州,獲其將。九年,拔吐番五十柵,斬首與投崖死者無數。十七年,皋遣將將兵二萬出成都西山,九道並進,破吐番於雅州,轉戰千里,拔城七,軍鎮三,焚堡百五十,斬首萬餘級,圍維州。吐番遣大將論莽熱將兵一萬③往救,皋設伏邀之,獲論莽熱,殺其士卒過半,自後西邊寧靖。唐末,種類分散,入內屬者謂之熱户,餘謂之生户。文宗太和四年,李德

---

① 本傳乾隆以前事主要錄自(雍正)《四川通志》卷十七《西番》。
② 繼,(雍正)《四川通志》卷十七作"給"。
③ 一萬,(雍正)《四川通志》卷十七作"十萬",當以《四川通志》爲是。

裕爲西川節度使，作籌邊樓，圖蜀地形，南入南詔，西達吐番，日召習邊事者訪以險要，未逾月，皆若身嘗涉歷。乃去蜀兵羸弱者四千人，募少壯與北兵二千五百人，與土兵參居，轉相訓習，日益精練，威聲大振。吐番首領悉怛謀舉維州來降，德裕遣兵守其城。

宋時朝貢不絕，其首領唃斯羅始居鄯州，後徙青州，神宗、哲宗、高宗朝皆授以官。

元憲宗於四川徼外置碉門、魚通、黎雅、長西河①等處宣撫司。世祖時，復郡縣，其地設官分職，以吐番僧人思巴爲大寶法王、帝師領之。明洪武間，設行都司於建昌，無復南警。西邊松茂諸蠻反覆不常，十年②，遣御史大夫丁玉討平之。召集諸寨首領給以銀鍱，俾各守地方，蠻人以爲世寶。又於東路設八郎、麻兒匝、芒鬼者、阿角寨四□③撫司，與麥匝、者多、比定、祈命、臘匝、牟兒等一十七長官司俱隸松潘衛。南路設長寧安撫司，與岳希蓬、静州、隴木頭三長官司俱隸茂州。疊溪、鬱郎二長官司隸疊溪千户所，各降印信，仍立首領一人爲土官，以世掌之。永樂間，建立董卜、韓湖等宣慰使司，雜谷等安撫司，於吐番境内以統番部。其俗尚異端，故於松潘又立番僧二人爲國師，曰商巴，曰綽領；二人爲禪師，曰黎巴，曰完卜。商巴事道，黎巴事佛，皆授銀印，令撫諭之。宣德二年，松潘千户錢宏聞有交趾之役，憚於遠征，乃誘蠻族入寇，虛張奏報，得留不遣。蠻自是煽禍，攻圍城堡。朝廷遣都指揮韓整、高隆調四川各衛官軍五千員征之，至威州黃土舖失利，道遂不通。三年，命總兵都督陳懷、劉昭，參將趙安、蔣貴等率陝西兵四萬，由洮州入松潘解圍。懷增置城堡守備，回京，蠻猶弗靖。八年，復遣都督方正調四川建昌、貴州官軍討平之。景泰二

---

① 長西河，（雍正）《四川通志》卷十七作“長河西”，當以《四川通志》爲是。
② 十年，（雍正）《四川通志》卷十七作“十三年”。
③ □，原文漫漶不清，存古書局本作“安”。

年,蠻長王永陰持兩端,煽動上下五族欲拒南路。刑部侍郎羅綺撫治松潘,設策制勝,一舉殄之。厥後召綺還京,但置按察司副使一員整飭松茂二路兵備。天順五年,蠻復要截糧道,入龍州、安泉等處。成化十一年,蠻勢益張,按察司僉事林璧奏請文職重臣提督軍事,乃敕巡撫四川右副都御史張瓚兼理邊務。十三年,瓚調漢土官兵五萬,分布東、南二路駐劄。十月,令都指揮沈運、李鎬等分兵攻剿掇坪、懦弱、白羊嶺、鵝飲溪①、大白、嶺馬池、通林二十一寨,進克木瓜、竹頭坪等寨,斬蠻四百餘人。於是商巴等二十六族詣軍門獻馬納款,各諭以利害遣之。嘉靖間,烏都、鸒鴿、鵝兒、雞公、刁農五寨番蠻糾合黑虎等寨八百餘番攻圍長安等堡,阻截南路,勢甚猖獗。十二年,巡按御史宋庭立奏調漢土官兵七千,分爲六哨,命守備指揮李葵、鄧斌、陳崇、魯元忠、宋璉領哨夾攻。朝廷又敕副總兵何卿自松潘來節制諸軍,又敕都尉史②楊守禮提督軍務,烏都等十一寨皆次第剿平。又屠遮花寨,於是黑虎等寨觀望寒心,皆詣軍門納款。

皇清定鼎之後,蠢兹番蠻間猶騷動。順治十二年,威州、龍蒲等寨逆番糾合賊黨攻城掘冢,勢甚猖獗。總督李國英檄行威茂,監軍道僉事程翔鳳、松潘副總兵王明德出其不意,六路進兵,殲其兇首,掃穴平磵,剿撫並用諸蠻。十四年,雜谷土官桑吉朋、阿日土官巴必太攻劫汶川,掠去男婦四十餘人。監軍道僉事程翔鳳、③防威守備關天爵等督領勁兵首尾夾攻,生擒兇首阿朋,殺傷賊番甚眾。桑吉朋、巴必太負傷逃歸,各番納款,聽瓦寺、打喇二土司約束,夷地悉平。康熙二十四年,巴豬五族逆番阻道劫營,巡撫韓士奇抽調漢土官兵進剿。當陣擒斬無算,首惡挖子焚死,餘番奔逃,大兵追殺至黑水江岸,招撫番蠻一十三寨,邊患以

---

① 嶺馬池,(雍正)《四川通志》卷十七作"飲馬池"。
② 都尉史,(雍正)《四川通志》卷十七作"都御史"。
③ 據(雍正)《四川通志》卷十七,此處應脱"調"。

寧。五十九年，惡洛西劫我兵民，提督岳鍾琪、遊擊周瑛率諸軍進取郭羅克上、中、下三處寨落，擒獲首惡酸他兒蚌、索布六戈並寨目旦增及賊從格羅等以獻。賊從正法，首惡酸他兒蚌等三名解部，其投誠番衆令雜谷土目囊索沙加布管理。雍正二年，下羊崗兌番拔那剛讓笑等復肆侵擾。松潘鎮總兵張元佐率領遊擊劉屏翰、邱名揚進剿，擒獲首惡，餘番納款。闢地二百四十里，建南坪營，川陝道路始通。

　　乾隆十二年，金川土舍莎羅奔率領蠻兵圍革什咱地方，攻劫至毛牛，并侵犯沃日。松潘總兵宋宗璋令都司馬光祖、守備徐克讓往援，至熱籠寨被圍。威茂協副將馬良柱帶兵至巴納與賊遇，奮勇擊刺，晝夜數十合，轉戰數十里直至松林口，殺賊番千餘人，連破大小石卡二十五處，熱籠圍解。良柱至達歪剳營，小金川土司澤旺、土舍良爾吉投降，獻金川擄沃日男婦四十八人并鎗箭、火藥。良柱據守美諾。上命貴州總督張廣泗補授川陝總督。六月，廣泗至美諾，分兵七路進攻，擊破碉卡，擒殺賊番甚衆。莎羅奔懼，遣頭人元丹至羅于朝營，獻砲三位，並前搶各處番民二十名，又獻戰碉五座，請漢兵駐剳，以求就撫。廣泗令其獻出巴底、巴旺叔姪印信，及小金川澤旺之子，始准投誠。十月，許應虎已解的交之圍，土司汪結帶領金川頭人如約獻出巴旺印信，并澤旺之子及所擄各處番人一百餘名，懇切投誠。廣泗仍不允降。莎羅奔因與漢奸王秋、降番良爾吉等暗通消息，乘機侵擾。十二月，賊目恩錯攻犯馬邦營，副將張興、陳禮俱被困遇害。十三年三月，上命大學士訥親經略金川軍務，召岳鍾琪以總兵銜委用。五月，廣泗分兵十路進攻，會陰雨連綿，山高之處又降大雪，旬餘不能前進。訥親至營，下令限三日內必取刮耳崖，以致總兵任舉、買國良同時戰歿，兵勢大挫，因歸并各路官兵進剿卡撒。岳鍾琪奏言[①]："金酉莎羅

_____

① 岳鍾琪奏言部分，見《平定金川方略》卷十一所引，有刪略。

奔敢於狂逞不法者,實緣瞻對之役辦理不善,所以遽生悖逆之心,而
又有助逆之綽斯甲土司策爾秉朱從中挑釁,以致肆行侵奪。荷蒙皇
上軫念各土司番民受害,不惜數千萬帑金出師征討,以靖蠻荒。今官
兵征剿一年有餘,未能克捷。雖云地險碉堅,亦由派調之漢土官兵未
能慎選於始,以致遲誤。臣查各路新舊土兵雖有二萬,其間惟革什
咱、沃日兩處實與金川有讐,可以出力,惜其兵少。雜谷土兵雖多,因
該土司待下刻薄,人不用命,而瓦寺、木坪、巴旺、裏塘等處土兵,俱屬
怯弱。綽斯甲土兵不惟無用,且①須加之防範。至小金川土兵,尚屬
勇往,督臣張廣泗乃令土司澤旺之弟土舍良爾吉領兵。良爾吉從前
勾結莎羅奔襲取小金川,生擒其兄澤旺。澤旺之妻阿扣乃莎羅奔之
姪女,素通良爾吉,莎羅奔即以阿扣配良爾吉②掌管,土民皆③不服。
去歲,副將馬良柱領兵應援沃日,良爾吉輒敢率領小金川之眾助賊焚
燬沃日各寨,迎敵官兵。及④金酋逃遁回巢,良爾吉無所倚藉,始行就
降,張廣泗⑤將土司印信仍歸澤旺管理。其時應將良爾吉、阿扣並助
惡之頭人暨漢奸王秋等即行正法,以絕內患。督臣既不出此而進攻
卡撒,轉令良爾吉掌兵,則所領之兵俱懷疑懼,不惟不肯用力,且恐良
爾吉暗通金酋,更生他變。臣已密呈經略,商之督臣,即行正法。令
澤旺管領土兵,庶幾眾疑盡釋,可望乃心用力矣。……抑臣更有請
者,用兵之道,有奇有正,要必先察地利之險易,然後可定攻取之機⑥。
今各路官兵俱調赴卡撒、昔嶺,名雖二路,其實只隔一山,仍屬同攻。
刮耳崖固係逆酋要地,但地險碉多,攻取不易。非若勒歪,所通道路

---

①　據《平定金川方略》卷十一,此處脫"更"字。
②　據《平定金川方略》卷十一,此處脫"爲夫婦,並將小金川土司印信交良爾吉"。
③　皆,《平定金川方略》卷十一作"甚爲"。
④　據《平定金川方略》卷十一,此處脫"官兵敗賊"。
⑤　據《平定金川方略》卷十一,此處脫"至金川"。
⑥　機,據《平定金川方略》卷十一應爲"機宜"。

甚多,如卡裹山、固噶溝二處,路不甚險,可出奇兵,直搗勒歪。若勒歪一破,四路有自潰之勢。臣已咨商督臣,既未允行。今將各路之兵俱調赴昔嶺、卡撒,舍此可以進攻之路①不肯用兵,而棄易就險,恐非用兵之道。仰懇皇上敕交訥親,廣諮博採,細加籌畫,務期有濟軍務。"上是之。鍾琪又請選撥官兵,由黨壩水陸並進,直攻勒歪,奏言②:"官兵每攻一碉一卡,大者傷亡數百,小者亦不下百數十人,以有數之官兵攻無窮之碉卡,且無擋牌以禦鎗石,率多肉薄而前,傷亡過多,氣皆怯弱。若不兼用奇兵,只以正兵逐碉逐卡漸次撲滅,勢難奏功。伏查黨壩與賊巢相近,甲索係綽酋暗通金川要口,黨壩鄰近賊巢,有瀘河一道水路可通,且無波濤之險。若用兵一萬,水陸並進,可以直抵勒歪,奪其心腹之地,則四面賊黨不戰自潰。甲索與勒歪止一河之隔,乃逆酋逃遁之徑。通綽斯甲、瞻對。若用兵一萬由甲索進攻,先奪馬牙岡、乃當兩溝,直抵河邊,會合黨壩之兵,並力齊攻,則勒歪可破,逆酋可擒。刮耳崖乃莎羅奔之姪郎卡所居,以死拒守。應於卡撒留兵八千以備堵禦,俟奪獲勒歪,以得勝之兵從後夾攻,以堵禦之兵從前進擊,刮耳崖前後受敵,郎卡不難擒剿。黨壩留兵二千,防護糧運。正地留兵一千,防護打箭爐隘口。以四千名護運各處軍糧。統需兵三萬五千方可足用。臣年雖衰老,尚可一力仔肩,以圖報效。若由卡撒、昔嶺進攻一策,乃張廣泗誤聽漢奸王秋之言,目前雖得色底、左右梁,半係馬良柱、買國良所取故地,徒費周章,斷不能刻日奏績。若果臣言可採,請將無用土兵暨帶傷衰老漢兵撤回,選撥精壯漢土官兵三萬五千名以資進剿,尚責臣辦理,一年之內可以成功。"上命軍機大臣與軍營辦事大臣傅爾丹等會議勘覆准行。上命協辦大學士傅恒經略金川軍務,張廣泗拿交刑部治罪,訥親革職效力。

---

①　路,《平定金川方略》卷十一作"道"。
②　岳鍾琪奏言見《平定金川方略》卷十三,有刪改。

十二月，傅恒行抵軍營，稔悉良爾吉之惡，因現握兵權，恐致激變，別生事端。訪知伊弟小朗素夙稱恭順，頗得眾心，可以資其總統。因嚴兵防範，密令馬良柱將良爾吉、小朗素以迎接經略爲名調出營伍。良爾吉先至牛廠地方接見，隨帶逆黨頗多，意圖擁護。次日至邦噶山，去卡撒十五里，小朗素亦至，因面諭以良爾吉種種罪惡，應正典刑，即授小朗素爲副土司，總領蠻眾。隨召良爾吉，面數其罪，梟首軍門。一時兵弁及番眾無不凛凛聽命，并令將蠻婦阿扣正法，漢奸王秋及其妻子凌遲處死。經略住劄卡撒。岳鍾琪由黨垻進勦，揚言攻康八達，而暗襲跟雜，奪其碉樓四十七處，復臨勒歪隘口，斬殺賊番無數。金酋懼，遣人乞降，情願退還各土司侵地，獻出馬邦兇首，呈繳鎗砲退還內地民人，與眾土司一體當差。莎羅奔、郎卡親赴營門納款，金川平。

十六年，雜谷鬧土司蒼旺妄思自大，規取舊保城頭目、諫者殺之。又攻伐梭磨、卓克基兩土司，調孟冬、九子、龍窩等處兵據守維關。四川總督策楞、提督岳鍾琪奏請便宜行事，支武弁一年養廉、兵三年糧，率大軍直抵雜谷，擒蒼旺，斬之，改土司爲三雜谷。

三十六年，金酋莎羅奔之弟索諾木抗命，圍困沃日，大肆殘害小金川。僧格桑，澤旺之子也，背父助逆，狼狽爲奸，侵奪鄰境，勢甚猖獗，駐守官兵不能制。三十七年，上命溫福爲將軍，督師進討，攻克小金川，僧格桑逃遁。三十八年六月，駐兵木果木。小金川降番勾連金酋侵犯大營，兵潰，溫福自殞。同時陣亡：武職自四川提督馬全署、貴州提督牛天畀以下共四十四員，文職自戶部主事趙文哲、刑部主事王日杏以下共二十一員，未出千把、外委一百零六員，兵丁三千九百二十六人，民夫死者不計其數。上郝然怒，命阿桂爲定西將軍，色布騰巴爾珠爾爲參贊，由西路進勦；明亮爲定邊右副將軍，富德爲參贊，由南路進勦；簡派健銳、火器兩營滿兵，及吉林索倫、黑龍江兵共六千

名，并西安、荊州滿兵同往軍營會剿。阿桂仰奉廟謨，申明紀律，率領
將領弁兵同心奮擊，務期剿滅，以彰天討。前後四十餘戰，攻克沿途
碉卡，殺戮賊番難以數計。三十九年七月，攻克達爾圖即刮耳崖，并
該布達什那、色溯普等碉寨。金酋獻出僧格桑屍身、妾側思①、償拉
大頭人蒙固阿失咱阿拉、七圖暗堵爾等，哀懇求饒。定西將軍一面
奏聞，一面乘勢轟催，力圖剪滅。四十年八月，直搗烏勒圖賊巢。
金酋奔至噶喇依，將軍提兵追捕，擒殺無算。四十一年二月，攻克
噶喇依，索諾木就擒，逆酋兄弟莎羅奔、甲爾瓦沃雜爾、斯丹巴旺并
兩土婦，及助惡之大頭人丹巴沃雜爾、阿木魯綽窩斯、甲尼瑪噶喇
克巴并大小頭目男婦二千餘人悉就擒獲，獻俘京師。金川全境
蕩平。

　　按：金川本吐番遺種。唐時吐番北盡河湟，南通六詔，其地甚
廣。今金川所轄瓦寺、沃日、償拉、促浸，西北雜谷、梭磨、竹克箕、綽
斯甲，西南木坪，再南明正，其地南北約三百里，東西約二百里，不過
吐番之一隅，所恃四面崇山，關塞險要，沿途皆峭壁懸崖，偏橋窄徑，
緊要隘口復建有戰碉石卡，層層羅列，防禦甚嚴，故敢跳梁耳。究之
大兵所到，無堅不摧，坐致滅亡，實爲可憫。乾隆四十一年，設鎮駐
守，就地屯田，更易控制。行見耳濡目染，漸習華風，革其獷悍之性，
與內地民人無異，尤用夏變夷之道也。

蕩平金川賀表②

　　王公滿漢文武大臣和碩顯親王薀著等奏云：
　　維金川之小醜，介蜀塞之一隅。徼接牂牁，輒夜郎之自大；蠻聯

---

①　側思，據前文卷十，當爲"側累"。
②　此文見於馬俊良《麗體金膏》卷二《邸報》，略有刪節。

板楯，每鉤町之相攻。懷奸久恃其包藏，援律曾經夫撻伐。射九斯[①]而滅跡，神威早凜軒弧；祝一面而全生，大德幸寬湯網。方謂雷霆怒息，期豹性之終馴；豈知雨露恩辜，尚鴞音之難革。兇殘相繼，索諾木則貙又生羆；間牒潛通，僧格桑則唇還依齒。窃稱戈於鄰部，妄逞磨牙；屢出押於疆臣，猶稽落膽。

　　我皇上念階闥垤蟻，跳梁自聽争封；巢奪屏鳩，幺麼何煩汗[②]斧。倘鏇縩之受約，三章原許羈縻；即坎穴之潛形，九伐猶遲聲罪。乃陸梁之兢阻，竟黑子之自憑。越分壤而蜂屯，頻遭攘敓；抗顏行而鹿鋌，敢肆憑凌。拒比陰螂，既生成之甘絶；噬同瘐狗，洵苞蘗之當鉏。蠢兹憤結神人，誕申威於司馬；鑒彼寧求邊徼，宜剪蔓於封狼。爰將逆命之征，用示不庭之罰。銀麟授印，建太白以懸斿；玉虎分符，練巾黃而屺率。桃關啓路，威通井絡之墟；雪嶺揚兵，氣奪碙金之堡。指驚禽之晝落，但怯虛弦；逐毚兔之宵奔，惟存空塹。平吞堅壁，全收儳拉之疆；移[③]豎高牙，進壓促浸之境。會久羈於置頓，旌門未戒遊氛；乃再整於前茅，報舍俄看改色。索倫選隊持挺遄行，健鋭掄精修戈偕作。集貔貅於兩路，遥分犄角之規；嚴[④]刁斗於中權，酌[⑤]展攻心之略。反側重歸掌握，仍置堠以相通；渠魁同恃樊攤，與離同。復劻旌而進討。掠盤空之過鳥，谷噶方直闓巇嶙；驅伏戤之蹲鴟，馬尼亦交轟霹靂。羅博瓦山回束馬，雲端忽下狼[⑥]弧；空[⑦]薩爾遥[⑧]轉緣猱，地底

----

①　九斯，《麗體金膏》卷二作"九頭"。
②　汗，《麗體金膏》卷二作"汙"，當是。
③　移，《麗體金膏》卷二作"穩"。
④　嚴，《麗體金膏》卷二作"擊"。
⑤　酌，《麗體金膏》卷二作"獨"。
⑥　狼，《麗體金膏》卷二作"蝥"。
⑦　空，《麗體金膏》卷二作"康"。
⑧　遥，《麗體金膏》卷二作"徑"。

争鳴鼓角。機迎破竹，遞克宗之伏莽都銷；令肅銜枚，噶爾丹之鍛領①奚遜。五十里日旁收塞，夾河成斷臂之形；數百尋昆色摧碞，奪臨得扼吭之勢。於是狐空一窟，勒烏圍岶負先清；遂乃隼擊三霄，科布曲刃迎欲解。超危峰於西里，四山之紫焰交騰；壓層栅於索隆，百逌②之青霜競舉。噶喇依③衿喉直破，投戈早懾群番；雍中寺門户徒憑，拔幟俄臨孤壘。布長圍於鐵④陣，倏驚天上神兵；斷啄走於豚圈，只剩井中殘喘。值腹心之自潰，絨布揚麾；遂鈴橐與柝同。之相聞，獨松開道。枯魚乞命，賊徒皆傳願祈降；破壘⑤亡家，逆屬亦束身來請。功成掃穴，星飛看露布之傳；捷奏俘渠，組繫停檻車之送。

　　是皆我皇上天威式播，神武丕宣。懸金鏡於先幾，無微不照；握瑶符⑥於秘竿，音算。惟斷乃成。赤羽宵傳，警銅籤而問漏；丹毫畫御，對銀匭以批章。蓋奇正皆⑦資，授算不逾乎寸晷；故機宜悉當⑧，集勳適藏夫五年。溯不獲己而用兵，亭育本好生之德。迨無可赦者有罪，貫盈申怙惡之誅。黄鉞聲靈，凛覆巢之自取；紅旗騰踏，睹磨盾之頻施⑨。共看露⑩卷沈黎，武庫之干戈戴⑪戢；遥聽歌傳榦木，雪山之耕鑿常恬。……册府銘勳，瞻紫閣丹青交映；靈臺偃伯，慶泮宫琬琰同輝。奏朱鷺以宣鐃，彌切尊親之戴；擬白狼以進頌，難召蹈舞之忱。

---

① 領，《麗體金膏》卷二作“翎”，當是。
② 逌，《麗體金膏》卷二作“道”。
③ 噶喇依，《麗體金膏》卷二作“則朗噶”。
④ 鐵，《麗體金膏》卷二作“蛇”。
⑤ 壘，《麗體金膏》卷二作“巇”。
⑥ 符，《麗體金膏》卷二作“鈐”。
⑦ 皆，《麗體金膏》卷二作“兼”。
⑧ 當，《麗體金膏》卷二作“凛”。
⑨ 施，《麗體金膏》卷二作“馳”。
⑩ 露，《麗體金膏》卷二作“霧”。
⑪ 戴，《麗體金膏》卷二作“載”。

軍機大臣議定善後事宜[①]

　　大學士舒赫德等奏准議覆將軍阿桂等具奏酌籌善後事宜一摺：

　　一、據稱：木坪、瓦寺土司皆曾懇請赴京，明正土司習尚與内地無殊，鄂克什土司感有[②]繼絶鴻仁，無不樂從恐後。届時令此各土司先行赴闕，其餘或有豔羨輸忱，愿行瞻仰者，更定年限、班次，輪流入覲等語。

　　查邊外各土司僻處荒徼，不諳禮法，向雖立法羈縻，而野性未馴，往往滋釁仇殺。兹當僭拉、促浸以次蕩平，各土司自應望風震懾，共凛天威，俯首帖服，不敢復行滋事。乃蒙我皇上憫其蠢愚，欲使胥臻王化，令各土司仿照回部伯克之例，輪流入覲。以理藩院爲之典屬，俾其擴充知識，得覲天朝禮法，久之可革其獷悍之風，誠引掖漸摩、久道化成之至意。據稱木坪、瓦寺、明正、鄂克什各土司率皆傾心向化，懇請入覲，應同綽斯甲布土司，均令將軍率帶來京，俾得瞻覲天顏。其餘各土司，仍令酌量遠近，定以年限、班次，輪流朝覲。

　　一、據稱：兩金川既設營駐守，則附近土司亦應兼隸，待[③]改設將軍一員，與總督同理番務，經理地方，更爲有益等語。

　　查川省口外各土司，向隸地方文武管轄，乃平時不能妥爲駕馭，俾共知畏懼[④]，及至獷悍不馴，稍有[⑤]滋事，輒復因循遷就，釀成事端。如兩金川啓釁，皆由該督提等各懷畏懦，總以調停將就爲得計，致逆酋等無所儆懼，漸肆鴟張。兹蒙聖慮周詳，令於促侵[⑥]、攢拉之地設鎮

----

① 此文見《乾隆朝上諭檔》，有删節。
② 感有，《乾隆朝上諭檔》作"感荷"。
③ 待，《乾隆朝上諭檔》作"特"，據前後文，當是。
④ 畏懼，《乾隆朝上諭檔》作"畏懦"。
⑤ 稍有，《乾隆朝上諭檔》作"稍稍"。
⑥ 促侵，《乾隆朝上諭檔》作"促浸"，按"促浸"爲地名，當是。下同，不再出注。

駐兵,則附近土司自當有所專屬。特設將軍與總督、提督同理番務,其各土司應辦事宜,仍隸之理藩院總統,則體統既尊,一切易於控制。

一、據稱:雅州地方於西、南、北三路,均非窵遠,應令將軍、總督同駐省城,提督移駐雅州等語。

查贊拉、促侵之地以次蕩平,其餘土司仍各就土境,世守分職,自應於沿邊扼要之處,移駐重兵。應即令新設之將軍駐扎雅州,提督移駐美諾,更爲得勢。其打箭爐原設之阜和營遊擊不足以資彈壓,應請將泰寧協副將移駐鑪城,阜和營遊擊移駐化林坪,仍於勒烏圍添設總兵一員,噶喇依添設副將一員。其餘險要處所,並就地方形勢安立各營,俾星羅棋布,聯絡橫互,於衆土司之中實爲一勞永逸。

一、據查:贊拉形勢,美諾爲適中之地,應設總兵或副將一員,帶兵八百名,以資統轄。其底木達、布朗郭宗設都司一員,駐兵三百名。大板昭,駐兵二百名。僧格宗設遊擊一員,駐兵三百名。翁古爾壠,駐兵二百名。約咱,駐兵二百名。章谷舊有汛兵,添足兵一百名。其別思滿與維州所屬之屯練,境地相連,即於維州協派出安設小汛。自別思滿直至底木達,自底木達西北至大板昭、喀爾薩爾,中間應設小汛,即於底木達、大板昭兵內派出安設。自底木達至美諾,而僧格宗、翁古爾壠、約咱以至章谷,中間小汛亦即於各處兵內酌派備弁,帶兵安設。自章谷至打箭爐,中間大泡山應行駐兵,於阜和營撥出三十名,安設一汛。至從雅州木坪而鄂克什以抵美諾,及從成都桃關、臥龍關而抵美諾,其中俱設小汛以通文報。所需之兵,即從美諾官兵內撥出分設。如此布置,則由東北維州,西南至打箭爐,袤延千里之內,官兵橫互於各土司之中,足成控制之勢。惟是設兵必須籌食,若從內地長川運供,既無此辦法,而附近之番境可耕之地甚少,一年所種之麥稞不足供番人一歲之需,欲求經久之計,非設屯不可。但番衆所住之碉寨俱零星分佈,官兵不能散處謀耕。計惟將應用兵即在隨征川兵内，照數酌留，仿照自打箭爐至西藏之例，分段安設，並酌給牛具、籽種，就近開墾。試辦一年，如有成效，即須止給餉銀，不必另籌兵食等語。

　　查阿桂原奏，於美諾駐設總兵，其底木達等處酌設遊擊、都司等員，并各設小汛。其意欲將促侵雪山之險分賞各土司，而於噶喇依設立喇嘛古廟爲化導。隨經奉旨，詳切駁諭。原奏只就儹拉一處而論，今自當合兩金川地勢，通盤籌辦，應令會同新設將軍及提督等通籌熟計，具奏到日，再行核議。其新設各營所需兵食，現在各路運到軍糧均屬寬裕，自應將餘糧分撥新營，以供軍饟。仍一面仿照新疆之例，令駐守之兵就地屯田，或兼令畜牧①牛羊以供口食，應令一並悉心定議具奏。再，原奏促侵、儹拉地方應移設官兵幾及三千名，如本省抽撥不敷，或於江浙無事省分酌量裁減添補等語。臣等酌議，似應於江蘇、安徽、浙江、江西、湖北、山東、河南、山西等省腹裏事簡營分內，酌減名額，以符川省新添兵數。口外跬步皆崇山峻嶺，且不產糧料，於飼馬非宜，自應每百名兵酌設馬兵十之二三②，留爲步兵獎拔之途，毋庸多養馬匹，較爲合宜。

　　大學士于敏中等具奏議覆將軍阿桂會同明亮等奏覆酌商善後事宜一摺：

　　一、據稱：原議各土司輪班朝覲，查現在明正、木坪、瓦寺、鄂克什、丹壩、梭磨、噶克、卓克采、綽斯甲布土司因未出痘，已另派大頭人預備進京。霍爾章谷、朱窩、納扑沖等無不情殷瞻仰，應令於冬季進京等語。查入覲之土司前奉諭旨，令其年前到京，與外藩同與朝正宴。貴其於十一月間，派員帶領護送，仍知照沿途督撫一體照料等。

---

① 畜牧，《乾隆朝上諭檔》作"孳牧"。
② 二三，《乾隆朝上諭檔》作"一二"。

因其餘各土司如何定以年班之處，並令明亮等妥爲酌派，以均體恤。

一、據稱：將軍駐扎雅州，與總督兩地相懸，遇有緊要番情，不獲立時商確。倘意見參差，往來咨詢更稽時日，且雅城難容滿兵挈眷居住等語。自屬實在情形，應如所奏，將軍亦令同駐省城，所有滿兵等無庸移動。

一、據稱：提督移駐美諾，爲通省之偏隅，於文移往來及考拔兵弁等事皆爲非便。應如所奏，提督帶兵駐扎雅州，無庸移於美諾。

一、據稱：泰寧協移駐打箭爐，即應照阜和營兵米之例，折支阜和營兵六百零九名，每兵每年支米折銀十兩零八錢，其泰寧協兵八百八十餘名，每兵每年支米折銀七兩二錢，雖多費米折，而營制得宜等語。臣等伏思打箭爐爲沿邊緊要之地，議請改設副將，惟期體制合宜，原不在多添兵卒，只應將泰寧協副將移駐打箭爐，其兵數仍照阜和營原額。其阜和營遊擊即移駐化林坪，所有兵額亦仍照原數，無庸移改。

一、據稱：儹拉地方駐設總兵，乃分設遊擊、都司、塘汛，應請仍照前奏辦理。其就地屯田事宜，仍照前奏，各就所駐官兵授地耕種。至金川地方，在在山巒間隔，應再酌留兵四千名，以資分駐，分晰開單具奏，臣等查核單開促侵共安兵三千名，於勒烏圍設總兵一員、遊擊一員、都司二員、守備三員、駐兵一千名；噶喇依設副將一員、都司二員、駐兵七百名；噶爾丹寺設遊擊一員、守備一員、駐兵三百名；菇寨設參將一員、守備一員、駐兵四百名；馬爾邦設遊擊一員、守備一員、駐兵三百名；增達設守備一員、駐兵三百名。其中應設小汛，各於所安兵內撥設。儹拉共安兵三千名，美諾設總兵一員、遊擊一員、都司二員、守備三員、駐兵一千名；底木達設都司一員、駐兵五百名；大板昭設守備一員、駐兵三百名；僧格宗添設參將一員、守備一員、駐兵五百；翁古爾壟設守備一員、駐兵三百名；約咱設都司一員、駐兵三百

名;章谷原設防兵,應添足一百名,酌派千總一員駐防。後設五營,美
諾爲懋功營,設遊擊一員;底木達爲撫邊營,設守備一員;阿爾古爲綏
靖營,設守備一員;噶喇依爲崇化營,設都司一員;茹寨爲慶寧營,設
遊擊一員。其應設小汛塘遞,各於所安兵內抽撥安設。布置均屬妥
協,應如所議辦理。惟查阿桂前奏大泡山應駐之兵,應令將軍等於泰
寧營兵內量撥安設。至稱儹拉、促侵地土磽瘠,又無好草多畜牛羊。
今計議兵丁三人共給地畝一分,兩人當差,一人耕種,供兩人之食。
現有餘糧七萬餘石,足供分駐兵丁兩三年食用。初辦屯墾時,先將餘
糧爲各兵口食,一面官辦牛具、籽種,分給以資東作。但輪班戍守,三
年一換兵丁。因非恒產,未必盡心開墾,必令兵丁攜眷居屯,始堪永
久。如有情願挈眷來居者,照烏魯木齊兵丁搬家之例,官爲資送。而
兵丁初至,照舊於應得錢糧外給與鹽菜口糧。俟墾種已成,再將鹽糧
停止,庶辦理可望集事。倘有餘地,當於雜谷鬧五寨屯兵內移駐,並
於維、保一帶來營貿易人等內番人居多,亦可招募開墾,其家眷一體
給資遷徙。如有兵丁缺出,即可招募充補。所有挈眷民人、遷移之屯
兵一體酌給牛具、籽種,俾得及時種藝,所辦亦屬妥協。至番地建蓋
房屋不能經久,應分建大小碉寨居住,於兵民並投番內挑擇工匠,分
建碉寨,酌給口糧雇值。此外,如鹽、茶、布疋、棉絮之類,皆所必需,
每年官爲辦運,定價銷售。而屯種收糧等事,擬於同知、佐雜內派員
分駐,三年一換。如於屯墾事宜實心奮勉,以應陞之缺奏請即陞。臣
等逐一核議,均屬合宜,應如所議妥辦。

　　一、據稱:添設官兵,應於江浙等省酌減名糧,以符新設營汛兵
數。查安設官兵六千五百名,原議於現在兵內再留五百名以供役使,共六千五
百名。每年需鹽菜銀七八萬兩,應於江浙等省均勻酌裁,俟番民樂業
後再行酌減,統令將軍明亮等逐漸試辦奏明。奉旨:軍機大臣核覆
阿桂等議,奏番境應設綠營兵六千五百名,歲需屯墾鹽菜銀七八萬

兩,請於江蘇、安徽、浙江、江西、湖北、山東、河南、山西等腹内省分酌
減名糧抵補等語一款尚未妥協。朕平定兩金川,不惜七千餘萬帑金,
爲綏靖邊圉一勞永逸之計,何惜此七八萬鹽菜之需。況江浙等省營
分雖居腹地,亦有差操防汛之事,若酌減名糧,於各該省兵丁生計殊
屬有碍,自可無庸裁減。所有川省歲需屯兵鹽菜之費資,着該督文綬
即於正項内動支。至番地初定,新設營汛全賴將軍控馭彈壓,自應令
將軍每年至兩金川新設營分巡查兩次,副都統亦當每年巡查一次。
將所有滿兵輪派隨往,庶駐防兵丁常得演習勤勞,即綠營官兵亦知所
觀法。餘依議。

茂羌

　　茂州氏羌,地方數千里,在萬山中,古冄駹國也。漢武南通夜郎,
西開冄駹,始置汶山郡,驅羌蠻而西之,以大江爲限。宣帝爲北部都
尉。隋爲蜀州,尋改會州。唐貞觀改茂州,向無城郭。宋熙寧中范百
常知茂州,民請築城,而蠻人來爭,百常拒之,且戰且築城,乃得立。
自宋迄元,皆爲羌人所據,不置州縣者幾二百年。洪武六年,茂州權
知州楊者七,及隴木頭、靜州、岳希蓬諸土官來朝。十一年,設茂州,
以統羌民;設茂州衛,以統軍伍,軍居内城,民居外城。時四川都司遣
兵修灌州橋梁至桃關,汶川土酋孟道貴疑之,集部落阻桃關道。都司
遣指□①胡淵、童勝等統兵分二道擊之,一由石泉,一由灌口。由灌口
者進次桃關,蠻長伏兩山間,投石崖下,兵不能進。適汶川土官來降,
得其間道,乃選勇士卷旗甲乘夜潛出兩山後,遲明,從山頂張旗幟,發
火礟,蠻驚潰。師進雁門關,道險,蠻復據之。乃駐平野,得小舟渡,
至龍止鐵冶寨,擊破之。其由石泉者次泥池,蠻悉衆拒。千户薛文突

---

①　□,原文漫漶不清,存古書局作“揮”。

陣射却之，士卒奮擊，大敗其衆。兩軍遂會於茂州，楊者七迎降，以者
七仍領其州。乃詔立茂州衛，留指揮楚華將兵三千守之。十五年，者
七陰結生番，約日伏兵陷城。有小校密告於官，遂發兵捕斬者七。生
番不知覺，如期入寇，官軍掩擊，敗之。於是盡徙羌民於城外。

正德二年，太監羅篇奏：茂州所轄卜南村、曲山等寨乞爲白人，
願納糧差。其俗以白爲善，以黑爲惡。禮部覆：番人向化，宜令入貢
給賞。從之。十四年，巡撫馬昊調松潘兵攻小東路番寨，而茂州核桃
溝上下關番蠻懼，遂糾白石、羅打鼓諸寨生番攻圍城堡，遊擊張傑敗
績。十五年，巡撫盛應期奏綽頭番犯松州，總兵張傑克之，復犯雄渼
屯，指揮杜欽敗之，煙崇等寨皆降。

其通西域要路爲桃坪，即古桃關也，有繩橋渡江。守桃坪者，爲
隴木司。茂州長官三：曰隴木，曰静州，曰疊溪。隴木長官司，其長
官即隴木里人也，洪武時歸附，授承直郎，世襲長官，歲貢馬二匹。所
屬玉亭、神溪十二寨，俱爲編氓，有保長統之。静州長官司，其地即唐
之悉唐縣，其長官亦静州里人也，襲官、貢馬與隴木同。正德間，與岳
□□①、節孝爲亂，攻茂城，斷水道七日。節孝弟車勺漕引水以濟我
軍。事平，使車勺襲職，轄法虎、核桃溝八寨，俱編户爲氓，亦有保長
統之。疊溪千户所，永樂四年置，領長官司二：曰疊溪，在治北一里；
曰爵即，在治西十五里。疊溪郁氏，洪武十五年歸附，給印世襲。凡
三年貢馬四匹，長官所轄河東熟番八寨皆大姓，及馬路、小關七族。
其土舍轄河西小姓六寨，土地廣遠，饒畜産，稞麥路積，人家梟點，名
雖熟番，與生番等。爵即長官啖保，萬曆年間②與黑水、松坪稱兵，攻
新橋，伏誅。漢關墩附近諸小姓舊屬爵即，至是改屬疊溪。萬曆二
年，刁農、窄溪、得勝、魏門等寨願納款降附。知州張化美探知其情，

---

① 　□□，原文漫漶不清，存古書局本作"希蓬"。
② 　萬曆年間，《明史》卷三一一《四川土司一》爲"萬曆十八年"。

條議具報,招撫歸順,量給羈縻,列爲編民。崇正末年,土司乘亂占據各寨,羌民構訟,頻年不安。

國朝康熙六年,知州黄陞查驗前知州張化美給券,遵奉院道批詳,給以木牌鐵刻,鐫石州前,永隸茂州,不許土司侵管,羌民悦服。惟黑虎生番歷代以來恃其山箐險阻,屢肆猖獗,有明三百年,出没官道,掠擄人民,虔劉牲畜,歲無虚日。接連茂州龍溪一十八寨,羊腸一線,羌番雜處,其人皆不通聲教,非可以威力制以文告服者。故明時設軍衛,亭障斥候,遠邏相望,所爲綢繆禦侮之計,難且慎矣。自我國家統一區宇,天威疊震,聲靈赫濯。先時龍蒲、星水等寨蠢動,帥臣用張撻伐,黑虎、龍溪各寨固已聞風窜伏,罔敢猖狂。康熙四十二年,巡撫貝和諾、提督岳昇龍先後招撫,各寨納土歸誠,俱賞給銀牌、緞布、牲牢、米物。復命州牧協同威茂參將親臨碉寨,閲其疆界,稽其户口,以杜侵冒。諸羌群相悦服,獻圖列册。黑虎七族生番每年量輸麥糧,以示羈縻。龍溪十八寨得户千一十有二,歲輸麥糧八十石。自是各番始畏威懷德,傾心内附。

大抵茂去省近,漢夷相半,羌民久被聲教,間有不逞者,可以王法繩之。惟松、疊爲巴西極塞,夷情狡狙,控制維艱,且雜谷、金川土司每每恃功驕縱,故必重兵備守。蓋松茂所以扼塞吐番,疊溪則爲松茂脈絡,昔人謂吐番有事必自威茂,南詔有事必自沈黎,吐番、南詔共有事必於灌口。乾隆四十一年,蕩平金川之後,各處安設臺站營房,威茂已爲内地,從此習染華風,革心革面,自不復有跳梁之患矣。

錦里新編卷十二

邊防二

西藏[①]

　　西藏唐古忒，即圖伯特國，部落繁多，明統稱烏斯藏，古三苗種也。舜徙三苗於三危，三危者，爲喀木、爲危、爲藏。魏晉以前，未通中國。隋開皇中，有倫贊索者居牂牁西，滅土渾，盡有其地，建國居跋布川西。改姓爲窣勃野，以禿髮爲國號，訛爲吐番。

　　唐貞觀八年，其贊普弄讚贊普，王號。遣使朝貢，請婚，太宗不許。吐番率衆屯於松州之西境入寇。太宗命將率步騎五萬擊敗之。弄讚大懼，引兵退，遣使謝罪，因復請婚。太宗以宗女文成公主下嫁，令江夏郡王道宗持節送之。弄讚親迎於河源而歸，別爲公主築城，立棟宇。公主惡其人皆赭面，贊普遂令國中權罷之。亦自襲紈綺，釋氈罽，漸慕華風。仍遣酋豪子弟請入國學以習《詩》《書》，又請中國文士典其疏表。高宗立，授弄讚爲駙馬都尉、西海郡王。因請蠶種及造酒、碾磑、紙墨之匠，並許焉。則天時，弄讚玄孫棄隷縮贊立，復請婚。中宗亦妻以所養雍王女金城公主。帝幸始平縣，設帳於百頃泊，側引王公、宰相及吐番使入宴。酒闌，命吐番使前，諭以公主孩幼割慈遠嫁之旨，上欷歔久之。因命學士李嶠等十七人賦詩餞別。改始平爲

---

①　本條相關文獻可參看《西藏志》《西藏圖考》及《康輶紀行》等。

金城縣，又改其地爲鳳池鄉愴別里。公主至吐番，亦別築一城以居。睿宗時，楊矩受吐番厚賂歸，爲代請河西九曲以爲金城公主湯沐邑。與之，未久而叛。玄宗十七年，吐番恃强，表疏悖慢。帝怒，遣將大破之。復請和。遂命使臣往視金城公主。吐番復進表朝貢如初，公主亦別有進獻，並奏請《毛詩》《禮記》《左傳》《文選》各一部，亦與之。正字干休烈疏諫，不報，卒與之。二十四年，常侍崔希逸以殺白狗爲盟，誑吐番，計破於青海，復絕朝貢。二十八年，寇維州，又破之，得安戎城，詔改爲平戎。二十九年春，金城公主薨，吐番來告，仍請和，上不許。乾元後，吐番乘唐間隙，盡有戎境。肅宗年間，吐番遣使請盟。郭子儀令於鴻臚寺歃血，以申番戎之禮。廣德元年，吐番以京師失守故，因降將高庭暉入長安，立廣武王爲帝。旋爲郭子儀設疑兵，悉衆遁去。建中二年，吐番請以賀蘭山爲界。四年，遣官盟於清水，即大詔前甥舅聯盟碑也。興元元年，吐番助渾瑊，大破朱泚於武功之武亭川。因許以涇州、靈州相報而未與，吐番詐邀會盟，劫城而陷其軍，渾瑊僅以身免。自此，大入寇，掠吳山、汧陽等界。貞元五年，劍南節度使韋皋大破之，盡復嶲州地。七年，又攻破吐番。十六年，詔韋皋出兵成都以紓邊患。遂命陳洎等統兵出龍溪、石門及南道雅、邛、黎、嶲，並進攻昆明、諸濟城諸路，凡九道並進。自八月至十二月，屢破其衆，拔七城。遂圍維州，擒番將莽熱，獻俘於京。穆宗長慶元年，吐番復請盟，乃命御史大夫劉元鼎充會盟使。初，元鼎見贊普於閟㥘盧川，蓋贊普夏衙之所。其川在邏娑川南百里藏河之所流。"臧"當作"藏"，即西藏所由名也。時吐番遣論悉諾息隨元鼎來朝，於是不復叛。自黃巢後，遂爲阻絕。然而其國亦自衰微，族種分散，無復統一矣。

周廣順三年，西河節度申師厚奏請授吐番首領折補支等官。迨至宋初太平興國八年，吐番入貢，太宗曾召見酋長於崇政殿，優禮之，以故朝貢不絕。後其境爲李繼遷所侵，首領潘羅支率番部三十二族納質，授朔方節度使。咸平元年，河西軍左廂副使、歸德將軍折逋游龍鉢來朝獻馬。番四世雖受朝命爲酋，貢方物，而未嘗自行，今始至。詔以爲大將軍，助兵討李繼遷，嗣爲遷黨戕於帳。其後各族互相吞并。有唃斯羅者，名斯南陵温錢逋，錢逋者，猶言贊普也。貌奇偉，部族彊盛。立李立遵爲論逋佐之，論逋者，相也。求內附。明道初，授寧遠大將軍。後數以奇計敗夏元昊，潘羅支舊部往往歸之。寶元元年，加寶順軍節度使，約以擊元昊，然不能有功。自神、哲、高三朝，或加檢校太尉，或爲刺史，或授太保，或拜團練使，皆授官於宋。然而當時西河既失，加以西夏亦未嘗不爲邊患也。遼時亦入貢，有大番、小番及胡勿思山番之別。

元初因俗，首領章古來朝，封爲寧濮郡王，鎮西寧於河州。太祖四年，帝入河西，帥獲尅兀喇海城，並歸西寧領之。設吐番等處宣慰使，建元帥府，以洮、岷、黎、雅諸州隸之。世祖以其地廣而險遠，民獷而好鬭，思有以因其俗而柔其人。乃郡縣吐番之地，設官分職，而領之於帝師。帝師八思巴者，吐番薩斯迦人。生七歲，誦經數十萬言，能通大義，國人號曰神童。中統元年，尊爲大寶法王，賜玉印，統釋教。嗣數世弟子，號司徒、司空、國公，佩金玉印章者前後相望。蓋當時朝廷所以敬禮而尊重之者，且重以周也。

明以其地爲烏斯藏。烏斯藏者，本吐番而別立爲國者也。吐番中惟烏斯藏專以釋道教化，頗柔順易服。在西徼外，去四川馬湖府千五百餘里，雲南麗江府千餘里，陝西西寧衛五千餘里。其地多僧，無城郭，其僧有居大土臺及土臺外者。洪武初，太祖懲唐世吐番之亂，思制御之，惟因其俗尚用僧徒化導爲善，乃遣陝西行省員外郎許允德使其地，令舉元故官赴京授職。於是遂授攝帝師喃加巴藏卜爲熾盛佛寶國師，錫玉印。又授元帝師八思巴之后八哥監藏巴藏卜爲大國師，授烏斯藏僧答力麻八剌爲灌頂國師，並錫玉印。佛寶國師及答力麻八剌遣使入貢，奏舉土官多人，因置指揮、宣慰、萬户、千户等官，鑄分司印予之，餘授職有差。永樂三年，僧哈立麻者，國人以其有道術稱之，成祖因授職爲演教如來大寶法王，烏斯藏僧昆澤思巴亦授爲大乘法王，授吉剌思巴監藏巴藏卜爲闡化王，授思達藏僧南渴烈思巴爲輔教王，授必力工瓦僧領真巴兒吉監藏爲闡教王，授靈藏僧著思巴兒監藏爲贊善王，授宗巴斡爲護教王，並有授爲西天佛子、灌頂大國師者，皆賜給印誥。蓋其地皆倚中國之茶爲命，而當時入貢者又優以茶布，諸番戀貢市之利，且欲保世官，不敢爲變。故終明之世授官加號以羈縻之，交市茶馬以誘致之，雖動於利而未嘗爲患，終不能如國朝德威遐播，傾心歸化，直隸版圖，而謳歌帝治於無疆也。

我朝自太宗文皇帝崇德七年，班禪額爾德尼、達賴喇嘛謂東土有聖人出，遣使自人跡不到之區，終讐敵之國，閱數年始達盛京，通貢於朝。達賴喇嘛、班禪額爾德尼者，西藏番人所稱活佛是也。活佛皆遞生於世，其父母稱爲佛公、佛母。活佛轉世時預示以降生處所，初生即能道前生事，故番人異而崇奉之。順治五年，闡化王遣索納木剌希喇嘛入貢，繳明季所給誥敕銀印，奉旨換給禮部題定。貢朝三年一次，道由陝西，每次限以百人，准十五人進京，餘留邊，著爲定例。七年，闡化王遣噴錯堅挫喇嘛入貢，繳明季所給誥敕銀印。十年，又遣索納木畢拉西等入貢。十三年，又遣噴錯堅挫入貢，繳明季敕書玉印，經禮部題准換給。十七年，如來大寶法王哈里麻巴遣僧齎漢番字印表並進方物。又灌頂國師及灌頂圓通妙濟國師大悉都遣僧齎番字印表並進方物，道由雲南。後達賴喇嘛之歿，第巴隱匿不奏者十有六年。拉藏滅之，復興其教。中間策妄阿喇蒲坦率準噶爾之衆，肆行劫殺，廢第五輩達賴之塔，辱戕班禪，毀壞寺廟，名爲興教，而實滅之，且欲據圖伯特國。康熙五十八年，命定西將軍噶爾弼進剿，調撥滿洲、蒙古綠旗兵各數萬，歷煙瘴之地，直搗巢穴，賊皆喪膽遠遁。於是振興法教，賜虎必爾汗冊印，封爲第六輩達賴喇嘛，封康濟鼐爲貝勒，阿爾布巴爲貝子，隆布鼐爲公，頗羅鼐、扎爾鼐爲噶隆。後頗羅鼐以擒逆功，疊邀恩命，封至郡王，領藏事。頗羅鼐率其次子朱爾墨特那木扎爾襲乾隆十五年謀逆伏誅，遂除其王爵。十六年，奉旨凡藏地均屬達賴喇嘛所有，輔國公三人，一等台吉一人，噶布倫四人，各頒給敕諭。戴繃五人，碟巴三人，堪布一人，均給理藩院執照，分司藏務，受駐藏大臣及達賴喇嘛管轄。達賴喇嘛居前藏，班禪額爾德尼居後藏。四十三年，班禪入覲，至京師駐數月。出痘，歿於京邸。五十六年，巴勒布侵擾後藏，上命大學士福公康安督師征剿。巴勒布納款，每歲入貢，與詔藏同，均受駐藏大臣節制，永著爲令。

　　西藏之地有四：一曰衛，一曰藏，一曰喀木，一曰阿里，轄六十餘城。拉撻居諸藏之中，又名中藏，至京萬有二千餘里。後藏在前藏之南，至京萬有三千餘里。喀木在衛藏之東，至京九千餘里。阿里在衛藏極西，至京萬有四千餘里。西藏寺廟不可勝計，康衛藏三處，上册有名之寺三千有餘，支糧喇嘛八萬四千有餘。其大喇嘛曰胡圖克圖，祿養皆取於所屬地方。大胡圖克圖下設倉儲巴一人，以司地方事。凡寺廟設堪布喇嘛一名，約束僧衆，有一品至八、九品不等，總以寺之大小、僧之多寡定其品級。有黃教、紅教之分，黃教務清淨，好布施，皈依佛法；紅教則吞刀吐火，咒雨呼風，專以劫殺爲能，即活佛所叱爲外道者也。婚嫁亦用媒妁，然多苟合者。生育子女不洗浴，初生時，其母以舌舔之。至三日，以酥油塗其遍身。稍長，男子教書算，或習一技；女則教識戥秤，習貿易，紡毛線，織氆氌，不習女紅。其俗女強男弱，遇差徭，則派及婦人。一家弟兄三四人，或娶一妻，如生子女，兄弟擇而分之。其婦人能合三四弟兄同居者，人皆稱美，以爲能於治家,不以淫亂爲恥。如有外交則明告其夫,曰某爲我之英獨,其夫怡然。夫婦悅則相守,反目即自擇所欲而適焉。凡人死均用繩縛,令膝嘴相連,兩手交插腿中,以平日所着舊衣裹之,盛以革袋,延請喇嘛念經,以冀冥福。數日後,負送剮人場,縛於柱,碎刮其肉喂犬,爲地葬。其骨以石臼搗成粉,和炒麪搓團,亦喂犬或飼諸鷹,謂之天葬,以爲大幸。剮人之人,亦有碟巴管約。每剮一屍,須費銀錢數十枚。無錢則棄屍於水,謂之水葬,以爲不幸。喇嘛死,其屍皆以火化,築塔。罪人刑罰甚酷,西藏相沿番例三本,計四十一條。大詔旁有黑房數間,拘攣罪人。犯法者,不論罪之輕重皆禁於内,用繩縛四肢,以待援法。如爭鬭死者,將屍棄水。殺人者,罰銀錢入公,並給屍親念經或牛羊若干;無銀則縛水中,藉殁其家。其搶奪劫殺者,不分首從,皆擬死,或縛於柱上,施以鎗箭較射。飲酒死則斫頭懸示,或送狢㺄野人食之,或活縛送曲水蝎子洞令螫之。若攫人財物,則將其家監禁,倍數追比。追完則將盜者抉目劓鼻,或去其手足,其慘酷殆不可聞。狢㺄野人國,在藏地之南數千里,其人名老卡止,荒野蠢頑,不知佛教,嘴刮數缺,塗以五色,性喜食鹽,不耕不織,穴處巢居,冬衣獸皮,夏衣木葉,獵牲並捕諸毒蟲以食。衛藏凡犯罪至死者,解送赴怒江,群老卡止分而啖之。

　　巴勒布即巴爾布,亦名別蚌,在藏地西南,與聶拉木接壤,即尼雅爾木。計程幾兩月。其地天道和暖,産稻穀、蔬果、紬緞、木棉、孔雀。向有三罕:一曰布顏罕,一曰葉楞罕,一曰庫庫木罕。於雍正十年遣使來藏,因駐藏大臣奏請内附,嗣爲其族廓爾喀所并。乾隆五十三年,廓爾喀之酋長喇納巴都爾與巴勒布至後藏,以交易滋事,勞我王師遠涉至脇噶爾,始震詟投誠,遣頭人瑪木薩野入貢。五十六年,仍復不靖,擾及後藏。福公康安督師征之,直抵羊布,喇納巴都爾畏罪納款。癸丑二月,班師。其地番民皆薙髮,蓄小辮,聯鬢短鬚,似西寧回鶻。尚容飾，額上塗白土二竪，眉塗紅土一丸，用金珠鑲花綴兩耳。以布纏頭，賤者用白，貴者用紅。着青白色小紬衫，以布束腰，着尖頭革鞡，佩短刀，壯①如牛角布鞘，臂挽一黑漆皮藤牌，徑約三尺。番婦披髮赤足，鼻孔穿金銀圈，然亦梳洗尚潔。

　　由後藏塞耳地方行十餘日，交白木戎界，再半月餘至宗里口，山崖壁立，往來者必以木梯度之。又數日，始至白木戎住牧地。所屬種類繁多：一名蒙，身着布衣，不遵佛教；一名總，幼時即以五色塗成花面；一種名納昂，男女俱不着衣裙，下以白布纏之，臥時以木爲枕；一種名仍撒，男着短衣齊膝，婦下亦以布遮，重着裙，不着上衣。惟白木戎男婦皆披藏紬偏單，行坐必佩刀。其地和暖，出産稻、菜、青稞、荳、麥、蔬果、大羱羠羊、大耳猪、崖羊，又産野象、獨角獸等物，亦呼爲小西天。地連朱巴，中以巴隆江爲界。白木戎東至米巴，南至西天鳥盆子，西至白布，北至日蓋子。日蓋子者，即扎什倫布仍仲寧翁結巴寺之後山也。由白木戎西去十餘日，交小西天界，再行十餘日始至小西天，從此登舟涉海，約半月即至大西天，盡極西之境矣。

打箭爐

　　打箭爐，故旄牛徼外地也，距省千里，天文亦井鬼分野，爲中華之極西出口，即烏斯藏界。天時多寒少暑，層巒峭壁，中隔瀘河，勢最險要。蜀漢時，諸葛武侯南征，孟獲遣郭達於此造箭，因是得名，至今土人猶廟祀郭將軍。《方輿勝覽》云：“大渡河，一名瀘河，爲黎州以南最要之地。”唐韋皋拒土番，李德裕拒南詔，皆扼此水，故議者謂大渡之不守則黎、雅、邛、嘉、成都皆擾。宋建隆三年，王全斌平蜀，以圖來

---

① 　壯，據姚瑩《康輶紀行》卷五“西藏外部落”條，當爲“狀”。

朝，議欲因兵威復越巂，藝祖以玉斧畫此河，曰："外此，吾不有也。"於是爲黎雅之極邊。曩時河道平廣，可通漕舟，自玉斧畫河之後，河之中流忽陷五六十丈，河流至此澎湃，如瀑從空而落，船筏不能通，名爲噎口。殆天設之，以限中外也。自元以來，番人於此互易茶馬，歲以爲常。明永樂五年，土目阿旺堅參以隨征明玉珍功，授爲明正長河西、魚通、寧遠軍民宣慰使司，世奉厥職，頗稱恭順，然亦不過羈縻不絕而已，未嘗納稅獻貢也。

我朝定鼎，德威所被，直通西域。康熙十九年，恢復關山、相嶺，則打箭爐一區亦川省所轄。三十九年，番蠻昌側集烈等窃據爐地，阻兵渡河。四川提督唐希順會同將軍莽吉祿調集漢土官兵，相機進剿。參軍李麟登先破蠻首，大兵會於河西。遊擊沙虎、魏國珍、張自成等奮勇撲殺，誅側昌集烈等，餘黨悉平。番民率眾歡呼，跪道歸附者一萬二千餘戶，皆與宣諭皇上威德，賞給銀牌，令各安住牧。建鐵索橋於河上，御製碑文，取名瀘定。明正司於此辦差，已故土司錫拉扎克巴乏嗣，其妻袞噶承襲。至堅參德昌，始移駐打箭爐，其子甲勒參德浸繼之。現今之明正土司也，管轄打箭爐十三鍋庄番民，約束新附土司及土千百户，計新舊土民二萬八千八百八十四户。上納貢馬、雜糧，歲折銀歸明正土司征解。

打箭爐以石爲城，漢番雜處，凡駐藏使臣及換藏兵丁均於此出口，自爐以往。多重茶，悉由内地負販，而爐又爲茶市總匯，現設郡丞一員，以理夷情，兼司糧務。向有督監榷稅課，今汰之，並歸郡丞。其地民人雖崇信浮屠，規規小利，然結以信義，而竭誠效順之心，雖死不易其志，殆亦天性使然也。夷婦類能貿易，凡客於其地者，皆招夷婦代爲經理，若夫婦然。生子，准客人攜帶回籍，生女則夷婦留之，仍事客商。故至其地者，多久而忘歸也。

建昌①

　　建昌，本漢邛都國地。漢武元封六年，以廣漢之西部、蜀郡之南部爲越嶲郡，即此郡。領邛都、蘇示、闌、臺登、會無、大窄、定窄、三絳、卑水、安上、馬湖十一縣，或治邛都，或治會無，遷徙不常。蜀漢雍闓誘孟獲煽惑諸夷，南中皆叛，諸葛武侯斬闓，七縱七擒以服獲，南人不敢復反。魏晉以還，蠻獠恃險鈔竊，乍服乍叛。至齊，復來納款，因爲越嶲獠郡以統之。後周武帝征越嶲，開地立嚴州。隋開皇四年，改爲西寧州，又改嶲州。唐武德初，嶲州領越嶲、邛部、可天、蘇示、臺登五縣。貞觀二年，割雅州陽山、漢源二縣來屬。天寶元年，改越嶲郡。大曆之歲，吐番、南詔合而入寇，衆至二十萬。李晟將邠、隴、范陽兵五千，自邛崍關追擊，大破之於大渡河，死傷略盡。南詔始請内附，韋皋奏宜招納之，以離吐番之黨。復與異牟尋約，築大城於境上，置戍相守。李德裕爲西川節度使，練士卒，葺保障，積糧儲，選雄邊子弟以制大渡河、清溪關之阻，蜀人乃安。其後李師望請移治邛州，於是聲勢不相及，南詔復騷動。唐懿宗時，郡爲蒙詔所據，改曰建昌府。

　　元至元間，置建昌路，立羅羅斯宣慰司以統之。明洪武間，克元將月魯帖木兒、賈哈喇，因罷宣慰司、建昌衛，置行營都司領之。成化二年，設建昌兵備道副使。十六年，設分守太監。嘉靖四年，設守備官一員，以都指揮體統行事，守備寧越地方，駐劄鎮西守禦千户所。七年，又設守備官一員，亦以都指揮體統行事，守備黎雅地方，駐劄雅州守禦千户所。十年，撤回分守太監。十五年二月，建昌地震數次，死傷甚多，軍民驚惶無措。寧番、越嶲、鎮西、邛、雅等衛所州縣同日俱震。愚民借爲古瀘州沉海訛言，轉相煽惑，幾至爲變。巡撫都御史

潘鑑、巡按御史陸琳禁止訛言，補葺城郭，預支軍糧，優恤被災人户，拖欠舊糧暫令停徵。脱監囚犯悉聽首官酌處，爲事軍職亦令聽委，立功贖罪。被傷極重之家，免稅糧一年。後乃無事。隆慶六年，逆酋安文等因與土官瞿氏爭襲，統率蠻賊首惡阿貴佐、擢拍、白牛、薦阿阿支、撒他等迫城擾害。至萬曆元年四月十九日，文等率各番蠻劄住木拖村、凹郎河等處，擄掠人財。建昌道兵備副使楊芷會同監理通判王爵牌行各衛官，齊集兵民人等，嚴守城池。先令旗軍周英等前去安文等賊□①宣諭利害，陽爲撫安，以便整旅。將原募兵勇八百餘名分劄城關要害，調取土舍安鎮，上②官家丁逆止穤、姑咱、計始撒刺各率部兵馳赴土官院南門橋要賊。賊恃黨衆，於本月十一日突至城下，芷親督兵驅戰，授以方略。官兵奮勇截殺，擒斬數百人，奪獲甲馬器械若干。建昌六衛軍民始得安枕。萬曆三年，巡撫都御史曾省吾、巡按御史郭莊題將建昌前衛并入建昌一衛。明末兵革之後，荒蕪極目，所有衛所屯軍準以當時舊額尚可得十之二三，但番猓出没不常，行旅、居民頻遭劫擾。

　我朝恩威遠及，剿撫兼施，南番、東猓以及邛部蠻酋莫不震懾。順治十六年，四川總督李國英、巡撫高民瞻蕩平黎雅之後，冕會、寧越、相嶺、瀘河、鳥道一線梗阻全消。署兵備道張元凱親詣各汛，查驗衝險，詳請兩院題定經制，易行都司。以總鎮府鎮標遊擊三員、守備三員、千把總十八員、馬步戰重兵彈壓，冕山、會川仍有尚防。後兵備道奉裁。至康熙八年，仍設建昌道，有監理廳以司糧糗，更有建昌、會川、鹽井、寧番、越嶲等守備五員守禦各所，千總十五員，雖改軍爲民，亦足以壯控制之勢。但番性貪險，惟事剽掠，可威制而不可德化，防禦稍疏即乘機劫奪。順治十八年，總鎮王明德調征川東後，涼山各寨

①　□，原文缺，存古書局本作"營"。
②　上，(雍正)《四川通志》卷十八作"土"，當是。

番猓嘯聚大眾，盤踞冕山、相嶺，劫殺桐槽站屯堡，商旅不行，塘撥不通。署兵備道張元凱奉巡撫佟鳳彩方略，相機捕剿，斬獲頗多，逆番始平。康熙九年，四川巡撫張德地前後十餘疏，大概言襲土官以重羈縻，請印記以專事權，酌減稅務，請恤災傷，議邊官之去留，勸邊地之開墾，其所以布置内地，安戢外番，可謂周詳而切當矣。康熙二十七年，會川營所轄東夷阿所因守備常珍失於駕馭，致成邊釁，爲賊所傷，隨經遊擊吳永祚討平之。建南土夷迷易、黎溪、紅卜苴、普隆、膩乃、維沙、普雄、那交、濫田壩、覺魯、黑保嘴、裴貝、大孤山、吽他等素恃險遠，叛服不常。康熙四十九年，四川提督岳昇龍統兵招撫。先是寧番城西土夷獏猰搶掠人民，遊擊周玉麟領兵剿討，至坎到底地方，爲賊蠻羅都伏弩所傷，亡於陣。至是提督岳昇龍一並撫定，俱各納土歸誠。

　　康熙五十五年，越雟衛所屬阿羊夷人加巴貫子結連臘珀嚕都，肆行不法，四川巡撫率漢土官兵討平之。於十一月初八日抵越雟城外駐劄，諮訪地利，知阿羊賊巢地名紅岩，相距越雟衛六十里，阻隔溪河，山箐陡險。其所勾連，紅岩以北則有小臘梅、松光林、載白沽、恰里鳴、阿波羅、姑巴沽、西糾、白石岩等夷砦；紅岩以南則有臘珀、青崗林、普雄、落處、必歷、老紅羅、烏結白等夷砦，俱係連山夾箐，延袤三百餘里。各砦有數十户者，有百餘户者，皆猓玀種類，約略二三千人，素相交通聯絡。又越雟城南有炒米關、兩河口，皆通普雄小路，阿羊出没之所。而賊夷後路又可抵峨邊營之太平墩一帶山箐。俱分布官兵堵截要隘，巡撫率守備蕭應鴻、李萃等劄營紅岩，居中策應。復遣冕山土百户慕庚、糯猓等齎傳令箭，前往賊寨宣布朝廷威德，冀其悔過革心。乃逆夷自負山險，執迷延玩，於是飛檄各路，同日進剿，連破其巴沽、普雄、東山、木枯等岩，殺傷賊蠻數百，直搗阿羊巢穴，絕其黨羽。隨將五里箐南至青崗林、普雄、落雪、羅烏等處，交膩乃安撫土司經管。五里箐北至腊珀、嚕都、紅岩、小腊梅,交護里邛部宣撫土司經管。自西糾至巴沽、白岩等處交煖歹密土千户經管,令其約束蠻人,各安住牧。

　　雍正四年,建昌糯咀所管夷猓金格等侵擾邊境,川陝總督岳鍾琪奏請調總兵趙儒、副將張成隆等進剿,擒獲賊首金格、阿租、官壽斬首,大小涼山悉平。又因大赤口爲涼山之咽喉、建昌之門户,隨委峨邊營守備司九功帶本營兵丁於大赤口近通太平墩一路,清查户口,踏勘形勢,經過膩乃等處橋梁道路,又招撫二百餘户,均令剃頭留辮,認納糧差。雍正五年,寧番三渡水、黑麻溪、腊汝窩等寨番蠻肆行,盜劫擄掠人民。川陝總督岳鍾琪奏請各路漢土官兵進剿,總兵趙儒、副將王剛統兵分路夾攻,平其三渡,進討腊汝窩,并會鹽營西十二村,連破賊寨,擒獲首惡了馬車①,其餘河東各寨俱陸續投誠。是年十月,四川提督黃廷桂進討結覺,適建昌逆番阿驢、阿都等殺傷滇省官兵,隨撥兵救援,分路進擊,斬其首惡,助兵之別哺加樂、阿必擒解。滇省各蠻畏威投誠,情願認納糧馬,各安住牧。

　　先是川陝總督岳鍾琪既定諸蠻,據建昌鎮趙儒、建昌道馬維翰會詳,題請涼山、普雄安設營汛,議將阿都宣撫司慕枝等二十一員土千户暫交河東宣諭司兼理,建昌鎮標中營遊擊分汛管轄。審扎土千户、顧車、喇嘛等三員附近涼山,歸建昌鎮右營遊擊分汛管轄。水黑岩、土百户、韓雅皮等九員番部俱在漢民界内,或隔三渡河,或附近涼山,歸冕山營遊擊分汛管轄。擺站田土百户大咱等五員,並寧番安撫司地方,俱漢番雜處,歸寧番衛守備管轄,與漢民一體編甲輸納。膩乃安撫司維沙等八員番部,深居涼山普雄,歸越嶲營遊擊管轄。土司土百户、六沛等七員番部,俱近涼山,歸寧越營守備分汛管轄。大赤口

_____

① 了馬車,應爲"丫馬車"之誤,番酋名。

土千户啞志等一二員番部，俱係涼山後路，歸峨邊營遊擊分汛管轄。外有曲母土百户咩咱，願繳印信號紙，改土歸流。其一切經商官道俱倣松番之例，每十里築土堡一座，周圍約一里五分，以資護衛。每五里築土墩一座，周圍仍築土堡約濶七分，以便兵民同住，共相守望。且議善後事宜八條：一、近地土司宜酌改流，以一治理；一、守土司牧宜改設，以彰表率；一、苗猓攜帶凶器，宜分處分；一、地方疆界宜清；一、拿賊之法宜定；一、蠻俗稱呼宜更易；一、蠻人拉當永宜杜絕；一、漢蠻貿易宜定場期，以杜流棍鑽夷之弊。俱候睿裁，奉旨依議。自是萬仞蠻山盡歸王化，改建昌衛爲寧遠府，領三縣一州一衛，永著爲令。

　　按：建昌向爲巴蜀西南荒裔，上至大渡河，下至金沙江，東接烏蒙，西達三渡，廣袤數千里，錯處諸夷中，山川險惡，控馭頗難。雖建昌、泰寧各設鎮協彈壓，冕山、會川、寧越、越嶲、會鹽、柏香、靖遠、永定、黎雅、化林、阜和、德靖、寧安各營沿邊臨口增設汛兵防守，然夷類犬羊成性，甚不可以歸誠而忽之也。向日文職設通判一員以經理之，雍正七年，因土司地方歸流者多，事務繁劇，添設知府一員，更名建昌衛爲寧遠府。其越嶲衛會理州並新改西昌、冕寧、鹽源三縣，俱歸知府管轄。至於野苗、熟番、白骨頭、黑骨頭等夷，其風土性情往往各別，修其教不易其俗，齊其政不易其宜，使之樂育並生於函蓋之中，尤服官於茲者所有事也。

　　雍正十一年，工部議覆四川總督黃廷桂條奏苗疆善後事宜一摺。奉旨：辦理軍需大臣議奏。欽此！

　　臣等逐條酌議，恭呈御覽①：

————————

　　①　此奏折見（嘉慶）《四川通志》卷九二。

一、奏稱河西廣袤千有餘里，由上渡廟頂至打箭爐，計程不出旬日，出接興過渡，即係木裡交界。由瀘沽數日可抵瓜別、會鹽，四通八達，雄山疊嶂，前後臨江，最爲險塞，非重兵大員不足以壯軍威而資分佈。查有兒斯之七兒堡，地居適中，平洋寬敞。應請於此設參將一員、左右軍守備二員、千總四員、把總八員、馬一步九、兵一千二百名，於周圍次沖處所，分置大汛以聯臂指。查七兒堡北有廟頂一寨，俱窩卜、上渡及山後接興等處往來要徑，形勢高曠，瞭望四旁數十里如在目中，應分左軍千總一員、兵一百名移駐防範。又西北有磋多，其地逼近後山，江岸上下小渡甚多，與明正司屬之鳥爾呷緊隔一江，應移駐左軍把總一員、兵五十名以資巡察。又七兒堡東有查凹濱，臨中渡，與水墨巖紫石別隔江相望，應分左軍把總一員、兵三十名把截江岸，以防夷蠻偷渡。南有瀘沽，乃會鹽、瓜別出入總匯，兼通河東麻哈渡口，應令右軍千總一員、兵一百名駐劄巡防。但瀘沽至七兒堡相距二百餘里，沿途山箐深密，應於適中之木羅、拉枯二處，令右軍把總二員，各帶兵五十名，分駐聯絡。其七兒堡之西過意魚卡，爲接興老寨，地險山深，對江即係木裡、木卡各枝夷部，渡口繁多。應分右軍千總一員、兵二百名控扼防禦，以壯後山聲勢。又西南則糯車五堡，形勢衝要，上至接興，下至拉枯、木羅、瀘沽，皆可呼吸相通，與七兒堡大營前後對峙，應分右軍守備一員、帶把總二員、兵二百五十名駐劄於此，提調接興、拉枯、木羅、瀘沽各汛，並彈壓江外土部，以助大營之不逮。至於河東地方，前應河西、兒斯，控扼三渡，後連冕寧、建昌，叢山綿亘。勘其地勢，瓦尾據腹心之上游，而虛郎亦當首尾之衝要，必須分設官兵，庶可臂指交資，應於瓦尾設都司一員、千總一員、把總二員、馬一步九、兵四百名。自瓦尾而北爲黑嶓山，上接窩卜，下據水墨巖，中渡瓦尾，而南爲麥地溝，乃枯魯、冉興一帶番蠻出沒要隘，應於黑嶓山、麥地溝二汛各分把總一員、兵六十名，駐防稽察。又趕到底逼近下渡,應令瓦尾外委一員、兵三十名,駐劄盤詰。至虛郎四山環繞,番猓雜處,前接白宿凹,後連白路溝,均屬險隘,請設都司一員、千總一員、把總二員、馬一步九、兵四百名,内抽撥把總一員、兵八十名分防白宿凹,再撥把總一員、兵五十名分防白路溝,再於虛郎左右馬吾呷、六翁二處,令外委二員,各帶兵三十名分防,以司巡邏。其新增各營俱歸七兒堡參將兼轄,仍隸建昌鎮統轄,庶輕重相維,措置嚴密,而營汛得控扼之宜,苗疆收彈壓之效。倘蒙恩允,請將新設各營,仰懇欽定佳名,垂諸永久。並請敕部鑄給參將、都司印記,以昭信守。以上議設參將、都司、守備等官,並請於各省熟諳風土夷情人員内揀選。題補千把等弁,即請於現在新兵千把内撥補。至添設馬步兵丁二千名,無須另募,亦即請於新兵内撥充一千八百名。其餘二百名,查寧番營遊擊管轄冕山、寧番兵丁八百名,今河東河西俱經安設,棋布星羅,壁壘相望,該營兵數似屬過多,應抽馬一步九、兵二百名,配隸新營,以敷其數。所有新舊營汛多定界址,以及各路應設塘撥,統俟各營設立之日再爲隨便宜布置,另册報部等語。查三渡河東西新闢苗疆幅員遼闊,其不法逆番甫經懲創,自應設立官兵控制彈壓,以爲久遠寧謐之計。今該督黃廷桂酌量險要處所增設營汛,分佈弁兵,聯絡防禦之處,尚屬周密,應如所奏。於河西之七兒堡,設參將一員、守備二員、千總四員、把總八員、馬一步九、兵一千二百名,内照數抽撥,分駐廟頂、磋多等處,以資防範。再於河東之瓦尾、虛郎二處,各設都司一員、千總一員、把總二員、馬一步九、兵四百名,内照數抽撥,分駐黑嶍山、白宿凹等處,以資防範。所設瓦尾、虛郎二營,俱歸七兒堡參將兼轄統隸,建昌鎮總轄。其營名,由内閣撰擬,恭候欽定。至印記,交與禮部鑄給。新增參將、都司、守備等官,命黃廷桂於通省弁員内揀選。提補、千總等官,於新兵千把内揀選調補。所設馬步兵二千名,查雍正九年欽奉諭旨,令黃廷桂募兵一萬名分撥標協營路在案,應於此項新募兵內挑選一千八百名充補,其餘二百名在於寧番營兵內抽撥。仍令黃廷桂俟各營設兵之後,即將分定界址及新設塘撥造册報部。

一、設兵必並籌餉。查建昌鎮屬每歲除屯糧支放之外,率多不足,仍食折色。今新設苗疆一切增置營汛四季餉米,自應按現在時地酌予價值,以敷備辦。查河東瓦尾、虛郎等處,雖跬步皆山,但相踞冕寧較之河西略近,往返馱運尚屬易通。新設都司二營,請照松潘鎮屬龍安營之例,每斗折色一錢四分,關給採買。若夫河西,則去內地險遠,懸岩側徑,所在崎嶇,兼阻三渡,馱載匪易。本處之田土既不出產米穀,而營制創設之始,商販亦勢不能立即流通。兵丁日食,惟藉資內地零星採辦,合計米價馱值,需費實昂,似應比照泰寧協屬化林營之例,每斗折色一錢六分四釐。俟墾闢漸廣,各商輻輳,米糧充裕之日,再爲核減。惟是兵丁米折例應按季關支。但查甫定之邊營,距內地遙遠,冬春水涸,道路可行,採買日食猶易。若值夏秋之際,陰雨連綿,山徑泥濘,不無阻隔,一時難於購買,各營兵丁未免即致乏食。並請照普安、安阜二營之例,將河西新營各兵應支次年四季米,折於本年秋成之後,令該管將出具印領,全數預行領出。即便委員照數採買米石存貯,按時給散,庶營伍均沾飽騰之聖澤,兵丁益得盡力於操防。而新疆日有起色等語,查河東、河西新設營汛所需餉米,該督黃廷桂按照道路之遠近,分別多寡,折價采辦,亦屬妥協。應如所請,將河東兵米每斗折銀一錢四分,河西兵米每斗折銀一錢六分四釐,各照數關給。該營委員採買運供,仍令黃廷桂俟苗疆開墾成熟,米糧充裕之日,再行酌減。至所稱河西距內地遙遠,冬春水涸,道路可行,若值夏秋陰雨連綿,不無阻隔,請將兵丁應支次年四季米,折於本年秋成後全數領出採辦之處,亦應照所請行。

一、設官分職宜有專司。將弁止可約束兵目,而招徠撫輯,惟於文員是賴。查寧遠府廠務同知一員,今各廠既經封閉,則該同知即請移駐七兒堡，一切化導夷猓、安插漢番、聽斷詞訟、支放糧餉諸事，責令專司。如遇命盜大案，照例由冕寧縣審轉，招解該府。但同知駐劄河西，其河東瓦尾等處勢難分身兼顧，請再添設冕寧縣縣丞一員，移駐瓦尾，以資辦理。倘蒙恩准，其同知關防仰懇敕部換給。至同知衙門原設書吏民壯，即可隨往供役，無須另設。惟同知縣丞應需胥役民壯人等，請照例蓋造召募。再查河西七兒堡一帶遠隔三渡，今既設立大營，似應預籌積貯以備急需，可否恭懇聖恩，於七兒堡大營選擇高燥處所建造倉廠，積貯米二千石，即交該地同知會同營員加謹收貯。值青黃不接之際，酌量平糶支借，俟秋成後即行如數買備還倉，倘有虧缺，嚴參治罪。似此出陳易新，遞年接濟，而新設重地永無艱食之虞等語。查夷民新附，未嫻理法，如設立專員撫綏化導，自於苗疆有益。今寧遠府廠務同知，自封廠後已無經營之事，應照該督黃廷桂所請，將該同知移駐七兒堡，專司化導夷猓、撫輯漢番、聽斷詞訟、監放糧餉諸事。如遇命盜大案，照例由冕寧縣審解，再添設冕寧縣縣丞一員，移駐瓦尾，以資佐理。其同知關防交部換給。除同知衙門，原設有書吏民壯無容增添外，同知縣丞所需衙署及縣丞應設胥役民壯，令黃廷桂酌量料理。仍將蓋造衙署工價，並胥役民壯工食銀兩造冊報部查核。至該督請於七兒堡積貯米二千石，查重兵駐劄苗疆，米糧充裕，則緩急可恃，應照所請於七兒堡建造倉廠，貯米二千石，交該地同知會同營員加謹收貯。每年於青黃不接之時，酌量平糶支借，俟秋成後照數買補還倉，如有虧缺，立即參處，勒令賠補。仍令黃廷桂將採買米價，並建倉工費銀兩，據實題銷。

　一、河東河西各處高田下地，從前已種成熟之處，所□□□，□□①林坡岡之間，猶未盡闢者亦復不少，均應招徠樹藝，未便任其拋

---

　①　□□□□□，此處缺損，存古書局本作“在俱有而山”。

荒。況大兵進剿,原爲誅鋤首逆,而無辜脅從餘苗,軍務事定,自當仰
體皇仁,就近安插,各予生全。但兵燹之後,出撫苗民,耕耘無力,似
應照普安之例,將招出苗民每户量給,賞牛具籽粒,以資耕牧。俟夷
衆安居樂業之後,仍有閑田,另招墾户分地開種,統俟數年之後再行
查明,分別起科以充兵餉等語。查苗地尚多曠土,而苗民中如有無力
耕種者,應照所請將所需牛具籽粒酌量賞給,以資耕作。仍將給過數
目報部查核。至荒廢田地,如苗民不能全行開墾,應招民墾種,酌定
年分,分別起科。

　　一、城堡備禦非常。官署兵房外壯觀瞻而內資棲止,均不可缺。
第蠻荒甫定之區,官兵一經設立,即應作速建造。若俟估計題覆至日
再行動工興築,逾時太久,不惟風雨淋漓,弁兵難於露處,且非捍衛所
宜。似應仰懇天恩,將新營各路應需土城、土堡、官署、兵房、塘房,一
面委員確估動項興修,一面分晰造册報部,統俟工竣之日核實請銷,
庶得及時蓋造,而於防守邊荒重地乃有裨益。至於三渡河口,係東西
營汛過往必由之要津。但查上下二渡,冬春之際水落灘平,船皆可
渡,一至夏秋水漲,洶湧衝擊,兩岸逼窄,實多危險。惟中渡水勢紆
徐,四時平緩,舟楫甚穩。應請於上、中、下三處渡口各設渡船一隻,
冬、春各歸本渡,夏、秋則三渡船隻總於中渡一處,以便兵民利濟。所
有修造經費,催募水手,並嗣後按年小修大修,總交驛鹽道,照普安營
溪落渡之例辦理。其新定地方沿途一帶有懸崖石磴步履維艱之處,
並請量動公用銀兩酌加寬修,俾公文、商旅兩無阻滯,則王路蕩平而
邊疆永賴等語。查東西兩河業經駐劄官兵,則土城、土堡以及官署兵
房俱所必需。該督黄廷桂既經動項興修,應俟工竣之日,將用過工料
銀兩核實題銷。至三渡河口所設渡船三隻,應需修造工價及水手工
食,並嗣後修葺等費,令該督照例料理。其山路崎嶇有礙行旅之處,
亦令該督動用公項酌量修補,仍將動過公用銀兩,歲底彙册報部。

一、軍營器械。惟鳥鎗一項較弓矢既能及遠而制勝更覺迅利，於遵旨議奏事案內，部議沿邊沿海省分每兵一千名設立鳥鎗四百桿等，因遵照設立在案。惟是川省地方，腹裏邊外無非疊嶂層巒，兼轄土司，故營汛防範與行走征進率以鳥鎗爲利器。近年以來，各案調遣所派鳥鎗名數較之弓箭居多，蓋以折銳衝堅實爲鳥鎗是賴。今計千兵四百桿之數，以之防守汛①地固不少，若值軍務則派遣在外，而營路之鎗手兵丁即覺不足。似應仰請聖鑒，將此新設七兒堡各營兵丁二千名，俯准照雲貴之例，每兵一千名設立鳥鎗六百桿，至通省標鎮協營每兵一千名量增鳥鎗一百桿，庶火器充裕而防守征剿均敷其用等語。查鳥鎗爲標營利器，而川省標鎮協營多係貼近苗疆，至新設之七兒堡各營更在苗疆，自宜多設鳥鎗以資備禦。應如所奏，將新設之七兒堡各營每兵一千名設立鳥鎗六百桿，通省標鎮協營每兵一千名於原設四百桿之外，再增設一百桿，於邊防實有裨益。

以上六條，臣等公同酌議，是否允協，伏候聖訓，爲此請旨，雍正十一年四月二十三日。奉旨依議，欽此！八月二十三日，准兵部咨，奉旨將七兒堡增設三營，欽定佳名爲瀘寧營、嘉順營、懷遠營，設兵分駐。并移寧遠府同知駐劄七兒堡，化導番夷，添設冕寧縣縣丞一員，移駐瓦尾以資辦理。

---

① 汛，原文作"迅"，據文意改爲"汛"。

錦里新編卷十三

邊防三

敍瀘

敍瀘,《禹貢》梁州之域,春秋僰侯國也。漢爲西南夷,《漢書·西南夷傳》:唐蒙至夜郎,"夜郎旁小邑,貪漢繒帛,以爲漢道險,終不能有也,乃且聽蒙約。還報,以爲犍爲郡"。治僰道。自僰道至牂牁水,經若水,又東北至犍爲朱提縣,西入瀘江水。朱提,山名,在縣西南,犍爲屬國也。在郡南千八百里,建安十二年立朱提郡,唐置晏、高、筠、定、連、薛、鞏等十四州,隸戎州都督府。唐末,廢四州,存十州。宋神宗時,十州夷内附,隸瀘川郡。《輿地志》:"敍州三路蠻,西北曰董蠻,正西曰石門部,東南曰南廣蠻。"董蠻在馬湖江右,其酋董氏。南廣蠻在慶符縣。石門藩部與監洮土羌接,唐興、播等十二州之地。其人精悍善戰鬭,馬湖、南廣諸族皆畏之。蓋古浪稽、魯望諸郭也。熙寧七年,六姓夷入寇,命經制熊本討敗之。柯陰乞降,本盡籍其丁田歸之官,以其酋箇恕知歸徠州。徽宗政和五年,知梅嶺砦高公老之妻,帝宗女也,常出金玉器飲晏州夷酋卜漏等,心豔之。會瀘帥賈崇諒以歛竹木擾夷部,夷人咸怨。漏遂相結,因上元張燈襲破梅嶺砦,擄公老妻及其器物,四出剽掠。轉運使趙遹聞之,倍道趨瀘州討賊。詔發陝西軍三萬人,以遹領之。捕山猱,束麻灌蠟熱之,猱奔,燒賊舍。大軍繼進,斬卜漏,賊平,拓地二千里。遹爲建城砦,畫疆畝,募人耕種,且習戰守,號曰"勝兵"。高公老妻不辱死,詔贈節義族姬。加遆龍圖閣直學士、經略安撫使,召對,拜兵部尚書。

元大德五年,右丞劉深征八百媳婦,令順元蠻遞運人馬,土官宋隆濟、蛇節等拒命,朝廷命四省與田、楊二氏軍馬收捕。各府土官以遠征供輸煩勞,皆叛。梁王出駐陸梁州,烏撒、烏蒙、東川、馬湖四族聚衆四千,復起羅羅斯軍,渡金沙江,刻日取建昌。朝命也速觲兒充平章,總湖廣、陝西、雲南軍,及梁王見兵一萬,次第討平之。

明洪武二十七年,戎縣夷出没不常,奏調敘南衛左千户所於本縣守禦。永樂間,總兵官梁福征討,夷竄深箐不能追,乃招安之。十三年,遣都督李敬率師擒其渠魁,而撫其餘黨。宣德二年,夷復寇筠連,都指揮徐諒撫安之。未幾,又劫高琪、長寧、慶江等縣。監察御史楊燦詣戎縣,招撫大壩等砦,捕獲夷首械送京師。九年,夷賊又叛。調都指揮李榮督戎縣官兵,擒斬三十九名。正統四年,又燒劫各縣。都指揮王杲集戎縣漢夷鄉老,招出五邨夷,諭以禍福,令回各砦,擒賊三十四名,其餘埋石爲誓。景泰元年正月,高琪、筠戎夷人並起,聲言"漢人每年公差下砦,徵糧害我,我當出報",遂縛公差於樹殺之。各攻本縣,屠長寧,劫慶符、江安、納谿,燒廬舍,恣殺掠,諸縣爲之一赤。有司飛奏,遣僉都御史李匡、監察御史劉瀚經制其事。適時盛暑,地多疫癘,十[1]卒死者甚衆。匡、瀚俱嬰疾,瀚卒,匡尋愈,遣都指揮周貴等破箐前、昔乖等砦,俘斬數百。賊舍米粟,負財物入深箐,大軍圍之,削木皮以食,餓死幾半,乃乞降。天順元年,芒部諸夷妖言惑衆,號"天師",圍筠連凡九日。敘南衛指揮丁信、李英等力戰,殲之。五年,以戎縣夷人連年流劫,遣總兵官許貴討平之。

成化元年,戎縣都掌夷頻歲入寇,遣僉都御史汪浩、都督芮成征

---

①　十,存古書局本作"士",當是。

之。侍讀周洪謨上疏，請於都長①照九姓司設長官，使砦自主擇素所信服者，命爲土官。部議以其事付汪浩、芮成。時浩在成都捕反賊趙鐸，成在敘州，知戎縣漢民不欲夷人割置土官而利其鈐轄，乃不用本縣勘報，惟召其鄰縣夷酋，導參議王禮等詣都掌詣砦，諭以設官之意。諸夷人悦，其酋長率二百人詣敘州見成，自具馬二十七匹爲赴闕謝恩計。成犒之而賞以布，令還戎縣以俟。尋遣人報浩，會奏謂“都掌、箐前、大壩三處宜設三長官司”。疏入，方議鑄印。九月，汪浩至自成都，戎縣漢民不欲置土官者以甘言唆浩，謂成所招諸酋雖授以官，終不能禁其劫掠，此皆梟雄，一可當百，乘機除之，則餘孽皆庸劣不足慮也。浩不知其詐，遂決意殺之。至戎縣，諸酋迎謁，浩諭之曰：“降蠻太少，與官太多，可回砦招三千蠻民來，即與奏。”異日，諸酋長親詣營門，壯士皆露刃環列。浩厲聲責之，諸蠻自納款之後久釋金革，至是惟叩首請罪。露刃者皆前，殺二百七十餘人。浩使人報成，成曰：“是成所招者，已與公會奏矣，奈何殺之？”猶豫數日，乃又與浩合奏：夷始雖歸降，終則異志，且欲伏兵敵殺官軍，不得已調大軍剿之，斬首若干，破砦若干。既而諸砦餘黨聚議報讎。十月，乃赴貴州總兵官處詐降。都指揮丁實等出迎之，夷伏兵四起，官兵五千餘衆皆没。十一月初，欲寇四川。浩等聞之，夜奔長寧，分軍實各□②，徑還成都。時官兵夜行迷道，人馬墮溪谷，死者不可勝紀。衆賊追浩等，聲言欲臠其肉。不及，乃攻長寧。三日，適聞戎縣人劫其巢穴，乃解圍去。時夷恨既深，鋒不可當。貴州屯兵金雞池③，四川屯兵戎縣，兩軍堅壁不出。而夷人由其間，循江之南直抵江、納、合江，如履無人之境。諸縣官民皆遷江北露次。浩往來江上，不敢南泊。江安賈家砦爲賊所屠，

---

① 長，據前文當作“掌”，音之誤。
② □，原文漫漶不清，存古書局本作“縣”。
③ 金雞池，據後文當爲“金鵝池”。

殺五百五十餘口，縣官走白浩。浩怒曰："吾方報捷，豈又有賊耶？"捶之幾死。乃遣人鉗各縣欲訴夷情者。一夕，夷驅合江等縣婦女一百七十人、水牛三百，次長寧石筝山下。都指揮宰用等率軍逐之，賊皆遁，盡獲所擄人畜。

時三司以成、浩既奏"賊宜剿不宜撫"，故勞餉以供兩軍。二年，既不能剿，又不敢撫。會長寧縣具陳夷人向攻城時有必欲復讎之言以聞，朝命如可撫則撫之。於是遣人招撫夷人，遂聽命。使夷首十二人赴京，貢馬十二、銅鼓一。具告乞，仍設土官。但畏浩等勢，不敢言枉殺父兄事。浩等欲實前奏，終不與設土官。夷人益恨，復抄掠。上聞，乃遣總兵官襄城伯李瑾、兵部尚書程信等率兵來討。三年十二月，大軍至，芮成由戎縣進；都御史陳宜、參將吳經由芒部進；指揮韓忠由普水腦進；貴州總兵吳榮爲左哨，由李子關進；汪浩督參將宰用爲右哨，由渡船舖進。大軍剿賊，燒二百餘砦。敘南指揮、同知李鑛破凌霄城，功爲最。諸賊既平，程信等奏改大壩爲太平，置長官司，舉永寧土人黃鎮爲長官。於渡船舖置瀘州衛，尋舉殺賊有功僉事嚴正爲副使，韓忠爲都督僉事，充參將，守川貴地方。六年之間，賴以寧謐。

七年，大壩夷首阿告殺把事阿尚。黃鎮並請衛言："阿告擾殺在官把事，請加兵誅之。"告言："尚本逃民，寵於其長，毒衆已甚，我爲衆除害，何爲請兵誅我？"欲脅諸砦以反。忠正以告詞直，乃遣人諭告："依夷例酬償骨價，則免兵誅。"告從之，遂以銀八鎰酬尚妻子，夷黨乃安。

正德九年，葛魁夷人普法惡與夷女米浪通，生子，假稱浪爲王母，子爲彌勒佛，惡爲天官，潛刻符印，造旗劍。集僰、羿、苗、猓等夷燒香，各給印符一張使佩之，謂兵不能傷。又謂劍出人頭自落，旗動軍馬自潰，作諸幻妄，謀爲不軌。夷人愚惑，傾心事之。十年十二月，夷部與筠連縣流民並蘇衛等爭田有隙，屢訴不直。惡乘衆忿誘之復讎，屠數百人。於是諸夷寨俱叛，衆幾萬人攻城堡，劫財殺人，焚廬舍，僭上號。事聞，命巡撫都憲馬昊、總兵吳坤調集漢土官兵萬餘人征之。七月，昊令土巡檢安宇招撫，白水江四十八寨來降。十月，令都司張麟、杜琮西從筠路進，昊自督都司曹昱、知縣步梁等東從珙路進。又命通判趙文振，監烏蒙、東川軍，南從本路進。刻期夾攻，取黨宋、老虎、母豬、岩底及田堡、白牛落、木祥落、木柔等寨。乘勢星馳至敘，復破落崖川山洞、貓兒崖洞、雞爪山、下火龍、響黃溝等寨，又并攻峰崖寨。普法惡敗走，涪州鄉勇皮邦興斬其首，自胸至足有毛長寸許。餘黨推阿告爲主拒守。十二年正月，取磨底等寨。五月，趙文振破大井塆，擒首惡羿子阿設、者過，賊黨悉平。各軍通計俘斬三千餘，其墜崖溺水死者不可勝數。二月，師回。五月，阿告等來降，鄉兵邀功殺之。會量田官復增額糧，奪降者之田以授他人，衆心憤恨，流民謝文義乘機煽惑二千餘人，九月圍筠連縣。守禦官望風奔潰，署印訓導李韶竭力戰守，賊乃還，焚劫千餘家，殺擄五百餘人。御史盧雍令知府陸芸遣人招撫賊黨來降。十一月，賊復攻筠連，守備田荆統兵適至，討平之。

　嘉靖中，戎夷負嶮驕肆，綁擄千百户，殺死巡檢，搶辱知縣妻孥。自是劫掠不止六縣，而敘州、瀘州、江安、納谿俱罹荼毒。蠻酋阿大、阿二、方三等俱僭王號，據九絲城，勢甚猖獗。萬曆元年，巡撫四川都御史曾省吾聲罪請討，詔許之。於是調漢土官兵共一十四萬有奇，悉隸總兵劉顯，以副使李江、監軍江建議先攻凌霄城，次都都寨，剪其兩翼，然後進攻九絲，顯從之。五月拔凌霄，六月拔都都寨，八月進逼九絲。九絲峻嶮，諸蠻死拒不下，官兵亦以仰攻爲難，止在城下圍守，冀賊出奔，坐收擒斬之功。李江密報省吾，請下令漢土官兵先登九絲者爲上功，諸軍聞令思奮，冀得重賞。會天雨浹旬，把總吳鯨、土舍楊王宗購死士，夜半銜枚腰絚而上。未明，斬關徑薄蠻所，蠻驚懼，不知所出，自相踐踏。又五路官兵並進衝殺，死者無算，九絲遂平。先後下蠻寨六十有奇，燔營舍六十所，斬首俘獲四千六百有奇，擒酋長三十六名，招安三千三百口，拓地四百里，獲銅鼓九十三面。題改戎縣為興文縣，即内官寨列雉為城，名曰建武廳，設總兵、兵備、僉事坐鎮之，隸以安邊同知一、守備司一、坐營司一、守禦千户所一、儒學一。其他阨塞悉設堡戍守，官兵則自瀘州衛中、前二所徙置焉。自諸夷為患於長笁、高珙、慶江等縣，亦云烈矣，至是興文改縣，建武設學，冠裳文物，漸遠頑俗，而夷患亦息。

敘瀘以南為永寧衛。永寧，唐藺州地，宋為瀘州江安、合江二縣境，元置永寧路，領笁連州及騰川縣，後改為永寧宣撫司。洪武四年平蜀，永寧內附，置永寧衛。六年，笁連州滕大寨蠻編張等叛，詐稱雲南兵據湖南長寧諸州縣，令成都衛指揮袁洪討之。洪引兵至敘州慶符，攻破清平關，擒偽千户李文質等。編張遁走，復以兵犯江安諸縣，洪追及之，又敗其衆，焚其九寨，獲編張子偽鎮撫張壽。編張遁匿溪洞，餘黨散入雲南。帝聞之，敕諭洪曰："南蠻叛服不常不足罪，既獲其俘，宜編為軍且駐境上，必以兵震之，使讋天威，無遺後患。"未幾，張復聚衆據滕大寨。洪移兵討敗之，追至小芒部，張遁去，遂取得花寨，擒阿普等。自是張不敢復出，其寨悉平。遂降笁連州為縣，屬敘州，以九姓長官司隸永寧安撫司。七年，陞永寧等處軍民安撫司為宣撫司，秩正三品。八年，以禄照為宣撫使。十七年，永寧宣撫使禄照貢馬，詔賜鈔幣冠服，定三年一貢如例。十八年，禄照遣弟阿居來朝，言："比年賦馬皆已輸，惟糧不能如數。緣大軍南征，蠻民驚竄，耕種失時，加以兵後疾疫，死亡者多，故輸納不及。"命蠲之。二十三年，永寧宣撫言所轄地水道有一百九十灘，其江門大灘有十二處，皆石塞其流，詔景川侯曹震往疏鑿之。二十四年，震至瀘州按視。有枝河通永

寧,乃鑿石削崖以通漕運。二十六年,以禄照子阿磊襲職。先是,禄
照坐事逮至京,得直還,卒於途。其子阿磊與弟智皆在太學,遂以庶
母奢尾署司事。至是奢尾入朝,請以阿磊襲,從之。永樂四年,免永
寧荒田租。宣德八年,故宣撫阿磊妻奢蘇朝貢。九年,宣撫奢蘇奏:
“生儒皆土獠,朝廷所授官言語不通,難以訓誨。永寧監生李源資厚
學通,乞如雲南鶴慶府例,授爲儒學訓導。”詔從之。景泰二年,減永
寧宣撫司稅課局鈔,以苗賊竊發客商路阻,從布政司請也。成化元
年,山都掌、大壩等寨蠻賊分劫江安等縣,兵部以聞。二年,國子學錄
黃明善奏:“四川山都掌蠻屢歲出没,殺掠良民。景泰元年招之,復
叛。天順六年撫之,又反。近總兵李安令永寧宣撫奢貴赴大壩招撫,
亦未效。恐開釁無已,宜及大兵之集,早爲定計,毋釀邊患。”三年,明
善復言:“宋時多剛縣蠻爲寇,用白芳子兵破之。‘白芳子’者,即今之
民壯;‘多剛縣’者,即今之都掌多剛寨也。前代用鄉兵有明效,宜急
募民壯,以助官軍。都掌水稻十月熟,宜督兵先時取其田禾,則三月
之内蠻必餒矣。軍宜分三路:南從金鵝池攻大壩,中從戎縣攻箐前,
北從高縣攻都掌。小寨破,大寨自拔。又大壩南百餘里爲芒部,西南
二百里爲烏蒙,令二府土官截其險要,更用火器自下而上順風延熱,
寨必可攻。且征調土兵須處置得宜,招募民壯須賞罰必信。”詔總兵
官參用之。時總督尚書程信亦奏:“都掌地勢險要,必得土兵嚮道。
請敕東川、芒部、烏蒙、烏撒諸府兵,並速調湖廣永順、保靖兵,以備征
遣。”又請南京戰馬一千應用。皆報可。四年,信奏:“永寧宣撫奢貴
開通運道,擒獲賊首,宜降璽書獎賚。”從之。

　十六年,白玀玀羿子與都掌大壩蠻相攻。禮部侍郎周洪謨言:
“臣敘人也,知敘蠻情。戎、珙、筠、高諸縣,在前代皆土官,國朝始代
以流。言語、性情不相習用,激變。洪、永、宣、正四朝,四命將徂征,
隨服隨叛。景泰初,益滋蔓,至今爲梗。臣向嘗言仍立土官治之,爲

久遠計。而都御史汪浩傲幸邊功，誣殺所保土官及寨主二百餘人，諸
蠻怨入骨髓，轉肆劫掠。及尚書程信統大兵，僅能克之。臣以謂及今
順蠻人之情，擇其衆所推服者許爲大寨主，俾世襲，庶可相安。"又言：
"白玀玀者，相傳爲廣西流蠻，有衆數千，無統屬。景泰中，糾戎、珙苗
攻破長寧九縣。今又侵擾都掌。其所居，崖險箐深，既難剪滅，亦宜
立長官司治之。地近芒部，宜即隸之。羿子者，永寧宣撫所轄。而永
寧乃雲貴要衝，南跨赤水、畢節六七百里，以一柔婦人制數萬强梁之
衆，故每肆劫掠。臣以爲宣撫土獠，仍令宣撫奢貴治之。其南境寨蠻
近赤水、畢節要路者，宜立二長官司，仍隸永寧宣撫。夫土官有職無
俸，無損國儲，有益邊備。"從之。二十五年，永寧宣撫司女土官奢禄
獻大木，給誥如例。

萬曆元年，四川巡撫曾省吾奏："都蠻叛逆，發兵征討，土官奢效
忠首在調，但與貴州土官安國亨有讐。請並令總兵官劉顯節制，使不
得藉口復讐，妄有騷動。"從之。初，烏撒與永寧、烏蒙、水西、靄益諸
土官境相連，復以世戚親厚。既而安國亨殺安信，信兄智結永寧宣撫
奢效忠報讐，彼此相攻。而安國亨部下吏目與智有親，恐爲國亨所
害，因投安路墨。墨詐稱爲土知府安承祖，赴京代奏。已而國亨亦令
其子安民陳訴，與奢效忠俱奉命聽勘於川貴巡撫。議照蠻俗罰牛贖
罪，報可。效忠死，妻世統無子，妾世續有幼子崇周。世統以嫡欲奪
印，相讐殺。方奏報間，總兵郭成、參將馬呈文利其所有，遽發兵千
餘，深入落紅，奢氏九世所積搜掠一空。世續亦發兵尾其後。效忠弟
沙卜出拒戰，且邀水西兵報讐。成兵敗績，乃檄取沙卜於世統。統不
應，復殺把總三人，聚苗兵萬餘，欲攻永寧洩怨。巡按劾成等邀利起
釁，宜逮。而議予二土婦冠帶，仍令分地各管所屬，其宣撫司印俟奢
崇周成立，赴襲理事。報可。十四年，崇周代職，未幾死。

奢崇明者，效忠親弟盡忠子也。幼孤，依世統撫養一十三年。至

是，送之永寧，世續遺之氊馬，許出印給之。事已定，而諸奸閶宗傳等
自以昔從世續逐世統，殺沙卜，懼崇明立，必復前恨，遂附水西立阿利
以自固。安疆臣陰陽其間，蠻兵四出，焚掠屯堡，兵不能禁。總督以
聞，朝議命奢崇明暫管宣撫事，冀崇明釀夙恨，以收人心。而閶宗傳
等攻掠永寧、普寧①、摩尼如故。崇明承襲幾一載，世續印竟不與，且
以印私安疆臣妻弟阿利。巡撫遣都司張神武執世續索印，世續言印
在鎮雄隴澄處。隴澄者，水西安堯臣也。隴氏垂絕，堯臣入贅，遂冒
隴姓，稱隴澄。敘平播州、敘州功，澄與焉，中朝不知其爲堯臣也。堯
臣外怙播功，內仗水西，有據鎮雄制永寧心。蜀撫按以堯臣非隴氏
種，無授鎮雄意。堯臣以是懷兩端，陰助世續。意世續得授阿利，則
己據鎮雄益堅。又朝廷厭兵，宗傳、阿利等方驛騷，已可臥取隴氏也。
而閶宗傳等每焚掠，必稱鎮雄兵以怖諸部。川南道梅國樓所俘蠻丑
者言："鎮雄遣將魯大功督兵五營，屯大壩，水西兵已渡馬鈴堡，約攻
永寧。"普市遂潰，宗傳等以空城棄去。奢崇明又言："堯臣所遣目把
彭月政、魯仲賢六大營助逆不退，聲言將抵敘南，攻永寧、瀘州。"於是
總兵侯國弼等皆歸惡於堯臣。都司張神武所俘喚者、朗者，皆鎮雄土
目，堯臣亦不能解。

　　黔中撫按以西南多事，兵食俱詘，無意取鎮雄，堯臣因以普市、摩
尼諸焚掠皆歸之蜀將。議者遂以貪功起釁，爲蜀將罪。四川巡撫喬
璧星言："堯臣狡謀，欲篡鎮雄，垂涎藺地有年矣。宗傳之背逆恃鎮
雄，猶鎮雄之恃水西也。水西疆臣不助兵，臣已得其狀，宜乘逆孽未
成，令貴州撫按調兵與臣會剿。倘堯臣稔惡如故，臣即移師擊之，毋
使弗催之虺復爲蛇，弗窒之罅復爲河也。"疏上，廷議無敢決用師者。
久之，阿利死，印亦出，蜀中欲逐堯臣之論，卒不可解。時播州清疆之

---

①　普寧，《明史》卷三一二作"普市"，當是。

議方沸騰，黔屬①各紛紛。至是，永寧議兵又如聚訟矣。時朝廷已一意休兵。三十五年，命釋奢世續，赦閬宗傳等罪，訪求隴氏子孫爲鎮雄後。並令安疆臣約束堯臣歸本土司，聽遥授職銜，不許冒襲隴職。於是宗傳降，堯臣請避去。黔督遂請撤師。

　　舊制，永寧衛隸黔，土司黔②蜀。自水、藺交攻，軍民激變，奢崇明雖立，而行勘未報。摩尼、普市千户張大策等復請將永寧宣撫改土爲流。兵部言無故改流，置崇明何地，命速完前勘諸案。於是蜀撫擬張大策以失守城池罪，應斬；黔撫擬張仲武以擅兵劫掠罪，亦應斬。策，黔人。武，蜀人也。由是兩情皆不平，諸臣自相構訟，復紛結不解。會奢崇明子寅與水西已故土官妻奢社輝爭地，安兵馬十倍奢，而奢之兵精，兩相持。蜀黔撫按不能制，以狀聞。四十八年，黔撫張鶴鳴以赤水衛白撒所屯地爲永寧占據，宜清還，皆待勘未決。

　　天啓元年，崇明請調馬步兵二萬援遼，從之。崇明與子寅久蓄異志，借調兵援遼，其壻張樊龍③、部黨張彤等領兵至重慶，久駐不發。巡撫徐可求移鎮重慶，趣永寧兵。樊龍等以增行糧爲名乘機反，殺巡撫、道、府、總兵等官二十餘員，遂據重慶。分兵攻合江、納溪，破瀘州，陷遵義，興文知縣張振德死之。興文，故九絲蠻地也。進圍成都，僞號大梁。布政使朱燮元、周著，按察使林宰，分門固守。石砫土司女官秦良玉遣弟明屏、姪翼明等發兵四千，倍道兼行，潛渡重慶，營南坪關。良玉自統精兵六千，沿江上趨成都。諸援兵亦漸集。時寅攻城急，陰納劉勳等爲内應，事覺伏誅。復造雲梯及旱船，晝夜薄城，城中亦以礮石擊毁之。相持百日，會賊將羅乾象遣人輸款，願殺賊自效。是夜，乾象縱火焚營，賊兵亂，崇明父子倉皇奔，錢帛穀米委棄山

---

①　屬，《明史》卷三一二作“蜀”。
②　黔，《明史》卷三一二作“隸”，當是。
③　張樊龍，《明史》卷三一二作“樊龍”，“張”爲衍字。

積，窮民賴以得活。乾象因率其黨胡汝高等來降。時燮元已授巡撫，率川卒追崇明，江安、新都、遵義諸郡邑皆復。時二年三月也。樊龍收餘衆數萬，據重慶險塞。燮元督良玉等奪二郎關，總兵杜文煥破佛圖關，諸將迫重慶而軍。奢寅遣賊黨周鼎等分道來救，鼎敗走，爲合江民所縛。官軍與平茶、酉陽、石砫三土司合圍重慶，城中乏食。燮元遂以計禽樊龍，殺之。張彤亦爲亂兵所殺，生擒龍子友邦，及其黨張國用、石永高等三十餘人，遂復重慶。

時安邦彦反於貴州，崇明遙倚爲聲援。三年，川師復遵義，進攻永寧，遇奢寅於土地坎，率兵搏戰，大兵奮擊，敗之。寅被創，遁。樊虎亦戰死。進克其城，降賊二萬。復進拔紅崖、天台諸囤寨，降者日至。崇明勢益蹙，求救於水西，邦彦遣十六營過河援之。羅乾象急破藺州，焚九鳳樓，覆其巢。崇明踉蹌走，投水西，邦彦與合兵，分犯遵義、永寧。川師敗之於芝蔴塘，賊遁入青山。諸將逼渭河，麾入龍場陣，獲崇明妻安氏及奢崇輝等，斬獲萬計，藺州平。總督朱燮元請以赤水河爲界，河東龍場屬黔，河西赤水、永寧屬蜀。永寧設道、府，與遵義、建武聲勢聯絡。未幾，貴州巡撫王三善爲邦彦所襲，死。崇明勢復張，將以踰春大舉寇永寧。會奢寅爲其下所殺，燮元亦以父喪去，崇明、邦彦得稽誅。崇明稱大梁王，邦彦號四裔大長老，諸稱元帥者不可勝計，合兵十萬餘，先[①]犯赤水。崇禎初，起燮元總督貴、湖、雲、川、廣諸軍務，大會師。燮元定計誘賊深入向永寧，邀之於五峰山桃紅壩，令總兵侯良柱大敗之，崇明、邦彦皆授首。是役也，掃蕩黔、蜀數十年巨懟，前後皆燮元之功也。

明季兵燹頻仍，僰、羿、苗、猓之屬亦懼屠戮，所存無幾，但難馴之性易於走險。皇清順治十八年，因川南地方初闢，文武將吏尚未全

設。橫江四屯夷人陳奎、鄭士道爲朱奉鎔、王應泰煽惑作亂，夜至敘州攻城。推官霍焜、署知縣董顯與戰，衆寡不敵，城破被執，奪去印綬。同時賊黨分犯屏山、慶符等縣，知縣王敬公、沈鄤力屈被執。永寧鎮總兵高崇、署兵備道董明命聞警，遣遊擊王魁領兵倍道赴援。明命措備糧糗，隨營撲剿，破南廣，復敘城。會署道紀耀楊㫋①自瀘而上，賊衆宵遁馬湖，我兵尾後。土官王嗣續亦出土兵相應，內外夾攻，多所斬獲，奪回所執官印。而朱奉鎔、王應泰及參謀張取元②先後成擒。追陳奎、鄭士道等於石灰窑，斬之。撫其餘類，而敘馬人民始得安枕。

康熙十三年，吳逆變敘瀘一帶，土夷復乘間騷擾。勇略將軍趙良棟、遊擊李芳述等討平之。雍正六年，米貼逆夷陸氏聚衆肆行，殺害滇兵。四川提督黃廷桂兵抵馬湖，進圍吞都山，擒土司德昌兄弟，攻破夷寨，斬賊首屋雞母雞。由黃螂、雷波中路進發，直抵黑龍岸、黃草坪，生擒賊黨楊明義，群苗授首，夷地悉平。先是，越嶲衛阿羊賊蠻加巴貫子劫掠商旅，每月朔望必須派撥官兵五十名護送往來，名曰放哨。自提督黃廷桂削平結覺之後，道路蕩平，往來絡繹無阻，並安設敘馬、建武、馬邊、大壩、峨邊、安阜、普安各營，屬永寧協管轄，以控制其險要。從此邊徼荒夷咸欽天朝威福，各安住牧，認納糧差，永同內地，誠久安長治之策也。

重夔

重、夔居蜀之東，自楚入蜀，以夔關爲門戶，以重慶爲屏藩，故兩府必設重鎮以守之。雖沿邊有酉陽、石砫、石耶、邑梅各土司，素稱恭順，且有改土歸流者，與內地人民無異，似毋庸例入邊防。惟所屬之

---

① 楊㫋，據(光緒)《慶符縣志》卷二一《邊防志》，當爲“揚㫋”。
② 張取元，(光緒)《慶符縣志》卷二一《邊防志》作“張最元”。

大寧、大昌，及界連之達州、東鄉、太平、新寧等州縣，山深地曠，流遺逋逃，最易藏奸，實爲群盜淵藪。且有麥子山延袤數百里，東抵湖廣當陽、房、竹及本省寧、昌等縣，北鄰陝西平利及本省東、太等縣，西、南二面與本省奉節、雲陽、開、萬等縣連界。內有紅線崖、節羅壩、栗子岩、雙古墳四處，俱有古砦舊基，可容百萬餘人，壁立萬仞，四面俱是懸岩，止有一線之路可通。上有平田、古井，足供衣食。山腰天生石門一座，若被賊把守，再無別路可登，所謂"一夫當關，萬夫莫敵"者也。山內雖有零星居民，勢難守禦。東南與湖廣施州衛所轄散毛、施南、唐崖、中路等夷司犬牙交錯，劫掠鬭争，無歲無之。

弘治元年，設兵備副使駐劄達州，統轄重慶、黔江並忠州瞿塘及湖廣施州等衛，而達州、東鄉、太平三州縣，又調重、夔、新寧、梁山、墊江、長壽、銅梁、合州、巴縣、蓬州、岳池等衛所州縣軍快共二千名，團操防禦。後又於黔江千户所與散毛宣撫等司交界處，設立老鷹等三關五堡，就於該所分撥官軍防守。

正德三年冬十月，保寧賊藍廷瑞、鄢本恕、劉烈等聚衆倡亂，掠漢中，攻陷郡縣。起右副都御史林俊巡撫四川，督兵討之。四年十二月，廷瑞等衆至十萬，聞林俊進剿，轉寇湖廣勛陽等處。惟劉烈帶賊復還，林俊禦之，烈爲亂兵所殺，餘黨廖麻子、喻思俸潛逋。五年夏四月，藍廷瑞、廖惠等破通江縣。林俊調官兵及玀㹛、石砫等處土兵攻敗之，殺、溺死者六千餘人，生擒廖惠。藍廷瑞奔紅口，與鄢本恕兵合，過陝西漢中三十六盤至大巴山。俊復遣兵追及，大敗之，賊棄輜重走。六年春正月，江津賊曹甫自稱順天王，攻圍縣治，殺僉事吳景。俊聞報，馳赴，乘元日賊方醉酒，襲之，賊奔潰。追至伏子岸，殺曹甫，斬首三千餘級，收回被掠男婦七百餘口，獲器仗、馬騾無算。五月，鄢本恕、藍廷瑞等縱掠蓬、劍二州，命總制、尚書洪鍾，都御史高崇熙，鎮守太監韋興同林俊會剿。六月，鍾至四川，與俊議多不合，軍機牽制，不能速進。廷瑞等招集散亡,勢復大振,攻燒營山縣治,殺僉事王源。鍾乃會俊督兵同進。陝西巡撫藍章督陝西兵亦至,又檄湖廣、河南等處兵分路進剿。賊見勢衆,轉求招撫,令至東鄉縣金寶寺聽撫,約日出降。賊意在緩師,延至六月十四日始至信地,依山結營,欲得營山縣治或臨江市駐其衆,且取信牌官爲質,方肯出見。鍾俱許之。鄢本恕來見,回營。藍廷瑞始復來見,且降且肆殺掠,仍於松樹埡計欲逃竄。官兵分七哨扼之,不得脫。十五日,廷瑞以掠取女子詐爲己女,嫁與領兵土舍彭世麟爲妾,結歡世麟。世麟出軍門受之,遂邀賊首至營宴會。鍾謀於俊,密令廷瑞所親鮮于金說廷瑞、本恕於十六日帥諸賊二十八人同至赴宴,伏兵盡擒之,衆賊遂潰。鍾等遣兵分捕,擒斬甚衆,未盡者許自首撫之,惟賊首廖麻子未獲。捷聞,加鍾太子太保,俊、章陞賚有差。

　　江津賊餘黨方四、任鬍子、麻六兒等走綦江,入思南、石阡等府,貴州兵擊之。仍回東鄉,聲言欲取江津、重慶、瀘州、敘州以攻成都,遠近震駭。林俊檄副使李鉞、知府曹恕督酉陽、石砫、播州等處兵,三道迎擊之。賊敗,追至高觀山,斬俘甚衆。俊見賊勢猶盛,分兵爲六哨,由大埡、小埡、月埡關並進,直衝高梁,破其中堅,陣斬任鬍子等,追殺三十餘里,斬首二千餘級。賊大敗,遁入思南。時宦者用事,各邊征剿,必以其弟姪、私人寄名兵籍,冒功陞賞,俊一切拒絕,權倖惡之。又與洪鍾議多不合,因乞致仕。疏上,忌者謂賊已平,內批以高崇熙代之。臺諫疏留,不報。俊歸,蜀人號泣追送。未幾,賊復熾。七年二月,江津賊方四等由貴州劫掠南川等縣,高崇熙連戰,敗走之。閏五月,賊破綦江,入婺川,方四爲開縣義官李清所擒,衆遂潰。十一月,漢中賊廖麻子、喻思俸,內江賊駱松祥,崇慶賊范操等,分劫州縣,衆號三十萬。洪鍾分剿不暇,募鄉勇堵禦,多爲賊所殺,全川大震。御史王翰劾鍾縱賊殃民,罷職,命右都御史彭澤總制軍務,同總兵時源征之。八年二月，四川巡撫高崇熙因勒兵不戰下獄，以右僉都御史馬昊巡撫四川。夏四月，彭澤率苗兵攻漢中劇賊廖麻子，破之，衆遯竄山寨。分兵搤其出入，奪水道渡，開一面縱賊，夾誅之且盡。廖有異術，能隱形，事急跳身遁，購之，卒不獲。因移兵內江，執松祥戮之。九年春正月，率兵討崇慶劇賊范操等，盡殲其衆，蜀寇悉平。

　　嘉靖末，大足賊蔡伯貫以幻術愚衆，攻破合州、定遠等州縣，黃中盜據雲萬山中，旋即剿除。萬曆中，永寧土酋奢崇明據重慶，分兵犯夔、巫，破瀘州，溯流而上，直逼成都。布政使朱燮元督兵扼之，引還。石砫女土官秦良玉遣其弟秦明屏帶兵四千，潛渡江岸，營南坪關。諸軍齊集，奪佛圖關，收復重慶，追捕餘黨，藺寇遂平。明季，夔門不守，獻賊入蜀，大肆屠戮，烽火數百里不絕，即石砫、酉陽諸土司亦疲於奔命。其時，姚、黃十三家賊乘亂蜂起，劫掠川東各州縣，殘殺尤瘨，所存人民、牛種既無，耕耘盡廢，赤地千里，煙火爲墟。

　　迨我朝定鼎，誅獻賊於西充。四將東下侵擾滇、黔，劇賊李來亨等猶盤踞夔屬寧、昌間，郝搖旗、袁宗第等共依結之，屢行招撫，頑梗不悛。康熙元年，四川總督李國英銳意廓清，題請致討。朝廷可其奏，命湖廣、陝西、四川提督合師進剿，國英授鎮將方略，遂復夔郡。二年正月元日，進攻羊耳山，賊袁宗第等逃竄巴東，賀珍子率衆來歸，昌、寧悉平。二月，師次巫山，適郝搖旗、劉二虎等與諸逆合衆來攻，國英堅壁以待之。至九月初七日黎明，鼓勵鎮將直衝賊營，斬首數千，賊衆敗遁。郝搖旗竄入大寧，國英檄五寨鄉勇扼險據守，復諭降賊約還其妻子之被俘者。公誠所布，深入人心，由是羅茂同向風倡順，郝、袁之衆接踵歸誠。十二月，西安將軍傅、副都統杜大兵至，先搗陳家坡，再舉老木孔，賊黨望風奔竄，體純自縊。我兵乘勝長驅，雪夜擒郝、袁等渠魁於黃草坪，獨李來亨仍負嵎茅麓山。康熙三年正月，靖西將軍都統穆咨會統督李國英等恭同禁旅，進逼賊壘。國英環視逆寨，延袤六百里，壁立如削，乃分汛據險以困之。閏六月初九夜，賊犯通梁，死戰冀脱，我師奮勇截戰，來亨計無所出，縲首自焚而死，馬黨塔、王光與窮迫投楚。我師凱旋，蜀、楚以寧。

夫以蠢兹頑梗，勞師動衆，三年而後克之，非以其地僻山險，三省錯壤，狐兔易爲跧伏，攻難而守易歟。然前此兵燹頻仍，營制廢弛，今則重、夔水陸俱安，大鎮城守，而黔、彭、巫山、梁、萬、昌、寧、達州、太平達、太二營，雍正八年改屬川北鎮。各營，俱設重兵彈壓。雍正八年，四川提督黄廷桂復題請全川沿江設立哨船，自是河道寧謐，往來商旅永保無虞矣。蓋山川險易，今昔所同，而駕馭撫綏，惟視控制之人如何耳。得其人，則雖廖麻子之滋蔓，彭澤一出而餘黨悉平；奢崇明之豪雄，朱燮元再出而指揮自定。不得其人，則雖定亂如林俊，奄寺等忌之，而使不能終其任；知兵如秦良玉督師等扼之，而俾無以盡其長。然則有專閫之責者，周覽形勢，體訪輿情，無事則巡查關隘，防患於未然；有事則鼓勵將心，收功於俄頃。且明賞罰，正紀綱，奮身殺賊者立即超陞，臨陣逃脱者嚴加誅戮，則人思自奮，兵各效能。凡屬士民，誰不踴躍急公以勤軍務？雖地當險要，何難立奏膚功也哉！故身居重地者，自有安邊靖亂之謨，勿藉口天塹而謂防禦之無術也。

錦里新編卷十四

異聞一

察院怪^①

趙大將軍良棟平吳逆後，路過成都，川撫迎之，授館於民家。將軍嫌其隘，意欲宿城西察院衙門。撫軍曰："聞察院關鎖多年，頗有怪，不敢爲公備。"將軍笑曰："吾蕩平寇賊，殺人無算，妖鬼有靈，亦當畏我。"即遣丁役掃除，置眷屬於内室，而己獨占正房，枕軍中所用長戟而寢。

至二鼓，帳鈎鏗然，有身長而白衣者，垂大腹，障狀面，燭光清冷。將軍起，厲聲喝之。怪退三步，燭光爲之一明，照見頭面，儼然俗所畫方相神也。將軍拔戟刺之，怪閃身於梁，再刺，再走，逐入一夾道中，隱不復見。將軍還房，覺有尾之者，回目之，前怪微笑躡其後。將軍大怒，罵曰："世那得有此皮臉怪耶!"衆家丁起，各持兵仗來。怪復退走，過夾道，入一空房，見沙飛塵起，簇簇有聲，似其醜類共來相鬬者。怪至中堂，挺然立，作負嵎狀，家丁相視，無敢前。將軍愈怒，手刺以戟，正中其腹，膨亨有聲，其身面不復見矣，但有兩金眼在壁上，大如銅盤，光睒睒射人。衆家丁各以刀擊之，化爲滿室火星，初大後小，以至於滅，東方已明。將軍次日上馬行，以所見語闔城文武，咸爲咋舌，

---

① 本條見袁枚《子不語》卷一《趙大將軍刺皮臉怪》。

終不知何怪。

廟柱龍

灌縣都江堰口二郎廟,祀秦時蜀守李冰及其子二郎神,即《漢書》所載"除水怪、鑿離堆、穿内外二江以灌溉民田"者,至今香火不絕,甚著靈異。

雍正十三年,蜀大旱,五月不雨,川西一帶田禾俱乾,不能栽插。制軍黃公廷桂在省祈禱不應,親赴灌口,齋宿廟中。是夜雷電大作,兵役在廟者俱見廟柱所塑雙龍繞殿而出,飛沙濺石,大雨如傾,終夜不止。至天明,視雙龍仍在廟柱,鱗甲俱帶有泥沙,通身水濕。階下有小溝一道,約五六寸,漸遠漸深,直出廟外,如蛇行狀,近江邊則山岸掣崩數十丈矣。次日,合郡俱報沾足,始知神使龍行雨,力甚猛烈也。至秋,各縣豐熟,制軍為重新其廟。

關帝示像

遂寧相國張文端公鵬翮極敬關帝。蒞河東,值鹽池六年水患之後,鹽花不生,商課困絀。公勞心籌畫,躬督州縣濬渠築堤,以禦橫水;周視池内,教商築畦澆滷,設法取鹽,並為之較緩急,權子母,調劑商民,各得其平,以足引課。自春徂冬,刻無寧晷,心力交瘁,意將告歸,禱於關帝,以決可否。夜間忽夢光彩照曜如白晝,關帝降臨,身中,面半肥而少扁,顏如酡,滿頰皆鬚而疏,長冠漢巾,服綠袍有補,與人間繪像迥別。向鵬翮言曰"君召",語未竟而夢覺,再三尋繹,不解二字之意。忽於六月三十日報聞特旨内陞,始悟"君召"二字應在此也。後謁解州帝君廟,登麟經閣,見塑帝像宛如夢中所見。

又河署川,堂有廳三楹,面南供關帝像,周將軍持刀侍立,西案列文牘。公官河督時,即就廳間辦事,無敢干以私者。一日,有同鄉以重賄屬其閽人許爲照應，甫至公前，忽見神像瞋目注視，鬚眉皆動，遂震懼而退，再不復言。

桓侯護城

保寧有張桓侯廟，甚靈異。獻賊攻保寧，夜出巡壘，見一大黑人高數丈，踞城上，手持長矛，足浸江中，驚怖失聲，如是者三夜。獻詢知爲侯神，望空遙祭而去，一城獲免。

蔡守冥判[①]

蔡太守予嘉必昌，保定清宛人。由山西徐溝令陞安徽泗州牧，再陞重慶太守。多異績，有神君之目。嘗言日辦民事，夜判鬼錄，凡省中未決大疑案多委鞫訊，無不曲得其情。乾隆五十八年，後藏有事，大將軍福公康安討平之，歸至成都。予嘉來謁，至省中卒。聞自重署起程時，具衣冠祭其先人，並與妻子泣別，曰：“予此去不歸矣，當備後事。”且言一二年間東南有事，其損傷人丁百倍於後藏。冥司册籍皆已注定，不能違也。逾年苗匪作逆，及湖北邪教倡亂，兵民死者甚衆，皆如其言。

予嘉年二十四，時肄業京師之椒花吟舫。夜假寐，有隸來曰：“請公判事。”予嘉隨之，至一井，隸曰：“下。”予嘉疑之，隸曰：“何害？”身先之，予嘉隨下。更綠色衣，冠州官帽，儀從前導，仰視天宇，微有日色而陰。方行，見其前妻馳過，欲語不得，垂泣過橋，橋下多半體不全之人。予嘉曰：“判此乎？”隸曰：“非也，此皆已定案，尚有未定案者。”至一所，似刑部，中坐一人，王者衣冠。上堂揖，堂上人令紫袍而判帽者引至一所，曰“生死彌封司”，遂與敘坐。予嘉語以路遇妻室不得語

---

① 此條見徐昆《柳崖外編》卷四《蔡判》，略有不同。

狀，紫袍者曰：“是將降生某處矣，時尚早。可招以來，但不可狎。”因於內室垂簾招以來，寒溫數語。一姥曰：“不可久留矣。”婦遂行。紫袍者復來，曰：“請判事。”取簿一帙置案上，曰：“拆此彌封耳。”予嘉視之簿，每人一頁，上下十二層，上層頂邊有長方空，如齒錄式而無字，下層注云某年月日生於某省某府某州縣某街村及官爵、事業，皆詳載，末書“卒於”二字而空數行。其後皆圈，一年一圈，已過之年用硃塗，未過之年則空白。有損陰騭事，則從後以墨塗之，注明爲某事減算幾年，有善事則增紅圈，注明爲某事增算幾年。人將死月前，拆彌封。彌封即在本人一頁中間，拆出曰某人應卒於某月日某地，然後將姓名大書長方之空，行文各處。

予嘉就案試之，舉筆如山，不過三五頁已倦不耐，落筆而醒，則仍在椒花吟舫焉。其後或月或數月一判，約三年許，亦服紫。一夕，拆彌封，見其太夫人姓氏，大驚，急上堂跪懇，堂上若無可爲力者。予嘉泣不止，令扶下而醒，急歸保定，太夫人竟應期卒。又數年，復判事，簿書旁午。忽曰：“天帝過。”予嘉同諸判隨王者後伏地，見天帝輦自半空彩雲中行。方起，王者怒目視嘉予曰：“有人告汝！”予嘉不解。上堂，則一婦人項間帶繩，訴其枉死，應抵命胡倖免？有頃，一判曰：“事結矣。”王者謂婦人曰：“可，勿恨。”予嘉醒，逾不解。適太翁至京城，予嘉曰：“家有事乎？”太翁曰：“無之。”予嘉曰：“有事涉女人而煩大人料理者乎？”太翁曰：“三月前保定有女人羞憤自盡事，某懇我爲圖奸者求情，得活命。余憐其事出無心，因緩頰，得末減。然其人已死獄中矣。”始知女之告爲此，其言事已結者，死獄中也。《柳崖外編》亦載其事。

岳公前知

岳大將軍鍾琪精數學，動必先知，凡出師、安營一切皆自爲指畫，故剿平川陝沿邊諸番寇，風卷雲馳，所向披靡，不勞而奏凱，由成算在胸也。

先出征青海十八部落，自二月八日出師，至十六日遂搗其巢穴，以五千兵破二十萬衆，易於反掌。公《述懷詩》云：“出師不十日，生擒十八王。”雖晉之馬隆、唐之李靖不能過也。丙辰赦歸後，種菜於成都之百花洲。偶登望江樓，題曰：“安得邊關休士馬，擬將簑笠老漁翁。”蓋逆知上將詔用，故語次及之。未幾，王師征金川，果以總兵銜起用。詔書未到前一日，公謂高夫人曰：“明日有旨，命我統兵西行，我此刻前赴金堂祭墓，明日趕回。”次日，詔書果至，公奉命即行。時公已閑居十二年，兵不習將，所領又多成都新募之卒，不嫻步武，公督以法，營中苦之。行至黨壩，日已薄暮，忽密令將士三十人前往某隘口守候，曰：“今晚有賊七人從此路來，汝等往縛之。”至三鼓後，果縛六人至。公曰：“尚有一人。”衆以爲未見，命鞫之賊，稱：“同來者七人，中途一墜崖下，只剩六人。”衆始驚服。又師至松林口，士卒已疲，公促之曰：“必上山頂，始可安營，若稍遲，賊踞其頂，百攻不克矣。”甫上，賊已蜂擁至山腰，飭鎗銃箭弩百道齊發，賊死無算，遁去。公笑曰：“此初出茅廬第一功也。”嗣是將士視爲天神，凜凜用命。公之前知類如此。

鬼打更①

大竹劉乙齋天成爲御史時，上疏通舉班、禁止溺女，及厚風俗以培國脈等奏，甚著賢聲，士林嘉之。嘗租西河沿一宅，每夜有數人擊柝，聲琅琅徹曉，其轉更攢點，一一與譙鼓相應，視之則無，聒耳至不能眠。乙齋故强項，乃自撰一文，指陳其罪，大書粘壁以驅之，是夕遂

---

① 此條見紀昀《閱微草堂筆記·灤陽消夏録》卷六《撰文驅鬼》，略有不同。

寂。乙齋自詫不減昌黎之驅鱷也。紀曉嵐昀謔之曰："君文章道德似尚未必及昌黎,然性剛氣盛,平生不作曖昧事,故敢悍然不畏鬼。又拮据遷此宅,力竭不能再徙,計無復之,惟有與鬼以死相持。此在君爲'困獸猶鬥',在鬼爲'窮寇勿追'耳。君不記《太平廣記》載周書記與鬼爭宅,鬼憚其强而去乎?"乙齋笑,擊紀背曰:"魏收輕薄哉! 然君知我者。"

盜作伴

王汝嘉,字士會,銅梁人。乾隆壬辰進士,官翰林院檢討。少時遊學浙江,忽夢神告之曰:"汝家二十年中一名舉人。"覺而自忖曰:"今歲乙酉,於干爲二,於支爲十,所謂一名,其第一人乎?"遂買舟歸。

行數日,有客來附舟,魁吾梟傑,英氣逼人。僕從鄙之,士會延與共寢食,有加禮焉。問其業,曰賈;問何往,曰之漢陽。然終疑其非善類,於是思所以自明。至金陵,士會謂客曰:"予他鄉隻影,僕輩不足恃,資斧百金,書笥十餘,盡以相示,即請代司筦鑰。"客笑而從之,自此益相善。至漢陽,客曰:"此去多畏途,君又怯弱,願作伴同入蜀。"此後每泊舟曠野,深夜輒聞呼哨聲,客亦呼哨應之,或徑登岸切切私語。問其故,不答。入巫峽,繫舟絕壁下,夜靜月明,忽有兩小舟舞槳飛來,大呼行劫。客出腰間匕首,以一敵衆,聲震巖谷,舟人懾伏不敢仰視。久之寂然,乃出視,客踞坐船頭,髮衝眥裂,衣帶間血渗渗滴。徐起謂士會曰:"君大中丞之子,寄學名宦家,今此遠歸,誰不垂涎。即予之附舟,原欲因以爲利,不意君固寒素,而待予最厚,是以偕來相衛。沿途中夜而呼者,皆我族類,已以口舌解之矣。獨此奴疑予陽庇君而陰獨居奇貨也,是以出死力相攻,幸拜下風以去,前路無虞,予從此逝矣。"一躍登岸,履巉崖如平地,呼之已杳矣。是科士會果領鄉薦第一。

秦祖殿

　　德陽秦祖殿祀秦子華,香火甚盛。子華,明萬曆間縣役,行三,俗名秦三爺。事縣尹焦公烺唯謹,素以公直聞。後解囚赴省,知囚負奇冤,遂私釋之。歸,自縊於城南,死後屢顯靈異。我朝順治年間,西鄉人家凡有巨木者,咸夢秦祖化之建殿,且囑以方向位置,或梁棟,或柱椽,皆注有定數。若運木稍遲,即有虎吼其門,人咸畏憚。不數月,殿成,名曰歇馬殿。聞殿將成,秦祖忽付[①]人言曰:"某村有窯瓦若干,需價若干,用人若干,每次每人運瓦若干,五次瓦盡,足敷蓋殿之用。"如其言買運瓦片,恰符其數,殿遂成。自是吉凶疾病,叩之無不响應。蜀中神付[②]人言者,謂之降馬腳,一曰降童子,蓋神不能言,付[③]人而言也。

　　康熙年間,有人自稱秦祖童子,言禍福甚驗,四鄉爭出錢祈禱,其門如市。後聞於縣,縣令某拘之至大堂,飭曰:"妖言惑衆,律有明條,汝敢爲此不法乎? 重責二十。"其人負痛叩首求饒,令曰:"神安在?"逐之去。次日,其人泣訴於神曰:"秦祖欺我。"忽神降其人,肘臂自穿七刀,奔至署。令聞之出堂,其人歷指令幽隱事,曰:"汝自不法,何得責我?"令曰:"汝果神! 能知本縣乳名否?"其人拔一刀擲於柱,曰:"汝名定柱,是耶? 非耶?"令首肯,曰:"汝且回,吾代汝修廟,爲添建前殿。"

　　成都陝西街岱廟內亦塑有秦祖像。乾隆四十八年,成都有應童子試者數人在廟肆業,臨院試,各市雞酒賽神。有崔景灝者亦在廟讀書,薄暮醉歸,見之怒曰:"汝等無知,祭此邪神,瀆禮亂道。神果有

---

① 付,存古書局本作"附",當是。
② 同上。
③ 同上。

靈，作禍我，自當之。"是夜，景灝遂病。景灝本成都知名士，以童子肄業錦江書院，爲李制軍世傑所深器，縣府試俱第一，自負拾青紫唾手可得。不虞臨試忽病痢，日夜不止。同舍生憂之，束手無策，私約禱於神曰："但得崔生病退，入場謝神。"次日，景灝果愈。至期，入場領卷就號，神氣奄奄，困臥不醒，至日西旁，號生呼之覺，曰："衆已交卷，君何長眠？"景灝睜目，知日已沉西，遂交白卷而出。榜發無名，制軍聞之，索卷見無一字，大恚。景灝，余族兄扶九門下士也。次年歲試，始入庠。

黿殼亭①

乾隆三十年，川東道白公瀛以千金買一妾，挂帆回任，寵愛異常。舟過鎮江，月夜泊舟，妾推窗取水，爲巨黿所吞，主人悲恨，誓必得黿而後已。傳諭各漁船協力搜拿，有能得巨黿者賞百金。船户爭以豬肚、羊肝套五鬚鈎爲餌，上繫空酒罈浮於水面，晝夜不寐。兩日後果釣得大黿，數十人拽之不能起，乃以船纜繫巨石磨盤，用四水牛拖之，躍然上岸，頭如車輪。群以利斧斫之，滾地成坑，喳喳有聲，良久乃死。破其腹，妾腕間金鐲尚在。于是碎其身，焚以火，臭聞數里。一殼大數丈，堅過於鐵，苦無所用，乃構一亭，以黿殼作頂，亮如明瓦窗。至今在鎮江朝陽門外大路旁。

成都火災

乾隆四十九年四月初一日，成都省内三義廟側火起，延燒居民無算。由署襪街南望直抵城根，人家屋宇無一存者，學院衙門、驛鹽道署俱被延燒。火發時有人從鐘鼓樓上眺望，見火光中有似飛鴉無數，

---

① 本條見袁枚《子不語》卷十七《黿殼亭》。

散落人家,落處火煙即起。又有似赤龍穿巷而過,火彈隨之。其時烈風大作,煙氣彌天,勢若燎原,撲救者束手無策。經一晝夜始息,城市一空。

總督奏稱:成都縣屬被燒,左營遊擊衙門三十二間,民房共九百三十九間,拆毀房共二百五十四間。華陽縣屬被燒,學政、鹽茶道及督標、都司、守備等衙門共二百三十四間,民房共八百二十六間,拆毀房共二百四十三間。蜀人房屋多編竹爲壁,上加灰泥,延燒較易,故至一千六百餘間之多。其實所燒之數十倍於此,不能悉記也。德陽亦於是日失火,自城內延及城外,人家被燒者指不勝屈。

未燒前一日,夜間昏黑微風,省城及附近州縣俱聞九頭鳥鳴咿悠斷續,似雁聲而細。又見有火星墜落,大如箒,長數十丈,光照四野,離地丈許始滅,真異災也。

瀘河水患

乾隆五十一年五月初六日,川省地震,人家房瓦墻垣倒塌者不一其處。初震時,自北而南,地中仿佛若有聲,雞犬皆鳴,缸中注水多傾側出,人幾不能站立。震後復微微作憻憻已。移時復震,如是者數次,自午至酉方息。臨息時成都西南大响三聲,合郡皆聞,不解其故。越數日,傳知爲清溪縣山崩。清溪去成都五百里而遙,其聲猶响若巨炮也。

山崩後壅塞瀘河,斷流十日,至五月十六日,瀘水忽決,高數十丈,一湧而下,沿河居民悉漂以去。嘉定府城西南臨水,沖塌數百丈。江中舊有鐵牛,高丈許,藉以堵水者,亦隨流而沒,不知所向。沿河溝港,水皆倒射數十里,至湖北宜昌勢始漸平,舟船遇之無不立覆。敍瀘以下,山材房料擁蔽江面,幾同竹簰。涪州、黔江山亦崩塞,由田底洑流十餘里始入大江。其時地震，川南尤甚，打箭爐及建昌等處數月不止，官舍民廬俱倒塌，被火延燒，無一存者。至八月以後始獲寧居。

李玉

　　李玉，成都人，住省城拐棗樹街，家素貧，父死，爲人傭值藉以養贍其母。娶同街蕭某女二姐爲室，相得無間。乾隆十三年，金川逆酋跳梁，大兵進剿，玉應募運送軍餉，卒於蠻中。撤兵後，玉無音耗，其母與二姐家居，藉針線以供朝夕。蕭某謀嫁其女，商之玉母曰：“撤兵已久，玉無歸音，其死必矣。阿女青年，煢煢獨處，母又年老貧乏，朝夕無貲，將來同死饑寒，亦屬無益。不如將女改嫁，議取財禮以佐餐飧，老幼尚可兩全。”玉母許之。

　　改適營卒某。成婚之夕，忽床次火起，被褥皆燒，經親友同撲而滅，以爲偶失防檢耳。次夜復然，衆頗疑之。翊日，二姐回母家，方午宴罷，忽昏迷倒地，口吐漣沫，呼其父，責之曰：“蕭某不良！我在金川曾封銀三十兩托汝帶交我母，以作薪米之貲，汝歸私橐，反言並無音信。今又忍心改嫁汝女耶！我今歸里，與汝誓不甘休。”蕭驚疑，叱女不得糊言。曰：“我非汝女，乃李玉也。我病死金川，閻羅王憐我沒於王事，敕令還鄉，特來尋汝。”蕭曰：“汝果李玉，身死他鄉，孀妻改嫁，貧家之常，何得怪我？”曰：“我即不戀少婦，獨不思老母乎！還我銀來，毋得多言。”蕭許之，爲焚冥鏹。曰：“此紙錢，我母要用，非真銀不可。”蕭窘甚，延僧道薦之，二姐稍甦。次日薄暮，聞空中有聲嗚嗚，呼蕭二姐者再，二姐復昏迷。又呼曰：“陳二哥，你來幫我捉他。”蕭叱曰：“李玉，汝係我壻，來此騷擾尚屬有因。陳姓與我無仇無冤，何故亂入我室？”須臾，二姐復醒，問之茫如也。後每日暮，便嗚嗚作聲，並拋擲瓦石，舉家不寧。蕭有幼子，見玉入宅，問曰：“汝昨呼陳二哥，果何人也?"曰:"是我夥計。他住北門外金花街,素有肝膽,與我同回,故約他來。昨聞汝父飭責,踉蹌去矣。"營卒至督標,請令箭插門。鬼拔箭擲墙外,揄揶更甚,如是者月餘。四方來觀者,識與不識,排闥徑入,日事喧攘。蕭無奈,請玉母,還銀三十兩,并懇代爲解說。玉母諭之曰:"孝哉我兒,銀已全收,汝可勿擾矣。"鬼長嘯一聲而去,後遂寂然。

鄧新

漢州南鄉居民鄧新抱病臥床。一日,忽聞門外有剥啄聲,啓户視之,見二役立門首,曰:"衙門傳汝。"新隨二人前行,途中樹木、人家均與平時所見無異。惟至城門,甚卑狹,俯身始入。至衙門,殿宇巍峨,不似舊時州署,心竊疑之。一人先入,少頃出,曰:"此案今日不審,帶至廠中暫候。"二人將新帶至一處,甚寬大。日色已暮,廠中人甚衆,或三四,或五六,燈燭輝煌,彼此聚賭,略如賭場,亦有賣吃食者。新腹已餓,惜囊中無錢,竟不得食。久之,忽一人至前曰:"衙内傳。"二人挾新至,見殿上一官峨冠正坐,兩旁書役侍立,帶審人衆以次傳入,有識者,有不識者。到案數語即定,各持物而去,惟騙人銀錢者飭令償還,多授以牛馬犬豕等皮,其人亦持而去。次及新,旁一書吏禀曰:"錯矣,此人陽壽未盡。"呈册案上,新見册中名下注有"平時惜字,延壽一紀"八字。官曰:"傳者鄭新,何故誤拿鄧新?"二役以不識字對,官怒,各責四十,飭令送歸。二役送至城外,一河前横,迥非來路。新不敢渡,一役從後驀地一推,新覺前扑,大喝一聲,遂甦,身臥棺中已二日矣。蓋新聞聲出户時,身已氣絶,家人撫摩,止心際微温。次日,入棺將歛矣。忽聞喊叫,舉室驚視,方慶更生。新曰:"我饑甚,急取粥食我。"食罷,問曰:"鄰人鄭新何如,我幾爲渠替代。"遣人視之,則已死矣。

杭州拆字

孫相國補山士毅,浙江杭州人。由辛巳進士歷官廣西巡撫,以征安南功封謀勇公,世襲一等輕車都尉。公辭公爵,得旨如所請。兩任四川總督,前值用兵西藏,公出塞辦理糧餉;後值苗匪作逆,公住劄酉陽堵禦,勤勞最著。嘉慶元年,湖北邪教作梗,公赴來鳳等邑擒殺多人,疊次報捷。六月二日戌刻,大星墜地,巨聲如雷,窗櫺皆動,識者曰:"此將星也,營中主帥當之。"二十一日,公卒於軍。

聞公爲諸生時,杭州有一拆字術士,名甚著。公試之,拈一"損"字。術士曰:"問何事?"公曰:"能入學否?"術士曰:"左爲秀才之'才',右爲生員之'員'。現已入學,何必問。"公曰:"可!即將此字問一生功名否?"術士曰:"若問一生,則出將入相人也。'損'字減去上'厶'下'八',則一'相'字,官必至相;加'八'於'厶',則爲'公'字,而'八'字在下,則異日封公恐不到頭耳;'厶'爲'弁'字之首,'八'字爲'兵'字之足,異日帥領兵弁,多歷戎間。"至是皆驗。

公文武兼資,雖在戎間,不廢吟咏,人第知其經濟而不知其詩學之工,直追勝唐。《南征十首》[1]云:

> 門開太乙曙鐘遲,是日黎明禡祭出關。茶火軍容徼外知。未必過師同枕席,庶幾荒服見威儀。渾瑊[2]已拜專征命,文仲[3]應來選事疑。先是欽命許提督世亨帶兵出關,毅力請剿賊,蒙恩准令[4]視師。爲語戎行須報國,盡將犁掃達彤墀。

---

① 張蔭桓《三洲日記》卷三引該詩。
② 渾瑊,張蔭桓《三洲日記》卷三作"建旗"。
③ 文仲,張蔭桓《三洲日記》卷三作"補牘"。
④ 令,張蔭桓《三洲日記》卷三無"令"字,或衍。

團城①襟帶接重洋，諒山城，一名團城，城外有通江海②。上下思文景物荒。上文、下文、上思、下思，皆諒山所屬七州地。③寅霧蛟涎工撐日，安南多霧，寅時即迷漫四塞④者，土人謂是蛟龍噓氣，午前不能見日。丁男鴉嘴慣耕霜。該國惟諒山百里内有霜，過此則無霜。其地一面隕霜，一面耕種，土人謂之耕霜。入雲板⑤洞坡名。盤千折，夾道翁茶網四張。安南以官爲翁茶，出入四人舁網而行。最是馬前煩⑥慰勞，檳榔滿楹⑦當壺漿。道旁跽獻檳榔，千百爲群。

羊腸留綫虎留蹤，聞説⑧蒙茸路久封。江漢一路多萑苻，藤蘿糾結，商賈十年不行，賊人疑大兵斷不由此。母嶺群徂晨伏莽，母子嶺最爲險峻，數日前賊兵伏此。鬼門燐火夜乘墉，鬼門關，一名畏天關⑨，草樹蔽天，幾不得路。宣威⑩竊欲方朱儁，朱儁以五千兵分道進剿，交逆梁龍，旬日而定，毅輒效之。緣極南地熱，瘴盛，士卒勢難久駐也。來晚應知愧賈琮。多少伙飛⑪齊繭足，敢因下馬便支筇。險峻處，率同官兵步行前進。

龍城新鑄赫連刀，令將校短兵殺賊，鑄純鋼刀五百柄給之。要斬生黿斷巨鼇。萬里戎王歸信杳，時未悉黎嗣所在。三江戍壘陣雲高⑫。韋先鄭犒情原怯，阮賊遣人餽牛米，籲止大兵，斥之。幕有齊烏計必逃。所過賊屯，半屬空寨。烈炬連空遺窟淨⑬，斯斯兢向朔風號。派總兵張

---

① 團城，張蔭桓《三洲日記》卷三作"圍城"。後同。
② 有通江海，張蔭桓《三洲日記》卷三作"有江通洋海"。
③ 本句，張蔭桓《三洲日記》卷三作"上文、下文，諒山所屬；上思、下思，皆州地名"。
④ 四塞，張蔭桓《三洲日記》卷三作"四野"。
⑤ 板，張蔭桓《三洲日記》卷三作"坂"。
⑥ 煩，張蔭桓《三洲日記》卷三作"頻"。
⑦ 楹，張蔭桓《三洲日記》卷三作"接"。
⑧ 説，張蔭桓《三洲日記》卷三作"道"。
⑨ 一名畏天關，張蔭桓《三洲日記》卷三作"康熙年間更名畏天關"。
⑩ 威，張蔭桓《三洲日記》卷三作"旬"。
⑪ 伙飛，張蔭桓《三洲日記》卷三作"步兵"。
⑫ 張蔭桓《三洲日記》卷三下有小注："時未悉黎嗣信。"
⑬ 遺窟淨，張蔭桓《三洲日記》卷三作"狼穴静"。

朝龍、遊擊張純於柱佑、訶盧等處夾攻，匪衆潰爛，畫焚賊巢，歸報。

闢虎聲中喋血鮮，臨江士氣倍争先。市球江賊氛甚惡，我兵血戰兩晝夜，不暇蓐食，方獲全勝。攙星乍落三層外，駐軍三層山，即市球江岸。礮火還奔五步前。豈有夜郎能自大，果然飛將①竟從天。夜半令總兵張朝龍於左邊二十里外潛渡彼岸，繞出賊營後，直搗中堅，賊始潰亂。戰場直已成京觀，此劫應消幾百年。是役殺賊數千，積尸塞路，江水不堪汲飲。

獲醜紛難詰姓名，一時駢首動哀鳴。連日生擒正法者，七百餘人。編籬那許羝羊觸，漂杵常教草木腥。人詫②妖氛連四鎮，從逆抗拒大兵，四鎮之人爲多。我憐殺氣壓三城。黎城内土城一、磚城二。軍門執法臣應爾，聖德如天本好生。

左鞍右傘古交州，黎城左鞍子山，右傘圓山，富良江纏抱左右。鼓角殷江野哭稠。搜粟幾時同校尉，安南兵食概取諸民。立功畢竟數兜鍪。時請陞用命將備，并籲恩裳給花翎。③斬袪懂④免思公子，國王同産弟爲刺客，傷中要害，幾殆。繹⑤縛還擒笑孟酋。賊將陳名炳已降復叛，令副將慶成生致之。一事尚教懸聖廛⑥，前軍未送月氏頭。謂賊首阮惠。

約法森嚴日幾巡，克復黎城後，禁止弁兵，毋許一人入城。滿城焦爛痛遺民。居民呈訴阮賊情形甚酷。師貞行指遍逃藪，擬裹糧直搗賊巢。巽命先加草莽臣。先奉恩命，令嗣孫黎維祁承襲國王，時嗣孫已至。鉅鹿戰難忘每飯，有苗格或待經旬。自出關至克復黎城，剛越兩旬，賊

---

① 飛將，張蔭桓《三洲日記》卷三作“飛騎”。
② 詫，張蔭桓《三洲日記》卷三作“説”。
③ 本句，張蔭桓《三洲日記》卷三作“時諸將用命，將弁並給花翎”。
④ 懂，存古書局本、張蔭桓《三洲日記》卷三皆作“僅”。
⑤ 繹，存古書局本、張蔭桓《三洲日記》卷三皆作“釋”。
⑥ 廛，張蔭桓《三洲日記》卷三作“廬”。

首阮惠是否投出，姑且俟之。出關事事勞宸斷，萬里還同臥閫①親。軍
營一切機宜無不先經睿示，始得遵循無誤。

金章翠軸雁飛翔，頫首殊恩下九閽。時從驛遞祇領黎維祈襲封敕
印。已分紀侯成大去，忽令衛國慶忘亡。租庸不税炎方土，屢奉諭
旨，惟在繼絶存亡，不利寸土。安南向行租庸調法，今不然矣。帶礪仍延②異
姓王。底事烏孫消息斷，澄江無際望宣光。宣光江發源雲南教化長
官司，入交境時，盼滇省烏提軍大經信不得。

裘帶居然遍百蠻，雲南、四川俱爲毅官輒所經，己丑、庚寅間隨傅文忠
公出師緬甸。洱河即富良江。恩許倡刀環。時奉班師之命。文淵③蹟
已埋銅柱，詢之交人，銅柱久没土中，不可復見。定遠心原戀玉關。二
月花穠黄木渡，黄木灣在廣州府城外。三千④香染紫宸班。現屆三年
述職之期，回兵後入都恭請恩訓。只因妖鳥巢猶在，夢繞羅平未肯還。
賊巢未滅，深感烈士暮年之語。

《初至秀山四首》⑤云：

山城伏莽太縱橫，風鶴還嗤草木兵。白芳登陴齊授甲，時募
鄉勇遏賊。紅秫給廩罷呼庚。邑遭焚掠，開倉賑之。旌頭丞散雖尤
霧，抵邑之日，即督兵剿匪，殲戮甚多。畫角徐移驃騎營。不用丸泥封
户闥，城中乏守禦，塞數門。余至，即令洞開，聽民出入。使君來爲督
春耕。

春台作息萬方同，蠻觸無端報内訌。釁由苗人譬殺客民。已戒

---

① 臥閫，張蔭桓《三洲日記》卷三作“几席”。
② 延，張蔭桓《三洲日記》卷三作“然”。
③ 文淵，張蔭桓《三洲日記》卷三作“伏波”。
④ 千，張蔭桓《三洲日記》卷三作“年”。
⑤ 見其《百一山房詩集》卷十二。

三邊嚴斥堠，川、黔、楚三省俱於沿邊撥兵堵截。更勞十乘起元戎，敬齋公邸聞逆苗滋事，即自滇南趣裝視師。聖朝合著賢臣頌，名將真饒國士風。希齋制軍入覲，途次聞信，即拜摺馳赴軍營，諭旨褒嘉，深以得人爲慶。竚卜捷書煩①刺閣②，思言不喜得遼東。

　　朝聞虎旅下重霄，上令巴圖魯侍衛馳赴軍營聽調遣。夕詛槜星隕麗譙。吳堰甘虫原是讖，羅平鷥鳥竟成妖。軍傳馬首迎裴度，聞敬齋公相已至錫仁③。帝許階前格有苗，奉旨，匪徒投出者貸其死。給復綸音來絡繹，三省被苗處所頻奉緩征豁免恩旨。一時野哭變歡謡④。

　　蕭蕭霜霰⑤久盈顚，僂指瓜期帝早憐。毅屢奉回京供職之命，以事牽，不果。入覲建封仍赴鎮，己酉，由川督調任兩江。辛亥，復蒙恩自京赴蜀。登樓德裕又籌邊。癸丑七月，自西藏還成都勾當軍儲，兹於二月抵秀山，奉旨留防後路兼督運糧。流亡未復無分土，黔楚難民逃入川境者二萬有奇，奉旨概予撫恤。創痛方深伏⑥稔年。春雨霑足，大田俱已播種。郊望歸來聊一適，茅茨次第起炊煙。

綿竹尋屍

　　綿竹有賈鹽者，忘其名，學少君之術。秦武功壬午孝廉黄鑑，父某客死於綿，厝亂塚中已二十餘年矣。鑑登科後至綿，遍求父棺不得。一日，賈謂之曰：“我有術，曷問我？”鑑亟叩頭請，賈許之。至亂

---

①　煩，《百一山房詩集》卷十二作“頻”。
②　閣，《百一山房詩集》卷十二作“閣”。
③　錫仁，存古書局本作“銅仁”，是。
④　歡謡，《百一山房詩集》卷十二作“歌謡”。
⑤　霜霰，《百一山房詩集》卷十二作“霜雪”。
⑥　伏，《百一山房詩集》卷十二作“伏”。

塚,賈書符化之,令童子觀,少頃問曰:"見何物?"童子言:"見一老翁從土中出。"賈言:"此即土地也。"問曰:"汝知黃孝廉父骸骨否? 爲我具來。"即書紙馬化之,老翁授命而去。須臾,載一人同至。賈謂鑑曰:"汝欲見汝父乎?"鑑泣請。賈即燃香二,一付鑑持,鑑即迷去。賈又使童子視之,有頃,童子報言:"香炷上煙縷中湧二小人,一老一壯,壯者向老者跪泣,如認親狀。"賈曰:"是矣。"即大聲令趨葬所,使童子隨之,見煙中老者飛奔至水窪處而止。鑑亦醒,按其處鋤之尺餘,棺露,棺前有石塊鐫曰"武功黃某之墓"。啓之,尸已化矣,滴血良是。此亦異事也。唐堯春嘗爲作記。

落旗寺

涪州丁巳進士張煦,號春暉。雍正丙午夏,由水道至成都,舟過重慶巴縣境銅鑼峽口,有一僧候立江岸,指舟問曰:"來者莫非涪州張某乎?"舟人曰:"然! 何以知之?"僧曰:"請公上岸,有話相敍。"復邀至寺中。寺在江邊山上,即落旗寺也。僧指大佛一尊言曰:"新貴到此,金身現矣。"張叩其故,僧備言:"前一夕夢佛言公中會科名數,曰有'父願子了'之語,甚屬不解。"張曰:"果如僧言,予願裝金。但家貧,有待他日得志,當早辦之。"是年秋,果領鄉薦,名數亦符。丁巳成進士,悉如僧言。後出仕山西蒲縣,卒於署。子扶櫬歸里,行李蕭然。乾隆四十三年,公之次子永載任河南上蔡縣令,追憶前事,與佛裝金,始悟"父願子了"之語。寺中共大佛三尊,五十一年地震,兩尊圮,獨裝金佛如故。土人有禱必應,共指爲張佛云。

剜兒坪

剜兒坪在石泉縣南石紐山下。山絕壁上有"禹穴"二字,大徑八尺,係太白書。坪下近江處白石累累,俱有血點浸入,刮之不去。相傳鯀納有莘氏,胸臆折①而生禹,石上皆其血濺之迹。土人云取石煎水,可治產難。

南臺寺

成都南關外南臺寺,殿宇崇嶐,中塑釋迦、如來、彌勒三佛,兩廊房屋甚寬,可容多人。明末獻賊寇蜀,踞爲將臺。寇平後仍招僧住持。乾隆三十七年,金川之役,設火藥局於此,命弁兵守之。一日,不戒於火,燒及所貯火藥,驀地一聲,山嶽俱震,煙焰彌天,沿城內外居民皆被震扑②,寺宇無存,梁椽沖飛十數里外,寺中人盡齏粉矣,唯三佛仍巍然端坐,並無損傷。一時見者驚其神異,重建新寺。

北津樓

順慶府北五里有北津樓,明張三丰過其地,題詩云:"誰喚吾來蜀內遊,北津樓勝岳陽樓。煙迷沙岸漁歌起,水照江城歲月收。萬里清波朝夕湧,千層白塔古今浮。壯懷無限登臨處,始識關南第一州。"今樓下詩碑猶存。

城隍點鬼

獻賊屠蜀,有峨眉張姓者爲賊殺於南關外,頸裂而喉未殊,伏積尸中。夜定後,見有呵道來者,威儀赫奕,儼如王公。既至,令吏持册,按名點尸,每一呼,死者提頭起立,點畢去。張訝其無名,起詢,從者云府城隍也。張隨蘇,沿堰渠伏行數十里,天明逸去。至康熙六十年尚存,頸上刀痕宛然。

---

① 折,存古書局本作"坼",當是。
② 扑,存古書局本作"仆"。

土地充軍

富順縣皂隷某，妻忽爲邪所憑，獨處一室時自言自語，久之，漸與隷不睦。隷疑其有外私，笞之，妻曰："非我能主，乃西湖塘土地所爲也。"一日，隷與妻同寢，似有穿靴人用脚踢之，墜床下，急起搜捕，並無人影。隷怒不能平，控於縣。時漢陽程公煜署縣事，批准拘究，一面牒城隍，一面差役將土地拘鎖，抬至城隍廟中，責之曰："爾身爲土地，强占民妻，罪□①不赦，重責四十，押令充軍。"飭役將土地推倒，擊其股四十，身俱粉碎，並飭將碎土投諸大江，以當充軍，怪遂絶。

塔井

乾隆己卯春，漢州西門城外市房後掘得一井，深數丈，形八方，悉琉璃磚砌成。每磚長尺半，廣一尺許，面刻三塔，每塔三層，每層中坐一佛像。塔外花草穿聯，玲瓏透漏，幾於鬼工，色黃如金。由井底層累而上，天然渾合，無斧鑿痕。一時觀者如堵。數日，聞於州署，州牧李公識蒙往觀，亦不識所由。適治東牛王廟旁失火，延燒鋪户，或疑爲開井所致，飭令填毁，井遂廢。予考明初蜀獻王分藩成都，奉敕宮殿，墻宇均用琉璃，然色係青綠，與此不合。惟五代孟昶王蜀，驕奢逾制，修造精奇，擬於皇居。《丹鉛録》載："昶曾於雒城置一花園，文石奇品，無所不至。"今漢州北路與德陽交界處尚有皇庄、八角井等名，疑此井亦其時鑿也。

徐墳

中江戴孝廉文鼎，邑巨族也，居囤子溝，與徐都堂英墓相近。徐

---

① □，原文漫漶不清，存古書局本作"千"。

都堂,明宣化大同總督,祀邑鄉賢,載在志乘,子孫遠徙,久無省墓者矣。戴母死,欲求吉地,有地師以都堂墓示之。遂擇日葬墓前,寔斜穿隧道送入壙中也。葬畢,人無知其穿壙者。一日,文鼎自書館出,見烏帽紫袍一髯翁叱曰:"還我腿來!"忽不見。文鼎心悸,至暮,寒熱交作,遂患腿疼,漸腫如瓠,逾月死。文鼎兄文旭有二子,自幼聰慧丰姿,美如冠玉,咸以清班人物目之,年十七八,俱病癆瘵死。未死之前,文旭聞德陽玉皇觀有降神童劉姓者能知人禍福,往訪之。劉外出,文旭住市肆,未嘗告以來意。候三日至夜半,劉始歸,着人於市肆傳文旭,告曰:"汝家葬母鑿損名墳,地神降殃汝子,已不可救矣。不遷,禍更巨。"文旭歸,急遷其墓,後存一子。

張家廟

先伯祖母喻氏,明榮昌尚書喻公茂堅孫女,先伯祖珩玖公應玉配也。明崇正十六年歸珩玖公,妝奩甚盛,有婢侍巾櫛。一日,淨面失金環,找尋不獲,疑婢私藏,將責婢。婢懼,逃匿宅北張家廟內,廟祀川主、藥王、土主。夜靜,忽見燈火輝煌,諜報張獻忠已破夔門限,六月某日屠隆昌,雞犬不留。諸神像皆倉皇失措,議遠避。一神曰:"廟有生人氣。"一神曰:"張氏婢也。"呼之出,飭曰:"歸告爾主,賊兵將至,急逃遵義可免。"婢曰:"賊不至遵義乎?"曰:"有高崖神把關,賊不能破。"婢曰:"我主人金環何在?"曰:"汝家花鵝食之矣,剖鵝自見。"婢歸告喻氏,剖鵝視之,果然。因即日攜家赴遵義,獲免於難。

予先世世居隆昌八石糧。張家廟,七世祖松亭公所建也。松亭公祀神甚謹,故獲此報。廟在八石糧宅北一里許。

王卓峰

中江著姓四,曰孟、李、戴、王。孟、李、戴皆發自本朝,惟王氏最久。王惟賢,號卓峰,明嘉靖壬辰進士,官至陝西布政使司參議。初令江都時,有僮余懷忠爲公濯足,公曰:"勿傷我痣!"蓋公足有紅痣,識者以爲貴相也。余曰:"小子亦有足痣。"公令舉足觀之,見足下紅痣三,較公志更大,公驚曰:"此子異日必大貴。"因教令讀書,以門生待之,極力栽培。後余成進士,入詞垣,歷陞至四川巡撫。道經中江,執弟子禮,步謁公於家,奉以金帛,辭不受。知公有田園樂,因就城北宅傍購地數百畝以爲酬報之所,並建報恩寺,置公長生牌於中,今城北報恩寺舊址是也。

公卜地至銅山,見上寶峰形勢特佳,擬建寺祀銅山鄉賢蘇公易簡父子、趙公延義、張公國賢等九人。掘土三尺得舊碑,乃宋慶元己未邑令王將去任時欲買此地,繪先達如蘇易簡諸大老爲四賢堂,迫去未遂,因畢録己志,勒款於碑,藏土中以付來者。公見碑中所載年月與己首事之年及定卜之所無不吻合,且前令姓又與公同,驚曰:"賢豪精爽,寔通元氣,此殆有天也。"因建寺於峰麓,見公《銅山鄉賢記》。公有《銅陵紀勝碣》頗詳核,碣云:

　　銅陵主山,來自中江南里,至駟馬埡,劈枝東南,行百里許,降而成麓。相傳銅山舊學在焉,今俗猶名其地曰夫子殿。予初來遊時,於麓之首得一石柱,乃宋時進士題名記也。記圍六棱,高可七尺許,上下皆橫刻雁行,中列銅鄉當朝甲科姓名與各授官之差。顧剝落太甚,隱約可辨者三十餘人,而蘇門三世因可考見。有溪自兑方來,宛委清揚,名曰玉江。上下隈曲,皆自南山分支,踴爲□[①]阜,名曰寶峰。上寶峰如盤龍之躍,其中阿即舊縣治所,昔之爲廳事、爲儀門、爲郵驛,鄉人皆能歷歷指點。其處有

---

① 　□,原文缺,存古書局本作"巒"。

碑欲扑①，乃宋參軍趙鼎吉記修尉廳者，文多漫漶，內有云："蘇易
簡，國初進士第一，蜀中斯文發祥，權輿此地。"其來岡有廢址，相
傳爲蘇狀元故宅。

　　下寶峰如遊魚，凹而復起，橫亘中流，而江水因之摺疊。僉
云此前漢鄧通鼓鑄之所。故老相傳，通在上偶遇秋漲，洪波逾凹
者七日，守燈而忘其爲火也，遂以餓死。往跡依然，歷考方書，所
記皆同，但與《史記》弗協。舊有三橋：上曰金鎖，中曰玉江，下
曰掛金魚篝，因山水迅發而今已盡圮。橋間巨石森聳，內一石如
獸而東首，首題"當陽勝處"四大字。緣曲澗深阻，每日出，率先
寅賓焉。又二石屹立中流，後先相望若雌雄。然爲走來石，原在
上鄉十里外，一夕風雨，乘槎至此。今槎木猶籍雌石下，而其故
地則名走石溝云。南岸崖石連延，中忽裂罅成洞，洞壁連有二
竅，皆懸流溠沸，飲之清冽而甘。左竅榜曰"飛來泉"，謂與走石
同時而至。右竅榜曰"獅子窟"，以在獅山下也。洞口石壁高平
而俯，上有司馬溫公隸古《家人卦》，傍刻《玉窗子》詩，云："當陽
勝處好溪山，翠滴溫公寶墨班。線溜一泓涼意足，須臾膚寸遍人
間。"又卦隸字別刻有二處，見存。上流岸畔有唐虞世南大書"登
金門，上玉堂。攀龍鱗，附鳳翼。凌九霄，振六翮。竭忠節，贊皇
猷"，凡二十四字。其他篆隸諸刻更富，不能盡錄。

　　南山宛如蹲獅，中阿有元趙封君墓神道碑，碑陰刻其家訓，
而歐、虞諸賢詩文贊跋具焉。前二石人朝紳鵠立，虎羊伏隊秩
然。顧塋域久爲民業，而冢土且欲平矣。予亟令人疊之土，尋購
其地爲墓田。獅首有刹，名廣福院，茂林蓊蔚，清泉匯池，亦方外
一佳境。訊所緜建，即公家佛堂也。殿後有經樓，步聲響答，詰

---

① 扑，存古書局本作"仆"。

之僧,云:"趙公實窆此中,左方墳墓規制乃其托迹者耳。"獅尾有斷碑,大書"梅坡"二字,蓋昔賢遊賞之地。僉謂此銅山八景之一也,俗傳《八景詩》云:"當陽勝處古招提,走石梅坡世罕稀。萬仞山臨獅子窟,一泓水泊放生池。飛來泉裏神龍現,金鎖橋邊野鳥啼。幾度登臨觀不盡,漫將彩筆寫新詩。"舊隱洞在上寶峰之額,深豁可坐十餘人,內有石床二座,額扁"龍山舊隱"四字。放生池在金鎖橋東傍,石刻云:"唐中和初,邑宰李義方鑿池刻石。宋紹熙壬子,十世孫璽自金山遷居於此,取家藏墨本重刻之。"流觴曲水,一在上寶峰北浹,一在金鎖橋邊,刻云:"宋馮丙之爲尉,其兄運之官凌雲,過此而流飲相樂。"蓋玉江至此,水底純石連山,一無罅隙,每遇灘磧皆可泛觴云。

繄昔文物之都,風韻之雅猶可想見。乃今斷碑每以勒塍,而磨崖率落剝殆盡,何也? 有父老微言,土人以石刻碍犁鉏,且厭官司采訪之擾。計古碣無慮百餘,輒被揙擊,惟恐餘跡之或留耳。嗟乎,鄉氓誠愚! 然而表志屬禁,固官司所得爲者,乃至日就湮没,或亦不能無責焉耳矣! 予嘗歷閱參求,隨筆其概以備遺忘,且俾將來觀風好事者得有考焉。

後卓峰死,葬廣福院側,至今子孫科第猶連綿不絕云。

宋總戎①

公姓宋,名元俊,字甸芳,江南鳳縣人。以武進士任四川城守營守備,遷卓和營遊擊。

乾隆三十六年夏,金川酋索諾木襲殺革布土司,其黨小金川酋僧

① 本傳見袁枚《小倉山房文集》卷二七《松潘鎮總兵宋公傳》。

格桑亦發兵侵明正土司，據班斕山，阻官兵進路，被害者相繼告急。總督阿爾泰知公素得夷心，命抵賊巢責問原委。公至刮耳厓，索諾木迎謁，詭以革番內變爲辭。公知其詐，歸告阿公曰："兩酋犄角爲姦，雖陽恭順而陰怙惡，非①大創不可。如興師，當先取小金川。"即獻三路進兵之策：一從班斕山，直探小金門戶；一從堯磧截取甲金達山梁，救達圍而趨美諾；一繞小金川尾閭，由約咱進攻遜克宗。阿公以其計奏聞。上命副將軍溫福、提督董天弼分路進兵，總督阿爾泰駐劄後路，居中控制。當是時，蜀牧寧日久，文武恬熙，一旦軍興，相顧喑噻。兩金川地勢奇險，碉卡櫛立，兵將未言色沮。公獨能聚米借籌，歷歷指畫。於是諸將軍運糧出戰，一切惟公是詢。

公探知小金川所占明正之達頂山梁與巴底巴旺毗連，密令參將薛琮挾巴酋暗擊山梁，而自統兵從甲楚渡河攻之。賊腹背受敵，大驚奔潰，收復納頂碉寨百餘。即用納頂土百戶爲前導，直搗約咱，賊愈困，聞天兵至即走。登時提督董公破甲金達，副將軍溫公收復班斕山，再克卡了。上嘉之，擢松潘鎮總兵，賞花翎。時三十七年正月十日也，計進剿小金川未及五月而侵地全收。聖諭褒美，公愈感奮，將直搗賊巢。旋奉將軍命調回籌辦什咱事宜，受代而行。方攻奪河東時，小金川求救於索諾木，②許之，將襲我後路。公得巴酋密報，遣使至刮耳厓罵責之。索諾木知情，遂③撤回原兵，於要隘處增碉固守。公請於制府曰："大金川逆形已露，不可不誅。然犯險強攻，徒損士卒，不如即用革布逃酋，其人有報讐雪恥之心，尤悉地形，可使也。"遂密遣番民乘夜逾山，約諸酋連結各寨爲內應，而自率遊擊吳錦江等由節木郭度河，據勺藏橋，舉砲爲號，革番從內突出，與官兵合力夾攻，

---

① 非，袁枚《松潘鎮總兵宋公傳》作"非壹"，脫"壹"。
② 據袁枚《松潘鎮總兵宋公傳》，此處脫"索諾木"。
③ 遂，袁枚《松潘鎮總兵宋公傳》作"得"。

斬千餘人。進圍丹東角洛，收復革境三百餘里。事聞，上愈嘉獎，賜荷包寵異之。先是，公別遣守備陳定國潛赴綽斯甲布土司，屯兵甲爾壨壩上，聽候調遣，人莫知其意。及革境全平，金酋畏綽土司之躡其後，不敢傾巢出戰。大兵雖在東南，而制勝則在西北，甲爾壨上雖按兵不動，而金革兩處已扼咽喉。公算略深沉，皆諸將所莫及。時上意大兵乘勝即可擒取索諾木，而公言兵少未可輕進，爲制府所劾，調回大營。隨即革職，鬱鬱不得志，病卒於軍，年五十八。

公長身蘆立①，音響如鍾，髯尺許，望而知爲偉人。料敵審勢，毫忽不爽。初收復革番，所用兵不過千許。及進攻金川，公建議北路必需三萬人，當事者疑公怯，不聽所請，卒無成功。後副將軍明公，廣集漢兵、土兵三萬人，先通路，後進兵，其言始驗。公待士信，用法嚴。與參將薛琮交最厚，攻小金川時，制府重公，命以遊擊領兵，節制諸將。公磨利刀與薛約曰：“某地某日會，我後至，君斬我；君後至，我斬君。”及公至所期處，而薛逾二刻始來。公遣飛騎持刀呼取薛參將頭，薛望見笑曰：“薛頭與賊不與公也。”奮前奪數碉。反，公猶手縛之，請罪於制府，以功論贖乃已。

先是，馭番者平時視若草芥，及蠢動又畏如虎。國家所賞繒帛，易以竊濫，酉叩頭領謝去，歸視大恚，笑擲於路。公有賞必佳物，其人輒喜相告，或舁公抵其巢，率妻若女環侍左右，公賜以茶煙簪珥，兒子畜之。小不循法，立加笞呵，咸悚息聽命。打箭爐邊關以外，官將行李俱畏夾壩出沒，惟公與果齊盛太守之箱篋，蠻夫爭爲背負，或遺於路，必擎送行幄。諸番小有動靜，先來告公，以故凡所料判，動合機宜。死之日，番人矽面環哭，聲振巖野。平居以忠義自許，思立功名。然性剛，能恤下不能事上，偶有議論，慷慨迅厲，旁若無人，以致讒忌

---

①　蘆立，存古書局本作“鶴立”。

者衆。身後家籍没，兩子戍邊。有張芝者，以走卒隸公麾下，拔至參將。四十一年春，大將軍阿公桂平定金川，凱旋時，芝書公戰狀，抱一册哭陳軍門。將軍代爲奏聞，邀恩赦其子歸。人莫不嘆張能報德，公能知人。

馬和尚①

　　江寧嚴星標馨、常熟徐芝仙蘭皆以耆士在陝督年羹堯幕府。雍正元年，青海酋羅卜藏丹津逆命②，世宗③授年爲撫遠大將軍，四川提督岳鍾琪爲奮威將軍，率兵討之。功成，年以徐、嚴二叟年衰，贈金幣送歸。宿蒲州，有兩騎客來，狀虓猛，所肩行李擔鐵也。天明行，晚復來宿，心悸之，卒無如何。又客館逢二僧，皆猥黠少年。二叟目之，一僧吳語云：“誰無眷屬，何看爲？”始知其一爲尼，急亂以他語。出不敢按站，行十餘里即宿。僧來排闥，踞上坐，揚其目而視之曰：“我疑若書生也，乃亦盜耶？橐内赤金二千從何來？”二叟駭曰：“天下財必爲盜而後得耶？朋友贈何妨！”僧曰：“若然，二君必年大將軍客也。”曰：“然。”曰：“幾殺好人。”起挾女尼走東廂，酌酒飲，倚而歌，聽之秦聲也。

　　抵暮，兩騎客亦來，解鞍宿西舍。庭月大明，二叟閉門卧。僧獨步檐外，嘖嘖曰：“好馬，好馬！”亡何，兩騎客去。僧闖然叩門，嚴窘，挺身出曰：“事至此，尚何言？行李、頭顱都可將去，但有所請於和尚。”指芝仙曰：“此吾老友，七十無兒，殺之耶？釋之耶？”僧笑曰：“我不殺汝，先去之兩騎客乃殺汝者也。”詰其故，曰：“凡緑林豪測客囊，皆視馬蹄塵。金銀銅分量，望塵了然。兩盜雛耳，雖相伺而眼眯，誤

---

① 此條見袁枚《小倉山房文集》卷二七《書馬僧》。
② 逆命，袁枚《書馬僧》作“不順”。
③ 世宗，袁枚《書馬僧》作“憲皇帝”。

赤金爲錢錙，故不直一下手。然非我在此，二君殆矣。"問僧何來，曰：
"余亦從年大將軍處來也。公等知將軍平青海是誰助之功耶？余故
吳人，少無賴好勇，被仇誣作太湖盜，不得已逃塞外，隨蒙古健兒盜馬
久，性遂愛馬。亡何，見岳公鍾琪所乘彪彪然名馬也。夜跳匿廄中，
將牽其繮。未三鼓公起，親自飼馬，四家僮秉燈至，余不能隱，被擒。
公上下視，問：'行刺者乎？盜馬者乎？'曰：'盜馬。'問：'白日闌入者
乎？夜逾墙者乎？'曰：'逾墙。'公微瞠，若有所思。秣馬訖，命隨入
室，案上酒殽橫列。公飲巨觥，而以一盞見賜。隨解衣卧，大鼾。遲
明公起，盥沐畢，喚盜馬人同往大將軍府。公先入，良久聞軍門傳呼
曰：'岳將軍從者某賞守備銜，效力轅下。'岳旋出，上馬顧曰：'壯士努
力，將相寧有種耶？'亡何，余醉與材官角鬥，將軍怒，賜杖。甫解袴，
岳公至曰：'我將征西藏，爲汝乞免，汝從我行。'時雍正二年二月八日
也。公命侍衛達鼐、西寧總兵黃喜林各領兵先，自領五百人爲一隊，
約某日會於青海界之日月山。至期天暮，公立營門，諭二領隊曰：'此
行非征西藏也。青海酋羅卜藏久稽天誅，昨其母與丹津、紅台吉二酋
密函乞降，機不可失。'手珠寶一囊、金二餅顧余曰："先遣汝召賊母
來。賊有城甚高，非善逾者不入。賊營帳四，上有三紅燈者，其母也。
對面帳居羅卜藏，左右帳居丹津、紅台吉二酋。珠寶與金將以爲犒。
此大事，汝好爲之。"解腰下佩刀授余。余受命叩頭，公起身入。天大
霧，乘霧行三十餘里至賊城，騰身而登，果帳燭熒熒然，母上坐，三酋
侍側。母年六十許，面方，髮微白，披紅錦織金袍。叱余何人，余曰：
'年大將軍以阿娘解事識順逆，故遣奴來問好。囊寶貝奉贈，金二餅
餽兩台吉。'三人聞之喜，叩頭謝。余知功將成，咋曰：'將軍在三十里
外待阿娘，阿娘速往。'三人相顧猶豫，余解佩刀插其座氈，屬聲曰：
'去則去，不去我復將軍。'其母曰：'好蠻子，行矣。'上馬與二酋隨十
餘騎。行不十里，岳公迎來，將其母與二酋交達鼐、黃喜林分領之。

須臾，前山火光起，夾道礮發，斬母與二酋回，入軍營。次日，諜者來報，羅卜藏丹津已逃準噶爾部落。岳公命竿三頭，徇三十三家台吉，皆震悚乞降。二十二日，至年大將軍營，往返裁十有五日。三月朔，凱旋，岳公首舉余功，大將軍賞遊擊銜。余詣軍門謝岳曰：'某杖此僅半月耳，大丈夫何顏復來，願辭公歸，別思所報。'公笑曰：'咄，吾知汝終爲白頭賊也。'厚賜而別。歸次涇州，宿回山王母宮。昵妓女金環年餘，資用蕩盡，不能歸。憶幼時習少林寺手搏法，彼處可棲，遂與金環同削髮赴中州。苦無馬，逢兩盜騎善馬，故奪之。"二叟不信，曰："彼不受奪，奈何？"僧笑，拉二叟出視廄，則夜間已將兩盜所肩鐵擔屈而圈之，束二馬首於內，不可開。二盜氣奪，故遁去。言畢，挾女尼舒其擔，牽馬門外，拱手作別曰："二君有戒心，勿北行，可南去，凡李衛、田文鏡兩總督所轄地方，毋憂也。"

後三十餘年，二叟亡。嚴之孫用晦過河南登封縣，遇少林僧諭拳法，曰："雍正初有異僧來，傳技尤精，然無姓名。好養馬，因稱馬和尚。後總督田公禁嚴，僧轉授永泰寺尼環師，今環師亦亡。其徒惠來者，能傳其術。"用晦心知馬和尚即此僧，環師者即金環妓。欲訪惠來，以二寺相距十餘里，天大雪，不果往。

石經

後蜀石經，孟蜀廣政七年，其相毋音貫。昭裔取雍都舊本九經刻諸石者。按："一字石經"七種，刻於漢光和六年，立石太學。上悉刻蔡邕名，蓋邕書也。唐貞觀中，魏徵、虞世南、顏師古繼爲秘書監，請募天下書，選五品以上子孫工書者爲書手，刻石雍都，所謂"雍都石經"是也。唐太和中，復刻十二經，立石太學，所謂"太和舊本"是也。後蜀毋昭裔捐俸，取九經琢石於成都學宮。《論語》十卷，經注并序三萬五千三百六十八字，將仕郎前守簡州平泉縣令兼殿中侍御史賜緋魚袋張德釗書，潁川郡陳德謙鐫。《孝經》一卷，經注并序四千九百八十五字，亦張德釗書，陳德謙鐫。《爾雅》三卷，不題經注字數，亦張德釗書，武令升鐫。《周易》十卷，經注六萬六千八百四十四字，將仕郎守國子助教楊鈞、朝議郎守國子毛詩博士柱國孫逢吉書。《尚書》十三卷，經注并序八萬一千九百四十四字，將仕郎試秘書郎臣周德貞書、鐫，玉册官陳德超鐫。《毛詩》二十卷，經注一十四萬六千七百四十字，將仕郎試秘書省校書郎張紹文書。《周禮》十二卷，經注一十六萬三千一百三字，將仕郎試秘書省校郎孫逢吉書。《儀禮》十七卷，經注一十六萬五百七十三字，將仕郎試秘書省校書郎張紹文書。《禮記》二十卷，經注一十九萬六千七百五十一字，卷首題曰"御删定《禮記①·月令》第一，集賢院學士尚書左僕射兼右相吏部尚書修國史上柱國晉國公臣林甫奉敕注"。《曲禮》爲第二，蓋唐明皇删定之本也，將仕郎試秘書省校書郎張紹文書。《春秋經傳集解》三十卷，經注并序三十四萬五千八百四十四字。《穀梁傳》十二卷，經注八萬一千六百二十字，俱不題所書人姓氏。蓋九經皆孟昶時所鐫，故《周易》後書"廣政十四年歲次辛亥五月二十日"。惟"三傳"至皇祐初方畢，故《公羊》後書"大宋皇祐元年歲次己丑九月辛卯朔十五日乙巳工畢"。通計蜀廣政七年肇始之日，迄宋皇祐元年九月畢工，凡一百一十二祀。又七十五年癸卯，益帥席貢始湊鐫《孟子》十二卷。乾道六年庚寅，晁公武又鐫《古文尚書》及諸經考略，此兩朝增刻年月也。查與監本少異者，惟《論語·述而》篇"舉一隅"下有"而示之"，《衛靈公》篇"敬其事而後"下係"食其禄"，《禹貢》篇"夢土作乂"，《毛詩·日月》篇"以至困窮而作是詩也"，《左傳·昭公十七年》"六物之占，在宋、衛、陳、鄭乎"，略有異同，未知孰是。

---

① 記，原文爲"祀"，據文意改作"記"。

洪文敏公邁謂孟蜀所鐫，字體精謹，有貞觀遺風，續補經傳殊不逮。楊慎曰："蜀刻九經最爲精確，是時僭據之主惟昶有文學，而蜀不受兵，又饒文士，故其所制尤善。"朱子《論語注》引石經者，謂孟蜀石經也。明季燬於寇，片石無存。我朝乾隆四十四年，制軍福康安奏請重修成都省城，監工什邡令任思任得石經數十片於土壕中，字尚完好。惜當時移歸私第，據爲己有，未肯留置成都學宮，爲可惜也。

銅鼓

諸葛鼓，相傳武侯製之以鎮蠻者。所鑄皆奇文異狀，互相錯蟠，雕鏤精工，有魚鳥蝦蠶之類，其數皆四。明萬曆元年，四川巡撫曾省吾蕩平九絲城都蠻，俘獲諸葛銅鼓九十三面，擇其有聲者六十四面，分天、地、人三號以獻。蠻中以爲異寶，有剥蝕聲響者爲上，上易牛千頭，次者七八百頭，遞有等差，藏至二三面者即得雄視一方。我朝雍正十年閏五月，黃螂獲銅鼓四面上之。今市肆中多有鬻之者，其價亦不甚貴。大約太平日久，蠻荒悉入版圖，此物無所用之，不過與古鼎大敦徒供博古者之傳觀耳。

錦里新編卷十五

異聞二

傅經略①

乾隆十二年二月,金酋莎羅奔作逆,侵擾各土司。召貴州總督張廣泗統兵進剿,屢失機宜,復於十三年三月命大學士訥親視師。六月,訥親行抵軍營,下令限三日内必取刮耳崖,以致總兵任舉、買國良同時戰没,賊勢愈張。九月,命傅文忠公恒經略金川軍務。十二月,文忠將至卡撒,查知小金川土舍良爾吉詐稱投誠,暗通消息,軍營舉動賊必先知,張廣泗輕信漢奸王秋之言,轉令統領蠻兵,故屢致敗衄。前奉諭旨將良爾吉正法,任事諸臣又以現握兵柄不敢輕動,恐致激變,别生事端。文忠查知伊弟小朗素最稱恭順,深得衆心,可以資其總統,因密令副將馬良柱將良爾吉、小朗素二人以迎接經略爲名,調出營伍。至邦噶山,面諭小朗素,授爲副土司,統領蠻衆。隨召良爾吉,面數其罪,梟首軍門,衆皆股栗。並令將王秋、蠻婦阿扣等即行正法,一時軍聲大振。奉上諭:"經略大學士初至軍營,即能斬除賊黨,處若無事,朕實嘉悦。從此賞罰嚴明,大功之成,計日以待之。"十二月二十一日,經略至卡撒,周覽形勢,采訪輿情,洞知從前攻碉之誤。大兵駐劄卡撒,岳鍾琪由黨壩進剿。

---

① 本條主要取自來保等撰《平定金川方略》卷二二。

十四年正月，召經略傅恒班師還朝。經略奏陳布置進攻事宜，奏云："臣查攻碉之法，賊已熟悉，防範甚周。我兵雖衆，鎗砲所及，惟抵堅壁，於賊無傷。賊不過數人，從暗擊明，鎗不虛發。是我惟攻石而賊實攻人，我無障蔽而賊有藏匿，且多掘土坑，急則深伏其中，不見人形，而能自下擊上。又於碉外開壕，人不能越。戰碉銳立，高於中土之塔，建造甚巧，不逾數日而成，其餘隨缺隨補，頃刻立就。且人心堅固，至死不移，碉盡碎而不去，砲方過而人起。客主行殊，勞逸勢異，攻一碉難於克一城。即臣現住之卡撒，親閱左右山梁，二道三道梁上有碉三百餘座，以半月十日得碉一座計算，必待數年始盡。且得一碉輒傷數十百人，以此計算，尤不忍言。而訥親、張廣泗尚以爲得計，是敢於欺皇上，亦所以自欺也。今臣再四熟籌，惟有使賊失其所恃，而我兵乃得展其所長。如卡撒一路，乃攻刮耳崖正道，嶺高溝窄。臣既身爲經略，理當力任其難，相度形勢，須就此一路之中分路橫截，同時大舉。俟大兵齊集，分派左右山梁、昔領、石城等處，奮威力戰。臣別選銳師，於喇底旁徑及奎角、千登等臨裏糧直入，逾碉勿攻，繞出其前，即以圍碉之兵作護糧之兵。賊番稀少，外雖嚴密，內實空虛，我兵既繞道前進，則守碉各番皆有戀家之念，無固守之心，均可不攻自潰。至四川提督岳鍾琪所攻黨壩一路，益以新兵，使之努力奮擊，直搗勒歪。兩路並進，而甲索、馬奈、正地等要路俱令竭力進攻，使賊四面①受敵，不能兼顧，雖有堅城險碉，無以恃其固矣。至於調□②兵丁，奮勇無前，一以當百，固仗滿兵爲最，而穿箐引導，則□③土兵不可。各土兵中，小金川最爲驍勇，良爾吉已正典刑，莫爲賊諜。澤旺與逆酋結恨甚深，小郎素奮志立功，自屬可用。沃日兵少而强；雜梭兵衆而

---

① 四面，來保等撰《平定金川方略》卷二二作"面面"。
② □，原文漫漶不清，存古書局本、《平定金川方略》卷二二皆作"遣"。
③ □，原文漫漶不清，存古書局本、《平定金川方略》卷二二皆作"非"。

懦;明正、木坪忠順有餘,强幹不足;瓦寺尚肯用命,人亦無多;革什咱兵勢頗銳,馬奈一路實資其力,正地亦藉以自守;巴底、巴旺畏人^①如虎,不堪驅策;綽斯甲心懷疑貳,未足憑信,現有重兵^②彈壓,不敢動搖。總之,土兵之性,貪利可以忘身,臣現在加意鼓舞,棄短取長,諄切曉諭,令知逆酋不滅不休,爲彼永杜後患。庶衆土司各思建功,不復畏賊,自能效命争先。若緑旗兵丁,原非盡不可用,向來全無紀律,賞罰不行,懲勸不當,心灰意沮,皆成懦怯。且數營之兵臨時任意酌撥,兵不識將,將不識兵,而兵與兵又不相習,臨陣勇怯,領兵者不識其人,何從分别。是以每當緊急,前後俱不相顧,原屬兵法所忌,臣現在申明軍紀,振作士氣,有功必賞,有罪必誅,實心訓練,使士識將心,將知士習,上下誠意相孚,庶可變弱爲强,以收臨期臂指之用。將弁賢否,尤關緊要,臣留心體察,軍前大臣中如傅爾丹,老成宿將,久歷戎行,而年近七旬,難以親臨戰陣。臣今與尚書達爾黨□□^③理營盤一應事務,内大臣班第、護軍統領薩音圖、臣,同各營俱有鎮將統領,暫留軍營以便隨時委用。護軍統領烏爾登,現當馬奈一路;護軍統領法酬,仍在黨壩。其各總兵,内如莽阿納住劄左梁,尚能堵禦;哈攀龍住劄色爾力,防守嚴密,人亦勇敢;哈尚德人亦明白果敢,勇於任事,現守左梁,看來俱可任使。冶大雄曾經出兵,人尚老成,臣現委以中軍之任。副將馬良柱於蠻地素有威名,爲諸番畏服,現駐昔嶺。其餘將弁,量材委遣,務使各盡其用,所向有功。從前大帥行軍,所得地方即撥兵防守,以致後之守兵漸分,而前之精兵漸减,即不撥兵防守,立行拆燬,而賊又於其地立砌石卡,以藏身傷人,是以守碉毁碉均屬無益。今據軍前諸將咸稱賊聞臣至,每日添碉,猶以爲官兵狃於舊習,

----

① 人,來保等撰《平定金川方略》卷二二作"賊"。
② 重兵,來保等撰《平定金川方略》卷二二作"官兵"。
③ □□,原文漫漶不清,存古書局本、《平定金川方略》卷二二皆作"阿經"。

彼得恃其所長。不知臣此次決計深入，不與爭碉，惟時派遣精兵伺間突入，斬殺賊眾，或用大砲轟擊，使之晝夜不寧，以疲其力。一俟兵到，臣悉心布置，面面周匝，出其不意，取道前進，務在破其巢穴，擒擄賊酋，於三、四月間定報捷音。若賊境果非人力所及，必不能平，臣亦何敢勉强飾説必謂成功。但審度形勢，雖人人皆謂其難，而臣殫竭駑駘，悉心調度，實可以掃除賊境，以仰副皇上委任之至意。總之，此事辦理，誤於初起之時處置不善。逆酋本來從不歸化，原可略惕以威，使之知儆，不必果於進取。迨馬良柱乘勝攻克沃日、小金川，直抵丹噶，若張廣泗果能於以接應，其時賊人防禦之法尚未周悉，亦可就滅，乃一誤再誤，以至於今。若此時畏難，草索①了事，則逆酋之勢愈張，而衆土司益被其毒，且以天朝爲不足恃，即邊境何以冀其永寧。是以臣愚以爲，必一舉成擒，則可以滅鎮百蠻，永銷氛祲。此時現在乞降，未見果出誠心。若莎羅奔、郎卡果親自前來，猶可商酌，否則惟有進攻，斷無中止。謹奏。"

奉上諭："金川用兵一事，朕本意欲以禁遏兇暴，綏輯群番，並非利其人民土地。從前訥親、張廣泗措置乖方，屢經貽誤，特命大學士傅恒前往視師，熟察形勢。傅恒忠誠勞勩，超出等倫，且中宵督戰，不避風雪，擊碉奪卡，大著聲威。朕思蕞爾窮番，何足當我王師。傅恒乃中朝第一宣力大臣，素深倚毗，豈可因荒徼小醜，久稽於外。着即馳驛還朝，軍營一切事宜交與策楞、岳鍾琪等，儘現在兵力妥協辦理，正月二十八日。"經略奉到諭旨，適金酋遣頭人乞降，經略飭令親赴軍門方可准允。金酋懼降而負誅，遲疑不進，轉差頭目赴提督處叩懇。提督岳單騎至勒歪賊巢，宣揚天子威德，許爲呈奏，貸以不死，飭令立誓具結，同衆土司一體輸納當差。該酋帶領蠻兵二千餘人齊聲拜禱，遵奉約束。隨跪進

---

① 草索，存古書局本、《平定金川方略》卷二二皆作"草率"。

茶湯，椎牛設宴，留宿帳中。二月初四日，莎羅奔、郎卡親隨提督赴卡撒大營焚香跪求，並呈萬金，願爲經略建廟，同達賴喇嘛朝夕奉祀。經略因其情詞懇切，據實奏聞，遂於初五日鼓樂升帳，納降班師。

王贊武

　　王贊武，字建東，貴州南籠府普安州人也。性倜儻慷慨，好施與，貌魁杰，膂力過人，爲諸生時雅不重阿堵間物。父之琳，積產頗厚，遇收責時必自請往，往輒減其租，有焚券不責償者，父知之，亦不問。構書院於其鄉，捐貲設課，招生童肄業其中，多所成就。

　　乾隆五十五年，以甲午科鄉薦揀發來川，授峨眉令。革弊鋤奸，不遺餘力。理決詞訟，如家人父子。時以肩輿往來閭巷，勸課農桑。大堡夷猓素頑悍，不事耕業，時出爲害。公爲口講指畫，借籽賒牛，俾墾荒土，分疆塍，列村落。別招漢人栽插其餘，得良田五千餘畝，民猓相安。升科編戶，比沃壤焉。西藏之役，奉檄運餉，遇蠻夷甲霸，輒以譯者諭之曰："毋我盜，有不足，我將犒汝，曷往屯所俟。"於是群夷歡騰，相與護送出站。竟其役，公所督運，無敗事。尋以憂去。服闋赴補，權南部篆。南部者，北道孔衢，爲東西要害，地瘠民頑，號稱難治。先是，川中教匪起達州，東北州縣動遭蹂躪，所在焚掠，紛紛逃竄，破城摧堡，莫敢攖其鋒。大軍剿撫並施，旋滅旋起，寖淫五載不能靖。初下檄時，大吏恐其怯往也，問之，公曰："武存南部存，武亡南部亡，何懼之有！"聞者壯之。甫至邑，嚴斥堠，編保甲，修造軍器，老弱婦女居守，丁壯剿捕，且耕且禦。公雜於稠人翕牧中，日夜巡邏獎勵，與士卒同甘苦，隱隱爲西北一巨鎮。賊聞之相戒，莫敢入境。首逆羅其清者，故州役，擁衆數萬，由蒼溪而西逼縣界，結寨孫家梁，旌旗蔽空，呼聲震地，且發令曰："不可傷南部一民，違者斬。"公以單騎詣營，一老卒控馬，一童子揭"正堂王"旗一隨之。賊始疑懼，嚴陣以待，公呼之曰：“我來爲爾輩耳！”賊見其無備也，開營納之。環聚盱視良久，曰：
“王青天也，何爲至是？”公諭之曰：“朝廷赦爾輩以自新，豈不知耶？”
曰：“知之。”“知之，何不解散？”曰：“無可奈何耳。某等本以一時忿
激，爲官役等所逼。抗拒以來，戕官殺吏，敗壞至此。朝廷縱有好生
之心，其如我輩疑阻不敢向前何？且某等室家敗燼，父母妻子相繼滅
亡，祖人廬墓爲之一空，歸將焉依？與其駢首就戮以快仇讎之心，毋
寧嘯聚奔逃，求緩須臾之死耳。”因泣下。公曰：“無懼，我能丐汝死。”
曰：“嗚呼！等死耳，爲囚爲賊，其罪一也。願公無再來營。公在此，
某等決不敢以一騎一矢相加。”公曰：“何故傷百姓？”曰：“無我梗，則
免耳。”出蟒袍、靴帽相贈，却之再。羅其清曰：“我知之矣，此賊物也，
何敢污公。”留飲一日，以千人簇擁下山。其夜統衆颺去。

　　五年春正月，賊匪乘嘉陵江水涸，自定遠渡江而西，所在州縣告
急。初渡時不滿五千人，旬日聞有衆數萬蟻聚蜂屯，噪而西逸，走蓬
溪，掠鹽亭，折而北攻南充、西充，蔓延至南部。當是時，賊以五色旗
號自隨，渠首冉添元、陳得俸尤稱梟桀，每以埋伏陷官軍，總鎮朱射斗
所由敗没者也。至縣屬之花牌坊，公率鄉勇二千人，夜三鼓，兼程以
進。至則圍賊數重。賊欲遁，迫於山，不能退。公身先士卒，手持春
秋大刀直衝賊營，鄉勇助之，大呼殺賊，東衝西突，殲滅三百餘人，賊
衆大敗，引去。會日暮，我兵饑甚，鄉勇等以暫退覓食告，公不可，曰：
“險要一失，恐不能禦。”求之愈急，公不得已，隨之退守富村驛。日已
夕，閉柵卡，入驛稍憩。俄報賊至，公不信。再至，公步行持刀往驗，
以壯士張某荷戟自隨。出門火起，黑影中有數人叢集於街，公叱之不
應，持刀向之，賊來鬭，立殺二人。賊群起，衆矛攢刺，公寡不敵衆，遂
遇害，壯士死之。衆鄉勇至，賊已一鬨而散，時二月初六日夜也，死年
五十七。事聞，奉旨：“該員平日甚好，可惜。着該部即行照例議恤。
欽此！”南民聞之，無不墮淚。訃至峨山，衆僧偕士民望西招魂，建醮

於其頂，立像祀焉。後月餘，德參贊楞泰以勁旅至，大殲賊於江油之馬蹄岡，生擒冉漆元、陳得俸，解省寸臠之，遠邇稱快。公初無子，遺腹生一子，距公死纔九十六日，人以爲忠義之報云。

于公治獄①

于公需者，蜀之閬中人。令陝西臨潼，邑民張氏婦少美晳。一夜，夫外出，婦獨寢，有賊破門入。婦從窗罅窺睨，見人衆，恐懼，匿牀下。賊入室，無所取，獨搜得婦，挽之行。婦呼號求救，旁一人掩其口擁而出，至一神祠，環求淫。婦披髮跳叫曰："我良家婦，義不受辱。速釋我歸，不則惟有一死。"賊以刃脅之，婦罵愈厲。賊知不可屈，爭前縛其手，持其足強淫焉。婦罵不絕，賊大怒，以手呃其喉。業畢命，賊怒未已，折其一足而去。時雍正十二年十一月也。

鄰居聞聲，懼賊衆，莫敢赴救。比賊逸，偕往具其事於縣。公即往視，見婦死狀，髮上指，面赤汗下。曰："若之死所不忍見，不爲若復讐，何以宰爲？"因步周垣。是夜，大雪被地，足印以十數，時尚未曙，無他人行。公乃隨而蹤跡焉，雜沓至康而寧之門而沒。康而寧者，邑之富人，日漁色，姦淫萬狀，家中具一圖籍記里中婦女，甄別好醜，好者必設法計誘之，度不可誘，則呼黨與夜入其家執而從事。其家憚其惡又恥之，率隱忍，勿敢與爭，以故寧之。志益肆，願益奢，更欲盡淫其一邑之好者。邑中人人切齒，終無可奈何。是日，公呼寧出，寧見公則色沮，倉皇失所措。公命拘之歸，一鞫而服。先是，邑中周氏女及笄，其父母亡，兄服賈，與其嫂居。一日，嫂欲歸寧，女送之門。而寧過而見之，心知嫂去獨女在也，與其徒入室。女方就寢，其徒環執之而寧蒙其口肆淫遍。其徒比去，女已死矣。公求賊，數月弗得。至

① 本傳又見（道光）《保寧府志》卷五三。

是，寧並自認不諱，獄具。一邑歡呼，頌神君。

寧徒略西安太守，守欲出之，公不可。太守以公爲故入人罪，公欲與辯，太守拒不復見，更使長安、渭南二令覆驗。二令希太守意變其事，謂殺人者非寧也。當寧殺婦時，渭南令適往西安道，經寧里，聞其事甚悉。時雖出寧罪，心終不自安，復勸公曰："上官欲活寧，公故違且重得罪。奈何以一婦之冤，賈一身之禍。"公佯許之，二令即要與俱見太守。太守出，握手談，謂罪疑惟輕，公毅然正色曰："太守制一郡，將鋤殘戢暴，以安善良，作萬民之主宰。而寧罪狀昭彰，邑人共憤，莫不欲甘心焉！公欲活之，使節烈含恨九泉。若公議何，國法具在，上天難欺，需既知之，斷不肯遷就了結。"太守大怒，叱之出。顧視二令曰："若猶枝柱，奈何與俱來辱我！"二令惶，遽出，讓公曰："若病狂耶！何乃爾？"公笑應曰："公知有太守，我知有婦冤，亦各從其志也。"公遂返。二令竟出寧罪。獄上，邑人盡恐，環哭公門，公亦知不免，且遣其家屬歸。邑衆送之，牽公衣而泣，泣涕交橫，下道旁觀者皆伏地泣，莫能起。公慰諭曰："毋恐，我誓不與賊俱生也。且去，聽我所爲。"邑衆收淚強起，稍稍散去。公歸，書其事直揭部科。會大中丞碩公色知其事，檄下漢中、鳳翔二守廉理。鳳守馮公慶長先期齋戒，至會質，矢曰："敢有懷私心以治此獄者，其子女有如張氏婦。"遂莫有異議。邑衆亦赴愬馮公所，稱寧罪。寧知不可逭，具白所以殺婦並女死狀。問何以爲驗，寧出素所爲圖籍，皆邑中婦女名，已淫者注其下，以百數，其未淫者亦注，以待異日焉。馮嘆曰："此即殺有餘辜矣！"如公牘擬重辟，窮治其黨。一邑盡歡，咸德公，有肖像祀者。碩公表公廉直，入爲刑部主事，西安太守參革。

嚴撫吞釘

閬中嚴中丞瑞龍，幼時誤吞一釘，已下咽矣，其太夫人憂甚，延醫調治，卒無效，公亦不覺其苦。及半載，腰間忽患瘡，紅腫異常，令外科胗視，見瘡頂高起，謂：“必去膿，然後可以敷藥。”用鐵夾夾，其頂中硬不可動，極力拔之，乃一鐵釘。細視之，即向日所誤吞釘也，驚詫不已，瘡遂平。釘入喉中尚隔腸膜，不知何以穿至膚間，亦一異事也。

又聞瑞龍少年時肄業土窰中。是年其師王某苦熱，嘆無納涼之處。嚴曰：“土窰中頗涼，可以稍憩。”師至，覺清風徐來，毛髮俱爽。師曰：“是間有風，似有人扇之者，甚愜吾意。”忽聞空中人語曰：“吾運此風輪只以爲大中丞，不知是老學究。”其風頓息。後嚴仕至湖北巡撫，其師終於巴縣廣文。

古梁州①

《禹貢》：“華陽、黑水惟梁州。”幅幀甚廣，後世遞有變更。今四川去華山甚遠，在嶓冢之南，非復梁州之舊矣，試略考之。

梁北自洛南、商州、鎮安並屬西安府。以西爲洋縣、城固、褒城、鳳縣、並屬漢中府。兩當、徽州、成縣並屬鞏昌府。及唐宕、疊二州之地，北興今岷州、洮州二衛接界，衛屬臨洮府。又西爲西傾山南、唐松州徼外羈縻之地，貞觀二年於松州置都督府，督羈縻二十五州。其後多至百有四州，悉生羌羊部落。皆與雍接界。其間大山長谷，遠者或數百里。終南山東連二華，竦峙長安之南，有子午道直達漢中，岡巒綿亘，歷盩厔至武功、郿縣爲太一山，亦名太白山，駱谷、斜谷之口皆當其地。又西過寶雞，訖於隴首山之深處，高而長大者曰秦嶺，《西京記》云“長安正南，山名秦嶺，東起商、陸，西盡汧、隴，東西八百里”是也。關中指此爲南山，漢中指此爲北山，斯實雍、梁之大限矣。寶雞西南爲鳳縣，即漢故道縣，屬成都郡。縣東北大散嶺與寶雞分界，嶺上有大散關，當秦、隴之會，扼南北之交，

---

① 此條主要出自胡渭《禹貢錐指》卷九、卷十。

雍、梁有事，在所必爭。又西爲徽州，州東南有鐵山，懸崖萬仞，劉子羽曰蜀口有鐵山棧道之隘是也。州西有木皮嶺甚高險，唐黃巢之亂，王鐸置關於此，以遮秦、隴。又西爲成縣，縣有鷥峽、羊頭峽、龍門戍，皆在仇池山北。北兵攻仇池，必由此入。又西爲洮州衛之西傾山，山東北去衛四百餘里，屬雍州，其南則屬梁州，所謂“西傾因桓是來”者也。以上諸山皆隴、蜀陀塞，西傾與華陽，東南^①準望相直。曹彥和云：“梁北雍南，以華爲畿。”不兼言東，最得經旨。而林少穎以爲華山在梁、雍之東，當云梁之東北，雍之東南，以華爲畿。夫兼言東則不足以該其西，是謂欲密而反疏。林氏蓋習聞西南距岱之説，而不知其非，故有此論。梁東自洛南、商南以南二縣並屬西安府。爲鄖西之西境，故上津縣地上津，唐屬商州，其故城在今鄖西縣西北一百十里。又南爲房縣，鄖西房縣並屬鄖陽府。與豫接界，又南爲竹山縣，屬鄖陽府。又南爲巫山縣，屬夔州府。與荆接界。

　　梁南自宜賓以西至會川，諸州縣凡在瀘水、馬湖江之北者，皆梁域。宜賓以東至巫山諸州縣，凡在大江之北者，皆梁域。蓋大江既合瀘水，亦得互受通稱。故隨改江陽縣曰瀘川，置瀘州治焉。其縣南大江，《寰宇記》謂之瀘江。瀘水即黑水，則梁左之南鄙亦當以此水表界也。或曰：“梁州之水，莫大於江，《經》曷不界以江？”曰：“江自岷山導源，大勢皆南行，至敘州始折而東，苟界以江，則江右之地悉遺之域外矣。故言黑水可以見左界，而言江則不可以該右界也。梁西自西傾山歷唐羈縻州以南爲當州、奉州、柘州，又西南爲始陽鎮，又南爲雅州、黎州，又西南爲雟州，皆與蠻夷接界。今松潘衛、威州、天全六番招討司、雅州、黎大所及越雟冕山營之北境、鹽井營之西境是也。唐當州在今松潘衛西南三百里，州治通軌縣。《隋志》：縣有甘松山，《元

和志》云：甘松嶺在嘉城縣西南十五里。唐開元十九年，吐蕃請互市於甘松，宰相裴光庭曰：“甘松嶺，中國之阻，不如許赤嶺。”即此也。赤嶺在今陝西西寧衛界。奉、柘二州在今疊溪、威州之西。奉州西七十里有的博嶺，韋皋嘗分兵出此圍維州。柘州西北百里有大雪山，一名蓬婆山，杜甫詩：“已收滴博雲間戍，欲奪蓬婆雪外城。”是蓬婆又在滴博之西也。威州北有高碉山，山上有薛城廢縣，唐維州治，亦曰姜維城。《邊略》云：“自松達茂不三百里，夷碉棋布，山巖如蜂房。”《宋史》有碉門，元有碉門宣撫司，即今天全六番招討司也。蓋夷碉起自松州，訖於始陽，故謂之碉門矣。《廣韻》無“碉”字，不知其音。今案《後漢書》：“冉駹夷皆依山居止，累石爲室，高者至十餘丈，爲邛籠。”注云：“今彼土夷人呼爲‘彫’也。”蓋“碉”本作“彫”，後改從石作“碉”耳，音當與“彫”同。唐雅州治嚴道縣，領羈縻吐蕃四十六州，黎州治漢源縣，管羈縻州五十七，並蠻夷部落。《寰宇記》云：“雅州西去大渡河五日程，羌蠻混雜，連山接野，鳥路沿空，不知里數。”黎州西至廓清縣一百八十里，其城西臨大渡河，河西則生羌蠻界，高山萬重，更無郡縣。今黎大所北有邛來山、九折坂。後漢永平中，白狼、槃木、唐菆等百餘國舉種奉貢，越山坂繩負而至，皆旄牛徼外蠻夷也。巂州即今建昌衛，《通典》云：“南至姚州界五百六十里，西至磨迷生蠻六百六十里。”昔司馬相如略定西南夷，關沬若，徼牂柯，鏤靈山，橋孫水，蓋皆在此地矣。

　　又《周禮》：正西曰雍州。疏云：“周之雍、豫，兼梁州之地。”案：雍州西北二邊，世有戎翟之患。自夏桀時，畎夷入居邠、岐之間，成湯既興，伐而攘之。及殷室中衰，諸夷皆叛。至于武丁征西戎、鬼方，三年乃克，故其詩曰：“昔有成湯，自彼氐羌。莫敢不來享，莫敢不來王。”言武丁能繼湯之烈也。及武乙暴虐，犬戎寇邊，周古公逾梁山而避於岐下。及太丁之時，季歷伐燕京之戎，戎人大敗周師。文王爲西伯，西有昆夷之患，北有玁狁之難，遂攘戎翟而戍之，莫不賓服。厲王無道，戎狄寇掠，乃入犬丘，殺秦仲之族。宣王承厲王之後，玁狁孔熾，整居焦穫，侵鎬及方，至於涇陽。雍州之域爲戎翟所侵陵如此，則其疆場未必能悉如《禹貢》，“梁州之山水，無一入職方者”，故杜氏言梁州當夏、殷之間，爲蠻之國，蓋即《牧誓》所稱庸、蜀、盧、彭等是也，雍之并梁亦虛名耳。今据《周禮》言之：正東曰青州，其南則有揚，其北則有幽，而西則不然，目①雍州以正西，其西北、西南兩隅皆缺焉。然則梁地爲羈縻之國，固不待言。而雍之西境，如西傾、積石、豬野、流沙、三危、黑水之區，皆没於戎翟，《禹貢》之舊疆，不可復問矣。《爾雅》：自離州以河西，則華山以南不在界中可知。其西北亦當虧損，殷、周之雍，寔小於《禹貢》，或因并梁之説而反以爲大，此耳食之學，未可與道古也。殷有徐而無青，營即青也。周有青而無徐，青即徐也。青、徐二州，迭爲有無，獨梁則二代皆無之，其故何也？余按：武王伐紂，誓於牧野，諸侯會師者，稱之曰友邦冢君，而庸、蜀、羌、髳、微、盧、彭、濮八國，則稱之曰人，不以諸侯待之。《傳》曰：“八國皆蠻夷戎狄屬文王者。”《正義》曰：“此皆西南夷也。”《通典》曰：“梁州當夏、殷之間，爲蠻夷之國，所謂巴、賨、彭、濮之人。”由是觀之，殷周之世，梁地大半變於夷，故此州遂廢。先儒多言梁并於雍，唯賈公彦云雍、豫皆兼梁地，而林少穎又云江漢發源梁州，而職方爲荆州川，則荆亦兼梁地，此言尤爲精核。蓋殷、周之荆、豫皆以漢水爲界。梁州之地，自嶓冢以東分屬荆、豫，而嶓冢以西則雍兼之。其地皆爲蠻夷，雖并於雍，而《禹貢》梁州之山川無一入職方者，大抵如唐宋之羈縻州。元明以來之土司，簡其政令，寬其賦斂，以柔擾之，使爲不侵不叛之臣而已。建州設牧非其所宜，故終殷周之世，梁州不復置也。

---

　　①　目，胡渭《禹貢錐指》卷十作“自”，當是。

江源考

　　徐氏弘祖《紀江源》[①]云:"《禹貢》: 岷山導江,乃汎濫中國之始,非發源也。中國入河之水;爲省五;入江之水,爲省十一。計其吐納,江倍於河。按其發源,河自崑崙之北,江亦自崑崙之南,非江源短而河源長也。又辨三龍大勢,北龍夾河之北,南龍抱江之南,中龍中界之,特短。北龍只南向半支入中國,惟南龍磅礴半宇内,其脈亦發於崑崙,與金沙江相並南下,環滇池以達五嶺。龍長則源脈亦長,江之所以大於河也。"

　　李氏紱《江源考》:"江爲南條大水,與北條之河並稱。河自發源至積石入中國境。以今《方輿路程圖》考之,已七千餘里。而歷來溯江源者,悉本《禹貢》岷山導江之文,止就岷山言之。雖博奧如桑氏《水經》、酈氏《注》,精詳如程氏《禹貢論》,亦無異辭。余獨疑江水廣與河等,深則數倍,並橫亘中國。江尤有天塹之名,而岷山在陝西廢疊州,爲中國境内,何其源之近而小耶? 竊以爲《禹貢》言岷山道江,猶道河積石,止就神禹施功之地言之。江源不始於岷山,猶河源不始於積石也。昔人嘗有以北金沙江爲江源者,其源出在西番内,莫得其詳。後閱《方輿路程圖》,則北金沙江源委井然。既開方以計里,又測極以準度,其法爲古來所未有。按《圖》考之,岷江與金沙江會合於四川之敘州府,自敘州逆遡其源,岷江源出岷山,當北三十四度,西十二度。行五百餘里過黃勝關,至松潘衛入四川境。又南行五百里至茂州之長寧堡,有黑水河來會。又南行六百里經成都府西境,至嘉定州,青衣、嘉定二江來會。又二百餘里至敘州,與金沙江合。自發源至此,僅一千八百餘里。若北金沙江,則發源西番之河克達母必拉。必拉者,河也,當北三十二度半,當西二十度。經母魯斯烏蘇之拜圖

---

　　① 《紀江源》,即徐霞客《溯江紀源》一文。

都渾共,南行千八百里,過裹雍河屯始名金沙江。又東南行九百里過塔城關,至雲南麗江府。又南行四百里至陶營巡檢司,又東北行千里至雪山,入四川境。又北行千二百里,有打沖河來會。又東行三百里至涼水井,折而北行七百里,又東行四百里至馬湖府,又東行二百里至敘州府,與岷江合。自發源至此,已六千九百餘里,較江①之源遠三四倍。凡水,以原遠者爲主,而原近者附之。今自敘州會合之處逆溯二江之源,修短懸殊如此,乃不以行六千九百餘里者爲江源,而以行一千八百里者爲江源,此理之必不可者也。

　　按:黃河發源北三十六度,當西十九度,與金沙江南北相距僅三度半,東西則止偏西一度。而河源之南,金沙江源之北皆高山聳峙,蓋即所謂崑崙山也。河源在崑崙之陰,江源在崑崙之陽。而特微偏西二百餘里也,又有一源名鴉礲江,即所謂打沖河,與金沙江會合於馬湖西境者也。鴉礲亦發源於西番北境,與青海南境接壤,當北三十四度,西十八度。與河源南北相距僅二度,東②一度,中阻高山,蓋亦崑崙之陽而微偏東二百餘里者也。其源從平地湧出,源泉百十道,與星宿海相同,西番人名以查楚必拉,蒙古人名以七察爾哈那。眾泉會流爲大川,南行二千里,沿途納東西大水十餘處,經四川西境始名鴉礲江。又南行六百里入四川境,過三渡水始名打沖河。又西行三百里,又南行五百里與北金沙江合。又一千六百里至敘州,自發源計之,其行五千里,較岷江之源亦幾於三倍,而水勢盛大,亦倍於岷江。以源之遠論,當至③金沙江;以源之大論,當至④鴉礲江,然不如金沙爲確,蓋金沙較雅礲又遠千九百里,源遠則流無不盛者。若岷江,則

① 江,李紱《江源考》原文爲"岷江",見《穆堂初稿》卷十九。
② 東,李紱《江源考》原文爲"偏東",見《穆堂初稿》卷十九。
③ 至,李紱《江源考》原文爲"主",見《穆堂初稿》卷十九。
④ 同上。

斷斷不得指爲江源也。

又按：江、河並發源於崑崙，河源在其北者，東趨陝西，又折而北，直趨塞外鄂爾多斯，又東行千餘里，然後折而南，由延安入陝，再折而東，以入於海。江源在崑崙南，亦東南行，已與四川相近，復南行直趨雲南，東行千餘里，然後折而北，由雪山入川，再折而東，以入於海。兩大川始而相背，繼而相向，有若籀文亞字，亦天地之奇觀。江源者①亦可以無憾矣。"

案：徐、李二氏論江源，一得之遠遊，一得之圖象，皆信而有徵，可補前人所未備。其論誠辨，然終以岷山爲江之正源，金沙特入江之支流耳，蓋源雖以遠者爲宗，而亦以大者爲正。江自岷山至敘，行千八百里已自成江，舟楫通利，其爲大江也，無藉於金沙。故敘金沙之自南而北入於江，亦如漢江之自北而南入於江，後人斷不以漢亦入江而遂改江源於嶓冢，豈可以敘亦入江而竟改江源於金沙哉！蓋既論正偏，則不必更計其修短矣。金沙盤曲於萬山中，細流斷續，巨石橫亘，從古不通。近乾隆初年，雲南督臣按圖開濬，董其事者云鑿山塹石，不知凡幾，始有徑可通。今雖亦行舟楫，畢竟崎嶇曲折，於側徑巉巖中危險特甚，未能通行無礙也。則徐、李二説雖新奇可喜，特足廣人聽聞，終不可改爲江之正源也。

酆都縣尹②

酆都縣俗傳路通陰曹，縣中有井，每歲焚紙錢、帛鏹投之，約費三千金，名納陰司錢糧。人或吝惜，必生瘟疫。

國初，知縣劉綱到任，聞而禁之，衆論嘩然。令持之頗堅，衆曰："公能與鬼神言明方可。"令曰："鬼神何在？"曰："井底即鬼神所居。"

---

① 江源者，李紱《江源考》原文爲"觀淵源者"，見《穆堂初稿》卷十九。
② 此文取自袁枚《子不語》卷一《酆都知縣》。

無人敢往，令毅然曰："爲民請命，死何惜？吾當自行。"命左右取長繩，縛而墜焉。衆持留之，令不可。其幕客李詵，豪士也，謂令曰："吾欲知鬼神之情狀，請與子俱。"令沮之，客不可，亦縛而墜焉。入井五丈許，地黑復明，燦然有天光，所見城郭、宮室悉如陽世。其人民貌小，映日無影，蹈空而行，不知有地也。見縣令，皆羅拜曰："公陽官，來何爲？"令曰："爲陽間百姓請免陰司錢糧。"衆鬼嘖嘖稱賢，手加額曰："此事須與包閻羅商之。"令曰："包公何在？"曰："在殿上。"引至一處，宮室巍峨，上有冕旒而坐者，年七十餘，容貌方嚴。群鬼傳呼曰："某縣令至。"公下階迎，揖以上坐，曰："陰陽道隔，公來何爲？"令起立，拱手曰："鄲都水旱頻年，民力竭矣。即朝廷國課尚苦難輸，豈能爲陰司納帛鏹，更①作租戶哉？知縣冒死而來，爲民請命。"包公笑曰："世有妖僧惡道，借鬼神爲口實，誘修齋設②醮，傾家者不下千萬。鬼神幽明道隔，不能家喻户曉，破其誣罔。明公爲民除弊，雖不來此，誰敢相違？今更寵臨，具徵仁勇。"語未竟，紅日③自天而下，包公起曰："伏魔大帝至矣，公少避。"劉退至後堂。少頃，關神綠袍長髯，冉冉而下，與包公行賓主禮，語多不可辨。關神曰："公處有生人氣，何也？"包公具道所以。關曰："若然，則賢令也，我願見之。"令與幕客李惶恐出拜。關賜坐，顏色甚温，問世事甚悉，惟不及幽明之事。李素憨，遽問曰："元德公何在？"關神不答，色不懌，帽髮盡指，即辭去。包公大驚，謂李曰："汝必爲雷擊死，吾不能救汝矣！此事何可問也，況於臣子之前呼其君之字乎！"令代爲乞哀。包公曰："但令速死，免致焚屍。"取匣中玉印，方尺許，解李袍背印之。令與幕客李拜謝畢，仍縋而出。甫至鄲都南門，李竟中風而亡。未幾，暴雷震電繞其棺槨，衣

服焚燒殆盡,惟背間有印處不壞。

渭南包公

　　溫江孝廉岳某,雍正九年官陝西渭南令,久於其任,頗以能吏自居。縣民魏學詩家素富饒,其弟學易性痴鈍,聚①妻周氏,丰姿絶佳,學詩豔之,調戲成姦。以學易在家不便,給銀三十兩,遣令入川貿易。逾年,周氏有孕,學詩懼人窺破致滋口舌,用藥墮其胎,於後房磚砌夾壁貯之,杜絶親戚往來。更數月,周氏母家因壻遠出,女又無踪,赴縣控理。岳訪之周氏被學詩私藏夾壁,又訪知城西三里井內有死人一具,疑係學易屍身。一日出衙,稱有黑風前導,衆言未見。岳曰:"汝輩俗眼豈能見此! 現在黑風已往魏家庄。"徑赴魏家庄后房,督令拆毀墙壁,起出周氏。又稱黑風轉向城西,至三里井,忽入井中,着人打撈起枯屍一具。查問周氏與學詩有姦,并拘學詩,跟究因姦致死學易各情節,加以嚴刑,一一供認。一時聞者頗有"包龍圖"之稱。

　　及至解審,臬司以□②詞不確,且北地井深氣冷,學易之死不過三年,何致屍枯莫辨,駁飭另審。岳堅執不改。臬司正提詢間,學易由川回至長安,鄰証等扭入轅門叩稟。臬司笑曰:"死人活矣。"因將全案駁正,問枯屍何來,岳不能答,被參。有題詩於縣壁者曰:"渭南縣裏假龍圖,風捲塵沙向敞廬。不是入川人到案,霜臺何以定爰書。井中枯骨屬何人,肉爛皮銷認未真。寄語問官須細察,休將私訪誤平民。"於是人咸指岳爲"花臉包公"。

詹守職

　　筠連詹守職,余己卯同年也。弱冠登賢書,癸未入禮闈,忽坐號

---

① 聚,存古書局本作"娶",當是。
② □,原文缺,存古書局本作"供"。

中哭泣。泣畢,將試卷碎裁成片,各寫書別家人親友,走出空號中自縊。有同號生見之,鳴於官。時提調爲儀制司主事内江姜爾常錫嘏,亦與詹鄉試同年也,親至號解之。氣尚未絶,但痰聲咯咯,乃以姜湯灌醒,問其故,則舌撟不知何語。令人扶至公堂,稍能飲食,而兩目上視,日夜仍尋刀覓索如故,乃派役守之。至放柵,交外巡,着人送至韋陀菴寓,而瘋狂仍然,凡刀索奴輩皆藏之。至月餘,乃稍稍省人事。友人問其故,言:“庚辰北上時缺費,托親戚某代求包捐監生數名,得數百金乃行。落第後,將包捐銀借與新遷知縣行利,己隨任討銀。知縣日久未還,遂不能捐。其捐監人在家中,日夕與親戚某嘶吵。某屢書帶京催問,而己無顔回答,只得托故以復。而捐監人吵不已,並閤家上某門坐索,某被逼遂縊,竟至訟官,連年不決。今春北上至彰儀城門,忽見某挂在城門上,大驚,究疑不祥。及入貢院,甫進號,又見其人,曰:‘汝亦來了麼。’遂昏,以後事皆不知矣。”

馬鎮番

　　德陽孝廉馬志修,字敬齋,號松崖。乾隆丁卯舉人。壬申,揀發甘肅試用,補鎮番令。在任三載,多惠政。性耿直,與上司不合,告歸家居。戊申正月十九,夢仍赴鎮番上任,所過道途街巷,歷歷皆舊日經行之處,唯衙署係城隍廟。廟中一吏出,稟曰:“此來太早,上任日期尚在庚戌年六月初十日。”公遂瘧,記憶甚清,常舉以告人,家丁皆默識之,至期果卒。

　　臨卒前數日,身抱微恙而面無病容,惟神氣與平時稍異。每出門,引手向前作推謝狀,若有人跪迎者,問之,曰:“鎮番來迎隸卒耳。”有家丁李忠患病甚劇,忽起立收拾行李,伊母問之,曰:“跟隨老爺到任。”伊母憂懼,止此一子,跪懇馬公免其帶往,公許之。次日,李痊,公隨卒没。數日,又附家人言曰:“我到鎮番任矣,緣本省城隍文移未到,尚未視事,爾等須辦使費,急爲料理。至於安厝一切事宜,務期恪遵祖訓,不得過奢。"其弟能修問曰:"兄既作城隍,必洞知冥數。弟年逾六旬,未審還有幾年壽算?"曰:"尚有五載。"甲寅年二月二十五日,能修抱病卒,竟如所言。

羅江土地①

今綿州,即前羅江縣治也。明有土地祠,前令所建,頗著靈異,令有事必禱焉,祭享無虛日。自盛昶以御史謫級蒞任,不復祭享。一日,私廨失所蓄雞,尋之,乃在神前,舒翼伏地,如被釘狀。以問輿皂等,皆言神以久不祭,故見譴耳。昶怒,至祠面斥其非,欲毁之。是夜,夢中見神來謝罪,懇曰:"余血食於此者,累年不敢爲過。昨日雞被釘者,乃鬼卒董苦饑,故爲之,非余敢然也。公幸憐之,勿毁。"昶不許,明日遂撤之。其前令者,既秩滿即留家於縣署後,夜夢神來訴,乞立廟,詰之曰:"何不更訴新任?"神蹙額曰:"須公自爲之,彼盛公嚴威不敢干也。"令乃即所居傍建祠祀之,然不敢爲非矣。

忠山石人

瀘州忠山,乾隆六年十二月修諸葛武侯祠。初成,山前開路,掘之,哄然有聲,起視,一洞穴中兩石人,背各有銘,一刻"守土守土,三分辛苦",一刻"遇隆則盛,松柏千古",惜無年月,不知何時所爲。州牧林公良銓移置祠下,紀以詩。

夢嚏驚賊

成都毛司馬燾蒼振翮官滇南時,拻羅雄篆奉鄂制軍爾泰調驗赴

---

① 此條見明人陸粲《庚巳編》卷一《羅江神祠》。

省,隨攜國課千金解交藩庫。路宿趙夸店,夜半被賊,鑿後墻已穿,爲內板所阻,復鑿,前壁透。翥蒼忽夢中大言曰:"良心不死於盜賊。"賊驚去。時翥蒼兄儀彩連牀驚覺,問曰:"胡爲出此言?"翥蒼猶酣睡。異之,乃呼同行趙梅鶴起視,趙曰:"我枕畔隱隱聞墻外似有人聲。"舉火出視,前後墻壁俱已鑿開,幸賊未入室。喚翥蒼醒,告以故,翥蒼曰:"予夢囈,實不知。"起探課銀尚在,嘆曰:"天下事各有定數如此哉!倘予夢中不言,則千金休矣。豈神有以啓之耶?"因紀其事,並附以詩曰:"酣眠誰復數殘更,枕簟難安夢忽驚。休怪緑林疑且去,暗中原自有神明。"

僵尸出棺

雅州明經牟柄六鈴,予同硯友也,有膽氣。嘗言少隨某官邛之司鐸,署中課其子。有前任鄭姓表弟没於署,停柩於明倫堂東偏,以紙槅遮之,中爲庭,西一間即書室也。每夜三更靜,輒聞瑯璫一响,即有腳聲橐橐然,由東走出。牟心疑之,次夜假寐,從壁後隙窺之,則見棺蓋凸然而起,僵尸從櫬中欠伸而坐,遍體白毫,眼猶閉,以手豎蓋於旁,即翻身下,往署後悵悵而去。署後舊有廢圃,荒草叢生,不敢躡其後,遂坐以待。雞鳴,見尸從外大步而歸,入櫬中,仍以于攀蓋自覆如故。牟翌日以告其親,率數十人夜伺其出,牟即持斧釘其蓋,遠避他舍,以聽動靜。明日往視之,見僵尸仆於蓋上,而書室中懸帳寸裂成條,蓋已知係牟所爲,憤怒以報之也。牟曰:"若不遠避,則人亦齏粉矣。"

彭縣塔

彭縣北關龍興寺前有方塔一座,高十數丈,宋大觀中預知禪師建,嶄截直上,缺其一角。相傳塔頂有寶珠,馮志聰見聖井院井內龍出戲其珠，因窃去。至內江，塔角飛壓其舟，沉水死。其言無稽，未可信。

乾隆丙午年五月初六日地震，塔頂四裂，勢將傾圮，卒不墜。近塔居民仿佛震時煙霧彌漫繞塔，似有巨人撐扶。震已，塔竟無恙。視寺中四金剛，渾身汗濕，面有擦損跡痕，咸以爲金剛之力云。

丙穴魚

杜詩"魚知丙穴由來美"，按：丙穴，在褒城北。《水經注》："丙穴出嘉魚，常以三月出，十月入地。穴口向丙，故曰丙穴。"下注："褒水，今隷陝，不屬蜀矣。"其實蜀中魚之美者不止丙穴，彭縣大魚洞、小魚洞，什邡高景關、乾河等處俱出嘉魚，肉肥鱗細而少刺，味極鮮膩，迥異常品。蓋石穴水冷，魚生其中，嗋喁叢簇，千百爲群，至春暖隨流而出，均與丙穴無異。

余癸丑春買山庄於鎣華峰下，前臨洛水，環列老梅數百株，遍嘗山中蔬菓笋茶，俱有世外味，而薏米酒、細鱗魚尤佳，故特書之，以見天地生材，無處不有，不必遠求之褒漢間也。

神辦交代

漢州牧李公識蒙，河南夏邑縣人。由廩貢援例赴銓得安縣令，良吏也。乾隆二十一年，自安縣調署漢州，循循視事，是非得失必曲得其情而後止。在州時年已六十餘矣，有接見者尚謙謹如處子，語言呐呐，不輕出諸口。涖任二載，卒於署。

臨卒前一日，有街役忽狂叫，仆地氣絕。少頃，復甦，臀有杖痕，語人曰："舊城隍張太爺陞任將去，新城隍李太爺明日到任。冥司以我不治街道，穢污太甚加責。某某有積惡，因辦交代清理舊案，遣人捕之矣。"後悉如所言。次日，李公卒。其言張太爺者，蓋前任張公，名皛，奉天人。乾隆初年任漢州，清操素著。逾年死，貧不能具棺，州人德之，爲集金治喪，護送回籍。至今父老尚能言之。

雷擊偷兒[①]

達州民某，兄弟二人甚友愛。弟未授室而他出，兄賣身得十二金，爲弟聘婦。弟歸娶婦，知兄賣身事，乃相持而泣，遣其婦往母家取原聘金爲兄贖身。湖北流民二人某某知其事，尾之，中途擊婦死而攫其金。忽霹靂一聲，二人立斃，其尸羅跪於婦家之門，手中持十二金。頃之，婦復甦，歸至其家，則二人者已先跪門外矣。婦語其故，兄弟鄰里及州人來觀者如堵，莫不嘆異，以爲孝友強暴之報施不爽云。

預碑

預碑者，高縣令周莘圃謙重建文廟所得之碑也。高邑文廟，創自康熙五十六年前邑宰石尹，閱七十八載，漸就傾圮。乾隆六十年乙卯九月十二日，周公謀諸紳士拓地重建，於大成殿後掘地深丈許，得石碑一，平覆大石之上。土工以告周，偕同城往觀。字已模糊，細加磨濯，得四言詩六十四字，詩云："推算先天，九九欠三。鼎造石尹，擇修周官。愈陞愈美，越高越妍。諸生輔翼，科甲綿綿。癸丁壬丙，龍真穴全。毋怠厥職，令子肖賢。要知修者，仍是身前。隱沒當日，出現今年。"凡前後修建年月、姓氏，以迄辦方正位，一一不爽。惜未載刻碑者姓名及埋藏年代。衆紳士詫爲異事，因欣然出資勸成其功，周徵詩以紀之。

冥報

郫縣監生熊某，兄死，逼嫁其嫂，嫂忿自縊。乾隆十七年壬申，恩

① 此條見王士禎《香祖筆記》卷七。

科鄉試，熊入闈，卷已謄好，旁一人諭曰："余觀君文甚佳，今科必元。但新例卷面必寫'善惡到頭終有報'七字，不然文雖佳亦不收錄。"熊疑未決，諭者曰："君且書我掌中觀之。"熊書其掌，其人以掌印卷，忽不見。熊驚覺，則七字已在卷面矣。交卷出，次日被貼，一時喧傳，以爲逼嫂之報。其言"是科必元"者，蓋居貼榜第一也。

牛産麟

雍正十一年夏五月戊子，鹽亭縣永賢鄉民楊士榮家牛産一麟，身高二尺，長二尺五寸。頭上挺一肉角，高寸許，目如水晶，週身麟甲，遍暈青霞，兩脊旁至尾各有肉粒，如豆色，如黃金，麋身，馬腿，牛蹄。産時風雨兼至，金光四射，草木映黃。觀者咸以爲瑞。

鳳集墓

康熙八年己酉，遂寧縣慶元山張氏墓，有異鳥類鸑鷟，大如車盤，彩色炫爛，集於松楸，數日始去。次年，其子鵬翮舉進士，後仕至冢宰。

黑水①

黑水之名，見於《禹貢》者三：一曰"華陽、黑水惟梁州"，一曰"黑水、西河惟雍州"，一曰"導黑水至于三危，入於南海"。雍、梁相距數千里，中亘潛、渭、漢、沔，而皆有黑水之名。杜預指三危爲燉煌，則隸於雍不及於梁。鄭康成引《地記》云："三危在鳥鼠之西南當岷山，則隸於梁又不及於雍。"蔡注謂："雍、梁二州西邊，皆以黑水爲界。黑水自雍之西北，而直出梁之西南。"引程大昌之説以証之，而指爲滇池葉

---

① 可參看蔣廷錫《尚書地理今釋》卷一相關考證。

榆之地，又與《水經》樊氏之説不合。今以地圖考之，三者其源各出，不必强而同也。《水經注》所謂黑水出張掖雞山至於燉煌，此雍之黑水也。《漢書·地理志》"犍爲郡縣南廣"注云："汾關山，符黑水所出，北至僰導入江。"唐樊綽亦以麗江爲黑水。薛季宣謂瀘水爲黑水，引酈道元説，黑水亦曰瀘水，即若水，出姚州徼外吐番界中。以今輿地言之，梁州黑水即金沙江，其源發於西番阿克達母必拉，南流至塔城關，入雲南麗江府境，亦曰麗水；東南流至姚安府大姚縣打沖河入之；又東入四川，徑會川衛南，又東至東川府西，又東北流徑烏蒙、馬湖二府界，至敘州府南，入於江，此梁州之黑水也。

導川黑水，其説不一，要以瀾滄江爲是。瀾滄江發源西番阿克必拉，南流至你那山，入雲南界，東一支爲漾備江，東南流入西洱海。其正支南行，絶雲龍江而東南入雲州，又南流至阿瓦國，入南海。雲龍州西有三崇山，一名三危，瀾滄江經其麓，有黑水祠。宋李元陽《黑水辨》謂隴蜀無入南海之水，唯滇之瀾滄足以當之。《元史》載張立道使交趾，並黑水以至其國。此導川之黑水也。

蓋雍州之黑水，其源在黄河之北；梁州之黑水，其源在黄河之南。岷山脊東之水入江，岷山脊西之水始入南海，有截然不可紊者。第張掖、燉煌尚在内地，可以尋源而求，而推其委而不得，遂托爲越河伏流之説。夫崑崙爲地軸，其山根連延起頓，包河南，接秦隴，直達長安，爲南山。黑水自燉煌而南，縱可越大河之伏流，其不能越河以南之南山也明矣。然主瀘水、麗江、瀾滄之説者，亦皆以臆度，未能確指。水之分合，不知瀘水、麗江源異而流同，麗江、瀾滄源近而流別，而古未有及之者。蓋以二水僻在蕃界，隔蔽南山阻隩，從古未通中國。考古者無從溯源，亦但就流入中國之支派，以古今分域配之，約料其爲某水某水而已，未能確得其實也。方今海宇一統，西南徼外，咸入版圖，其水道之源委，繪圖而呈者，瞭如指掌，是數千年之舊典，至今日而始有明徵也。世有好學深思之士，誠據實詳核，勒爲成書，以補前賢之未及，不亦好古者之司南也哉！

離堆

吴白華省欽《離堆考》云：蜀之言離堆者三：一在南部，顔魯公所記"斗入嘉陵江上，崢嶸而下，泂洑不與衆山聯屬者也"；《四川志》既於南部載之，又誤載於蒼溪。《廣輿記》削南部而存蒼溪，尤誤。一在灌縣西南江中；一即嘉定烏尤山，山當岷江水、青衣水、沫水之衝。岷江水自青神縣流入，青衣水出廬山縣徼外，經雅安洪雅、夾江，在嘉定府西北十五里，與沫水合。沫水亦謂之雅河、銅河、平羌江、大渡河，其源一自越嶲，一自打箭爐徼外。《史記》："秦李冰鑿離碓以避沫水之害。"注："'碓'，古'堆'字。"《漢書》作離峰。《華陽國志》："青衣有沫水出蒙山下，伏行地中，會江南安今嘉定府治。溷崖，漂疾破害舟船。冰發卒鑿平溷崖，通正水道。"《水經注》："蒙山上合下開，沫水經其間，歷代爲患。冰發卒鑿溷崖，通水路，開處即冰所開也。"《四川通志》："沫水，今名雅水，自雅州入洪雅，合龍溪、花溪、洞溪、瀘溪，入夾江境，自隱蒙而西而東，灘洞石崖甚多，暴漲則巨浪排空，水涸則故道莫辨，舟覆者十四五。今沫水如此，在冰時更可知也。"楊慎曰："蜀舊志以冰鑿離堆在灌觀，《元和郡縣志》：'冰鑿離堆在雅州。'沫水出西南徼外，下雅州，過嘉定三江口，安得逆上數百里而害灌。"然慎知離堆之不在灌，而不知其沿誤所始，且更誤以爲在雅州。

後人知烏尤之爲離堆，而無所証據。王安石詩"一江春雪下離堆"，蘇軾詩"遠溯江水窮離堆"，是宋人已以離堆在灌。至《宋史》言："李冰於離堆都江口置大堰，疏北流爲三。"《元史》言："李冰鑿離堆，分江以灌川蜀，民用富饒。"二史以冰鑿堆利舟、堋江利田爲一事，其誤遂甚。予按《華陽國志·南安縣治》："青衣江會有灘，一曰雷垣，一曰鹽溉，李冰所平也。"《水經注》："南安有灘名壘坻，亦曰監溉。"《御覽》引《益州記》："青衣神號爲雷埻廟，即班《志》之離埻。"《寰宇記》："南安江會有名灘二，曰雷垣，曰鹽溉。"《集韻》"埻"亦作"堆"，"埻"誤"垣"，猶之"鹽"誤"監"。"壘""雷"，"離""坻""堆"音又相近。其云在南安江曾爲李冰所平，則無有異辭。冰於灌穿三江，於沫水鑿離堆，於僰道積薪燒蜀王兵闌故厓，皆興利除害之大者。若《御覽》言"漢源縣有李冰離堆"，漢源，隋縣，今爲清溪，秦時未嘗通，何以發卒鑿厓，爲此無益之事。至雅州，亦無陡立水中數十丈之山，惟烏尤東會江東，南當沫水盡處，然後知此即冰離堆，故揚雄《蜀都賦》以離堆列於南戎，而班、馬所言避沫水之害者質且覈也。酈氏於江會言壘坻，於沫水言溷崖，《正字通》以溷崖即離堆，然雅州至嘉定江崖多有溷者，溷崖在上，離堆在下，雖一事而不可合爲一處。又《四川志》長寧城北溪中有石似離堆之象，因名曰"小離堆"，是又假離堆爲名，而不列於三離堆之數者也。

威勤侯軍令

嘉慶元年，湖北邪匪蔓延秦、豫。九月，四川達州逆民徐添德、王三槐等亦叛，初屯州境之麻柳場，不過七八百人，兩月後漸至二三千人。調集各路官兵會剿，駐劄州城，杜門嚴守。賊攻東鄉，總兵袁國璜、何元卿，知縣張宁陽遇害，兵丁四散，賊益猖獗。從此官兵氣餒，見賊先遁，有賊之處無兵，有兵之處無賊。各州縣惟恃鄉勇堵禦，官兵不敢救援。東鄉兩次被劫，巴州、通江、儀隴、長壽等處皆賊匪焚掠，城池失守。惟營山被圍，淡令士灝多方幹禦，殺賊二千餘人，克保無虞。鄰水、雲陽、新寧、渠縣俱被侵擾，全川大震。幸大江以南、嘉陵江以西，尚無賊踪。

二年十一月，湖廣總督威勤侯勒公保奉命督師入川。十二月至重慶,查閱營伍,體訪情形,嚴加札飭,衆人始恃以無恐。

札爲嚴行通飭事:照得本爵督部堂奉命來川,總統軍務。現由黔省帶領勝兵,按臨渝郡。查邪教匪徒蔓延於楚、豫、秦、蜀數省,而四川東北一帶被其蹂躪者尤多,誠爲天地不容,人神共憤。當此之際,正三軍效命之時,所謂養兵千日,用在一朝。況提鎮以下各官,高爵厚禄,歷受國恩,若不趁此殺賊立功,將何以稍圖報效?本爵督部堂入川伊始,訪悉各路軍情,大半皆將惰兵疲,毫無報稱,其弊有不可勝言者。夫爲將之道,全在身先士卒,甘苦共嘗。今則將不知兵,兵不顧將,每派一路剿賊,無不以兵少爲詞,不得不益之以鄉勇。及至遇賊接仗,則以鄉勇爲衝鋒,以精兵爲自衛,鄉勇退而兵即從之,遂自相踐踏,不戰而潰。從此將士益加氣餒,賊勢愈肆鴟張,出没自由,往來莫定。我兵迎擊者,忽變而尾追,如果能躡跡追擒,彼亦將自顧不暇。無如領兵官離城數十百里,而遙聞賊住,則與之俱住;賊行,則與之俱行,竟如護送一般,以賊之遠去爲幸,前途滋擾若與我無干。至派往各路堵禦官兵,原恐有賊竄來,便可帶兵夾擊,豈知聞賊一至,閉營自守,幸而賊不攻我,便可貪天之功,雖聞賊營演戲高歌,亦從無顧而問者。賊去一兩日後,方始放炮開營,於附近各村庄内將被賊棄置之難民殲獲數人,偶爾遺亡之器械檢得數件,以爲某處賊匪被我殺退,即行禀報邀功,恬不知恥。於是人人愛命,處處效尤。有賊之處無兵,有兵之處無賊,賊不畏兵,兵反避賊。如此老師糜餉,玩誤因循。各將等具有天良,清夜自思,試問於心安否?且聞官兵過境,每多騷擾閭閻,民間竟指官兵爲“紅蓮教”,以爲比白蓮教爲更兇。其不能約束兵丁,亦由各將官平日畏死貪生,無以服衆,使兵得以挾其所短,號令不行。如此行軍。焉能決勝?言之實堪痛恨。

本爵督部堂受恩深重,今荷殊施,畀以總統重寄,若任各將等仍蹈前轍,不特心有所不敢,抑且法有所不容。本擬將前項情弊據實參奏，以軍法從事，但究是得之傳聞，不肯不教而殺。今與諸將約法三章，預爲明白告誡，俾衆共知。今飭札飭，札到，該都司等務須一體遵照。嗣後各路官兵，凡剿賊，則當兵將居先，鄉勇助勢；追賊，則當攻其不備，智取力擒。其在別路剿禦者，既須協力同心，聞賊即行；出捕圍攻者，更當相機進逼，不使一賊竄逃。而官兵所到之處，猶宜嚴加約束，雞犬不驚。如此紀律嚴明，士氣壯盛，自能所向無敵，壁壘一新。倘該將等並不痛改前非，知愧知奮，仍以從前之怠玩爲得計，本爵督部堂惟有一面奏聞，一面嚴辦。三尺具在，斷不容情，莫謂言之不預也，仍將奉札遵辦。及該將現在何路，帶有若干兵數，如何剿賊，各路情形隨時稟報，察奪毋違。速速。特札！

　　自是軍律嚴明，將士用命。三年正月初五日，賊至開縣，勒侯督師追殺甚衆，生擒七百餘人。賊退至白崖山，白崖峰巒峻拔，賊人倚爲負嵎之所，向來官兵從無過問者。侯至，細察路徑，預伏弁兵，督令登山撲殺，殲戮二萬多人，奔逃下山者，又爲伏兵所殺。一面出示曉諭，被脅難民聽其自首解散，待以不死，賊勢大挫。其時，陝西明將軍亮亦於漢中殺賊無算。竄入川北者，又經朱總鎮射斗截殺，雖餘黨未盡撲滅，然魚游釜中，不過稍延殘喘耳。

　　侯札文具在，茲謹錄於左，俾後之用兵者知所觀法焉。

德將軍戰功

　　嘉慶四年三月，額侯梁山一戰，殺賊四萬餘人，有名賊匪俱已剿滅，其逃竄者不過數百人，指日可以蕩平。惟張漢朝一股在陝甘滋擾，額經略帶兵赴甘，德參贊帶兵赴陝，相機兜剿，勢難兼顧，川中賊匪又復聚集。五年正月十四、五，冉天元、雷世旺、徐萬福、張子聰、陳得俸五股賊夥會於定遠，偷渡嘉陵江，約四五千人，各處焚掠。朱鎮臺射斗追至蓬溪之老虎臺遇害，賊遂蔓延射洪、鹽亭，愈裹愈多，漸至南部交界富村驛。南部令王贊武殺賊而亡,賊益猖獗。西充、梓潼、彰明、江油,處處告警,眾至十餘萬,成都大震。

德參贊楞泰由陝西西鄉調赴救援,二月十八日至廣元,由昭、劍前進。沿途商旅斷絕,場市一空。二十二日,抵武連驛,該處房屋焚燒數十間,居民亦無。探得劍州元山場等處屯聚賊眾已過大路之西,若由梓、綿尾追,兵返落後。武連右手小路可以繞出江油之重華□①、箐林口,即爲龍安等處要徑,既可追剿,又可顧及劍道,且較便捷。二十三日,赶至張村埡,我兵已扼據賊路之前哨。探賊眾尚在東南新店子、馬蹄崗一帶焚掠。二十四日,自北向南行營十餘里,即有烏龍寨寨首具稟:該寨現有賊匪千餘人圍攻,危急萬分,懇請剿除。即赶至寨内,男婦老幼號哭,荒亂已極。賊匪見官兵赶到,舍寨來撲,我兵競進,殺賊三十餘名,追至馬蹄崗。正欲探明新店子追剿,詎敗回之賊復統眾三四千人,騎馬者甚多,分占山包。我兵亦分路進剿,擊殺賊百數十□②,復追至黃茅嶺,沿途斬戮拴獲不可勝計。下視新店子賊巢一帶,蟻聚蜂屯,占處九個山包,排列齊整。賊見官兵搶上黃茅嶺,遂分四路,每路約有騎馬賊四五百人,步賊三二千人,洶湧而來。賊眾兵單,恐其不能顧及,當將擒獲賊一百七十餘人,盡行斬訖。隨派分賽冲阿帶領侍衛富僧德、慶楞,額協領明法、富珠祿,參將李應貴、劉維繫,遊擊馬應國、李東山、馬元得、王霖,都司劉彪、馬文斌,守備彭家棟、袁陞侯等爲一路;令阿穆勒塔帶領侍衛花品法、伊尚阿,總管色十爾滾、富登額,參將蒲尚佐,遊擊何君猶,都司何雄,守備高法榮等爲一路;德參贊帶領侍衛阿那保、西拉布、先什布,營總靈阿,前鋒校珠爾杭、阿巴哈佈,副將馬瑜,遊擊馬濟,都司張應貴、馬占魁,守備楊鳳魁、馬光宇、楊春和等爲一路。各路分帶滿漢兵丁並進,衝壓數

---

① □,原文漫漶不清,存古書局本作"堰"。

② □,原文漫漶不清,存古書局本作"名"。

次,箭射鎗擊,殺賊三百多人。見有身穿蟒袍、草帽上帶花翎賊首二
人分路催督眾賊壓下,官兵三路馬隊緊追,其一穿蟒袍者墜馬,當被
鄉勇冉玉龍生擒,一穿蟒袍者被索倫委防禦箭傷逃脫,尚有帶花翎賊
目一名被吉林藍翎催常在鎗擊下馬,即被拖去。猶鎗箭齊進,繼則愈
眾愈多,鎗箭刀矛交錯,鏖戰兩時之久,賽冲阿、温春、阿穆勒塔忽被
重圍,箭枝射盡,持刀砍殺。德參贊一見,即帶侍衛將弁兵勇飛奔救
援,喊殺連天,鎗箭刀矛,蜂擁前進,痛加殲戮,内冲外擊,重圍始解。
德參贊復率各領隊將弁兵勇直前衝殺,無不倍加出力,殲戮賊匪不計
其數。直至酉刻,將賊剿退,由黄連埡、古樓山而逃。訊據拴得賊目
名陳得俸,係線字號著名首逆,交魁營解赴省垣,凌遲處死。楊正洪
供:鎗扎賊目係冉天恒,已死,箭射右手係冉天元,尚有三四個頭目
帶傷抬回,都死了。把五六尊大炮丟在新店子池塘裏,可以撈起。隨
令兵役前去,起出劈山大炮六座。其生擒陳得俸之鄉勇冉玉龍,當即
賞其頂戴,據稱家貧親老,不願做官,即酌賞銀二十兩。是夜,探得逆
眾被剿後,漏夜將男婦大小潛逃,留戰手五六千人守後,並探得兩河
口尚有賊匪千餘人焚掠。兩河口離江油縣三四十里,既有賊滋擾,即
應截剿,逼歸一處,方免牽轂兵力。

　　二十五日,派令賽冲阿、富僧德、馬瑜等帶馬步二千名赴彼截殺。
旋據稟報該匪折回,已與冉逆等并合。二十六日,探得冉逆等四股賊
匪在白家堖一帶,又與屯紮魏城驛之白號張子聰、庹向瑶、雷世旺合
夥。德贊參隨即帶兵前進,抵石廟子,見有馬步賊四千多人前來迎
敵,較前忽少。正擬議間,哨探白家堖左右山溝樹林、房屋内俱有伏
賊藏匿,是欲誘我兵下山,墮其奸計。隨派賽冲阿等帶馬步隊由長溝
木龍觀進攻,德參贊督率温春、馬瑜等由箭竹溝山梁直進,囑令各將
領只須往來兜擊,不必深追。賊即分頭來迎,馬賊極多。德參贊催令
齊進,鎗箭並發六次,壓至河嘴,每次斃賊十餘名或二十名不等,殺賊

百餘人。而賊總不戀戰，見我兵不墜其計，始行敗退。是夜風雨大作，四更時偷撲，李應貴、李東山等營鎗炮轟擊，斃賊十餘名，丟棄鎗矛二十餘付。查隨帶戰箭俱已用完，現在飛札調取，並調阿哈保之兵來營協剿。二十八日，阿哈保、李肇祖帶領滿漢屯土兵勇三千餘名前來，並帶有軍器火藥等項足用。二十九、初一等日，賊在白家埧，連經德參贊剿殺，二千餘人窮極分竄，一由武連驛、開封廟焚掠，一由青林口、重華堰焚掠。德參贊帶兵追剿，連得勝仗。初五日，賊折回馬蹄崗、白沙坎等處。初六日，德參贊在馬蹄崗接仗，追至磨子河，擒獲逆首冉天元並偽帥傅姓，殲斃賊匪千餘名，生擒賊匪數十名，搶獲騾馬五百餘匹，扎營石子嶺，將逆首冉天元解省候旨。初八日，賊由上亭鋪、觀音寺一路，竄往劍州之元山場。德參贊於初九日駐扎梓潼縣城。初十日，至大河路。十一日，至開封廟。十二日，扎營板橋，賊由柏林廟奔竄。十三日，自板橋移營，約行三十餘里至楊村埡石門寨。賊屯寨上，官兵四路進攻。聞朱鎮臺帶領陰兵飛砂走石，大顯威靈，賊甚荒亂。午刻，官兵撲上賊寨，斃三千餘名，生擒偽總兵李斌、賊目董延華，并陳得俸之妻郭氏等一千四百餘名，撲石跌岩者不計其數。投出難民二千餘名，奪獲鎗炮、騾馬甚多。餘匪向南部奔竄。十四日，留住一日，搜山。十五日，拔營進剿。十六、七等日，由南部、西充一帶尾追。十八日，至富村驛，聞賊於三更由石梁子翻山搶渡王家嘴淺灘，太和鎮已被焚掠。十九日，速派兵勇趕至王家嘴，賊匪荒亂赴河，淹斃七八百人。二十日，由太平鎮赶至石字嶺，連路俱有拴斬。二十一日，由景福院前進。二十二日，赶至蓬萊鎮，知賊巢屯新店子。二十三日，行抵賊巢，正在造飯，帶兵直衝，殺賊二千餘名，生擒一千餘名，投出難民二千餘名，將首逆雷世旺、孫老六、庹向瑤均已殲斃，獲炮五尊，奪獲騾馬一千三百有奇，鎗矛無數，大小旗三百二十一面。其時成谷、太和、仁和、仁義四寨俱有賊匪滋擾，聞新店子喊殺連天，四寨立解救出難民一萬餘人。該匪狂奔,由資州、陽縣等界我兵截回,日行總在一百二十三里,跟蹤剿戮,不予以暇。途中亦多擒斬,並渙散者亦不少。二月三十日,兵到樂至縣屬寶林場,有騎馬賊五六百人,當經吉林索倫馬隊緊追,到捲洞橋,殺賊百數十名,生擒八十餘名。四月初一日,我兵由中江之懶板凳進發。初二日,折至茶店子,哨探賊匪是夜頓破石缸一帶等語。查破石缸東北通葫蘆溪、豐谷井,西南通黃鹿鎮、金山驛、綿州,恐賊由黃鹿鎮出綿州,則省垣又爲震動,即於三更發兵,由茶店子取道中江前進。初三日辰刻,赶至黃鹿鎮,正遇賊匪自破石缸、痘疹觀而來,一見我兵,即站①踞山包抗拒。兵勇分股截剿,有馬賊千餘、步賊三四千人憑高下壓,我兵仰攻數次,殺馬賊十數名,步賊二百餘名,賊敗。乘勝搶上,直壓下澗漕溝,殺賊五百餘名,跳入堰塘淹死者二百餘人,生擒六百八十餘名,臨陣投出難民五百五十名。餘賊分路由傅家河、高屋基、豐谷井奔逃,我兵追殺六百餘名,又逼河心溺死者約有七八百名,生擒三百七十餘名。又有河邊投出難民三百餘名,餘匪遂由楊家灘踏淺過河。官兵已行一百四五十里,時已酉刻,只得暫息。殺死僞總兵張長生、探馬頭王貴等二名,擒獲炮三個、鎗四十餘桿、刀矛一千八百數十件、旗幟一百六十餘面、馬騾三百二十餘匹,當下分賞兵勇。訊明難民、匪犯,分別辦理。

初四日,奉旨:“德楞泰着署成都將軍。欽此!”是日,由金山驛搭橋渡河,向沉香鋪大路尾追,務期盡滅。初五日,至梓潼。初六日,駐札上亭鋪。初七日,藍號賊匪由昭化之貓兒跳全數搶渡嘉陵江,約六七千人。初八日,聞勒、魁二督至梓潼,仍回梓潼會商分剿事宜。初九日,追賊至清亭口,四面合圍,白號賊匪不滿千人,勢甚窮蹙。初十

---

① 站,疑爲“占”之誤。

日，截殺數百名。十一日，賊匪奔竄，所剩不過三四百人，由劍州之江口涉水過河。十二日以後，德將軍在南部一帶搜捕。二十三日，駐宿蓬州之復興場。二十四日，由營山進發，飭令李遊擊東山帶兵二千名於沿河迤西防堵。二十五日，至静邊寺。二十六日，至高寺，聞賊向達州狂奔。二十七日，星夜赶赴達州。二十八日，至達州之鉅子巖。二十九日，在達州風硐子、沙沱寺追到賊匪，斬獲甚多，生擒二百餘名。餘匪向仁市舖一帶竄逸。

賊渡嘉陵，蔓延潼、綿各處，成都危在旦夕。倘德將軍數日不至，成都必不可保。即如期赶至，不能見賊即誅，亦必不保。乃初至江油之黃茅嶺，以四千官兵破賊五萬餘衆，衝鋒陷陣，內擊外攻，三出三入，使賊大敗。以後賊匪聞風喪胆，勢如破竹，所至之處，無不束手就擒。如此神勇，賊匪雖多，何難撲滅，真川人所宜鑄金祀之者也。今略敘三、四兩月戰功如此，以見公之忠貞，無刻不以殲賊安民爲念，雖古名將何以加焉。

錦里新編卷十六

異聞三

紅臉生

涪州孝廉周文芷與沅，予同年友也。嘗言幼時初作文，嘗有代爲改正者，文甚佳。師疑之，伊亦不知爲何人所改。久之，見赤面者嘗侍左右，問其姓名，書"紅臉生"三字，不知爲狐爲鬼，旁人莫之見也。初次來宅，飛沙走石，闔宅驚惶，不知所爲。久之，習以爲常，俱知其爲紅臉生也。問在生何爲，曰："宋徽宗曾以文墨封吾。"再問，曰："公未讀韓文公廟碑乎？神之在天，如水在地中，無所往而不在也，何必問。"相伴數年，頗得其益。凡音信數千里外皆能暗中闖送，通其消息，惟應試不能入闈，此外亦無他異，安之久矣。後周至京師，缺費，各處告貸，俱無應者。方窘甚，忽室中擲錢數十千文，周訝之。數日後知爲鄰室友人物，遣人送還，誡之曰："攫人之財謂之盜，子取非其有，將欲陷我於不義耶！以後勿蹈前非，致遭不白。"逾年，鄰又有被窃者，遍索不得，遂誣指周，語多不遜。周怒甚，與鄰力辯，並具訴文於關帝廟焚之。後遂不見。

黑神廟

簡州署左有黑神廟，由來久矣。廟三楹，中設"宋忠國榮禄大夫"神牌。廟後有墓，相傳爲殉難大夫而不知名。凡新官蒞任，翌日祀諸壇壝，必往祭奠，載在儀注。神累顯靈異，歲時香火不絕。或曰神面如漆，故曰黑。或曰非也，因威靈赫赫，故以"赫"名之，北音又訛"黑"爲"海"，市舶亦爭祀焉。簡志久失，其顛末無可考。

乾隆乙未歲，有羅生雲程者，讀書其中，禱曰："倘蒙神佑入泮，當爲神肖像。"科試遂售。雲程赴廟叩謝，夜夢神示像，語曰："我爲保護城池，日夜捍禦，身死戎間，塑我像，須着甲胄，以明我志。"雲程寤，遂募工，如所言肖像其中。署州牧徐公談以事入謁，見易主爲像，詫曰："是神事蹟無可考，像從何來？"吏以羅生所爲對，徐曰："像可意爲之乎？"命毀其像，乃還舊觀。二役持斧碎其像，須臾，像圮，二役號呼扑地死。徐夜夢神語曰："我宋時州牧也，廣積貯，興水利，惠政良多，今典册不可考矣。嗣元兵破城被執，不屈，遇害於西郊之岐山，其骸骨葬城南江岸，即今新城廨左墓是也。上帝憫我忠貞，命血食茲土，已五百年矣。羅生肖像，以示威靈。汝何任意擅毀，汝獨不聞《禮》云'有功於民則祀之，以死衛社稷則祀之'乎？二役我已褫之，汝係後任，宜自猛省。我名'大全'，《通志》訛爲'大會'；我諡'忠節'，舊牌訛寫'忠國'，均當更正。汝須一一爲我表彰之。"徐驚覺，重新其廟，匾曰"宋李忠節公祠"。修大堂三楹，中設龕帳，肖像其中，匾曰"成仁堂"。添建左右廊四楹，雨棚一架，曲欄迴榭各隨屋之所之，視昔煥然改觀矣。徐思作一長聯以紀其事，因末有"必以告新令尹"句，數日屬對不得，忽夢神語曰："何不云'此之謂大丈夫'。"徐寤，驚爲絕對，遂書其聯，懸於成仁堂柱。其聯云：

安輯撫循，班班惠政一再傳，不隨典籍俱湮，必以告新令尹。

成仁取義，赫赫英風千百載，猶與山河並壯，此之謂大丈夫。

徐字牧也，修墓，獲碑石殘文，適存"牧也"二字，喜曰："數耶？抑神爲之耶？"於墓西拓地，復建總室三楹，匾曰"學古草堂"，四周爲坦，以肅神宇，并爲之記。

郭千乘

隆昌村農郭千乘居盤龍場，生三子，皆歲半而夭，後復生一子，取名百齡。有諭之者曰：“子帶殘疾即易長成，宜破其像。”郭信之，穿其兩耳帶環，作女裝，冀其長成也。至八歲出痘，斑爛周身，醫藥不效，竟殤。千乘已四旬有餘，鄰里勸其納妾，因妻周氏詬誶，因循不果，自分長爲鰥夫以没世矣。家有庄田頗豐，佃人耕種，收租自養，並持齋以修來世，年至七十。

六月七日，届其壽期，親戚鄰友各備禮物酒餚爲郭稱祝，勸酬把盞，賓主交歡，極宴衍之樂。及客散，夫婦相對，並無周旋膝下之人，頗不自怡。抵暮，忽聞有扣門者，自稱姓王，年約二十餘歲，問：“郭大爺安在？”郭曰：“我即是。”王曰：“兒名百齡，離膝下已二十年矣，不料今日復得見面。”因跪泣不止。郭驚曰：“我兒百齡久經病故，何得復來？汝豈鬼耶？”王曰：“兒先年出痘，不知何故病卧路旁，被恩父王領去，撫養成人，在富順織布。今恩父自生二子，業已長成授室，命兒回家查問。思父親名千乘，排行居長。兒八歲時記門前有大槐樹一株，今到門，見槐樹尚在，見父親面目依稀相似，故敢認。不知母親近來何如？”周氏見面不能認識，曰：“天地間那有死而復生之理？百齡係兩耳皆穿，可以查對。”驗之果然。周氏大驚曰：“以耳考之，似是百齡。但百齡死時着鄰人張士位掩埋，如何得活，又被王姓領去。”即請張士位來問，張至，細思久之，曰：“人言童死，埋後仍回投生。我見百齡病死，郭大爺哀甚，恐其復來投生，因送至十里外大路旁，見無人行走，棄之即歸，不知何以復活。當時未經掩埋是實。”王曰：“母親不必過疑，兒聞恩父言，兒初活時在路旁地内睡卧，無人看管。恩父無子，見之，聞其來歷，知係病痘所致，因領至富順調治而愈。想當時痘毒擁蔽，攤卧地中得涼氣而退也。”郭夫婦聞之，抱頭大哭，哭後大喜，親戚鄰友俱來相賀,謂千乘持齋好善,應有此報也。郭因命百齡復姓,禀伊恩父,仍回原籍收管庄田。擇日設燕大享衆賓,以明父子團圓之慶。

李半城

國初,中江李某宦揚州,有富民楊姓犯死罪,倩人以二萬金入署賄求免死。李佯應之,得其賄入橐,仍按律擬抵,上下詳文俱,密遣人投遞,外間不得其消息,皆以爲減等矣。及部覆到日臨刑,楊始知受騙,熟視李久之,曰:“等死耳! 何爲騙我銀兩。”李叱之,縛就刑。李自是宦囊日富,回籍置買多庄,號李半城,無子。後夢楊入室,驚寤。生一子,極聰慧,美丰儀,翩翩佳公子也,惟頸間有赤痕一道。未幾,李死。

其子長,多材藝,善謔,喜交匪人,揮金如土,奢蕩無所不至,凡可以娛心志、悦耳目者皆竭力圖之。一日,欲見縣尹,倩人先白意,曰:“能出堂接我,送銀三千兩。”尹許之,餽如數。接見後出,語人曰:“有錢買得鬼推磨。”令聞之,大怒,飭差拘拿,復費千餘金,事始息。數年,家遂中落。復遣人往江南覓工匠製煙火架,縻費無算,鬻西庄連魚橋、北庄玉尺埧以償之,二庄皆中邑沃壤。時人嘲曰:“火燒藤甲連魚走,炮打襄陽玉尺飛。”蓋笑其家貲隨煙火俱化也。年十七,產業一空。行乞於市,竟餓死。

塔煙

潼川北琴泉寺即唐慧義寺也,見杜詩。寺旁有古塔,名慧義塔,晚唐建,至本朝乾隆十五年庚午五月,雷擊塔崩。治前井中出青煙,有香氣,經兩日始息。塔圮,内有王鍇所書《法華經》,字跡端整。寺僧撿得十餘卷,裝潢成軸,不知珍護,遂散逸。

錢閣學載至蜀,得殘經數頁,攜歸都門,奉爲至寶。後學使吳白華先生試潼,聞之,托沈澹園太守各處采訪,亦覓得數頁,作文勒於琴泉。

按:王鍇字鱣祥,唐末僞蜀王氏朝相。家藏書數千卷,一一皆親札並寫藏經。每趨朝,於白藤擔子内寫書,書法遒謹,當時寶之。故修塔時設法收藏,用傳久遠。至圮後,字尚如新,兼歐、虞之長。惜初出時無知書者什襲珍之,以致漫漶喪遺,爲可嘅也。

山裂

什邡西山八步坎與鎣華相連,高百餘丈,山麓有佛光寺。乾隆庚寅年二月,有樊姓卜地於寺旁葬之。月餘,山忽中裂,約寬五尺,長數里,自頂裂至平地,深不可測,離墳腳止三四尺許。樊氏子孫驚懼,改遷他所。月餘,山復合,止存斷裂跡痕。

天符石

廣元縣江中有天符石,大如棹,上有文如符,橫鈎直畫,莫測起止。相傳爲張道陵所書,懸掛堂中能祛邪避火,佩之孕生男。近日人多用砫搨之。

鶴遊坪

鶴遊坪大墳堨,涪州張氏祖墓也。前明張氏科甲及盛。張壽一,元末自楚從軍入蜀。其子卜隆,湖廣應山縣舉人。仕於涪,致仕後居富順,由富轉涪,尋鶴遊坪而家焉,以鶴嘗遊於坪故名。張玄,壽一曾孫,受《易》三山胡氏,精於《易》學,中正統辛酉亞元。由濟南教授終養□[1]里,自稱"恬退翁",結室雲菴,日究《陰符》《道德經》諸書。一

---

① 　□,原文漫漶不清,存古書局本作"歸"。

日,有龐眉、皓首二叟在雲菴前對弈,給玄二丸,命吞之可以延年。玄曰:"予意不在此。"叟曰:"君之意我知之矣。此便是靈秀之所鍾,卯、午、酉、戌前後同。"語畢,二叟忽不見,只見空中雙鶴飛翔而去。玄悟,卜地於斯,移葬其祖卜隆、父德煜,呼其穴曰"大墳垻"。

　　玄壽登九十三歲,臨終沐浴畢,冠華陽巾,衣鶴氅衣,正坐垂鼻筋而逝,異香滿室,與父、祖同墓。玄子善吉,成化丙戌進士,由兵科給事中陞湖廣巡撫,崇祀鄉賢。善吉子柱,弘[1]治壬戌進士,由南京戶部主事陞廣西布政使司參政。次模,正德己卯科舉人,雲南晉寧州知州。曾孫信臣,嘉靖庚子舉人,湘陰縣知縣;武臣,隆慶丁卯舉人,忠州府推官。玄孫建道,嘉靖乙卯舉人,湖廣靖州知州;建功,隆慶庚午舉人,湖廣阮江縣知縣。來孫鎔,萬曆壬午舉人,江南蘇州府同知。晜孫大業,由優貢官至淮安府知府;必旺,由拔貢從事桂王,崇正十二年,因剿賊有功改陞雲南總鎮都督府。仍孫元儔,康熙庚午舉人,湖廣潛江縣知縣。雲孫煦,乾隆丁巳進士,山西蒲縣知縣;㷸,壬申舉人,華陽教諭。景載,辛酉經魁;一載,丁卯經元;二載,己卯舉人,丙戌進士,俱玄十三代孫。十四代克類,辛酉亞元;克栻,戊子舉人。十五代進,巳酉舉人。歷數科名,皆玄滴派,乃知"卯、午、酉、戌前後同"早有仙兆,非偶然也。

石室扶乩

　　乾隆戊寅冬,華陽王心齋純一、梓潼呂宜茂林,與余族兄崇修仁榮同肄業成都石室。聞扶乩傅姓者,素奉呂祖,甚著靈異,三人往問一生功名,各得詩一首。王云:"光天化日,正好吟哦。種蔴得蔴,不慮蹉跎。馳驅雲海,寄興巖阿。前程如添,君自揣摩。"呂云:"讀書

---

① 弘:原文作"洪",避諱回改。

好，讀書好，讀書之樂真飄緲。蟾光光照綠荷衣，會見香風拂瑤島。長安得意早歸來，方識仁親以爲寶。”崇修云：“卅載風光竟若何，鑑湖一曲杏煙波。知章歿後無人識，蜀道難兮未足多。”

次年己卯，王就吴姓館，額有“光天化日”四字，喜曰：“乩驗矣！‘種蔴得蔴’，謂春播秋收，將應在本年。”是歲果中，丙戌挑發安徽，借補池州府經歷，調繁淮寧，檄委六安州，“馳驅雲海”云云俱驗。後以事被參，繫獄十載，奉旨釋還，始知“前程如添”指入獄而言，非虛語也。吕爲人風流瀟洒，中壬午鄉試，入都考，授景山教習。丁亥秋，期滿赴銓，將得缺矣，忽病死旅邸。時太翁吕儀表猶在，細繹詩語，一一皆應。崇修屢試不第，甲寅乙卯鄉會試，始以年老入場，具奏，欽賜翰林院檢討。計戊寅請乩時已三十六七年矣，“卅載風光”，適與暗合。且太白以知章薦授翰林院供奉，仁榮以孫中堂補山薦授翰林院檢討，皆以浙人薦舉蜀人，事亦相類。

李璧索命[①]

明李璧治劍州，多善政，後人思之，爲鑄銅像，立廟於明倫堂側。明季廟毀，移至文廟西廡。後司牧行香遊覽，見廡下有銅像一尊甚偉，訊知其由，惻然，爲移祀於蕭曹祠右，屬書吏祭之。

乾隆二十年間，銅價昂貴，有州牧某見其銅重，欲毀作器，命役碎之，錘不能動。某怒，笞之，另命役持大鐵椎捶碎，以火鎔之，三夜乃化。毀後其役七竅流血而死。後某白晝常見烏帽紅袍偉丈夫立於前，曰：“還我身來，否即索汝命！”某心惡之，惟上省即不見，嗣後屢假公事居省。一日在公館，方送客，忽仆地曰：“李公饒我，李公饒我。”從者扶至寢所，遂卒。

---

① 此條（嘉慶）《四川通志》卷二〇二所載同。

張公彈

世傳眉山張遠霄遇老人，以竹弓一、鐵彈一質錢三百千，張無靳色。老人曰："吾彈能辟疫，宜寶而用之。"再見，遂授以度世法。今邛州治南百步有張仙廟，又文廟墀下，大雨後有丸，非土非石，赤而多竅，求者累歲不得，或無意得之，土人謂爲張仙彈，佩之宜男。然則花蘂入宮時已習爲故事，張仙祈子之説非虛詭也。成都潘東菴司鐸邛州，攜得數枚，予曾見之。

將軍墳

漢州金雁橋西有大塚，俗呼爲將軍墳，蓋漢臣張任戰歿瘞骨處也。乾隆初年，有粵東某謀葬吉地，將其父骸骨攢裝瓦罐，潛埋墓下。夜夢其父責之曰："汝將我安置張將軍宅傍，將軍每出入，令我跪道伺候，苦不堪言，不急改遷，必得巨禍。"子初猶豫，異日復夢其父切責如前，遂遷去。

地脈

綿州李觀察雨村祖地在州境雲龍山，地名扁担灣。其山自安縣大山分枝，層峰疊嶂，絡繹不絶，忽化爲御墀龍。行六七里，再起尖峰，一路金水相涵，至踏水橋以下跌爲平岡，逶迤而來。抵夏家灣，更起峰巒，由花園山入脈，朝對三峰，高插雲霄，真吉壤也。其家自石亭先生以名進士起家後，雨村、墨莊、鳧塘皆相繼入翰林，聲名籍甚。乾隆壬寅年，家中修理房屋需用石條，偶鑿山腳取石，見斷石上有紅筋隱現數丈，均如血脈穿連，工人驚疑，不敢再鑿。然離墳山尚遠，亦非來龍正脈，其家中人等飭令土填停工。初不以爲意。□①雨村官直隸

---

① 　□，原文缺，存古書局本作"時"。

通永道,在署忽患腳趾疼痛,不能步履。逾月,遂與永平對揭,至遭重譴,始知地脈之所關非輕也。

乩仙

乾隆二十五年庚辰六月,成都洪君延愇請諸文士餞場,并請乩仙以決棄取。客至,乩降臨,書灰盤中,多不成語。主乩者曰:"此野鬼求食,不足據,焚鎮壇符壓之。"須臾,乩又動,仍不成語。主乩者憝甚,曰:"今日仙不降臨,願以異日。"旁一人曰:"今年科場何題?"乩大動,書灰盤中:"居則曰:'不吾知也!'如或知爾,則何以哉?"衆人一哄而散,群以爲真書題目,決非仙筆。時張儀廷壽在座,頗心動,以爲題可墨,回至私齋,擬稿請顧密齋先生閲定。入場,果是題,遂謄真,交卷而出,榜發遂中。始知乩先不成語者,所以亂之也。《易》曰:"不測之謂神。"乩亦謞矣哉!

峨眉紀遊

峨眉古刹,無慮百千,莫詳於范石湖、胡菊潭兩記。今寶公絧遊蹤幾遍,而文亦飄飄有仙致,謹録於左。寶絧,中州人。《遊峨眉山記》云:

蜀中山水之奇,以峨眉爲最。余每讀《峨眉志》范、胡諸先生山行紀,竊願一至其處。乾隆壬戌歲,因省侍家大人赴嘉陽署,不獲便,猝弗果遊。癸亥閏夏,始得攜季弟絟、長姪玉奎同往。

出嘉郡十五里,渡青衣江五里,憩蘇稽鎮。唐蘇頲謫居稽留於此,後人建東坡亭其上,遂傳爲東坡讀書處。亭今廢,僅留茅刹。是日風物開朗,遙望峨峰,白雲鱗次錯出,莫可名狀。少頃雲散,青嶂孤懸,翠色直撲人眉宇間。五十里,宿峨眉縣東大佛殿。明日,冒雨經儒林橋。五里,憩聖積寺,登老寶樓。寺爲高僧慧寶所建,訛爲了鴞,非也。有銅塔、銅鐘,頗精緻。又有真境樓,魏鶴山書"峨峰真境"四字。此地尚見峰頂，稍進，則群峰擁蔽矣。隨過白水庄，沿澗紆行五里，過瑜珈河，前望隔虎溪，高出樹杪者伏虎寺。昔因虎患，行僧建塔鎮之。登佛閣，少憩，雨猶未歇。飯僧厨，因繞閣周覽，復回坐禪室飲苦茗，賞玩壁間詩畫。移時天霽，輿夫亦至，遂行。

漸入山徑，舁小輿以進，一路皆峭壁，急湍若吼。里許，爲無量殿。至涼風橋橋右，風從洞出，名涼風洞。再度解脫橋，危磴直上百餘步，曰解脫坡，俗云："自山出者，至此解脫險阻。"或謂登山者塵緣解脫耳。小憩華巖寺，尋歸雲閣遺趾，逾青竹橋，而左望玉女峰，秀出林表。按《山志》：峰上有池，相傳天女浴器，深廣四尺，歲枯不涸。宋邛州守馮楫結茅峰下，舊有飛龍庵，庵旁有龍蟄石中，一夕雷擊石開，龍飛去。里許楠木坪，坪上有大楠，孤幹，枝葉圍繞如圓蓋。進純陽殿，殿後修竹數萬竿，東北望爲宋皇觀舊趾，向有道紀堂，幽館別室數百楹。左千人洞、授道臺，即黃帝訪天皇真人授道處。右則十字洞，相傳呂仙以劍畫石而成，山中舊多黃冠，今則守祠皆緇流矣。又里許，倚危峰，臨巨壑，中一石類艅艎，逆流而上，衆稱爲普賢船。沿巖行至五十三步，蓋蜀獻王下車步行處，上有天慶菴，下至太平橋。上馬鞍山，山盡則萬福橋，有郭青螺書"靈陵太妙之天"六字，每字一石。旁神水閣，閣後泉涓涓出小穴，鏗然如鼓瑟，曰玉液泉。五代時智者大師入定於此，後居荊門，病思此水，神女爲致水，并致師所寄中峰寺鉢杖，自玉液泉流出。世謂神女即玉女峰玉女也，後人因題曰"神水石"，上有純陽書"大峨"字，陳希夷草書"福壽"字。昔希夷隱居於此，自號"峨眉真人"。行數十步爲歌鳳臺，楚狂陸通舊廬在焉。徘徊久之，日銜山，投大峨寺宿，寺僧爲烹玉液泉水飲客。

明日，由歌鳳臺至響水橋。水名山潮，每聞聲起巖壑，疑挾風雨而來，杳不可覓，且晴雨之期可以占歲豐歉，甚爲靈異。由西登爲中峰寺，即智者寄杖鉢處，宋黃山谷曾習静其中。歷層岡至三望坡，路險峻，行者三望乃至。又云軒轅帝三舉望祭焉，理或然歟。上有龍升岡，坡下峰迴路轉，蒼翠森列。歷樟木、牛心二嶺，過廣福寺，水聲搏激如殷雷，雙飛橋跨溪上。俯視雙峽，束兩溪飛注，鬭捷若不相下，怪石斑斕錯繡，亦與水勢爭奇。僧云：左一水從雷洞坪繞白水寺來，右一水從九老洞繞洪椿坪來，出橋數十步，兩溪會合。舊有牛心石當其衝，數年前，溪水漲發，已淹沒沙中矣。遂自右橋入，過青音閣，沿溪陟金剛坡，崎嶇峭折。五六里，憇前牛心寺，寺正對寶掌峰，峰左有瀑布，直瀉數十丈，宛然玉楝。循象鼻巖折下，約行七八里，歷壽義、積善二橋，復上數百武，爲洪椿坪。亂峰秀簇，曲徑宣然而深，唯聽溪水玲瓏與鳥聲響答，所謂別是一天者，信非虛語。坪上舊有寺，燬於火，始謀葺之。僧告余曰此徑乃新闢，其故道經後牛心寺，寺爲孫真人思邈修煉處，有丹砂洞。遙望大峨石左中峰寺，後有一峰，鬱然聳出者爲呼應峰。舊有呼應菴，菴側有棋盤石，歷稱智者大師茂真、孫真人共團棋，呼棋之聲遠應山谷。食後仍回雙飛橋，少憇，從左橋上白巖至白龍洞。洞沒地有古德林，林木皆楠，別傳和尚手植，如《法華經》字數，今無存者。越石門，爲四會亭，上萬年寺。白水菴在寺後，菴前二方池，爲明月池，倒景涵山，每夜靜雲開，月光映射，或水波微動，山痕爲之縐摺，亦一異也。寺左海會堂，供佛牙一具，佛衣一襲，□□①宗敕書一道。展玩移時，出寺東望，谷口煙霧迷濛，天地□②色。僧云：日色晴時，嘉陽山水在指顧間耳。繞寺環列十七峰，陡削摩天，勢皆奔赴輳集。拾級而登，西望亂峰，深處有虎跳橋。昔有山僧尋勝至此，溪漲不可渡，見虎蹲伏其傍，跨之而濟，因以名橋。後蜀人張鳳虺等七人遊此，題其橋曰"七笑"。更有八音池，舊傳池集群蛙，遊人鼓掌，先一蛙大鳴，群蛙次第相和，終一蛙復大鳴，則群蛙頓止。過

---

① 　□□，原缺，存古書局本作"明神"。
② 　□，原缺，存古書局本作"一"。

池，又西則黑水寺，寺前爲惠續尼院，久廢。是夜宿萬年寺。

又明日，自寺後上觀心坡，俗名頂心，言峻甚，一舉足，膝與心平。以布曳輿，數人懸引而上。巖畔一石，名太子石，爲登者所憑，手摩幾平。復數折至白衣菴，回望谷口外，雲影中露日光，霞彩奪目。仰躋箭括通天，左峙一石，高五六尺，右石僅及半，名鬼門關。再轉至息心所，視谷口白雲則又汪洋浩瀚，若大海波濤矣。順山行，過峽，復升爲石碑岡，前去仄徑。沿巖里許，有大小雲竅，路旁二穴，雲氣霏霏，深淺不可測。至此，山益峻，徑益險，危磴高懸，俯臨萬仞。竭蹶而登，抵長老坪，雲氣蔽空，疑若無路出山。肩駱駝嶺數里爲初殿，以山形類鶯，名鶯殿。漢蒲公嘗採藥遇鹿焉，下有蒲氏村，皆蒲公後也。少憩，作晨炊計。自白水以上，惟此地及化城寺白龍池泉水甘冽，其餘俱取之檐壁間，名天花水，即范石湖所謂「萬古冰雪之汁，不能熟物者也」。飯後登九嶺岡，行劍脊上，兩旁俱空，所恃灌木叢篁，藤蔓蒙翳，目無所睹，因而竟過。正值兩山壁立，一綫途開，攀援而上，名蛇倒退巖。左下望有九老洞，昔有窮勝者然炬入洞。行十餘里，路漸狹，怪石森列，勢欲攖人。忽一溪逶迤，蝙蝠如鴉，競來撲炬，寒氣刺肌不可耐，逡巡而返。路傍一徑，徑絕處架以獨木，今木已斷，不得入。直上一坪，枯木頑石，皆衣苔蘚，其縷縷下垂，牽連十餘丈者，名普賢綫。又前蓮花石，欹側道左，再則爲鸊鶒鑽天坡，仰望悉危梯峭棧。余乃與同行人舍輿，側足履巉巖，披蒙茸，攀援如蛇挂，周折六七里，憩洗象寺。浴象池已涸，舊建初喜亭，又曰錯歡喜，言遊者至此稍適，然尚有險徑耳。歷數百級，過羅漢洞，越滑石溝，幽花夾路，香氣襲人。陡下深峽數百尺，有古殿一楹，以木皮覆之，爲化城寺。易以瓦，則經冬爲霜雪所薄輒碎，其氣之寒冽如此。由寺左歷峻坂亂石，過梅子坡、閻王匾爲白雲殿，殿門深閉，時有雲氣往來。行蒼藤古木中，俯視雷洞坪，重淵深黑，殆不可測，復有伏羲、女媧、鬼谷諸洞，人跡罕到。數里，過接引殿，則八十四盤。桫欏坪,有桫欏樹高二三丈,葉長深碧類枇杷,花紅白色,一萼十數朵,移植下方多不生。初登山即見此樹,孟夏花時已過,僅餘數株着花,白雲映發,的的可人。復里許,登三倒拐,高數百丈。前過太子坪,經延慶寺、太虛菴,此處路頗平坦。

至圓覺菴,由左折而上見老僧樹,聞空樹老僧入定其中,枯幹復榮。復上天門寺,寺後天門石,兩石屹然,壁立峭削,若斧劈過。此絕無雜卉,唯桫欏花遍山。左轉七天橋,以峨山爲第七洞天故云。前爲臥雲菴,將陟峰頂,風氣漸高漸寒,伏虎寺尚衣給;三十里路,萬年寺則易夾衣;又二十五里,鑽天坡竟被綿衲矣;又十里,白雲殿挾纊數重;更進十五里,造峰頂,被裘擁爐猶寒慄口噤也。由菴左轉至楞嚴閣、錫瓦殿、銅瓦殿,徐進藏經樓,復進滲金銅殿,高二丈許,深廣各丈餘,中設大士像,旁列萬佛,壁間鏤飾精麗,四隅各有銅塔。左立銅碑,王毓雲記,集王羲之書;後爲傅光宅記,集褚遂良書,其碑光澤可鑑。右轉爲光相寺,前睹佛臺,僧云午間有佛光出,惜未及睹。憑欄眺望,下臨無地,先歷高山,盡若培塿,然爲雲霧所障,多不可辨。回憩臥雲庵,僧以夜暝後當有聖燈,坐更餘,果現。赴睹佛臺,始見數點若螢火飛明巖壑,有頃,漸至數百,其大者儼若燈光,凝然不動。至夜深,風急寒甚,乃起,仍回臥雲庵就榻。

明日,自辰及未,雨密雲重佈。申刻,晴。薄暮,聖燈復現,較昨宵更盛燦爛,髣髴一天星斗。復留宿庵中。蚤起雲開,四望無際。登山頂,縱目舒眺,西北一峰,平覆如屋者,瓦屋山也;西南一峰,方正若案者,曬經山也;與曬經山並峙而峭拔特出者,雞冠山;西象嶺,如屏列,與峨眉相向;諸山後,崔嵬刻削,綿亘萬里,旭日照之,銀色晃耀,則西域雪山也;西北爲青城玉壘諸山;東南爲羅回以外馬湖諸山;東顧,從右平分者爲二峨、三峨山。環山之水,如岷江、雅、瀘、大渡、青衣,皆向背縈迴,流轉於煙嵐之外。柳子厚云:"悠悠乎與灝氣俱,而莫得其涯;洋洋乎與造物者遊,而不知其所終。"吾於茲山得之。午後,由井絡泉過飛雲峽,至白龍池。池水清淺,有物出水底,以鉢盛之,狀類蜥蜴,馴擾可狎,名白龍子。由庵後左轉千佛頂,爲此山極峻處,舊有梵宇,自銅瓦、錫瓦創兩殿,此地遂廢。是晚,復有聖燈。余嘗求佛光聖燈之理,或云佛光者,巖下放光石,因日色成光,其説易明。至聖燈,舊以爲木葉頃寺,僧云前四月燈現風雪中,飄入佛殿欄檻數十,落雪上有聲,以手覆之,浮光四迸不可掩,究不解何物,是非木葉可知。然則佛光之理可測,聖燈之理難窺。余三宿於此,燈即三現,不可謂非大幸矣。

又明日下山,至白雲殿,瓦屋山依然在目,望雪山、象嶺猶見其半,前日過此,只見雲氣蓬勃,今則心目爲之一爽。是日宿萬年寺。

明日,過五十三步,輿人指路左小徑曰:"此入龍門路也。"惟樵徑往來,非人所至。嘗讀范石湖《山行記》,極稱龍門峽瀑布與龍床洞之勝,後數百年,惟井研胡菊潭復得一至。余欲追蹤兩先生,顧不得斫榛伐茅,呼一葉舟,乘風作汗漫遊,則茲遊雖樂,猶有餘憾也。是晚宿大佛殿。峨眉令龔君問余遊狀,余曰:"凡目之所未及者,勝跡固多,即所覽者而論,大都峰頂以奇潤勝,洪椿坪以幽僻勝,而尋幽探奇皆自雙溪始,則雙溪實爲雙絶焉。"

又二日,抵嘉定。因思十數年所願望不得一到者,數日之間頓酬夙志,則所謂餘憾者,安知非留不盡之意,以待後人乎?竊意茲山,范、胡諸公已詳記之,顧風景既殊,興替不一,敢略述見聞,倘異日披閱之下,猶足一當卧遊也。

鋻華示夢

崇慶何希顔,乾隆甲子夏館於化城山齋。有僧偕客至,言鋻華勝

境,約六月一日同遊。至期病劇,不果。夜夢强起策蹇,五日至高景
關,逶迤二十里路,漸崎嶇,馬不能前,徒步上板磴嶺,匍匐至接引殿,
病大作,偃息高樓,沉沉鼾寐。有促之者曰:"君寧不至鍪山乎?盍亟
行。"驚覺,冷汗如浴,躍而起,疾若失。努力前進,夜宿中鍪庵,飯蔬
果茗,津津有世外味。次日雨,行泥淋梯道中,足益輕,體益健。林溪
黯靄,攀蘿至溜沙坡,荒徑欲絕。有叟披天門出,曰:"此仙靈窟宅也,
汝能從我遊乎?"何曰:"諾!"須臾,霹靂震裂山石,石中氣騰,成金碧
五色,瞪目視之,見城郭疆邑、山川廬舍俱出其下,如蟻垤,如蝸房,隱
隱落空濛中。山頂路滑不可行,急趣下,低徊悵望,寂無所睹,惟飄飄
雲氣在襟袖間。至鐵橋,忽跌,一驚而醒,身仍在化城齋中,因作《夢
遊鍪華山記》。

又十四年丁丑春,什邡縣尹胡書巢先生聘修邑志,假館露青軒。
至六月初旬,始偕李敞莽、陸雲棟等同遊鍪華山,七日而反。其所歷
之地,所陟之坡,一一如夢中舊遊境界。至大雄殿,謁明本禪師像,乃
知即前夢中所見叟也。其時何無病亦無夢,恍惚入空翠中,浩浩乎與
造物者遊,而不知身之所在也,更作詩以紀其事。

搖亭碑動

漢州西四十里,與什邡、綿竹交界有金輪寺。本唐貞觀時鉢輪禪
師道場,元末燬於兵,明洪武間重加修復,後有神僧飛錫於此,香火日
盛。正德三年,蜀府遣官經理寺田,補修廊宇,於大殿前建牌一座,上
覆以亭。歷今二百餘年矣,亭及碑俱完好,搖其亭柱則碑自動,大搖
則大動。其碑座土臺固靜鎮如故,人莫測其所以,指爲仙蹟。予周圍
履視碑文,係明進士李鳳翔所撰,初無他異,疑碑與柱相連,中有消息
引之使然,然未敢臆度也。

衣錦晝行①

乾隆三十八年,周海珊煌以兵部左侍郎兩次奉差入川,查辦璧山縣民徐亮彩、蓬溪縣生員黃定獻呈控勒派之案,俱審虛反坐。一面宣示鄉人,現在辦理軍需,事關重大,務須兢兢守法,勿蹈前非,語甚懇切。四十二年,復奉命赴川查辦大足縣民黃玉芳呈控紳約侵蝕一案,仍審虛反坐。一切往返供應,接送輝煌,榮同晝錦。嘉慶五年,其子周東屏興岱户部左侍郎,奉命陝西祭告華嶽并文武成康陵寢,入川致祭江瀆,適川督魁倫以潼河失守,飭令審辦。事竣,回涪省墓。進京以川人,上膺天差入川審案,真異數也,況係父子相繼。時論比之司馬諭蜀,殆有過之云。

偷梁換柱

三臺縣雲臺觀上塑真武像,後有拱辰樓,規制壯麗。因歷年久遠,樓有中柱,朽爛將折。乾隆元年,住持釀金計圖拆建,忽有老人陳匠自楚省來,自稱不動梁瓦便可換柱,遂庀材卜吉以俟。至期,陳匠語道:“衆今夕倘聞人聲,戒弗起視。”夜半,果聽許許拽木,斤斧畢舉,喧鬧良久。黎明聲絶,衆起視,但見椽瓦如故,朽柱移至露井,長三丈餘,已換新柱。覓老匠,已無踪影。至今樓尚存。

借屍還魂

漢州漢陽橋徐廷修,予内戚也,有女名玉英,爲本邑生員王鍾之子媳,結褵三載,病死。又二年,徐鄰黃君任有女抱病沉重,氣息奄

---

① 按卷首序目及存古書局本,本篇之後依次爲《偷梁換柱》《借尸還魂》《蛇精》《龜異》,原文出現錯簡情況,内容混亂,今據序目及存古書局本恢復原貌。

奄，將及斃矣。是夜，延巫禳解，鑼鼓齊鳴，黃女忽起坐床間①曰："適從外來，見吾弟徐煌在堂中看跳神，何不進屋看我？"舉室皆驚曰："女病退矣。"但口中糊言，不解何故。其母問曰："徐煌外人，何言汝弟，叫來看汝？"女曰："我徐氏女也。頃吾祖徐貢爺乘白馬一匹送我至此，叫我付黃妹身還陽。我到堂前，見眾人裏有吾弟徐煌，故叫他進來看我。黃妹魂已出門去矣。"時徐煌適在堂中，聞言入室，曰："我不見汝已二年矣，爹娘近來何如？"涕泗交橫，煌不敢認，曰："且安息，明日請爹娘來看。"女起，立下床，行動一如常人，病態全失。

次日，廷修偕其妻周氏往看黃女，聲音動止一如玉英在日。見廷修夫婦，泣曰："不見爹娘已二年矣，豈料今日復有見面之期。"言之可慘，徐未應聲。女謂周氏曰："母親獨不記前年回婆家時留首飾耳環一匣，交母親代爲收藏乎？此事惟母親知之。"周氏聞言亦泣，曰："果吾女也。"遂認爲義女，往來無間，後年餘，死。事在乾隆三十八年。

蛇精

綿竹國學李某有養媳，年甫十五，忽中祟，閉門不與人交，亦不飲食。其父母至，呼之不應，但終日擁被臥，時聞中夜笑語聲。父知爲祟所迷，百方禳之不愈。有喇嘛聞之，言可包治，遂延於家厚款之。

喇嘛以一符貼其額，遂漸能言，云："有一綠衣秀士，眉目清朗，常與寢處，來即昏迷。其飲食酒饌俱親攜至，異香撲鼻。時具酒請客，有三人同來，皆衣葛，面貌猙獰，雜笑謔，飲畢即去。"其父以養媳言告喇嘛，喇嘛即出符，緘以小盒付媳曰："汝密置手中，謹握之。俟其皆來飲酒時，暗起符蓋，其首則得之矣。"其媳如言，怪遂絕。次日，以盒

---

① 間，疑爲"問"之誤。

付喇嘛，曰："此物已收盒中，永無患矣。"問何物，曰："蛇精也，當攜去。"問其三客，則近處一古藤、一杞柳、一檬樹也。謝以金帛，不受而去。

龜異

乾隆甲子六月，大雨十日不止，江漲一望無際，成都城東北角傾塌，淹沒居民無算。水未漲前三日，人見九眼橋下有大龜，徑五六尺，浮水面，小龜數千，從之往來江中無定。識者曰："此秦時畫城之龜也，出必有災。"後果然。

金蓮花

金蓮花一名旱金蓮，與嵩頂、五臺產者各異。莖葉似芭蕉而小，高不過三尺。其花層層如蓮尖，瓣色黃如金，初開瓣生小臺，結蘂含露，蜂鶩採之，久則層疊而上。年餘，根爛花倒，四旁苗苗又可分植矣。蜀中人家園囿多植之，相傳花開必有瑞應，如無吉事，則數年不開。

乾隆丙午科中江文廟忽開三朵，僉曰："本縣必中三人。"榜發，中者乃廣文周益齋及其弟士壽、姪立矩。學署舊有"積翠堂"匾，予笑戲曰："是可名爲'三花堂'矣。"九月，又開一小朵，十月武生許某中式。至戊申恩科，連苗七朵。榜發，縣中無一中式者。有狂生題歐陽永叔《蝶戀花》詞於學宮云："一曲天香金粉膩，蓮子心中，自有深深意。薏密蓮深秋正媚，將花寄恨無人會。橋上少年橋下水，小棹歸時，不許牽紅袂。浪濺荷心圓又碎，無端欲墮相思淚。"蓋譏花非嘉兆，而諸生失望也。人咸謂花無足據矣。迨己酉秋圍揭曉，中江本學及府學兩庠竟中七人，始知花之應在己酉而不在戊申也。金蓮花或云即優鉢曇花，本波斯國遺種，未知確否。

紗帽石

涪州大江群猪灘下五里許，有紗帽石，每夏秋間水落石見。若石頂有沙，則來歲豐稔，遇鄉會之年，科甲亦盛；若沙只在半磴，其美略減；若無沙，則乏科歲歉。歷歷不爽，土人恒以此卜來歲之兆。

麗陽見仙

予姊適金堂上舍舒其志，早孀守，子文彬成立，援例得湖廣鍾祥縣麗陽司巡檢。乾隆五十八年，姊在署，晨起出戶，忽見天際冠蓋濟濟，多人排列，似大官出巡狀，自東北向西南逐隊而行。其侍從輩旌旗前列，弓箭在腰，步武整齊，略無參差。姊驚曰："目眩耶？"呼署中人出視，人人均見。其時天宇清朗，並無遮蔽。須臾，正南雲起，漸入雲中，冉冉而没。

鄰水退賊

嘉慶二年十月，達州邪匪王三槐等率衆萬餘人圍鄰水，文廟被焚。縣令團集鄉勇日夜堵禦，稟請督軍，救兵不至，危甚。忽縣役若有神憑之者，傳言需豎純黑大纛一桿，上寫"孔聖大元師①軍令"，方能退賊。令計無所措，如言趕辦。適包童帶領鄉民五十薄城下，聲言殺賊。守者曰："賊衆矣，五十人何能爲？ 速入城中，免致啖虎。"包曰："賊何在？"曰："在東村。"門啟，入者半，包領其半徑去。至東村，見有賊數人酣飲，鎗斃之一男一女，持其級入城。詢之，一爲賊目王三元，一則王三槐之妻也。賊衆大至，見城上旗，驚曰："此豈黑蓮教耶？ 何

---

① 師，存古書局本作"帥"，當是。

人馬之多若是。”於城北建木城，高與城並，誓爲其弟復仇，不滅不止。前降神者復號於衆曰：“盍焚之？”有壯士數人，持火器、火藥縋城出，潛至木城縱火，風勢大作，列焰熏天。衆鄉勇鳴炮擊鼓，蜂擁而出，賊驚潰，圍遂解。

李顛

李顛者，漢州涼水井人也。先曾祖連義公，康熙甲子自隆昌遷居廣漢，闢地二千餘畝，涼水井以南俱在開墾之内。其時兵革雖息，土廣人稀，聽人耕種，俟三年成熟後，具報升科。初至涼水井，遣人督耕，日午送酒往饁。忽有人自林間飛下，往問之，旋飛去，因召曰：“爾欲飲酒乎？盍來同飲。我輩係耕田人，不汝害也。”其人逡巡不至。復諭之曰：“汝係鬼，即不必來；如係人，但來何害。我輩皆新遷之户，以養生治産爲業，從無害人之心，不必避。”遂飛至。酌以酒，大醉，問伊姓名，以手指口舌，强不能言。移時，復飛升樹顛，捷於猿鳥。次日，復攜酒持粥以往，呼令飲酒，復至。與之粥，亦咯咯咽下。三日後漸能言，稱伊姓李，涼水井以南大林即伊庄也。八大王反時，伊已二十餘歲，家中男婦大小百餘口盡爲流賊所殺，伊藏樹間得免。逾年，虎豹豺狼成群，往來人不敢近。又數年，馬牛犬豕均能傷人。伊飢食草子、雞頭等物，渴飲塘水。見有賊人惡獸，即隱藏樹枝不動。久之，舌硬不能旋轉。又久之，身益輕，力益健，飛躍自如，不火食已三四十年矣。但不知今爲何世係何年代，因一一告之，漸與人親洽，飲食坐止俱如常人。

因言所居之地名李家庄，其西爲郭家庄，其東爲何家營，其南爲后營，又東南爲許家大屋基，始知當日舊人無一存者矣。因招至家中，聽其隨工人等耕作自贍。然性昏潰，語言顛倒，多不自主，衆以李顛呼之。逾五年，忽遁去，不知所終。

廖氏[①]

廖氏者，江津縣民戚成勳婦也。成勳僻居山中，值獻賊變，倉皇奔竄，廖弱不能從，不得已，置之去。廖堅閉重門，自誓以死。遲數月，賊不至，倉中積穀頗饒，資以食。數年，荊棘叢生，蔽其宅，遂與外隔。其後食漸不繼，向宅池邊種穀續之，以草爲衣四十餘年，亦不知成勳之存亡生死矣。成勳竄入黔中，久之，別娶某，生子二人，年六十餘，歸訪舊里。是時天下甫定，川中土廣[②]人稀，田園半沒深箐，虎豹豺狼出入縱橫，人跡罕到，無從覓其故居，但識其處而已。因倩人力持斤斧，斬竹筏木。數日，望其宅頹敗尚存，大樹如圍自屋中出，微煙出沒，異之，固不計其妻之存也。及近宅，廖氏忽從樓上呼曰："汝輩何人？"成勳惶怖失色，倉卒厲聲答曰："我此宅主人戚成勳也。"廖窺視良久，覺衣冠迥異昔時，而聲音容貌仿佛似其夫。泣曰："君歸耶？妾君妻廖氏也。可將君身餘衣褲與妾，得蔽體相見。"成勳怪之，然聽其言似非無因者，即解衣擲樓上。須臾，氏自樓下，面目黧黑，髮亂如蓬，成勳恍惚莫辨。廖備述其由，兼言當日事歷歷。夫婦相泣，如再世人。偕至鄰家，復自黔挈其妻子還。年各九十餘始卒。

林青山

林青山，教授中邑，言坊行矩頗有迂拘之名。庚午冬謀北上，因家計素窘，艱於資斧，只雇駝騾一、腳夫一，隨帶行李起程。過七盤關，入寧羌州界，有匪徒二十餘人見林孤身上道，駝載甚多，尾之。

行至黃霸驛，同駐火牌店。林知爲群盜所窺，勢不能脫，因呼店

①　本條取自彭端淑《廖氏傳》，見其《白鶴堂稿》。
②　廣，彭端淑《廖氏傳》作"滿"。

主人言曰："州太爺係我至親，煩覓一人爲我遞書，即遣役來迎，明早入署。"其實林不識州牧，虛張聲勢也。書云："某一介寒儒，三巴下士，久欽德望，未遂摳趨。今者擬赴春闈，適經化壤，路遇探丸之客，時看遮後而掩前。身無禦寇之方，勢難開門而却敵，伏祈恩照大發慈悲，暫撥公差，遠迎道左。托名幕客，幾疑狐假虎威，仰籍恩驅，或得春生寒谷。倉皇待命，急切上陳。某頓首書！"二十人者聞係官親，移時散去。州牧得書，亦遣役來迎。林次早至署，面陳不得已之故。州牧厚款之，曰君金華榜中人也，撥役護送出境。林辛未會試果成進士。始知林平日禮法自持，並非迂也。

張克類

涪州張克類，號聚倫，年十七中乾隆辛酉亞元。天資高妙，讀書一目十行，有神童之稱。父希載，邑庠生。一日，聚倫向父泣曰："兒前身姓黃，係武昌江夏縣人，父母尚存，但家貧無以爲生。兒昨夜夢中見之，心寔不忍。"父叱之，以爲幻境不可信。聚倫泣不休，請往視，父許之。

嗣因入贅廣東，舟過武昌江夏縣，入城訪問，果有其人。以賣菜爲業，止一子，早卒，名姓俱符，已於前一夕夫婦雙亡，未葬。聚倫出資安厝，街人驚以爲異。未幾，聚倫没於廣東，其岳乃銅梁王氏，官廣東鹽大使也。

江口淘銀

彭山縣江口，明季參將楊展破獻賊處，居民時於江底採獲金銀，多鐫有各州縣名號。乾隆五十九年冬，漁民獲鞘一具，報縣。轉稟制軍孫相國補山，飭令派官打撈，數月撈獲銀萬兩有奇，珙寶、金花多寡不一。然江濶水深，集夫撈取，費亦不貲，尋報罷。

苗洞伐樹[①]

四川苗洞中人跡不到處,古木萬株,有澗數十圍、高百丈者。乾隆三十五年,邛州刺史楊潮觀爲採貢木故親詣其地,相度群木。有極大楠木一株,枝葉結成龍鳳之形。將施斧鋸,忽風雷大作,冰雹齊下,匠人懼而停工。

其夜刺史夢一古衣冠人來,拱手語曰:“我燧人皇帝鑽火樹也。當天地開闢後,三皇遞興,一萬餘年天下只有水,並無火,五行不全。我憐君民生食,故舍身度世,教燧人皇帝鑽木出火,以作大烹。先從我根上起鑽,至今灼痕猶可驗也。有此大功,君其忍鋸我乎?”刺史曰:“神言甚是,但神有功亦有過。”神問:“何也?”曰:“凡食生物者,腸胃無煙火氣,故疾病不生,且有長年之壽。自水火既濟之後,小則瘡痏,大則痰壅,皆火氣薰蒸而成。然後神農皇帝嘗百草,施醫药以相救。可見燧人皇帝以前,民皆無病可治,自火食後,從此生民年壽短矣。且下官奉文採辦,不得大木不能消差,奈何?”神曰:“君言亦有理,我與天地同生,讓我與天地同盡。我有曾孫樹三株,大蔽十牛,儘可合用消差。但兩株性恭順,祭之便可運斤。其一株性倔強,須我諭之,纔肯受伐。”次日,如其言設祭施鋸,果都平順。及運至川河,忽風浪大作,一木沉水中,萬夫曳之,卒不起。

吴碧蓮[②]

乾隆丙申八月,粤西清湘諸少年扶乩於湘山精舍,一女仙降壇,賦一律曰:“裙布荆釵尚有家,可憐隨宦喪天涯。湘春門外波千頃,洗鉢崖前路幾叉。怪石空留寒月掛,青山長伴夕陽斜。鳳凰臺上難回

---

①　此條見袁枚《子不語》卷十四《燧人鑽火樹》。
②　清人俞廷舉《一圈文集》有《吳碧蓮傳》,可參看。

首，何劫能開並蒂花。”叩厥姓氏，自言："蜀女吳氏，小字碧蓮，年及
笄，隨父任之全。未字而歿，葬於湘山洗鉢巖前，與此爲鄰。"詞甚悽
惋，見者異之，請再次韻。女仙又賦一律曰："燈火熒熒古寺家，含情
默坐恨無涯。柔腸淚落湘江冷，冰骨魂飛蜀道叉。佛殿有聲鐘磬合，
荒煙無樹野蒿斜。青山綠水依然在，故塚蕭蕭蘆荻花。"吟罷，飄然而
去。翌日，群少年求墓於洗鉢崖前不得，查邑乘，亦闕不可考。

清湘俞明府廷舉爲作傳，一時題咏甚多，號吟壇佳話。湖南謝太
史振定云："粵峰縹緲橫青天，湘水泠泠淒鳴絃。巫峰千里雲綿綿，靈
風梦雨來飛仙。驚沙走筆何翩翩，吟魂杳窅凌蒼煙。自云埋玉湘江
邊，東風何處思華年。怨魂天涯悲杜鵑，二十三絲驚四筵。有客臨渚
懷芳荃，青山怪石意拳拳。碧沼幽香撫遺編，曹娥碑冷鮫綃傳。琵琶
聲斷紅珠漣，珊瑚鐵網迷重淵。他時銀管貞珉鑴，置身玉井秋華巔。
我生弔古沅江壖，美人芳草遺真詮。歆欽東海呼成連，萍踪邂逅幽絲
聯。詞壇白戰供清研，讀君佳傳清且妍。碧城迢遞哀嬋娟，閣筆浩嘆
迴雲軿。翔風淒冷吹歸船，漫空雪點飄花牋。我醉長歌君叩船，回首
春山空惘然。"遂寧張太史問陶云："霧夕扶藥出水遲，清名原不畏人
知。可憐影怯湘山月，詩鬼愁魂一女兒。""仙壇寫韻有家風，一點春
愁幻影中。何處招魂天萬里，佛桑花外杜鵑紅。"

杜侯度[①]

杜侯度，乾隆二年丁巳進士，官工部郎。年五十餘，續娶襄陽某
氏。婚夕，同年畢集，工部行禮畢，將入房，見花燭上有童子長三四
寸，踞燭盤以口吹氣，欲滅其火。工部喝之，應聲走，兩燭齊滅。賓客
驚視，工部變色，汗如雨下。侍妾扶之登床，工部以手指屋之上下左

---

① 此條見袁枚《子不語》卷一《杜工部》。

右云：“悉有人頭。”漸不能言，是夕遂卒。

襄陽夫人出轎時，見有蓬髮女子迎問曰：“欲鐫圖章否？”夫人怪其語不倫，不之應。及工部死，始知揶揄夫人者即此怪也。工部卒後，附魂於夫人之體，每食，必搤其喉，悲啼曰：“捨不得！”同年周翰林煌正色責之曰：“杜君何憒憒！爾死與夫人何干，而反索其命乎？”鬼大哭絕聲，夫人隨愈。

土門埡

成都北關外將軍碑至土門埡，俱係山坡土路，曲折高低，不能一律平坦，俗謂三大灣。每遇雨水連綿，泥深數尺，寸步難行，差使往來，夫疲馬斃，人人視爲畏途。制軍黔西李公世傑曰：“平治道途，王政所關，何傾崎若此。”派官督修，自北關至三河場三十里，俱墊石板，厚一尺二寸，寬二丈許，兩旁仍培土路以便車輛往來，費幾鉅萬，於是泥窪滑坎盡變爲康莊矣。至今過其地者咸頌德不衰云。

金堂峽

金堂峽即古沱水也，大江自灌口都江堰分流，由崇寧、新繁、新都至金堂趙家渡，與綿、洛諸水匯而入峽，書所謂“東別爲沱也”。乾隆九年甲子六月，淋雨十日不止，河水泛張，□[①]峽居民入夜遙見峽口有物堵塞，似巨燭插水中，光照山谷，水遂不流。趙家渡以上三十餘里，積深一二丈，淹沒人家無算。次夜，陰雨迷濛，烈風大作。忽霹靂一聲，燭光滅，積水澎湃而下，至天明江岸俱出矣。疑水怪被雷擊也。

---

① 　□，原文漫漶不清，存古書局本作“近”。

妖氛剪辮

乾隆己丑春,各省忽有剪髮辮之異。其始自東南而西北,其後復自西北而東南。被剪之人微覺昏暈,少頃,視之髮辮烏有矣,人仍無恙。有從髮根剪者,有留一二寸從中剪者,不知究被何物剪去。並聞都中婦女裙幅亦時被剪,川省並剪及雞毛、鴨毛,不解何故。一時訛言四起,各省委員捕治,毫無踪影。直隸總督因其事入奏,上諭之曰:"此妖氛也,見怪不怪,其怪自敗,可不必辦。"後旋息,果如聖言。

水怪鎖人①

金堂康家渡,巨鎮也。集旁設船一隻,以便行人。乾隆五十九年六月朔日,集南演戲,六十餘人登舟將渡,一婦繼至,亦登舟矣。有隨行幼子約十歲許,泣不登舟,婦不得已復回岸,攜其子問曰:"汝何泣不上舟?"曰:"我見舟中有黑漢持鍊鎖人,貌甚兇惡,故不敢上。"頃刻,舟至中流,遇風覆没,無一生者。惟母子二人上岸得免。

黃解元

乾隆甲寅恩科,綿竹鄒生某入闈,與同邑黃生多益同號。鄒至黃號閒談,忽見號板上寫"樂道人之善"二句題。鄒問何爲寫此,黃曰:"今科題也。"鄒曰:"何以知之。"曰:"余幼應童子試時,即夢四川甲寅科題係此,余得中元。心疑非鄉試之年何以有科,旁一人曰:'恩科也。'醒後,余因取'多益'二字爲名,以卜後驗,是年遊泮。今甲寅果有恩科,題當不虛也,故入闈即將此題録出。汝何不早爲揣摩。"鄒笑曰:"君一夢十餘年尚未醒耶!"略不介意,談笑而罷。至五鼓,題紙發

---

① 又見(嘉慶)《四川通志》卷二二二。

出，果前題。場畢揭曉，黃果中元，鄒薦而未售。

唐鐵匠

鐵匠唐可惠，涪州小河人。乾隆五十六年，可惠年一百二十二歲，夫婦齊眉，童顏鶴髮，至今尚存子孫六七世矣。敕建期頤偕老坊。唐一生樸實，雖打鐵爲業，以孝友聞，故享大年，子孫蕃衍如此。

古柏

蜀中多古柏，夔州孔明廟前霜皮黛色已見杜詩。今劍州沿路數千株皆大數圍，行制詭異。有一株根裂爲二，巨石負之，如贔屭之狀。又有一根而三四幹者，高皆入雲。由劍州至潼川路，有一株高十丈餘，上分爲九枝，每枝皆大十圍，號九龍樹，蔭地一畝餘，蜀道奇觀也，明正德間劍州守李璧植。

烏楊

烏楊出川中水次州縣，多因大水後沙岸崩出，有出河底者，有出河岸者，有出山坡者。其入土年代不可考，重堅柔脆不一。色黃黑似榆柳□①謂之烏楊，似鐵梨紫檀者謂之烏木，製造器皿甚佳。近有作壽器者，與陰沉木相類。袁子才云："陰沉木，湖廣施南府山中土產，悉掘地得之。質香而輕，體柔膩，以指掐之即有掐紋，少頃復合，如奇楠然。土人云：其木爲棺，入土則日重，重則沉。葬千年後，其棺陷入土數十丈，堅重如鐵，故人寶之。"②又有謂陰沉木出上古之世，混沌及三皇以前多用之，今兵書峽等處懸棺皆此物。其言荒誕不經，未可盡信。

---

① □，原文缺，存古書局本作"者"。
② 見袁枚《續子不語》卷五《陰沉木》。

綿竹

綿竹縣北關外里許，有明大學士劉宏量花園，荒廢久矣。園側竹數叢，類苦竹而節疏，節間有毛不似常竹，可造紙，世謂之綿竹，或謂縣以此得名。按：綿竹，漢縣，《地理志》云："紫巖山，綿水所出。""綿水流注之處，謂之綿堰口，縣所由名。"是縣以綿水所經其地多竹，故名之，非因此竹而名也。

楊梅

崇寧縣楊梅山多楊梅，春華夏實，累累下垂。俟成熟，可備蔬菓之用。酒浸經年不壞，味甚佳。每歲官取之，呈送上司，沿爲定例，一切外費皆出自民間。有樹之家不勝其擾，多用滾水灌樹，令枝枯葉落，以杜其害。今惟晒席庵以南古樹猶存，其樹青葱鬱茂，可入畫。

荔支

《方輿紀勝》："蜀中荔支，瀘、敘爲上，涪州次之，合州又次之。涪則以妃子名，其實不如瀘、敘。"妃子園在州西十五里，當時馬遞進，七日夜至京。子瞻《荔支嘆》"天寶歲貢取之涪"，自注："涪州荔支自子午谷入進。"蔡君謨《譜》亦云："貴妃嗜涪產，歲取驛致。"《國史補》："貴妃生於蜀，好食荔支，南海所生尤勝蜀產，故每歲飛馳以進。"《舊唐書》："貴妃生日，帝張樂長生殿，進新曲，會南海進荔支，因名《荔支香》。"樂史繫之天寶十四載六月一日事。十五載六月，貴妃從上至馬嵬，縊於佛堂前梨樹下，纔絶，而南方進荔支至，上使高力士祭之。

少陵《夔州解悶詩》十二章，後四章感荔支而作，其曰："先帝貴妃今寂寞，荔支還復入長安。炎方每續朱櫻獻，玉座空悲白露團。"言炎方仍獻荔支，而帝與貴妃久寂寞也。箋者謂爲蜀貢荔支而作，又謂天寶時南海、涪州並進。近海寧查他山《蘇詩補注》亦謂南海與蜀中嘗並進。南滙吳白華辨其非是，謂："廣州貢荔支，戎州貢荔支煎，皆沿舊典。帝以妃必欲生致之，始置騎急送。蜀中初無並進之事，惟戎州有煎貢，不責其生致。"考核頗詳。然蘇、蔡諸公去唐未遠，言蜀中與南海並進，必有所據。且荔支炎天始熟，黎明乘露摘取，其味方佳，露乾則味減。明皇既欲生致之以悅妃，取之南海萬里之外，而置涪戎之近者於不問，必無是理。吳論亦恐未確。

杉板

　　成都西南諸山俱產杉，其質鬆而有紋，不及紫柏之堅。惟建昌產者質甚堅，重紋如雀翅，上有排釘，且多霜脂。其板在紫柏之上，俗謂之"釘子板子"，取材者貴焉。蓋杉性喜陰，其有排釘者，多係陽山所產，樹小時細枝對發，久而幹枯，隱於皮肉，故成排釘。若陰山樹茂，則無是矣。建昌杉不通水路，用人力負載而出，至邛、雅各處售賣，其價甚昂。今瀘州等處所售者，由水路放出，謂之洞板，俱係陰杉，不及建昌遠矣。

羅漢松

　　安縣北門外西巖寺有羅漢松二株，大數圍。每歲開花，結子大如櫻桃，長寸許，頭紅身青，號人身菓，一名羅漢菓。綿竹東門外三十里獅子院亦有二株，大數圍，一雌一雄，雌者結實，雄者花而不實。

黃葛樹

　　蜀山多黃葛樹，高數丈，大數十圍，枝幹複互，怪詭百狀。《水經注》有黃葛峽，宋熊本敗瀘川柯陰夷於黃葛峽。蘇子由自江陽見之，

謂爲嘉樹，見《欒城集》。吳白華《題敍州黃葛樹》云："我疑是南海榕，
禿鬝不蔽方畝宮。"亦謂其樹大而所蔽之廣也。今嘉、眉二州，及新
繁、遂寧，俱有黃葛樹，較敍州更高且大，蘙葱蓊鬱，皆數千年物，雖秦
松、漢柏不能過也。

圖書在版編目(CIP)數據

錦里新編 / （清）張邦伸撰；嚴正道校點. -- 上海：
上海古籍出版社，2024. 8. -- ISBN 978-7-5732-1279-5

Ⅰ. K297.1

中國國家版本館 CIP 數據核字第 2024KD6792 號

錦里新編

【清】張邦伸撰

嚴正道校點

上海古籍出版社出版發行

（上海市閔行區號景路 159 弄 1-5 號 A 座 5F　郵政編碼 201101）

(1) 網址：www. guji. com. cn

(2) E-mail：guji1@guji. com. cn

(3) 易文網網址：www. ewen. co

上海惠敦印務科技有限公司印刷

開本 890×1240　1/32　印張 13.125　插頁 5　字數 347,000

2024 年 8 月第 1 版　2024 年 8 月第 1 次印刷

ISBN 978-7-5732-1279-5

K·3667　定價 78.00 元

如有質量問題,請與承印公司聯繫